GABRIEL GABATI KIBETI

La relation avec le Père comme don

Aspects théologiques, christologiques et éthiques des références à Dieu Père en Mt 5-7

ROMA 2011

Vidimus et approbamus ad normam Statutorum Pontificii Instituti Biblici de Urbe Romae, die 2 mensis februarii anni 2011
Prof. Klemens Stock
Prof. John Kilgallen

Progetto grafico di copertina: Serena Aureli

Impaginazione: Lisanti srl - Roma

© 2011 Gregorian & Biblical Press
Piazza della Pilotta, 35 - 00187 Roma, Italy
www.gbpress.net - books@biblicum.com

ISBN: 978-88-7653-**194**-1

À Papa et Maman,

Pour tous les sacrifices consentis pour mon devenir « fils du Père » je dédie ce livre.

AVANT-PROPOS

Ce livre reprend la thèse de doctorat que nous avons discutée le 8 juin 2009 à l'Institut Biblique Pontifical de Rome sous le titre : « LE PÈRE ET SES DONS. Aspects théologiques, christologiques et éthiques des références à Dieu Père en Mt 5-7». Nous la présentons ici dans une version légèrement remaniée en vue de sa publication. La thèse a été dirigée par le Révérend Père Klemens STOCK, S.J. Le Père John KILGALLEN l'a secondé dans cette tâche. Nous tenons à les remercier une fois encore pour leur disponibilité et leurs conseils judicieux. Nous remercions aussi le Père Pietro BOVATI, l'actuel Directeur de la colonne des Analecta Biblica qui a accepté que cette thèse soit publiée dans cette collection dont le sérieux et l'audience internationale ne sont plus à démontrer.

Que soit remercié de façon spéciale l'Institut de Missiologie « Missionswissenschaftliches Institut Missio/Aachen » pour leur soutien financier et leurs encouragements. Merci également au Père Simon TAMABIMBA et à l'Abbé Olivier TAMFUMU pour avoir accepté de lire et corriger patiemment ces pages.

Nous ne pouvons pas non plus oublier toutes les personnes qui par leur présence et leur soutien nous ont aidé hier et aujourd'hui à conduire à bon port la rédaction de ce livre. Tout d'abord leurs Excellences Messeigneurs les Évêques : Mgr Dieudonné M'SANDA (+), Mgr Wilhem EGGER (+), Mgr J. Gaspard MUDISO, actuel Évêque de Kenge, et Mgr Romano ROSSI, Évêque de Civita Castellana. Ensuite les Révérends : Pfarrer Paul ERBER, Don Enrico CONCI, Don Carmelo BENEDETTI, Mgr Jean Pierre KWAMBAMBA, Mgr NYEME TESE (+), Abbé Paul BUETUBELA Balembo, sans oublier le regretté ami et frère Abbé Serge KIBALA qui nous a quittés quelques jours avant la soutenance de notre thèse de doctorat. Enfin les communautés paroissiales de Trevignano Romano en Italie et celle de Laub en Allemagne, en particulier les familles BÄURLE, FEIL et XALTER pour l'intérêt qu'ils n'ont cessé de manifester pour nos études de spécialisation en sciences bibliques.

Merci de tout cœur à toute notre grande famille Gabati, à tous les neveux et nièces, à tous les amis que le Seigneur nous a fait connaitre sur le chemin de la vie. Que tous trouvent dans ces lignes si modestes l'expression de notre profonde et sincère gratitude.

INTRODUCTION GÉNÉRALE

■ 1. Le projet

Le problème que nous affrontons dans cette étude est déterminé par deux données caractéristiques de l'EvMt (= évangile de Matthieu) : une donnée littéraire relative à la désignation de Dieu comme le Père des disciples, et une donnée exégétique – pour ainsi dire – relative à l'interprétation de l'EvMt en général et du DM (= discours sur la montagne) en particulier.

1. Donnée littéraire

Quand le terme πατήρ est utilisé par Jésus dans les évangiles pour désigner l'être père de Dieu (DP), il exprime la paternité de Dieu vis-à-vis de Jésus (Dieu comme le Père de Jésus), ou bien la paternité de Dieu vis-à-vis des hommes (Dieu comme le Père des hommes). Dans l'EvMt, les textes où le terme πατήρ sert à désigner Dieu comme le Père des hommes à qui Jésus révèle cette paternité divine méritent d'être pris en considération. Cette désignation est plutôt rare en Marc, Luc et Jean. En effet, l'évangile de Marc, qui est le plus discret sur l'emploi de πατήρ comme désignation divine (seulement quatre occurrences de πατήρ pour Dieu), n'a qu'une seule référence à Dieu comme le Père des disciples (Mc 11,25 : ὁ πατὴρ ὑμῶν ὁ ἐν τοῖς οὐρανοῖς). Dans l'évangile de Luc, sur un total de dix-sept références à DP, on ne compte que trois occurrences de ὁ πατὴρ ὑμῶν (Lc 6,36; 12,30.32), auxquelles il faut ajouter sans doute les références en Lc 11,2.12. Dans l'évangile de Jean, sur les cent dix-neuf références à DP que compte cet évangile, seules trois désignent Dieu comme le Père des hommes. Ces références sont attestées dans des logia où Jésus parle aux Juifs (Jn 8,41.42) et aux disciples (Jn 20,17). Toutes les autres références johanniques à DP présentent Dieu comme le Père de Jésus. Dans l'EvMt par contre, il y a lieu de noter un certain équilibre (statistique) entre les références à DP comme le Père de Jésus (23 sur 44) et les références à DP comme le Père des hommes (21 sur 44). En définitive, la répartition des références à DP selon qu'elles parlent de Dieu comme le Père de Jésus ou de Dieu comme le Père des hommes donne le résultat suivant dans les évangiles.

	Mt	Mc	Lc	Jn
πατήρ pour Dieu (total)	44	4	17	119
Le Père de Jésus	23	3	12	116
Le Père des hommes	21	1	5	3

L'importance que cette désignation de Dieu comme Père revêt dans le vocabulaire théologique de Matthieu nous oblige à examiner attentivement les textes évangéliques relatifs à ce topique. Il s'agit pour la plupart des références qui se trouvent dans des instructions adressées soit aux disciples seuls (Mt 10,20.29.32.33 ; 13,43 ; 15,13 ; 16,17.27 ; 18,10.14.19.35 ; 20,23 ; 24,36 ; 25,34 ; 26,29 ; 26,53 ; 28,19), soit aux disciples ensemble avec les foules (en Mt 5-7[1]; 12,50; 23,9)[2]. C'est dire que le terme πατήρ est dans l'EvMt la désignation divine caractéristique de l'enseignement de Jésus aux disciples. En effet, dans l'enseignement donné par Jésus aux disciples, on y dénombre 37 occurrences de πατήρ contre 8 occurrences de θεός, et 2 occurrences de κύριος.

---

[1] L'identification des auditeurs de Jésus en Mt 5-7 est l'objet des discussions à cause des ambiguïtés formelles qu'on trouve en Mt 5,1-2. En effet, quand on lit Mt 5,1 de façon isolée, on pourrait avoir l'impression qu'à la vue des foules, Jésus a gravi la montagne afin de s'éloigner d'elles et enseigner ainsi en toute tranquillité aux seuls disciples sur la montagne. Ainsi, certains pensent que Jésus ne parle qu'aux disciples seuls en Mt 5-7. Cf. A.H. McNEILE, *The Gospel According to St. Matthew* (London 1915) 99 ; W.F. ALBRIGHT– C.S. MANN, *Matthew* (New York 1971) 45. Cependant, contre une telle impression, la conclusion du discours ne laisse aucun doute. Selon Mt 7,28-29, les foules ont écouté aussi le discours. Cf. R. A. GUELICH, *The Sermon on the Mount* (Dallas 1982) 51, 59 ; H. HENDRICKX, *The Sermon on the Mount* (London 1983) 8-9 ; G. LOHFINK, « Wem gilt die Bergpredigt? Eine redaktionskritische Untersuchung von Mt 4,23–5,2 und 7,28f. », *TQ* 163 (1983) 264-284 ; W.D. DAVIES – D.C. ALLISON, *The Gospel According To Saint Matthew*. I (Edinburgh 1988) 425-427.

[2] L'examen du contexte locutoire des destinataires des logia prononcés par Jésus et contenant πατήρ (comme désignation de Dieu) montre que les foules ne sont destinataires de ces logia qu'en compagnie des disciples, et jamais seules. Les disciples

Enfin, la grande majorité des textes où l'on parle de Dieu comme le Père des disciples (« votre Père », « ton Père », « notre Père ») se trouve en Mt 5-7. Il y a dans ce discours 16 références sur les 21 que compte l'EvMt à propos de Dieu comme le Père des disciples. Ces références sont présentes dans tout le DM : à la fin de l'exorde (Mt 5,16), dans la conclusion des antithèses (Mt 5,45.48), dans l'enseignement sur le juste rapport avec Dieu (Mt 6,1.4.6.8.9.14.15.18) et avec les biens matériels (Mt 6,26.32), dans l'enseignement sur la prière et la bonté du Père en Mt 7,11. Ce dernier verset est du reste la dernière référence à Dieu comme le Père des disciples en Mt 5-7. Ce n'est que dans la parénèse finale du discours que Jésus parle pour la première fois de Dieu comme son Père (« mon Père » : Mt 7,21)[3].

---

sont les premiers destinataires de la révélation du Père (Mt 11,25-27). Même dans les références à DP attestées dans ces discours qui ont comme auditeurs les disciples ensemble avec les foules, comme c'est le cas en Mt 5-7 et Mt 12,46-50, Matthieu prend soin de distinguer la position des disciples de celle des foules. Matthieu met ainsi en exergue la position des disciples comme premiers destinataires de l'enseignement de Jésus. Selon Mt 5,1 en effet, seuls les disciples s'approchèrent de Jésus (προσῆλθαν αὐτῷ οἱ μαθηταὶ αὐτοῦ). La présence des foules à côté des disciples comme destinataires des références à DP indique qu'elles sont invitées, elles aussi, à travers l'écoute et la pratique de l'enseignement de Jésus, à adhérer au Père que Jésus, en sa qualité de Fils unique, a révélé à ses disciples. Cf. J. JEREMIAS, *Abba, Jésus et son Père* (Paris 1972) 47 ; J.R.C. COUSLAND, *The Crowds in the Gospel of Matthew* (Leiden – Boston – Köln 2002) 35-39.

[3] On peut situer à quatre niveaux le travail rédactionnel de Matthieu quant à l'emploi des références à DP dans le DM :
1) En comparant Mt 5-7 avec Lc 6,20-49, on note que le discours parallèle de Luc ne contient qu'une seule référence à DP (Lc 6,36 par. Mt 5,48).
2) Matthieu a dans son discours des références à DP qu'on retrouve ailleurs dans les synoptiques, mais en d'autres contextes : Mc 11,25 par. Mt 6,14 (prière et pardon) ; Lc 11,2 par. Mt 6,9 ; Lc 11,13 par. Mt 7,11 (enseignement sur la prière) ; Lc 12,30 par. Mt 6,32 (au sujet des préoccupations).
3) Matthieu cite la référence à DP là où Luc a une autre désignation de Dieu : Mt 5,45 (« fils de votre Père ») par. Lc 6,35 (« fils du Très-Haut ») ; Mt 6,26 (votre Père ») par. Lc 12,24 (« Dieu »); Mt 7,21 (faire « la volonté de mon Père ») par. Lc 6,46 (faire « ce que je vous dis »).
4) Outre les références propres à Matthieu (Mt 5,16 ; 6,1.4.6.8.18), il faut ajouter la prédilection de Matthieu pour l'expression « qui est dans les cieux » qui accompagne souvent la désignation de Dieu comme Père. Cette expression est pourtant présente déjà en Mc 11,25, et peut-être aussi en Lc 11,13.

Il est vrai que ces données statistiques n'offrent en elles-mêmes aucune réponse aux différents problèmes que pose le texte. Néanmoins, les études relatives à la composition de l'EvMt ont déjà noté à suffisance comment Matthieu travaille avec des mots-clés et des répétitions[4]. Ceux-ci ont la fonction de souligner l'importance de ces lexèmes dans le texte évangélique. C'est à cette technique qu'il faut assigner sans nul doute la répétition du terme πατήρ dans l'EvMt en général et dans le DM en particulier[5]. Cette répétition du terme πατήρ est indicative des intérêts théologiques, christologiques, ecclésiologiques et éthiques caractéristiques de Matthieu[6]. Lorsqu'on examine les aspects proprement théologiques de ce vocabulaire, on peut s'interroger à juste titre sur les raisons pour lesquelles Jésus recourt si abondamment à cette *image* paternelle de Dieu dans un discours dont la teneur éthique apparaît au premier plan. Plus encore, si ces références à DP sont telles en Mt 5-7, et surtout en Mt 6,1-18, ne feraient-elles pas de cette révélation de Dieu comme Père et de la relation qui le lie aux disciples en tant que leur Père l'enseignement principal du DM ?

2. Donnée exégétique

On ne peut nier le fait que l'EvMt contient plusieurs prescriptions pour l'agir humain. Pour s'en convaincre, il suffit de lire le premier enseignement de Jésus dans cet évangile. En effet, au regard de sa forme énonciative, Mt 5-7 est marqué par la présence

---

[4] Voir par exemple U. LUZ, « L'évangéliste Matthieu : un judéo-chrétien à la croisée des chemins. Réflexions sur le plan narratif du premier évangile », *La mémoire et le temps*. Mélanges offerts à Pierre Bonnard (éd. D. MARGUERAT–J. ZUMSTEIN) (Genève 1991) 77-81; ID., *Die Jesusgeschichte des Matthäus* (Neukirchen-Vluyn 1993) 13-15.

[5] Cette prédilection de Matthieu pour la designation divine πατήρ vaut bien plus que ce que K. SYREENI appelle le phénomène de la « congeniality » : « The phrase "Our, your Father in heaven" illustrates the phenomenon of congeniality: being a favorite expression in Matthew's ecclesiastical material, it is not surprising that it occurs both in the Lord's Prayer and in other sections in his Sermon ». K. SYREENI, *The Making of the Sermon on the Mount: A Procedural Analysis of Matthew's Redactional Activity*. Part One: *Methodology and Compositional Analysis* (Annales Academiae Scientiarum Fennicae, Dissertationes Humanarum Litterarum 44; Helsinki 1987) 170.

[6] Cf. J.H. FRIEDRICH, « Wortstatistik als Methode am Beispiel der Frage einer Sonderquelle im Matthäusevangelium », *ZNW* 76 (1985) 29-42.

massive d'impératifs ou des verbes à la forme impérative. À cela s'ajoutent d'autres éléments qui renforcent cette teneur impérative. C'est notamment le cas de la discussion sur la validité de la Loi en Mt 5,17-20. On peut citer aussi la perspective du jugement placé à la fin du discours et où émerge avec force la nécessité de mettre en pratique (« *faire* ») les paroles de Jésus. Mt 5-7 concerne donc avant tout la manière d'être et d'agir des disciples. Cette accentuation éthique qui caractérise l'EvMt et qui est particulièrement visible en Mt 5-7 est telle que d'aucuns estiment que dans sa présentation du message de Jésus, l'évangéliste Matthieu, jugé à l'occurrence de « légaliste », a absorbé l'aspect du don, de la grâce divine, au profit d'un rigorisme éthique peu évangélique, en procédant en quelque sorte à « une coupable "rejudaïsation" du message de Jésus »[7]. À l'occasion, l'on ne manque pas de confronter l'EvMt avec « l'évangile de la grâce » de Paul[8]. Selon G. STRECKER par exemple, dans l'EvMt, l'indicatif (salvifique) serait totalement absorbé dans l'impératif (éthique)[9]. Mais

---

[7] Cf. D. MARGUERAT, *Le jugement dans l'évangile de Matthieu* (Genève ²1995) 212-235. E. STAUFFER justifie cette impression par la présence dans l'EvMt de plusieurs formules et postulats qui sont attestés aussi dans la littérature rabbinique. Cf. E. STAUFFER, *Die Botschaft Jesu : Damals und heute* (Bern 1959). De même, pour E. KÄSEMANN, le fait que Matthieu recourt fréquemment au schéma du *ius talionis* eschatologique trahit la présence d'une forme de « rabbinat chrétien » dans son évangile. Cf. E. KÄSEMANN, *Essais exégétiques* (Neuchâtel 1972) 184. Néanmoins, il convient de rappeler que dans l'EvMt, Jésus n'édicte pas seulement des tâches à accomplir (le salut comme tâche à accomplir). Jésus est aussi celui qui apporte et qui réalise dans sa vie le salut divin. En outre, aux disciples qui le suivent, Jésus ne demande pas seulement des œuvres à accomplir. Il demande aussi la foi persévérante. Cf. L. GOPPELT, *Theologie des Neuen Testaments* (Göttingen 1976) 559-561 ; V. FUSCO, « Il "Vissuto" della Chiesa in Matteo. Appunti metodologici con esemplificazione da Mt 7,15-23 », *Asprenas* 27 (1980) 17-18.

[8] La question de la *confrontation* entre Matthieu et Paul est d'une telle complexité qu'elle dépasse les limites de ce travail. Une synthèse des opinions sur le rapport entre la vision préconisée dans le DM et celle prônée par Paul est donnée par DUMAIS, *Sermon*, 39-40. La recherche actuelle s'oriente plutôt vers un dépassement de cette confrontation. En effet, il faut étudier chaque texte à partir de son propre contexte, c'est-à-dire en tenant compte de son langage propre en rapport avec le milieu ecclésial et social qui a conditionné sa genèse.

[9] G. STRECKER, *Der Weg der Gerechtigkeit. Untersuchung zur Theologie de Matthäus* (Göttingen 1962) 126-128.

on peut se demander s'il en est bien ainsi. En effet, comme C. TALBERT l'a proposé récemment, pour parler de l'indicatif dans l'EvMt, il faut d'abord indiquer où se trouve cet indicatif. Il faut ensuite montrer comment cet indicatif contrôle l'impératif[10]. Parmi les techniques utilisées par Matthieu pour circonscrire l'indicatif dans cet évangile, C. TALBERT cite entre autres : 1) la formule « avec vous », « au milieu de vous » ; 2) l'invocation du nom divin ; 3) le motif de la révélation par le Père et/ou par Jésus ; 4) la notion de l'être avec Jésus. Relativement à notre étude, il est important de noter que le second motif cité ci-haut se réfère à la prière et à son exaucement par le Père. En Mt 5-7, ce motif est développé en Mt 6,9-13 et Mt 7,7-11 où il est question de l'invocation à Dieu comme Père en contexte de prière. Il y a donc là un indice qui mérite sans nul doute d'être ultérieurement approfondi.

En présentant ce débat, quoique de façon sommaire, on se rend bien compte qu'il concerne au premier chef l'exégèse de Mt 5-7, tant il est vrai que, comme J.-N. ALETTI le souligne, à première vue, « on pourrait avoir l'impression que ce discours énonce les commandements de manière abrupte, apodictique, sans mentionner un quelconque agir préalable de Dieu en faveur des disciples ou encore une transformation de leur être »[11]. Mais cette impression n'est qu'apparente. En effet, outre à faire précéder Mt 5-7 de Mt 4,18-25 où l'on voit Jésus *appeler* les disciples et *guérir* les foules dans le contexte de l'annonce de la « bonne nouvelle du Règne » qui s'est approché des hommes (Mt 4,17.23), Matthieu articule la requête d'un agir moral en Mt 5-7 avec la réalité théologale que constitue la révélation de Dieu comme Père, et particulièrement de Dieu comme le Père des disciples. Le problème est donc celui de montrer comment les exigences de vie formulées par ces impératifs s'enracinent dans cette relation des disciples avec le Père. Cette relation est essentiellement un don

---

[10] Cf. C.H. TALBERT, « Indicative and Imperative in Matthean Soteriology », *Bib* 82 (2001) 515-538.

[11] Cf. J.-N. ALETTI, « Matthieu et Paul : deux évangiles divergents ? », *Penser la foi. Recherches en théologie aujourd'hui*. Mélanges offerts à Joseph Moingt (éd. J. DORÉ – C. THÉOBALD) (Paris 1993) 100.

de la part du Père aux disciples par l'entremise de Jésus, le Fils, qui Le révèle en tant que tel. Cette étude voudrait donc tirer au clair les catégories littéraires, sémantiques et théologiques par lesquelles Matthieu exprime dans ce discours l'enracinement des impératifs dans la catégorie du « don », en particulier du don de cette relation avec le Père.

2. État de la question

Malgré l'évidence de cet intérêt de Matthieu pour la figure de Dieu comme Père, rarement les monographies sur la paternité divine dans les évangiles relèvent avec précision l'élément spécifique de la prospective matthéenne, ce que G. SCHRENK appelait la « *Vatertheologie* »[12] de Matthieu. On peut traduire cette expression allemande par ce néologisme que nous empruntons aux propos du Professeur K. STOCK : « *patérologie* ». Compris dans la perspective théologique de son emploi dans les saintes Écritures, ce néologisme indique la connaissance, ou mieux, la doctrine sur Dieu en tant que Père. La bibliographie relative à cette recherche sur l'image de Dieu sous cet angle demeure limitée pour ce qui concerne l'EvMt[13]. Ces dernières années en effet, beaucoup

---

[12] G. SCHRENK, « πατήρ », *TWNT* V, 986.

[13] Voir la bibliographie donnée par R. FABRIS, « Il Dio di Gesù Cristo nella teologia di Matteo », *ScCatt* 117 (1989) 121, n.1. Citons au passage deux articles qui abordent l'étude de la paternité de Dieu dans l'EvMt à partir des présupposés idéologiques dont la validité reste à démontrer : J. SHEFFIELD, « The Father in the Gospel of Matthew », *A Feminist Companion To Matthew* (éd. A.-J. LEVINE) (Sheffield 2000) 52-69; F.W. BURNETT, « Exposing the anti-Jewish Ideology of Matthew's Implied Author: The Characterization of God as Father », *Semeia* 59 (1992) 155-191. Le premier article propose une *approche féministe* des références à DP. Le second article justifie le recours par Matthieu à l'image paternelle de Dieu par des motivations « *antijudaïques* ». En effet, le leitmotiv qui guide la lecture de l'EvMt dans cet article est la caractérisation de Dieu comme le Père de Jésus. Ce leitmotiv détermine la relation de Dieu aussi bien avec le personnage central du récit matthéen (Jésus) qu'avec ses adversaires (« les Juifs »). Mais selon F.W. BURNETT, en refusant aux « Juifs » l'accès à cette relation avec Dieu comme leur Père, l'auteur implicite leur nie en même temps l'accès à l'élection et au salut. En même temps, il détermine ainsi leur rejet non seulement au niveau de l'auteur implicite, mais aussi au niveau des lecteurs postérieurs de l'EvMt.

d'études consacrées à l'EvMt dans une perspective rédactionnelle se sont concentrées plus sur des questions de christologie, d'ecclésiologie et d'éthique, plutôt que sur une recherche sur l'image de Dieu et sur le vocabulaire « théologique » du premier évangile[14]. Par ailleurs, il est vrai que ces études sur la christologie, l'ecclésiologie ou dans une certaine mesure sur l'éthique dans le premier évangile ne manquent pas d'affronter ici et là le problème de l'image de Dieu sous le profil rédactionnel[15]. Ainsi par exemple, dans le cadre de l'ecclésiologie matthéenne, d'aucuns estiment que l'image paternelle de Dieu apparaît en un contexte dont la fonction spécifique est d'attribuer aux disciples la conscience d'une identité comme « fils (de Dieu) » ou bien comme « frères »[16].

Ensuite, force est de constater que bien des commentaires sur le DM ignorent tout simplement la figure du Père, à moins de ne l'évoquer – en passant – lorsqu'on traite de la prière enseignée par Jésus en Mt 6,9-13, parce que cette prière doit être adressée au Père (« notre Père »)[17]. Mais, en réalité, la présence du Père, bien que significative en Mt 6,1-18 (10 occurrences), traverse de

---

[14] Sur le vocabulaire proprement « *théologique* » du premier évangile, voir par exemple les articles de R. MOWERY, « God, Lord and Father: The Theology of the Gospel of Matthew », *BibRes* 33 (1988) 24-36; ID., « The Activity of God in the Gospel of Matthew », *SBL 1989 Seminars Papers* (Atlanta 1989) 400-411; ID., « From Lord to Father in Matthew 1-7 », *CBQ* 59 (1997) 642-656. Par contre, sur les orientations majeures de la recherche actuelle sur l'EvMt, cf. les indications données par D. SENIOR, « Directions in Matthean Studies », *The Gospel of Matthew in Current Study*. Studies in Memory of William G. Thompson (éd. D.E. AUNE) (Grand Rapids – Cambridge 2001) 5-21; É. CUVILLIER, « L'évangile selon Matthieu », *Introduction au Nouveau Testament. Son histoire, son écriture, sa théologie* (éd. D. MARGUERAT) (Genève [4]2008) 96-102.

[15] Cf. H. FRANKEMÖLLE, *Jahwebund und Kirche Christi : Studien zur Form- und Traditionsgeschichte des "Evangeliums" nach Matthäus* (Münster 1974) 159-190.

[16] Cf. la monographie de H. PATTARUMADATHIL pour ce qui concerne la filiation divine des disciples. Cf. H. PATTARUMADATHIL, *Your Father in Heaven. Discipleship in Matthew as a Process of Becoming Children of God* (Roma 2008). Par ailleurs, S. GRASSO parle de la paternité divine en la situant à l'origine de la requête à la fraternité dans le premier évangile. Cf. S. GRASSO, *Gesù e i suoi fratelli*. Contributi allo studio della cristologia e dell'antropologia nel vangelo di Matteo (Bologna 1993) 199-207.

[17] Cf. M. BOUTTIER, « Le Père manifesté dans les actes et caché à la piété. Contraste et unité des chap. 5 et 6 du Sermon sur la montagne selon Matthieu », *À cause de l'évangile*. Mélanges offerts à J. Dupont (éd. R. GANTOY) (Paris 1985) 53.

part en part tout le discours. Ignorer le Père, c'est tout simplement se méprendre sur le sens profond de ce texte. Et là où un réel intérêt sur la figure du Père émerge dans les commentaires à Mt 5-7, ceux-ci le présentent généralement comme une insistance rédactionnelle matthéenne dont la fonction est d'offrir un *fondement* à l'agir demandé aux disciples. C'est là un *locus classicus* de l'exégèse des références à DP dans le DM. Néanmoins, cette donnée n'est pas le résultat d'un examen global de toutes les références à DP en Mt 5-7 mais de l'analyse des quelques références à DP, en particulier de Mt 5,43-48[18]. Le problème est cependant celui de déterminer ce que l'on entend ici par « fondement », ce qu'il implique, et surtout *comment* il est articulé avec l'agir requis aux disciples. En effet, Jésus fonde la pratique de la justice qu'il requiert aux disciples en Mt 5-7 en la circonscrivant dans le contexte de la relation personnelle des disciples avec Dieu comme leur Père.

Comme on l'a noté plus haut, dans le récit matthéen, cette relation est essentiellement le don que Jésus, présenté en Mt 1-2 comme le « Fils de Dieu », fait aux auditeurs de son premier discours. Peu d'études sur le DM affrontent ce texte à partir de cette relation qui est donnée aux disciples lorsque Jésus leur révèle que Dieu son Père est « *leur* » Père[19]. Bien plus, pour plus d'uns, Mat-

---

[18] M. DUMAIS écrit à ce propos : « Le fondement divin de la vie éthique est explicitement présenté dans la conclusion de la section sur la justice proposée par Jésus comme accomplissement de la Loi (Mt 5,45-48) ». Cf. DUMAIS, *Sermon,* 89-90. Sur un tout autre plan, en analysant Mt 6,8 et 6,25-34, G. LOHFINK présente l'image de DP en Mt 5-7 comme « une image alternative » parce que cette image détermine une « praxis alternative » en ce qui concerne la prière et le rapport des disciples avec les biens matériels. Cf. G. LOHFINK, *Per chi vale il discorso della montagna ? Contributi per un'etica cristiana* (Brescia 1990) 124-136. Pour G. BARBAGLIO, le recours à l'image de Dieu comme Père en Mt 5-7 sert à « *déterminer le code comportemental* » requis aux disciples. Cf. G. BARBAGLIO « Il vissuto spirituale di Gesù di Nazareth », *Storia della spiritualità.*Vol. 2. *La spiritualità del Nuovo Testamento* (Bologna 1988) 63-97. Enfin, K. STOCK propose une démarche analogue au sujet des béatitudes. Il y a dans chaque béatitude un renvoi explicite à l'agir de Dieu dont la fonction est de fonder les différents macarismes (Mt 5,3-12). Cf. K. STOCK, « Der Gott der Freude : Die acht Seligpreisungen », *GuL* 6 (1989) 433-446.

[19] Peu de semaines avant la soutenance publique de cette thèse doctorale en juin 2009, l'Institut Biblique Pontifical de Rome a publié un ouvrage collectif à l'occasion

thieu insiste en général dans son évangile sur la nécessité de la réponse humaine au détriment du « don » divin qu'il ne mentionne du reste qu'en passant[20]. On comprend dès lors que même le traitement réservé au thème de la paternité divine dans le DM est fortement déterminé par le souci de mettre en évidence ce que les disciples doivent faire ou ce qu'ils doivent être, plutôt que ce que le Père fait, ou ce qu'il est disposé à faire pour les disciples interpelés par les impératifs du DM[21]. Et pourtant, il y a dans la caractérisation de Dieu comme Père une dimension d'encouragement et d'habilitation à l'agir de la part de celui qui est présenté comme le Père des disciples. Une telle caractérisation de Dieu comme Père est sans nul doute au service de la catégorie du « don » qu'il faut élucider de toutes les façons. Et c'est du reste pour cette raison que sans évacuer l'aspect éthique fondamental en Mt 5-7, certains prêtent dès lors attention non seulement à ce que les disciples doivent faire, mais aussi à l'agir de DP en faveur des disciples. Par une telle démarche, on cherche sans doute à

---

du centenaire de sa fondation. Le professeur K. STOCK, modérateur de cette thèse, y a publié une contribution importante sur le DM. Dans cet article, il analyse entre autres la « relation » que Jésus établit entre Dieu et les disciples en leur révélant la paternité de Dieu à leur égard. Pour STOCK, cette relation est ce « fondement » qui permet de comprendre profondément l'agir moral que Jésus requiert aux disciples en Mt 5-7. On ne peut que se réjouir du fait que dans ses grandes lignes, cet article concorde avec les conclusions de notre recherche sur l'image paternelle de Dieu en Mt 5-7. Cf. K. STOCK, « Nur einer ist euer Lehrer, Christus, nur einer ist euer Vater, der im Himmel (Mt 23,8-10). Personale Beziehungen als Fundament des Handelns nach der Bergpredigt », *Biblical Exegesis in Progress. Old and New Testament Essays* (éd. J. N. ALETTI – J. L. SKA) (Roma 2009) 299-333.

[20] Voir par exemple le point de vue exprimé par J. LAMBRECHT, « *Eh bien, moi je vous dis* ». *Le discours programme de Jésus (Mt 5-7 ; Lc 6)* (Paris 1986) 162.

[21] Les références à DP sont analysées dans la perspective de « *la dimension verticale de la justice* ». L'expression est de TALBERT. Cf. TALBERT, *Sermon*, 30-31. Par ailleurs, dans un article consacré à la paternité de Dieu en Mt 5-7, E. MANICARDI est d'avis que les références à DP dans le DM révèlent que Matthieu considère la paternité divine comme une réalité qui se manifeste surtout à travers la vie des disciples qui ont accueilli l'enseignement de Jésus. En tant que tel, le renvoi à DP ne sert pas tant à « consoler » les disciples, mais à les placer devant des exigences sévères. Cf. E. MANICARDI, « La paternità di Dio nel discorso della montagna secondo Matteo », *ParSpV* 39 (1999) 101-118. Voir aussi A. SAND, *Il vangelo secondo Matteo* (Brescia 1992), I, 188.

montrer comment dans le contexte de la relation du Père avec les disciples, cet agir de Dieu comme Père détermine et illumine les exigences impératives formulées dans le DM.

Cette exigence apparaît, par exemple, dans les travaux de D.C. ALLISON publiés dans son commentaire sur le DM (*The Sermon on the Mount*, p.34-36) et dans le commentaire à l'EvMt qu'il a publié avec W.D. DAVIES (*The Gospel According to Saint Matthew*, I, p. 690)[22]. En particulier, ALLISON analyse la façon dont les péricopes s'enchaînent en Mt 6,19-34 et Mt 7,1-11. Les références à DP en Mt 6,25-34 (vv.26.32) et Mt 7,7-11 (v.11) révèlent que le Père céleste est celui qui prend soin des disciples et qui leur donne de « bonnes choses ». Ce faisant, par le truchement de ces références à DP, ces deux péricopes encouragent ceux qui sont placés sous les durs impératifs exposés dans les péricopes précédentes respectives, c'est-à-dire Mt 6,25-34 pour Mt 6,19-24, et Mt 7,7-11 pour Mt 7,1-6[23]. On peut certes discuter sur la façon dont ALLISON met en relation Mt 6,25-34 avec Mt 6,19-24 d'une part, et de l'autre Mt 7,7-11 avec Mt 7,1-6. En effet, les corrélations qu'il relève entre les différentes péricopes semblent un peu forcées en certains éléments. Mais on peut reconnaître à ces analyses le mérite de montrer que dans le DM, le Dieu qui exige (cf. « volonté du Père ») est en même temps le Père qui prend soin des disciples.

Dans ce même ordre d'idées, il convient de citer l'analyse faite sur Mt 5,45 par J. ZUMSTEIN dans son ouvrage *La condition du croyant* (p.321-323). Pour ZUMSTEIN, l'impératif d'aimer les ennemis (Mt 5,43-48) n'est pas une maxime morale qui possède sa légitimité en elle-même. Elle n'a de sens que si elle est intégrée dans le contexte théologique relatif à la rencontre entre DP et les disciples. En effet, en révélant qui est le Père et comment il agit, Jésus révèle en même temps la grâce inhérente à la condition fi-

---

[22] Cf. D.C. ALLISON, *The Sermon on the Mount. Inspiring the Moral Imagination* (New York 1999) 34-36. Voir aussi DAVIES – ALLISON, *Matthew*, I, 690.

[23] ALLISON confirme cette analyse dans un autre article consacré essentiellement à la structure littéraire du DM. Cf. D.C. ALLISON, « The Configuration of the Sermon », ID., *Studies in Matthew: Interpretation Past and Present* (Grand Rapids 2005) 173-215.

liale qui détermine l'imitation du Père (« fils du Père »). C'est aussi ce que souligne R. GUELICH tout au long de son commentaire sur le DM (*The Sermon on the Mount*). Pour GUELICH, la pratique des impératifs du DM doit se comprendre à la lumière de la relation des disciples avec leur Père céleste.

La contribution de U. LUZ est aussi importante ; elle mérite d'être mentionnée. U. LUZ affronte cette question en posant le problème plus général de la « *grâce* » (le don de Dieu) en Mt 5-7. Il relève pour cela deux indices susceptibles d'aider à comprendre le sens et la fonction des références à DP en Mt 5-7 (*Die Jesusgeschichte des Matthäus*, p. 58-63 ; *Vangelo di Matteo*, 1, p. 613) : le contexte et la structure du DM. Matthieu insère l'annonce éthique de Mt 5-7 dans le contexte de l'activité de Jésus, l'Emmanuel, Dieu avec nous. De la sorte, la volonté du Père exposée dans le DM n'est pas une requête arbitraire, mais c'est la demande de ce Dieu qui accompagne son peuple par son Fils Jésus. Quant aux indices relatifs à la structure du discours, LUZ note qu'au centre du DM, Matthieu a placé l'enseignement de Jésus sur la prière. Bien plus, dans cette prière, l'orant s'adresse à Dieu comme (à un) Père. Le DM est ainsi la proclamation de la volonté du Père pour ceux qui sont fils et qui peuvent prier le Père parce qu'il est proche d'eux et parce qu'il les écoute. Bien que limitée à la prière du Notre Père en Mt 6,9-13 et à la position centrale de cette prière dans le DM, la démarche de LUZ est importante pour deux motifs. Tout d'abord, LUZ pose le problème de la « grâce » (don divin) à partir des critères internes à l'EvMt. Ensuite, il souligne en même temps la centralité de la *dimension spirituelle* (« die innere, religiöse Dimension der Gerechtigkeit »[24]) de la vie de l'être disciple. Cette dimension spirituelle n'est que la juste expression de cette relation des disciples avec leur Père céleste. Sans anticiper sur les résultats de nos investigations, on peut noter d'emblée que c'est sur cette dimension « spirituelle » au cœur du DM qu'on se propose de faire toute la lumière pour restituer à la relation avec le Père son absolue centralité comme proposition d'une vie expérimentée comme un don. Mais ce point ne peut être fixé a

---

[24] LUZ, *Die Jesusgeschichte des Matthäus*, 61.

priori sans une analyse minutieuse des corrélations sémantiques et du jeu mutuel des éléments textuels présents dans toutes les références à DP en Mt 5-7.

■ 3. Division et finalité du travail

Le travail est divisé en deux parties. Dans la première partie, on analyse tous les versets de Mt 5-7 qui contiennent les références à DP. Il s'agit, certes, des textes qui ont déjà fait l'objet de plusieurs études comme on peut le constater dans la bibliographie qui accompagne cette étude. Par une approche synchronique du texte matthéen, on étudie les références à DP dans une triple perspective. On se propose notamment d'examiner les aspects littéraires de ces références : *où* Jésus parle-t-il de Dieu comme Père dans le DM (emplacement ; éléments linguistiques et syntaxiques) ? Les aspects sémantiques : *comment* Jésus caractérise-t-il Dieu comme Père ? Enfin les aspects fonctionnels : *pourquoi* Jésus parle-t-il tant de Dieu comme le Père de ses disciples pour leur dire ce qu'ils sont et ce qu'ils doivent faire[25]? La méthodologie adoptée consiste d'abord en un examen initial de l'articulation littéraire de la péricope où se trouve la référence à DP. Cette étape propédeutique permet de situer littérairement la référence à DP dans son contexte et de mettre à nu les attaches syntaxiques et sémantiques qui la caractérisent. Ensuite, on dégage les éléments qui caractérisent la figure de Dieu comme Père, qu'il s'agisse de son agir ou de son être. On analyse pour cela les mots, les expressions et les motifs utilisés.

Dans cette analyse des références singulières, on ne saurait ignorer les autres textes néotestamentaires, en particulier ceux de

---

[25] Pour la méthodologie de l'analyse des textes, cf. W. EGGER, *Metodologia del Nuovo Testamento. Introduzione allo studio scientifico del Nuovo Testamento* (Bologna ³2002) 75-168; H. RITT, « Das Reden Gottes im Sohn – Zur textlinguistischen Methode der neutestamentlichen Exegese », *Gestalt und Anspruch des Neuen Testaments* (Hrsg. von J. SCHREINER unter Mitwirkung von G. DAUTZENBERG) (Würzburg 1979) 366-384 ; H. FRANKEMÖLLE, *Biblische Handlungsanweisungen. Beispiele pragmatischer Exegese* (Mainz 1983) 21-23 ; W. SCHENK, *Die Sprache des Matthäus : Die Text-Konstituenten in ihren macro- und mikrostrukturellen Relationen* (Göttingen 1987) 2-3.

la tradition synoptique, qui parlent de Dieu comme Père. Cette confrontation permet de mettre en exergue d'une part la spécificité de la présentation matthéenne de DP et de l'autre, la fonction du recours à DP dans le contexte de la péricope où cette référence est insérée. On ne saurait pas non plus comprendre l'image paternelle de Dieu en Matthieu sans tenir compte de son enracinement dans les traditions religieuses d'Israël comme elles sont codifiées dans l'AT[26]. De même, avec la prudence nécessaire, on fera recours à la littérature rabbinique pour la parenté affichée des expressions et des motifs relatifs à la paternité de Dieu avec l'EvMt.

Dans la deuxième partie, on cherche à dégager de façon synthétique la fonction des références à DP dans le DM. Cette seconde étape de notre étude fait émerger ce que le don de la relation avec le Père implique pour l'agir requis aux auditeurs du DM. Pour cette raison, on examine avec attention la façon dont Matthieu a distribué les références à DP dans le discours afin de relever ainsi les insistances rédactionnelles qui président à la construction de sa « *patérologie* », c'est-à-dire de la présentation du visage paternel de Dieu en Mt 5-7.

Une telle démarche vaut, cela va sans dire, son pesant d'or. En effet, il s'agit de sortir des sentiers battus de l'exégèse de Mt 5-7 afin de proposer une lecture de ce discours à partir de la relation des disciples avec le Père céleste. Cela devrait permettre de mieux comprendre non seulement la façon dont ceux qui sont interpelés par Jésus en Mt 5-7 doivent expérimenter la présence de ce Père, mais aussi la vie du disciple dès lors qu'elle est illuminée par le don de cette relation avec le Père. Cette étude contribue ainsi à connaître ce qui est au cœur de l'évangile proclamé par Jésus, c'est-à-dire la révélation de Dieu comme Père (Mt 11,25-27). L'examen des aspects proprement théologiques de ce vocabulaire relatif à la figure de Dieu comme Père permet ainsi d'identifier ce par quoi les textes caractérisent Dieu comme Père dans ce discours. En même temps, cet examen aide à comprendre

---

[26] Cf. D. ZELLER, « God as Father in the Proclamation and in Prayer of Jesus », *Standing before God. Studies in Prayer in Scriptures and in Tradition with Essays*. In Honor John M. Oesterreicher (éd. A. FINKEL – L. FRIZZEL) (New York 1981) 118-119.

et à connaître celui qui prononce ce discours (Mt 5,1-2) et qui révèle à ses auditeurs que Dieu, son Père, est aussi leur Père (aspects christologiques des références à DP). Enfin, en relevant les aspects éthiques des références à DP, cette étude montre que la « veine volontariste » qui traverse le premier évangile (« faire la volonté de Dieu ») et particulièrement accentuée en Mt 5-7, ne doit pas être comprise en un sens seulement éthique. Il y a dans ce discours un élément théologal, c'est-à-dire la relation vivante et personnelle avec le Père, d'où cette exigence éthique reçoit sa force et sa justification. En d'autres termes, ce qui caractérise le DM n'est pas un moralisme abstrait, mais une profonde spiritualité de la relation vivante et personnelle des disciples avec leur Père. Il s'agit en définitive d'une relation qui détermine la nature et les conditions pragmatiques non seulement des rapports des disciples les uns avec les autres (rapports interpersonnels), mais aussi de leurs rapports avec les biens matériels.

Première partie

Analyse des textes

CHAPITRE I

MT 5,16 : LES BELLES ŒUVRES DES DISCIPLES COMME ÉPIPHANIE DU PÈRE

■ 1. Articulation du texte

1.1. Mt 5,16 dans le contexte littéraire de Mt 5,13-16

Mt 5,16 conclut les deux paraboles sur « le sel de la terre » (Mt 5,13) et « la lumière du monde » (Mt 5,14-16). Ces deux paraboles sont introduites chacune de la même façon (ὑμεῖς ἐστε ...)[1]. Par l'emploi emphatique de ὑμεῖς placé au début de Mt 5,13.14, Mt 5,13-16 est rattaché directement à la dernière béatitude formulée, elle aussi, à la deuxième personne. Comme pour Mt 5,11-12, les images de Mt 5,13-16 s'appliquent donc *immédiatement* aux disciples. Mt 5,16 est introduit par l'adverbe οὕτως qui, dans sa valeur absolue, indique une relation inductive au discours qui le précède (οὕτως anaphorique)[2]. Mt 5,16 est donc un verset conclusif. Cela se voit aussi dans le passage du mode indicatif utilisé en Mt 5,13-15 (discours assertif où on livre une information) au mode impératif caractéristique de ce verset conclusif (λαμψάτω).

Thématiquement, Mt 5,16 appartient au logion sur la lumière : τὸ φῶς (v.14) ; λύχνος, λάμπει (v.15) ; λαμψάτω, τὸ φῶς (v.16).

---

[1] Ces deux métaphores sur le sel et la lumière se trouvent en Marc et en Luc. Pour Mt 5,13, cf. Mc 9,49-50 et Lc 14,34-35. Pour Mt 5,14-15, cf. Mc 4,21 ; Lc 11,33. Dans les synoptiques, ce logion conclusif Mt 5,16 ne se trouve que dans l'EvMt.

[2] Introduire une application par οὕτως est caractéristique du style matthéen. Voir Mt 12,45 ; 13,49 ; 18,14.35 ; 20,16. Cf. G. SCHNEIDER, « οὕτως », *EWNT* II, 1343-1344 ; J. DUPONT, *Les béatitudes. Vol.* III (Bruges 1973) 322 ; GUELICH, *Sermon,* 123-124.

Les correspondances lexicales entre le début et la fin de ce logion montrent que les vv.14.16 forment une inclusion thématique qui indique une correspondance synonymique entre le « monde » (v.14) et « les hommes » (v.16) d'une part, et de l'autre entre la « lumière » et les « œuvres »[3]. Toutefois, quoique se rapportant au logion sur la lumière, Mt 5,16 conclut aussi implicitement le logion sur le sel. En effet, la pensée exprimée au v.13 dans sa formulation négative en rapport avec l'identité des disciples est reportée positivement au v.16 dans sa forme parénétique sur les belles œuvres. Celles-ci sont la marque tangible de cette identité. En effet, si la perte de l'identité du disciple (μωρανθῇ) consiste selon le v.13 en une inefficacité (εἰς οὐδὲν ἰσχύει) qui est source de jugement (βληθὲν ἔξω καταπατεῖσθαι ὑπὸ τῶν ἀνθρώπων), par contre, au v.16, les belles œuvres opérées par les disciples offrent à ces hommes (τῶν ἀνθρώπων : Mt 5,13b.16) une occasion pour glorifier le Père qui est aux cieux.

1.2. Analyse syntaxique de Mt 5,16

Mt 5,16 contient un verbe principal à l'impératif (λαμψάτω) auquel est jointe une subordonnée introduite par la conjonction ὅπως[4]. Mis à part les cas où il est attesté dans la construction avec les verbes de demande (Mt 8,34 ; 9,38), ὅπως a presque toujours en Matthieu le sens final[5]. Dans le DM, lorsqu'il est utilisé après un impératif, ὅπως circonscrit l'intention que doivent poursuivre les

---

[3] On peut noter la même équivalence entre la « lumière » et les « œuvres » dans le commentaire à Gn 1,3 de GenR : « Que la lumière soit, c'est-à-dire les œuvres des justes ». Cf. A. MELLO, *Évangile selon saint Matthieu*. Commentaire midrashique et narratif (Paris 1999) 119.

[4] Cette conjonction appartient au patrimoine lexical de l'EvMt. Mt : 17 ; Mc : 1 ; Lc : 7 ; Ac : 14. Cf. J.C. HAWKINS, *Horae Synopticae : Contributions to the Study of the Synoptic Problem* (Oxford 1909) 6 ; SCHENK, *Die Sprache*, 310.

[5] En dehors du DM, ὅπως final est attesté en Mt 2,8.23.28 ; 8,17 ; 13,35 ; 23,25 ; 26,59. L'affinité grammaticale et logique entre la proposition finale et la proposition consécutive est telle qu'il est parfois difficile de les distinguer à première vue. De façon générale, il y a lieu de reconnaître que dans la proposition consécutive, on déclare la fin qui est atteinte par quelque chose. Cela peut être même casuel. Par contre, la proposition finale exprime la fin que quelqu'un projette d'atteindre, c'est-à-dire ce qu'il a en vue, son intention. Cf. BLASS–DEBRUNNER–REHKOPF, *Grammatik*, § 391,3 ; ZERWICK, *Biblical Greek*, § 351-353.

auditeurs du DM en appliquant cet impératif : Mt 5,16 ; 5,45 ; 6,4.18. En Mt 5,16, l'objectif poursuivi concerne grammaticalement deux actions verbales unies par la conjonction καί : ὅπως ἴδωσιν… (v.16b) καὶ δοξάσωσιν… (v.16c). Les deux verbes régis par la conjonction ὅπως ont pour sujet (sous-entendu) οἱ ἄνθρωποι, c'est-à-dire ceux qui sont mentionnés dans l'expression ἔμπροσθεν τῶν ἀνθρώπων (v.16a). Une explication avancée au sujet de la relation grammaticale entre ces deux verbes ἴδωσιν et δοξάσωσιν est que le verbe régi par la finalité restreinte (ὅπως) n'est en réalité que δοξάσωσιν, tandis que ἴδωσιν n'est que la condition nécessaire[6]. Cela signifie que la condition pour que les hommes glorifient le Père est qu'ils doivent voir les belles œuvres : « afin que, s'ils voient (en voyant) les belles œuvres, ils glorifient votre Père céleste ». Ce rapport peut être aussi celui de cause à effet : Les hommes glorifient le Père qui est aux cieux, à cause de ce qu'ils voient dans les belles œuvres. Dans l'un ou l'autre cas, « glorifier le Père » apparaît comme une *conséquence* qui découle de la *vue* des belles œuvres.

Cependant, par rapport au thème de la lumière développé aux vv.14-16a, la référence au Père attestée au v.16b dans la proposition « glorifier votre Père… » apparaît comme un « surplus » qui n'émerge pas directement de ce segment argumentatif[7]. En effet, « voir les belles œuvres » (v.16b) est déjà anticipé dans l'impératif « que brille votre lumière devant les hommes ». Le fait que la lumière des belles œuvres brille devant les hommes (v.16a) signifie que ceux-ci la voient (v.16b). Cependant, il n'est pas moins vrai que la « nouveauté » introduite par le motif de la glorification du Père a une signification particulière pour Mt 5,13-16. Ce motif « doxologique » indique ce vers quoi devrait conduire en dernière analyse la lumière qui émane des belles œuvres, c'est-à-dire le Père qui est aux cieux.

---

[6] On peut trouver des exemples de ce lien logique en Dt 31,12 (LXX) : ἵνα ἀκούσωσιν καὶ ἵνα μάθωσιν φοβεῖσθαι κύριον τὸν θεὸν ὑμῶν : « afin que, s'ils entendent (ayant entendu), ils apprennent à craindre le Seigneur votre Dieu » ; Is 1,19 (LXX). Cf. M.-J. LAGRANGE, *Évangile selon Saint Matthieu* (Paris ²1923) 90 ; S. LÉGASSE, « Le chrétien "sel de la terre", "lumière du monde". Mt 5,13-16 », *AS* 36 (1974) 25, n.18.

[7] U. LUZ parle de ce verset comme d'un "excédent" (« Überschuß »). Cf. U. LUZ, *Vangelo di Matteo*. I. *Commento ai capp. 1-7* (Brescia 2006) 334.

2. DP en Mt 5,16 : Aspect théologal de l'agir requis aux disciples

2.1. « Le sel de la terre » et « la lumière du monde » : indicatif (don) et impératif

Par le biais des deux propositions « ὑμεῖς ἐστε τὸ ἅλας τῆς γῆς » (Mt 5,13a) et « ὑμεῖς ἐστε τὸ φῶς τοῦ κόσμου» (5,14a), tout aussi hyperboliques[8] que métaphoriques, Jésus fait aux disciples le don d'une identité (qualité) pour la terre et pour le monde. La portée exacte du logion sur le sel n'est pas facile à déchiffrer à cause des multiples emplois du sel et des différentes associations symboliques qui y sont liées. Cela explique les diverses interprétations auxquelles ce logion a donné lieu[9]. On peut le comprendre ici en un sens plus général en tenant compte du parallélisme entre les

---

[8] L'hyperbole réside dans le contraste entre « le sel » (un grain de sel si petit) et « la terre » (une réalité beaucoup plus grande que le sel).

[9] Mt 5,13 est diversement interprété. Schématiquement, on peut regrouper en quatre points les diverses opinions données.

(1) Les disciples seraient à « la terre » ce que le sel est à la nourriture, c'est-à-dire d'un apport irremplaçable, vital, et dont « la terre » ne pourrait se passer. L'image employée insiste sur la nécessité de la présence des disciples et de leur mission pour la terre. Les explications que nous développons dans le texte s'alignent sur cette interprétation. Cf. GUELICH, *Sermon*, 121-126 ; LAGRANGE, *Matthieu*, 88 ; LUZ, *Matteo, I*, 337-338 ; G. STRECKER, *The Sermon on the Mount. An Exegetical Commentary* (Edinburgh 1988) 49.

(2) À cause du lien avec Mt 5,11-12, plus d'uns voient dans cette image un appel au sacrifice et au renoncement de la part des disciples. Cf. L. CARDELLINO, « Le beatitudini (Mt 5,1-16) », *BeO* 208 (2001) 127-128 ; O. CULLMANN, « Que signifie le sel dans la parabole de Jésus ? », *RHPR* 37 (1957) 41-42 ; R. SCHNACKENBURG, « Ihr seid das Salz der Erde, das Licht der Welt. Zu Matth. 5,13-16 », ID., *Schriften zum Neuen Testament* (München 1971) 195 ; J. SOUCEK, « Salz der Erde und Licht der Welt », *TZ* 19 (1963) 174.

(3) Une autre interprétation s'appuie sur le sens littéral du verbe « μωραίνειν » : « devenir stupide », « perdre toute sagesse » (Is 9,11 ; Jr 10,14 ; Si 23,14 ; Rm 1,22 ; 1 Co 1,20). « Le sel de la terre » serait une image qui symbolise la « sagesse » transmise par Jésus à ses disciples afin qu'à travers leur engagement moral, ils rendent les hommes aptes à porter du fruit. Cf. Cf. W. NAUCK, « Salt as Metaphor in Instructions for Discipleship », *ST* 6 (1953) 166-168 ; S. LÉGASSE, « Les chrétiens "sel de la terre", "lumière du monde" », 18-19.

(4) Enfin, d'autres prennent en considération l'importance du sel dans le culte d'Israël où les offrandes devraient être salées (Ex 30,35 ; Lv 2,13 ; Nb 18,19). L'identité des disciples comme « sel de la terre » serait à circonscrire dans le contexte de l'alliance durable

deux logia aux vv. 13.14[10]. Le sel et la lumière étaient considérés par les anciens comme des réalités essentielles à la vie de l'homme. Sans ces deux réalités, la vie n'a pas de goût ; elle est comme une vie « sans couleur »[11]. Le bonheur que Jésus donne à ses disciples en les déclarant « heureux » (Mt 5,3-10) transfigure leur vie qui peut ainsi donner saveur à toute réalité humaine et illuminer le monde.

Dans le NT, la désignation des disciples par l'expression « τὸ φῶς τοῦ κόσμου » est unique, quand bien même on peut noter quelques parallèles indirects où les croyants sont désignés comme « enfants de lumière » (« τέκνα φωτός ») en Ep 5,8 ; ou « fils de lumière » (« υἱοὶ τοῦ φωτός ») en Lc 16,8 ; Jn 12,36 ; 1 Th 5,5, ou encore « foyers de lumière dans le monde » (« φωστῆρες ἐν κόσμῳ ») en Ph 2,5. Dans le contexte de l'EvMt, la désignation des disciples comme « la lumière du monde » est à comprendre sans nul doute à la suite de la présentation de Jésus comme « lumière » en Mt 4,16[12]. Dans la tradition évangélique, la lumière est une métaphore pour

---

unissant Dieu et le peuple (cf. « le sel de l'alliance » en Lv 2,13b). Cf. J. BEUTLER, « Ihr seid das Salz des Landes (Mt 5,13) », *Nach den Anfängen fragen* (FS. G. Dautzenberg [éd. C. MAYER et al.] Gießen 1994) 93; G.W. BUCHANAN, *The Gospel of Matthew* (New York 1996) 225; W.J. DUMBRELL, « The Logic of the Law in Matthew V 1-20 », *NT* 23 (1981) 13 ; J.E. LATHAN, *The Religious Symbolism of Salt* (Paris 1982) 206 ; A.M. LESKE, « The Beatitudes, Salt and Light in Matthew and Luke », *SBL 1991 Seminar Papers* (Atlanta 1991) 836.

[10] Pour une compréhension du logion du sel en un sens « inclusif », cf. DAVIES – ALLISON, *Matthew, I*, 473 ; W. GRUNDMANN, *Das Evangelium nach Matthäus* (Berlin ³1972) 137; D.A. HAGNER, *Matthew 1-13* (Dallas 1993) 83.

[11] Si 39,26 : « A la base de tous les besoins des peuples se trouvent l'eau, le feu, le fer et le sel ». PLINE, *Histoire Naturelle*, 31,102 : « Il n'y a rien de plus utile que le soleil et le sel ». Cf. DAVIES – ALLISON, *Matthew*, I, 473 ; HAGNER, *Matthew 1-13*, 99 ; HENDRICKX, *Sermon*, 43.

[12] En Mt 4,16, « la lumière qui resplendit sur le peuple qui vit dans les ténèbres », est destinée d'abord au « λαός », c'est-à-dire à Israël. Mais cette lumière qui resplendissait d'abord en faveur des « brebis égarées de la maison d'Israël » (Mt 10,6 ; 15,24), n'est pas destinée seulement à Israël. En effet, Matthieu fait commencer la mission de Jésus dans la Γαλιλαία τῶν ἐθνῶν (« Galilée des nations »), lieu où Israël, tourné vers la mer et l'autre rive du Jourdain est en relation avec les « nations ». Matthieu anticipe ainsi dans sa rédaction ce qui deviendra réalité dans le futur avec la mission universelle après la résurrection de Jésus (Mt 28,16-20). Dans l'EvMt, cette extension

désigner le salut messianique (Lc 2,32; Jn 8,12 = « je suis la lumière du monde »; 9,5; 12,46)[13]. Les sommaires de Mt 4,23 et 9,35 résument bien cette activité galiléenne de Jésus par laquelle il s'atteste comme le Messie envoyé : Jésus guérit les malades et proclame la Bonne Nouvelle du Règne. À la suite de Jésus, les disciples qui sont ici désignés comme « la lumière du monde » deviennent, eux aussi, une partie intégrante du dessein divin d'apporter son salut au monde qui gît dans les ténèbres.

Mais en même temps, ce don fait aux disciples contient une exigence qui détermine leur agir. C'est ce qu'exprime Mt 5,16. L'impératif λαμψάτω est inséparable des indicatifs qui le précèdent : « vous êtes le sel de la terre » (Mt 5,13a) ; « vous êtes la lumière du monde » (Mt 5,14a). Don et responsabilité vont ensemble. Jésus invite ses disciples à être et à rester ce qu'ils sont devenus en vertu du don de grâce qu'il leur octroie en faisant d'eux le sel de la terre et la lumière du monde. Dans cette péricope de transition (Mt 5,13-16) que Matthieu a placée entre les béatitudes (Mt 5,3-12) et l'énoncé des normes particulières (Mt 5,17-7,12), l'accent ne porte pas seulement sur l'expérience négative du sel qui ne peut plus accomplir sa fonction, et donc condamné à être piétiné. Il porte aussi et surtout sur le constat que le bonheur rendu possible et suscité par la promesse répétée en ouverture du DM a conféré une importance décisive aux disciples. Ceux-ci sont appelés à ne pas sous-estimer la responsabilité qui découle du don qui leur est accordé d'être à la suite de Jésus la lumière du monde. Par leur agir, et surtout par la disponibilité à prendre sur eux les risques inhérents à la pratique de la justice,

---

du salut messianique à toute l'humanité par l'œuvre missionnaire des disciples est déjà annoncée en Mt 5,14 en faisant de la communauté des disciples « la lumière du monde ». La manifestation du salut à « la Galilée des nations » est préfiguration du salut à toutes les nations et de leur accueil de l'évangile. Cf. J. GNILKA, *Il vangelo di Matteo*. Parte prima (Brescia 1990) 157-158 ; J. MILER, *Les citations d'accomplissement dans l'évangile de Matthieu* (Rome 1999) 102.

[13] Dans les textes vétérotestamentaires, rabbiniques et à Qumran, cette métaphore de la lumière est appliquée à Dieu lui-même (Ps 27,1 ; 1 QH 7,24-25 ; 4 Bar 9,3 ; SifNum 41,1.1), à Israël (Is 42,6 ; 49,6 ; Si 17,19 ; PesK 51), au Temple (PesK 21,5 ; GenR 2,5 ; 3,4), à la ville de Jérusalem (PesK 21,4 ; GenR 59,5). Textes rabbiniques en STRACK–BILLERBECK, I, 236-237.

ils éclairent la vie des hommes comme une cité située au sommet de la montagne ou comme une lampe placée sur le lampadaire.

Selon la compréhension de l'élection d'Israël chez les prophètes (Is 2,1-5 ; Mi 4,1-4), les peuples afflueront vers Israël pour avoir part en Israël et à travers Israël à la gloire de Dieu, mais à la seule condition qu'Israël soit ce signe tangible du salut offert par YHWH. Car, Israël, lumière des nations, doit maintenant illuminer les autres peuples (Is 42,6 ; 49,6). En parlant de la lumière du monde, Mt 5,14 est sans nul doute proche de Is 2,1-5, où on rencontre un ensemble d'images présentes en Mt 5,14-15 : lumière, montagne, nations. Ces rapprochements lexicaux et thématiques montrent que Matthieu s'approprie ici cette compréhension prophétique de la mission d'Israël pour faire de l'agir des disciples le lieu de la connaissance du Dieu révélé par Jésus[14]. En effet, si Dieu n'a pas dans le monde un peuple, en l'occurrence la communauté des disciples, celle qui doit agir conformément à sa volonté révélée par Jésus, il ne peut y être reconnu comme le vrai Dieu et comme le Père des disciples. C'est à cette tâche que doivent s'atteler les disciples à travers leurs belles œuvres.

2.2. Nature des « καλὰ ἔργα » dans le DM

Au sujet des belles œuvres, déterminantes pour que les hommes glorifient le Père, Mt 5,16 offre deux précisions textuelles importantes qui éclairent la relation entre DP et les belles œuvres. Par la position emphatique du pronom ὑμῶν dans l'ex-

---

[14] Le lien de Mt 5,14 et Is 2,2 était déjà noté par AMBROISE, *Traité sur l'évangile de S. Luc*, VII, 9. Introduction, traduction et notes de G. Tissot (Sources Chrétiennes 45,52 ; Paris 1952-1958). Voir aussi LOHFINK, *Il discorso*, 140-144. Pour G. von RAD, « Die Stadt auf dem Berge », *Gesammelte Studien zum Alten Testament* (1959) 224, la « πόλις » dont parle Mt 5,14 serait une allusion à la ville de Jérusalem. Du même avis : K.M. CAMPBELL, « The New Jerusalem in Mt 5,14 », *SJTh* 31 (1978) 335-363 ; H.D. BETZ, *The Sermon on the Mount. A Commentary on the Sermon on Mount, Including the Sermon in the Plain (Matthew 5,3-7,27; Luke 6,20-49)* (Minneapolis 1995) 16. Néanmoins, comme LUZ le souligne, le substantif πόλις est employé en Mt 5,14 sans article (sans détermination). Une explication allégorique ou métaphorique n'est donc pas nécessaire pour la compréhension de ce verset. L'image n'indiquerait que la situation de n'importe quelle ville située sur la montagne et qui ne peut donc demeurer cachée à cause de cette position. Cf. LUZ, *Matteo*, I, 339.

pression « ὑμῶν τὰ καλὰ ἔργα », Mt 5,16 souligne d'abord la responsabilité des disciples de produire ces belles œuvres : Ces « œuvres » sont « vôtres », comme « vôtre » est la lumière qui resplendit devant les hommes (τὸ φῶς ὑμῶν). Mais au même moment, les hommes qui voient *vos* « belles œuvres » ne doivent pas *vous* glorifier. C'est « *votre* » Père céleste qu'ils doivent glorifier.

Dans le vocabulaire de Matthieu, les œuvres sont comparables aux fruits (Mt 3,10 ; 7,16-20 ; 12,33-35). Elles désignent un ensemble d'actions et d'attitudes qui sont révélatrices de l'identité de quelqu'un. En Mt 5,16 ; 26,10, l'adjectif καλός qualifie le mot ἔργον/ἔργα[15]. Selon l'usage linguistique du NT, καλός (« beau ») est presque synonyme de ἀγαθός (« bon »). Les deux adjectifs sont parfois interchangeables[16]. Les œuvres sont dites « belles » (καλός), non seulement parce qu'elles impliquent un ensemble d'actions jugées « bonnes » (ἀγαθός) en elles-mêmes. Elles doivent en outre apparaître telles à l'extérieur pour avoir une force de persuasion sur ceux qui les voient (ἴδωσιν) et qui peuvent ainsi les reconnaître telles[17]. En ce sens, l'emploi de καλός pour qualifier les œuvres est bien indiqué dans le contexte de Mt 5,16.

Dans les épîtres, les belles (bonnes) œuvres désignent en général la bonne conduite requise aux croyants[18]. C'est aussi le même sens ici en Mt 5-7. Dans le contexte de Mt 5-7, ces belles œuvres désignent non seulement l'engagement éthique contenu dans les

---

[15] En dehors de Mt 5,16, ἔργα est attesté 5 fois dans l'EvMt, presque toujours au pluriel, sauf en Mt 26,10. Un seul de ces emplois a un parallèle synoptique : Mt 26,10 = Mc 14,6. Tous les autres emplois sont rédactionnels (Mt 5,16 ; 11,2 ; 11,19 ; 23,3.5).

[16] En Mt 7,17, « le bon arbre (ἀγαθός) fait de bons (littéralement καλούς) fruits ». Dans l'EvMt, outre les « œuvres », l'adjectif « καλός » qualifie aussi les substantifs « fruit » (Mt 3,10 ; 7,17 ;7,19) ; « arbre » (Mt 7,18 ; 12,33) ; « terre » (Mt 13,8 ; 13,23) ; « grain » (Mt 13,24; 13,27; 13,37; 13,38) ; « perle » (Mt 13,45). Dans les épîtres pastorales, les œuvres sont qualifiées aussi bien par l'adjectif καλός (1 Tm 3,1 ; 5,25 ; 6,18 ; Tt 2,7.14 ; 3,8.14) que par ἀγαθός (1 Tm 2,10 ; 5,10 ; 2 Tm 2,21 ; 3,17 ;Tt 1,16 ; 3,1). Cf. J. WANKE, « καλός », *EWNT* II, 602-606.

[17] Cf. MELLO, *Matthieu*, 117 ; E. BEST, *I Peter* (London 1971) 111 ; J. KREMER, « ὁράω », *EWNT* II, 1289 ; E. ALBRECHT, *Zeugnis durch Wort und Verhalten untersucht an ausgewählten Texten des Neuen Testaments* (Basel 1977) 116.

[18] Voir 1 Tm 2,10 ; 5,10.25 ; 6,18 ;Tt 2,7.14 ; 3,8.14 ; 1 P 2,12.

macarismes (Mt 5,3-10)[19], mais aussi l'exigence à pratiquer la justice supérieure requise aux disciples en Mt 5,17-7,12. Le style parénétique de Mt 5,16 (l'impératif λαμψάτω) et le contexte transitionnel de Mt 5,13-16 situé entre Mt 5,3-12 et Mt 5,17-7,12 plaident pour cette compréhension des belles œuvres en un sens plus large[20]. Dans le vocabulaire du DM, les expressions « belles œuvres » (Mt 5,16), « faire/chercher la justice » (Mt 5,20 ; 6,1 ; 6,33), « faire des bons fruits » (Mt 7,17), « faire la volonté du Père » (Mt 7,21) sont en corrélation. Elles renvoient toutes à l'exigence de mettre en pratique « la Loi et les Prophètes » comme Jésus les interprète en Mt 5-7[21].

Cependant, par rapport à tout ce vocabulaire corollaire, ce qui émerge spécifiquement des « belles œuvres » est le fait que ce qui est exigé des disciples en Mt 5-7 n'est pas une fin en soi. Cet agir est orienté vers les « hommes », car la lumière doit briller « ἔμπροσθεν τῶν ἀνθρώπων ». L'identité de ces « hommes » n'est certes pas précisée, ni ici au v.16, ni même au v.13. On devrait donc les identifier en tenant compte de la perspective universaliste

---

[19] Ainsi LAMBRECHT, *Discours*, 63-64. Mais en réalité, l'impératif de produire les « belles œuvres » ne concerne pas que les seules exigences éthiques énumérées dans le premier membre de chaque béatitude (Mt 5,3-10). Cet impératif concerne toute la praxis requise aux disciples dans le DM.

[20] Cette position charnière de Mt 5,13-16 est reconnue par ALBRECHT, *Zeugnis*, 125-128 ; G. BURCHARD, « Le thème du sermon de la montagne », *ETR* 62 (1987) 6-8 ; GUELICH, *Sermon*, 130 ; SOUCEK, « Salz der Erde », 177-178 ; STRECKER, *Sermon*, 51-52. Par contre, seuls J. DUPONT et P. GAECHTER ne voient aucun lien entre Mt 5,13-16 et son contexte. Cf. J. DUPONT, *Les béatitudes* (Bruges 1958), I, 93 ; P. GAECHTER, *Das Matthäus-Evangelium* (Innsbruck 1963) 154.

[21] Contrairement à ce que soutiennent GNILKA, *Matteo*, I, 212-213 ; GRUNDMANN, *Matthäus*, 140 ; ID., « καλός », *TWNT* III, 547 ; W. WIEFEL, *Das Evangelium nach Matthäus* (Leipzig 1998) 97, on ne peut pas réduire la portée générale des belles œuvres dont on parle en Mt 5-7 aux seuls « ma'asim tobim » mentionnés dans le judaïsme et que Matthieu connaît sans nul doute (Mt 25,35-45). Dans les écrits rabbiniques, on distingue parfois les *ma'asim tobim* des « miswoth » dans la mesure où ces œuvres ne sont pas expressément recommandées par la Torah. Il s'agit en général des « œuvres de charité (ou de miséricorde) », comme visiter les malades, donner l'hospitalité aux étrangers, aider les familles pauvres, participer aux mariages et aux funérailles, prendre soin des défunts, soulager ceux qui sont en détresse. Textes en STRACK–BILLERBECK, IV, 536-610.

caractéristique de Mt 5,13-16. Cette visée universaliste est bien soulignée par les termes comme γῆ, κόσμος, πᾶσιν τοῖς ἐν τῇ οἰκίᾳ. Il s'agit donc de tous les hommes, c'est-à-dire tous ceux se trouvent hors de la communauté des disciples, précisément ceux qui voient leurs belles œuvres et qui les jugent (Mt 6,1.2.5 ; 10,17.32.33 ; Lc 6,22.26 ; 16,15 ; 18,2)[22].

L'expression « ἔμπροσθεν τῶν ἀνθρώπων » est bien attestée dans l'EvMt (Mt 5,16 ; 6,1 ; 10,32.33 ; 23,13). En Mt 5,16, il faut la comprendre non pas seulement dans le sens physique de manifestation publique à laquelle appartient la préposition ἔμπροσθεν, mais aussi dans le prolongement du datif d'avantage πᾶσιν τοῖς ἐν τῇ οἰκίᾳ (Mt 5,15)[23]. Ce que sont devenus les disciples, si importants et nécessaires soient-ils, ils le sont pour « la terre » et pour « le monde ». Les génitifs τῆς γῆς et τοῦ κόσμου qui déterminent les images τὸ ἅλας et τὸ φῶς (Mt 5,13a.14a) indiquent une réalité que les disciples ne se contentent pas seulement d'incarner en eux-mêmes et pour eux-mêmes. Il s'agit bien plus d'une réalité qui doit être communiquée aux hommes pour qu'ils glorifient Dieu[24].

2.3. « Glorifier Dieu », un topique traditionnel

On reconnaît dans l'appel à la glorification de Dieu la présence d'un motif apologétique traditionnel que Mathieu intègre dans sa prospective missionnaire[25]. En effet, c'est un lieu commun de la tradition de l'AT (Is 52,5 ; Ez 36,20-21 ; cf. Rm 2,24) et d'autres écrits juifs que l'honneur et la sanctification de Dieu sont en jeu dans le témoignage du croyant[26]. En Israël, on avait en effet

---

[22] Cf. DAVIES – ALLISON, *Matthew*, I, 478 ; LAMBRECHT, *Discours*, 123 ; E. LOHMEYER, *Das Evangelium nach Matthäus* (Göttingen ⁴1967) 164 ; G. SCHNEIDER, « Das Bildwort von der Lampe. Zur Traditionsgeschichte eines Jesus-Wortes », ID., *Jesusüberlieferung und Christologie* (Leiden 1992) 135.

[23] Cf. A. KRETZER, « ἔμπροσθεν », *EWNT* I, 1089-1090.

[24] Cf. LAGRANGE, *Matthieu*, 88. G. LOHFINK a bien raison de parler ici de la communauté des disciples comme d'une « communauté alternative » au monde. Cf. G. LOHFINK, *Gesù come voleva la sua comunità ?* (Milano 1987) 91-96.

[25] Cf. LAGRANGE, *Matthieu*, 90 ; LESKE, « The Beatitudes », 837.

[26] En dehors de la Bible, cette corrélation entre les belles œuvres du croyant et l'honneur rendu à Dieu à travers ces œuvres est attestée en Test.Naph 8,4 ; Test.Ben 5,1-5 ; SifLv 19,1 ; m.Av 1,11 ; 2,2.12. Cf. R. HEILIGENTHAL, *Werke als Zeichen*.

le sentiment que selon la fidélité ou non à l'alliance, on glorifiait ou on blasphémait son Dieu. En outre, la glorification du Dieu d'Israël par tous les hommes (les nations) était une des plus fermes espérances juives des temps messianiques[27].

Dans ce contexte apologétique, le rapprochement de Mt 5,16 avec 1 P 2,12 est éclairant[28]. Après la dernière béatitude portant sur la persécution (Mt 5,10.11-12), les belles œuvres pourraient avoir en Mt 5,13-16 la fonction de désarmer et d'annihiler les fausses accusations dont les disciples font l'objet de la part des hommes, en particulier de la part de ceux qui les persécutent (Mt 5,10.11-12). La vue des belles œuvres les conduirait ainsi à glorifier Dieu. C'est donc dans cette situation de persécution que le disciple est par sa conduite patiente, humble, courageuse et pacifique, bref par ses « belles œuvres », un disciple à cent pour cent, c'est-à-dire sel de la terre et lumière du monde[29]. 1 P 2,12 exprime lui aussi une parénèse sur la mission qui met les croyants en contraste avec le monde (1 P 2,11 ; 2,12a). Ce contraste fait naître des fausses accusations (1 P 2,12a ; cf. Mt 5,11-12) contre les croyants qui sont ainsi appelés à déployer une conduite (« les belles œuvres ») qui non seulement s'oppose à ces fausses accusations, mais conduit aussi ceux qui observent ces « belles œuvres » à « glorifier Dieu au jour

---

Untersuchungen zur Bedeutung der menschlichen Taten im Frühjudentum, Neuen Testament und Frühchristentum (Tübingen 1983) 121 ; S.T. LACHS, *A Rabbinic Commentary on the New Testament : The Gospels of Matthew, Mark and Luke* (New York 1987) 85-86 ; STRACK–BILLERBECK, I, 239.

[27] Voir Ps 22,28-30 ; 86,9 ; Is 17,7-8 ; 19,19-22 ; 45,14-17 ; 66,18-23 ; So 2,11 ; Za 8,23 ; Ml 1,11.

[28] Il est difficile de déterminer la nature des rapports entre les deux textes. Toutefois, la proximité de langage et de vocabulaire pourrait indiquer qu'une tradition commune a été retravaillée par Matthieu et par l'auteur de 1 P pour la faire correspondre à leur contexte et but respectifs. Cf. E. BEST, « 1 Peter and the Gospel Tradition », *NTS* 16 (1969-1970) 103-111; L. GOPPELT, *A Commentary on I Peter* (Grand Rapids 1993) 162, n.28. Ou bien, plus probablement, Mt 5,16 aurait servi de « Vorlage » à 1 P 2,12. Cf. R. METZGER, *Die Rezeption des Matthäusevangeliums im 1. Petrusbrief. Studien zum traditions-geschichtlichen und theologischen Einfluss des 1. Evangeliums auf den 1 Petrusbrief* (Tübingen 1995) 49-68 ; W.C. van UNNIK, « The Teaching of Good Works in 1 Peter », *NTS* 1 (1954-1955) 97-98.

[29] Cf. C.M. MARTINI, « L'etica dello Spirito. Mt 5,13-16 », *La pratica del testo biblico* (Casale Monferrato 2000) 59-60.

de sa venue ». Ici comme ailleurs, « glorifier Dieu » ou « glorifier le Dieu d'Israël », c'est reconnaître ce que Dieu est, c'est-à-dire comme le seul et vrai Dieu[30]. Le verbe δοξάζειν a aussi ce même sens en Mt 9,8 ; 15,31. Ces deux textes sont les seules occurrences matthéennes du verbe δοξάζειν ayant *Dieu* comme objet (accusatif τὸν θεόν). Ces textes rapportent une réaction chorale des foules qui glorifient Dieu à la vue des miracles opérés par Jésus. Cette réaction est sans nul doute positive[31]. En effet, dans les gestes opérés par Jésus en faveur des malades, les foules reconnaissent les signes des temps messianiques (Is 29,22-23) et l'action salvifique de Dieu.

En Mt 5,16, celui que les hommes doivent glorifier en voyant les belles œuvres des disciples, n'est pas désigné comme le Père de ces hommes qui glorifient, ni comme le Père commun de ces hommes et des disciples. Il n'y a pas non plus ὁ θεός comme en Mt 9,8 ; 15,31[32]. En Mt 5,16, Dieu est désigné comme « τὸν πατέρα ὑμῶν τὸν ἐν τοῖς οὐρανοῖς ». Le possessif ὑμῶν qui accompagne en Mt 5,16 aussi bien τὰ καλὰ ἔργα, τὸ φῶς que τὸν πατέρα doit être mis en relation avec le pronom ὑμεῖς (cf. Mt 5,13.14). Il se réfère aux disciples auditeurs du DM. Cet emploi des possessifs déterminant πατήρ dans l'expression « votre Père qui est aux cieux » est attesté aussi dans l'emploi linguistique rabbinique où la dénomination « père qui est aux cieux » est accompagnée des suffixes pronominaux (en hébreu)[33]. L'emploi de

---

[30] Cf. P. BONNARD, *L'Évangile selon saint Matthieu* (Genève 2002) 60 ; LOHFINK, *Gesù*, 95 ; MANICARDI, « Paternità », 104.

[31] Cf. GNILKA, *Matteo*, I, 481 ; COUSLAND, *The Crowds*, 132-136.

[32] En Mt 15,31, Dieu est désigné comme le « Dieu d'Israël » (ὁ θεὸς τοῦ Ἰσραήλ). Cette désignation est traditionnelle. Elle est très fréquemment utilisée dans l'AT. Quelques exemples en Ex 5,1 ; 1 R 1,48 ; 1 Ch 16,36 ; Ps 41,13 ; 59,5 ; 68,35 ; 69,6 ; 72,18 ; Is 29,23, etc. Pour Qumran, voir 1QM 13,2 ; 14,4. Chez les rabbins, voir les textes en STRACK–BILLERBECK, IV, 210-214. La formule « glorifié est le (Seigneur) Dieu d'Israël » (cf. Mt 15,31) est une formule liturgique qu'on trouve dans les hymnes, en particulier ceux qui évoquent le souvenir des œuvres et des prodiges accomplis par Dieu. Dans les psaumes, on la trouve en conclusion du premier, du deuxième et du quatrième livre du psautier (Ps 41,14 ; 72,18 ; 106,48). Voir aussi Is 45,15 ; Tb 13,18 ; Lc 1,68.

[33] Voir les exemples en W. MARCHEL, *Abba. La prière du Christ et des chrétiens* (Rome 1971) 92-94 ; G. F. MOORE, *Judaism in the First Centuries of the Christian Era: The Age of Tannaim* (Cambridge 1930), II, 204.

ces suffixes pronominaux en contexte rabbinique permet d'éviter tout langage abstrait sur DP et qui l'isolerait de ceux dont il est le Père. Ce langage familier et relationnel exprime la proximité de ce Dieu que les disciples peuvent invoquer dans leur prière comme « notre Père »[34]. Cela signifie que le caractère spécifique que les belles œuvres des disciples doit rendre reconnaissable aux hommes pour qu'ils glorifient Dieu, est cette relation spécifique de ces disciples avec Dieu comme « *leur* » Père *qui est aux cieux*. Le témoignage rendu par les disciples ne conduit pas à glorifier Dieu défini de façon générique, mais précisément Dieu comme « votre Père », c'est-à-dire le Dieu révélé par Jésus comme *son* Père (« *mon* Père ») et accueilli par les disciples comme *leur* Père (« *votre* Père »). C'est ici que les belles œuvres des disciples deviennent déterminantes, car les hommes qui glorifient Dieu comme le Père des disciples sont éclairés par ce qu'ils voient dans les œuvres produites par les disciples[35].

Dans l'EvMt, Jésus parle ordinairement du Père (Père de Jésus ou des hommes) comme le « Père qui est aux cieux » ou « Père céleste » : ὁ πατήρ (μου/ἡμῶν/ὑμῶν) ὁ ἐν οὐρανοῖς (5x)[36] ; ὁ πατήρ (μου/ὑμῶν) ὁ οὐράνιος (7x)[37]. Il s'agit là d'une formulation caractéristique du premier évangile et de son image de Dieu. En dehors de l'EvMt, on ne rencontre l'expression « père qui est aux cieux » qu'une seule fois dans les autres écrits du NT : Mc 11,25, et peut-être en Lc 11,13. Cette formule dépend du langage des textes bibliques tardifs et de l'usage de la tradition judaïque où l'on tend à remplacer le nom de Dieu par le singulier « ciel » ou le pluriel « cieux » (Dn 4,23)[38]. Toutefois, la liberté avec laquelle

---

[34] Cf. GUELICH, *Sermon*, 287 ; G. SCHNEIDER, « Das Vaterunser des Matthäus », ID., *Jesusüberlieferung und Christologie : Neutestamentliche Aufsätze 1970-1990* (Leiden – New York 1992) 81.

[35] Cf. LOHMEYER, *Matthäus*, 104 ; R. PENNA, « La paternità di Dio nel Nuovo Testamento. Natura e condizionamenti culturali », *RdT* 40 (1999) 17 ; T. ZAHN, *Das Evangelium des Matthäus* (Leipzig 1903) 203.

[36] Cf. Mt 5,45 ; 12,50 ; 18,10.14.19.

[37] Cf. Mt 5,48 ; 6,14.26.32 ; 15,13 ; 18,35 ; 23,9.

[38] Dans le judaïsme, l'expression « père qui est aux cieux/au ciel » est utilisée surtout à partir du premier siècle après Jésus Christ. En effet, on la trouve dans certaines

Matthieu utilise et parfois omet cette formule indique donc que, même là où elle est utilisée, l'accent est mis d'abord sur la relation du « père qui est aux cieux » avec Jésus ou avec les disciples[39]. Ainsi par exemple, alors que Mt 6,15 est construit en parallélisme avec Mt 6,14, πατήρ est utilisé en Mt 6,15 sans l'indication sur la nature céleste du Père, une indication pourtant présente en Mt 6,14.

L'expression « qui est dans les cieux » ajoutée à la désignation de Dieu comme Père n'a pas dans les textes une portée locale, mais relative. Comme le montre du reste l'emploi de l'adjectif « οὐράνιος » en Mt 5,48 ; 6,14 ; 6,26.32 ; 15,13 ; 18,35 ; 23,9, cette expression équivaut plutôt à un adjectif. Cette détermination ne sert pas seulement comme dans le rabbinisme à distinguer ce Père divin des pères terrestres (Mt 7,9-11 ; 23,9 ; He 12,9) et des patriarches[40], ou bien à substituer le nom divin YHWH[41]. En ce sens, cette désignation est une formulation théologique qui entend qualifier l'action divine en distinguant la qualité du Père céleste de celle du père de la terre. Mais il s'agit aussi d'une désignation « dynamique » qui devrait être comprise dans la ligne de l'histoire du salut[42]. Dire du Père qu'il est « celui dans les

---

sentences rabbiniques attribuées à R. Johanan ben Zakkai (80 ap. JC) : « Les pierres (de l'autel Dt 27,6) assurent la paix entre Israël et son père qui est au ciel (MekhEx 20,25 [81a]). R. Sadoq (70 ap. JC) : « Mon père, qui est au ciel, tu as détruit Ta cité et réduit en cendre ton temple ; et tu restes indifférent et tranquille » (SER 28 [149]). R. Eliezer (90 ap. JC) : « Depuis que le temple a été détruit... sur qui nous appuyer ? A notre père qui est au ciel » (Sot 9,15). Cf. G.H. DALMAN, *Die Worte Jesu : mit Berücksichtigung des nachkanonischen jüdischen Schrifttums und der aramäischen Sprache* (Leipzig 1898) 152-153 ; A. GOSHEN-GOTTSTEIN, « The Epithet "Father in Heaven" in Rabbinic Literature » *Studies in Bible and Exegesis. In Memoriam Moshe Goshen-Gottstein* (éd. Moshe Bar ASHER et al.) (Ramat Gan 1993), III, 79-103 ; SCHRENK, « πατήρ », 979-981 ; H. TRAUB, « οὐρανός », *TWNT* V, 510-522 ; STRACK–BILLERBECK, I, 393-394, 410.

[39] L'expression « qui est aux cieux » et l'adjectif « céleste » qualifiant le Père sont absents dans les références à DP en Mt 6,8.15 ; 10,20.29 ; 11,25-27 ; 13,43; 16,27; 20,23; 24,36; 25,34; 26,29.42.53; 28,19.

[40] Cf. STRACK–BILLERBECK, I, 393 ; MOORE, *Judaism*, II, 205 ; J. CARMIGNAC, *Recherches sur le Notre Père* (Paris 1969) 70-77 ; P. JOÜON, « Quelques aramaïsmes sousjacents au grec des évangiles », *RSR* 17 (1927) 217-218.

[41] Cf. TRAUB, « οὐρανός », 521 ; MARCHEL, *Abba*, 93.

[42] Cf. SCHRENK, « πατήρ », 987 ; F. SCHRUERS, « La paternité divine dans Mt V, 45 et VI, 25-34 », *ETL* 36 (1960) 624.

cieux » ne signifie pas qu'il habite là très haut au-dessus de notre monde, éloigné de nous par son infinie transcendance, et donc nullement impliqué sur ce qui se passe ici sur terre[43]. Cette désignation contient une référence à la souveraineté absolue de Dieu qui, à partir du ciel, se manifeste et agit sur la terre, dans le monde et dans l'histoire. En effet, si le ciel est avant tout le domaine de Dieu, et s'il peut même en certains cas remplacer le nom divin (Mt 26,25 ; Lc 15,18.21), ce ciel de Dieu est dirigé vers la terre. Car il a été ouvert dans l'œuvre du salut opérée par Jésus : « Voici qu'une voix venue des cieux disait : "Celui-ci est mon Fils bien-aimé, qui a toute ma faveur" » (Mt 3,17). L'expression ἐν τοῖς οὐρανοῖς pour qualifier ὁ πατήρ comporte ainsi cette ouverture du salut divin à la situation de la terre[44]. Cela explique que l'on puisse prier dorénavant afin que la volonté du Père se réalise sur la terre comme (elle l'est déjà) aux cieux (Mt 6,10).

2.4. δοξάζειν et πατήρ dans le contexte de Mt 5-7

Dans le DM, le verbe δοξάζειν est attesté en Mt 5,16 et 6,2. Par son vocabulaire, Mt 6,2 (Mt 6,1-18) est proche de Mt 5,16 : ἔμπροσθεν τῶν ἀνθρώπων (Mt 5,16 ; 6,1) ; δοξάζειν (Mt 5,16 ; 6,2) ; ὅπως introduisant le verbe δοξάζειν (Mt 5,16 ; 6,2). Il y a toutefois des différences notables entre ces deux textes. En Mt 5,16, la lumière des belles œuvres doit briller devant les hommes (λαμψάτω τὸ φῶς ὑμῶν ἔμπροσθεν τῶν ἀνθρώπων), alors qu'en Mt 6,1 qui commande toute la section (Mt 6,1-18), il s'agit d'un μὴ ποιεῖν ἔμπροσθεν τῶν ἀνθρώπων. Bien que dans le texte grec Mt 5,16 et 6,1 utilisent tous deux la préposition ἔμπροσθεν, on peut relever des nuances différentes sur la base de la distinction en hébreu entre לִפְנֵי et לְעֵינֵי[45]. En Mt 5,16, ἔμπροσθεν pourrait être calqué sur לִפְנֵי : « au profit de » ; « pour les hommes », alors

---

[43] Cf. MOORE, *Judaism*, II, 205.
[44] Cf. GRUNDMANN, *Matthäus*, 236-242 ; A. KRETZER, *Die Herrschaft der Himmel und die Söhne des Reiches* (Stuttgart 1971) 30 ; SCHRENK, « πατήρ », 985.
[45] Cf. L. KOEHLER – W. BAUMGARTNER, *Hebräisches und aramäisches Lexikon zum Alten Testament* (Leiden 1983), III, 774, 887-888 ; E. KÖNIG, *Hebräisches und aramäisches Wörterbuch zum Alten Testament* (Leipzig 1931) 325, 366.

qu'en Mt 6,1, ἔμπροσθεν devrait correspondre à לְעֵינֵי : « aux yeux de », « devant »⁴⁶. Cela explique le fait que selon Mt 5,16, les hommes doivent voir les belles œuvres (ἴδωσιν), alors qu'en Mt 6,1-18, on insiste sur le « secret » : ἐν τῷ κρυπτῷ / ἐν τῷ κρυφαίῳ (6,4.6.18) ; τὸ ταμεῖον (6,6) ; μὴ φανῇς τοῖς ἀνθρώποις (6,18). Enfin, en Mt 5,16, δοξάζειν a comme objet τὸν πατέρα, alors qu'en Mt 6,2, la louange (passif δοξασθῶσιν) est adressée aux « hypocrites ».

Ces différences montrent que ces deux textes ont des perspectives diverses. Mt 5,16 enseigne *ce que* les disciples doivent faire. C'est l'impact de leur témoignage sur leur environnement social qui est souligné. Quand les disciples vivent selon l'enseignement de Mt 5-7, ils portent du fruit pour la société (« les hommes »). L'emploi de l'adjectif καλά pour qualifier leurs œuvres indique que celles-ci doivent être accomplies devant les hommes, et non à leur insu, pour apparaître telles, de façon qu'à travers ces œuvres, leur Père qui est aux cieux puisse être manifesté, reconnu et glorifié par les hommes. Mt 6,1-18 enseigne par contre *comment* faire les œuvres, c'est-à-dire quelles motivations doivent orienter les disciples dans la pratique des belles œuvres. Mt 6,1-18 met en garde contre un même danger : accomplir les belles œuvres avec ostentation, dans le but uniquement de se faire remarquer des autres hommes (Mt 6,5.17 : ὅπως φανῶσιν τοῖς ἀνθρώποις ; 6,2 : ὅπως δοξασθῶσιν ὑπὸ τῶν ἀνθρώπων).

Malgré ces tensions entre Mt 5,16 et 6,1-18, les recommandations sur le secret en Mt 6,1-18, loin de contredire Mt 5,16, le renforcent et le complètent. Car, en définitive, ce qui est fondamental en Mt 5,16 et 6,1-18, c'est la relation avec le Père céleste qui doit transparaître dans l'agir des auditeurs de Jésus. Ce n'est donc pas sans raison qu'en Mt 6,1-18, Matthieu y a concentré la plupart des références à DP de Mt 5-7. Cette insistance indique combien la relation avec le Père est importante dans la pratique

---

⁴⁶ GUELICH traduit ainsi l'expression « ἔμπροσθεν τῶν ἀνθρώπων » de Mt 5,16: « *for others*: The characteristically Matthean usage of before (ἔμπροσθεν...) with men denotes the personal focus of the disciple's mission in the *world* ». GUELICH, *Sermon*, 124. Sur cette distinction, voir aussi MELLO, *Matthieu*, 119.

de la justice (Mt 6,1). Le fait d'être vu n'est pas une fin en soi (Mt 6,1-18 ; 23,5). Bien plus, ce que demande Mt 5,16, c'est un moyen par lequel le Père céleste peut être reconnu et accueilli par les hommes, c'est-à-dire un agir qui soit « transparent » et capable de lancer aux hommes un signal qui leur rappelle la présence du Père.

Dans le contexte de l'EvMt, cette fonction des belles œuvres dans la révélation du Père doit être comprise comme un prolongement et une participation à la mission de Jésus. En effet, en Mt 11,27, Jésus est présenté comme l'unique (cf. οὐδὲ …εἰ μή) révélateur du Père. En Mt 11,27, l'objet de la révélation n'est pas limité seulement à la connaissance du mystère du Père. En effet, en révélant le Père, Jésus révèle aussi le mystère de sa propre personne comme « fils ». Il s'agit de la « communion de vie entre le Père et le Fils »[47]. Le Fils est l'unique dispensateur de la révélation en parfaite conformité avec le plaisir du Père (Mt 11,26 : εὐδοκία ἔμπροσθέν σου). Ainsi, en Mt 5-7 (et aussi dans tout l'évangile), le mot πατήρ pour dire Dieu ne se trouve que dans la bouche de Jésus. C'est donc lui qui indique à ses disciples que « son Père » est aussi « leur Père ». Sans les « œuvres » de Jésus, les disciples n'auraient donc pas pu approcher ce Dieu comme leur Père. De la même façon, les belles œuvres des disciples, leur témoignage en faveur du monde, devraient conduire les hommes vers ce Père que Jésus leur révèle.

Ainsi, les hommes glorifient le Père céleste des disciples lorsqu'ils reconnaissent en Lui la source et l'inspiration de l'agir des disciples. En effet, dans la perspective de Mt 5-7, les belles œuvres des disciples sont définies par une double relation avec la caractérisation de Dieu comme Père[48]. Tout d'abord, les belles œuvres sont telles parce qu'elles correspondent à la volonté du Père. Vivre comme le Père *veut*, c'est-à-dire « faire la volonté du Père » (Mt 6,10 ; 7,21), c'est révéler aux hommes que c'est ce Père qui détermine les normes de l'agir requis aux disciples de Jésus. Selon Mt 5-7, cette volonté du Père est contenue dans les paroles de Jésus (μου τοὺς λόγους τούτους, Mt 7,24), c'est-à-dire dans le contexte du DM, l'enseignement qu'il donne dans ce dis-

---

[47] Cf. SAND, *Matteo* I, 365.
[48] Cf. FABRIS, « Il Dio di Gesù Cristo », 128.

cours. C'est en ce sens que les belles œuvres demandées aux disciples sont révélatrices du Père et ceux qui les produisent peuvent être appelés des « prophètes » du Père (Mt 5,12). Les disciples de Jésus sont ceux qui manifestent dans leur agir que Dieu est leur Père, de telle façon que les hommes puissent connaître Dieu comme tel[49]. L'agir des disciples (leurs « belles œuvres ») devient ainsi le lieu de l'épiphanie du Père. Ensuite, cette volonté du Père est condensée dans l'amour solidaire et actif envers tous (Mt 7,12), amour qui trouve sa source et son modèle dans l'agir du Père (Mt 5,45.48).

Comme la lumière par rapport au monde des ténèbres, en vivant le message des béatitudes, en pratiquant « la justice supérieure », les disciples sont en contraste avec leur environnement social, en particulier, si celui-ci leur est hostile (Mt 5,11-12). Les disciples placent ainsi ceux qui voient leur témoignage devant cette alternative. Ou bien, ils rejettent leur témoignage avec les conséquences négatives comme cela est décrit en Mt 5,10-12 (persécution et rejet). Ou bien, renonçant aux railleries et aux insultes dont ils accablent les disciples (Mt 5,10-12), ces hommes acceptent la présence transformatrice du Père qui opère et qui se révèle dans les belles œuvres des disciples. Cette réponse positive des hommes est ce que Mt 5,16 appelle « glorifier le Père qui est aux cieux ». Cela signifie que ces hommes adhèrent au Père. Ils acceptent d'entrer en relation avec Lui. Il va sans dire que cet « éveil au Père »[50] impliquera pour eux un mode de vie correspondant aux exigences qui découlent de cette relation avec le Père. Cependant, Mt 5,16 n'a pas pour objectif de décrire comment ces hommes doivent vivre cette relation avec le Père[51].

---

[49] Cf. DAVIES – ALLISON, *Matthew*, I, 478 ("transparent") ; S. GRASSO, *Il vangelo di Matteo* (Roma 1995) 156 (i discepoli "sacramento" di Dio Padre) ; MANICARDI, « Paternità », 103-104 (« discepoli profeti ») ; T. SOIRON, *Die Bergpredigt Jesu* (Freiburg im Breisgau 1941) 230 ("Offenbarung der göttlichen Gnade und des göttlichen Lichtes). Voir aussi à ce propos GUELICH, *Sermon*, 125 ; HENDRICKX, *Sermon*, 47 ; K. STOCK, « I figli sono liberi (Mt 17,26 ; Lc 15,11-32 », *ParSpV* 23 (1991) 152-153.

[50] M. DUMAIS, « Le sermon sur la montagne (Matthieu 5-7) », *Cahiers Évangile* 94 (1996) 29.

[51] Il n'y a donc pas lieu de forcer la note en faisant de cette glorification de Dieu par les hommes l'équivalent de leur « conversion ». C'est ce que soutiennent par

Comme l'indique l'impératif λαμψάτω qui est du reste l'unique verbe principal de la phrase, il s'agit avant tout de la responsabilité des disciples de produire des belles œuvres susceptibles de révéler leur relation avec Dieu comme *leur* Père. Le disciple qui découvre dans les souffrances et les persécutions endurées pour son Maître son bonheur d'être « fils du Père » révèle lui aussi aux autres, comme les prophètes du passé, la présence ici-bas du Père qui est aux cieux.

Si Mt 5,10.11-12 assurait à ceux qui sont « persécutés pour la justice » la bénédiction divine (« heureux » ; « votre récompense est grande dans les cieux »), les mises en garde de Mt 5,13b et le fait absurde d'allumer « une lampe pour la mettre sous le boisseau » (Mt 5,14) invitent les disciples à prendre au sérieux ce rôle missionnaire et surtout à ne point capituler devant la pression de l'être disciple au risque « d'être jeté dehors et être piétiné par les hommes ». En effet, dans l'EvMt, le verbe βάλλειν (Mt 5,13) apparaît souvent dans les énoncés de jugement pour exprimer l'exclusion ou la damnation qui frappe non seulement l'humanité pécheresse (Mt 13,42), mais aussi et très souvent les disciples indignes (Mt 7,19; 13,48.50; 18,8.9; 22,13). Ensuite, le verbe καταπατεῖν ne désigne pas seulement un acte de mépris envers la chose piétinée (cf. Mt 7,6) ; c'est aussi un geste symbolique de jugement dans l'AT, spécialement en Isaïe (Is 10,6; 25,10; 28,3; 63,3.6)[52].

■ 3. La référence à DP en Mt 5,16 : Fonction proleptique dans le DM

L'analyse littéraire de Mt 5,13-16 a montré que le verset conclusif Mt 5,16 est important en Mt 5-7. Tout d'abord, Mt 5,16 circonscrit le passage des phrases nominales des béatitudes (Mt 5,3-10) et du mode indicatif en Mt 5,13-14 au mode impératif déjà amorcé en Mt 5,12 et qui continue pratiquement jusqu'en Mt 7,20. Il y a ensuite la mention des « belles œuvres »

---

exemple K. BERGER, *Exegese des Neuen Testaments. Neue Wege vom Text zur Auslegung* (Heidelberg 1977) 125 ; ALBRECHT, *Zeugnis*, 116-117 ; BURCHARD, « Le thème du sermon », 7 ; G. MIEGGE, *Il Sermone sul monte. Commento esegetico* (Torino 1970) 80.

[52] Cf. D. MARGUERAT, *Le jugement*, 21, n.21.

qui résument l'agir requis aux disciples dans ce discours. Enfin, la présence de la première référence à DP en Mt 5-7 ne peut passer inaperçue. Mais cette première référence est introduite dans le discours de façon plutôt abrupte. Car, en Mt 5,3-12, malgré une allusion indirecte à la paternité de Dieu en Mt 5,9 (υἱοὶ θεοῦ), Matthieu n'utilise pas le terme πατήρ. On peut certes expliquer cette introduction abrupte de πατήρ en évoquant le fait que cette désignation divine était sans nul doute familière à la communauté à laquelle Matthieu écrit[53]. Toutefois, comme première référence à DP de Mt 5-7 (et de l'évangile), πατήρ a dans le contexte une fonction proleptique importante.

En effet, en faisant indirectement écho à l'expression υἱοὶ θεοῦ qui le précède (Mt 5,9), ὁ πατὴρ ὑμῶν ὁ ἐν τοῖς οὐρανοῖς anticipe dans sa formulation les 16 autres références à DP attestées dans la suite du discours. La présence de ὁ πατήρ en Mt 5,16 offre ainsi le premier « signal linguistique »[54] et thématico-théologique important de la relation qu'il faut établir entre la figure de Dieu comme Père et l'agir que Jésus requiert à ses auditeurs en Mt 5-7. Le problème n'est donc pas tant celui de déterminer si Mt 5,16 offre le thème central du DM[55]. Néanmoins, la relation affirmée en Mt 5,16 entre le Père et l'exigence de produire des œuvres fait de ce verset un programme pour tout le discours, en particulier pour la section Mt 5,17-7,12. En effet, les références successives qui accompagnent en Mt 5,17-7,12 l'énoncé des normes particulières sur l'être et l'agir des disciples révéleront en détail la qualité de cet agir par lequel le Père veut être reconnu comme tel et glorifié par les hommes. En effet, Matthieu a associé en Mt 5-7 l'exposition du thème de la « justice » (Mt 5,20 ; 6,1.33) avec la figure de Dieu comme Père, en développant en particulier le rapport des disciples avec les hommes en Mt 5,21-48 (DP en Mt 5.45.48), le rapport avec Dieu en Mt 6,1-18 (DP en Mt 6,1.4.6.8.9.14.15.18) et le rapport avec les biens matériels

---

[53] Luz, *Matteo*, I, 341 ; Mowery, « God, Lord and Father », 30.

[54] Cf. Luz, *Matteo*, I, 341 ; B.B Scott – M.E. Dean, « A Sound Map of the Sermon on the Mount», *SBL 1993 Seminar Papers* (Atlanta 1993) 683.

[55] Ainsi Burchard, « Thème », 7-9 ; Allison, *Sermon*, 31 ; Zahn, *Matthäus*, 206.

en Mt 6,19-34 (DP en Mt 6,26.32), avant de conclure en Mt 7,7-11.12 la section centrale du discours en exaltant la bonté du Père capable de répondre positivement aux attentes de ceux qui l'invoquent (DP en Mt 7,11). Jésus achève son discours en présentant les paroles qu'il vient de prononcer comme l'expression de la volonté de son Père (DP en Mt 7,21).

Conclusion

Mt 5,13-16 conjugue ensemble don et exigence. Le bonheur reçu par les disciples d'être le sel de la terre et la lumière du monde débouche en même temps sur l'affirmation de leur responsabilité missionnaire de révéler Dieu comme leur Père à travers leurs belles œuvres. C'est bien là la finalité de la mission confiée à ceux qui suivent Jésus (Mt 28,19). C'est aussi la mission de Jésus (Mt 11,25-27). La pratique du DM par laquelle Dieu est révélé dans son identité comme Père ne peut donc être dissociée de la personne de Jésus, le Fils qui révèle le Père. Le fait que cette responsabilité soit ici attribuée aux disciples montre que Matthieu opère un rapprochement entre l'œuvre de Jésus et celle des personnes qui écoutent Jésus dans ce discours. En sus, le contexte dans lequel apparaît la première référence à DP du DM montre que la paternité de Dieu n'est pas une réalité destinée à demeurer circonscrite seulement à l'intérieur de la relation de DP avec les disciples à qui Jésus révèle cette paternité. A travers la louange qu'ils adressent au Père des disciples, les hommes au profit desquels brille la lumière des belles œuvres des disciples sont invités à entrer, eux aussi, en relation avec ce Père. Rien n'est encore dit en Mt 5,16 de ce qu'est le Père ni de ce qu'il fait ou fera, car le texte se focalise sur ce que les hommes doivent faire vis-à-vis de ce Père. Mt 5,16 offre ainsi un signal important en forme de cliché qui invite le lecteur du DM à repérer cette présence de Dieu comme Père dans l'articulation de ce discours.

CHAPITRE II
MT 5,43-48 : L'AGIR PARFAIT DE DP ET LES ANTITHÈSES

■ 1. Articulation du texte

Exhortation initiale : vv.43-44 : « aimez vos ennemis... »
Argument appuyant l'exhortation initiale. v.45. *fils de votre PÈRE*... parce que
Illustration 1 Question rhétorique. v.46. Les *publicains* et ceux qui les aiment
Illustration 2 Question rhétorique. v.47. Les *païens* et leurs frères
Conclusion. v.48. Donc *vous,* vous serez parfaits comme votre *PÈRE* est parfait

Explication

Mt 5,43-48 s'ouvre par une exhortation initiale qui est composée de la « thèse » en Mt 5,43 (les futurs ἀγαπήσεις et μισήσεις, caractéristiques du langage légal des textes de l'AT)[1] et « l'antithèse » en Mt 5,44 (les impératifs ἀγαπᾶτε et προσεύχεσθε Mt 5,44). Les deux impératifs du v.44 sont motivés au v.45 par deux affirmations complémentaires sur le devenir fils du Père (v.45a)[2] et sur l'agir de DP (v.45b). Le « devenir fils du Père » y est pré-

---
[1] Cf. Gn 2,17 ; Lv 19,2.18 ; Dt 5,15 ; 18,13 ; etc.
[2] Selon R.A. PIPPER, Mt 5,45a appartient encore au premier élément de ce topos qu'il appelle « general opening sayings ». Seul Mt 5,45b constitue l'élément qui fonde les impératifs énoncés en Mt 5,44 (« argument in support of the initial instruction »).

senté comme la finalité de l'application des impératifs énoncés en Mt 5,44 (« finale Begründung »³) et l'agir de DP comme le fondement (« ὅτι »⁴) qui justifie la conduite requise aux disciples d'aimer leurs ennemis : « parce qu'il fait lever son soleil sur les méchants et sur les bons, et tomber la pluie sur les justes et sur les injustes » (v.45b). Contrairement à Mt 5,48 où la référence au Père (v.48b) est directement rattachée au futur ἔσεσθε (v.48a) par la conjonction ὡς, en Mt 5,44-45, l'énoncé sur la filiation divine (« fils du Père » au v.45a) est plutôt encastré entre les deux impératifs (v.44) et la référence à l'agir du Père (v.45b). Cet énoncé rompt en quelque sorte l'enchaînement des impératifs (v.44) à la référence au Père (v.45b). Il se pose donc le problème de l'articulation des impératifs (v.44) et de leur motivation (v.45)⁵. En effet, la proposition introduite par ὅτι causal (fondement) en Mt 5,45b peut se référer, soit aux impératifs (v.44), soit à l'énoncé

Voir R.A. PIPPER, « Matthew 7,7-11 par. Luke 11,9-13 : Evidence of Design and Argument in the Collection of Jesus' Sayings », *Logia : Les paroles de Jésus – The Sayings of Jesus* (FS J. Coppens) (éd. J. DELOBEL) (Leuven 1982) 416. HAGNER sépare Mt 5,45a de Mt 5,45b. Voir HAGNER, *Matthew 1-13*, 133. Par contre, plusieurs soutiennent le lien entre les vv.44-45. Voir les arguments pour une telle division en DAVIES – ALLISON, *Matthew*, I, 548 ; GRUNDMANN, *Matthäus*, 177 ; ZUMSTEIN, *La condition du croyant*, 320.

³ Cf. R. BULTMANN, *Histoire de la tradition synoptique* (Paris 1973) 83.

⁴ À la place de la conjonction ὅτι, la Vulgate (« *qui* ») et certains manuscrits mineurs (les citations des Pères en particulier) supposent un texte avec le relatif ὅστις (1573 Eus Cyr) ou ὅς (Ju Ir Ter Hipp Or Cyp) qui se rattacherait au génitif τοῦ πατρός. L'emploi de ὅτι en lieu et place du relatif ὅς est un phénomène attesté ailleurs dans les évangiles : Mt 6,5 ; 13,16 (ὅτι) par. Lc 10,23 (ὅς). La conjonction ὅτι pourrait très probablement avoir pour substrat la particule araméenne qui a le sens du relatif ὅς avec une nuance causale faible (araméisme). Ces variations grammaticales ne changent pas cependant le sens de la phrase. Cf. M. BLACK, *An Aramaic approach to the Gospels and Acts* (Oxford 1979) 70-76 ; JOÜON, « Quelques aramaïsmes », 210-229 ; LAGRANGE, *Matthieu*, 117 ; ZAHN, *Matthäus*, 254, n.35.

⁵ Cette incongruité est notée aussi par LUZ, *Matteo*, 1,459 : « Il n'est pas clair si la référence à l'agir de DP dans la création est en relation avec l'énoncé sur la filiation ». Pour certains, cette incongruité proviendrait de la tradition originaire où ce v.45 ne formait pas une unité avec Mt 5,44. Cf. J. SAUER, « Traditionsgeschichtliche Erwägungen zu den synoptischen und paulinischen Aussagen über Feindesliebe und Wiedervergeltungsverzicht », *ZNW* 76 (1985) 1-28 ; J. SCHLOSSER, *Le Dieu de Jésus. Étude exégétique* (Paris 1987) 245-250.

sur la filiation (v.45a)[6], ou même plus probablement, aux deux segments ensemble : Mt 5,44-45a. On va montrer dans ces pages que l'évocation de l'agir du Père dans la création (v.45b) met en relation l'impératif d'aimer les ennemis (v.44) avec l'exigence de devenir fils du Père (v.45a) : Celui qui aime son ennemi, fait quelque chose qui correspond à l'agir du Père ; ce faisant (v.44 ➙ v.45b), « il devient fils du Père » (v.45a)[7].

Les deux questions rhétoriques de Mt 5,46-47 développent deux contre-exemples qui figurent au seul titre de repoussoir dans l'argumentation : « οἱ τελῶναι » (les « publicains ») et « οἱ ἐθνικοί » (les « païens »). Ces derniers sont encore cités comme contre-exemples en Mt 6,7 et Mt 6,32 (cf. τὰ ἔθνη en Mt 6,32).

Quant à Mt 5,48, il est un verset conclusif qui est introduit par la particule οὖν (anaphorique). Dans l'évangile de Luc, le verset parallèle Lc 6,36 formule l'exigence d'être miséricordieux comme le Père est miséricordieux. Lc 6,36 peut être rattaché aussi bien au développement antérieur qu'il clôt (Lc 6,27-35)[8] qu'au texte suivant qu'il introduit (Lc 6,37-38)[9] ; mieux, il est plutôt à rattacher aux deux péricopes comme un verset pivot

---

[6] Ainsi S. SCHULZ, *Q, die Spruchquelle der Evangelisten* (Zürich 1972) 134: « Die Sohnschaft des himmlischen Vaters liegt allein im gottgemässen Handeln begründet ».

[7] Cf. D. ZELLER, *Die weisheitlichen Mahnsprüche bei den Synoptikern* (Würzburg 1977) 103 ; SCHULZ, *Q*, 134.

[8] Lc 6,36 devrait être rattaché à la péricope sur l'amour des ennemis (Lc 6,27-35) à l'instar du texte parallèle matthéen (Mt 5,43-48). C'est le point de vue soutenu par H.J. HOLTZMANN, *Die Synoptiker* (Tübingen – Leipzig 1901) 61 ; B. ALAND – B.M. METZGER, *The Greek New Testament* (Stuttgart ⁴1998) ; J.L. NOLLAND, *Luke* (Dallas 1989), I, 300.

[9] L'appel à « être miséricordieux comme le Père » (v.36) est illustré au v.37 (« pardonner ») et au v.38 (« donner »). Lc 6,36 serait ainsi un titre pour les versets qui suivent. Les arguments avancés sont les suivants : 1) Lc 6,27-35 est bien délimité par la répétition du v.27 au v.35 ; 2) Lc 6,36 n'a pas οὖν anaphorique de Mt 5,48 ; 3) Lc 6,36 est séparé de façon asyndétique du v.35c, alors que les vv.37-38 lui sont rattachés par καί. Cf. W.E. BUNDY, *Jesus and the First Three Gospels: An Introduction to the Synoptic Tradition* (Cambridge 1955) 195; A. GEORGE, « Le disciple fraternel et efficace (Lc 6,39-45), *AS* 39 (1972) 69, n.6; GUELICH, *Sermon*, 233 ; A. SCHULZ, *Nachfolge und Nachahmen. Studien über das Verhältnis der neutestamentlichen Jüngerschaft zur urchristlichen Vorbildethik* (München 1962) 231, n.22 ; H. SCHÜRMANN, *Das Lukasevangelium* (Freiburg – Basel – Wien 1969), I, 358-359.

(verset de transition)[10]. Qu'en est-il alors de Mt 5,48 ? Ce verset est avant tout la conclusion de la dernière antithèse. La répétition de πατήρ aux vv.45a.48 permet ainsi de délimiter cette dernière antithèse où l'appel à aimer son ennemi (vv.43-44) s'appuie sur l'exemple du Père des disciples (vv.45a.48)[11]. Mais la fonction de Mt 5,48 va bien au-delà du contexte de cette dernière antithèse (Mt 5,43-48). À cause des attaches lexicales de cette dernière péricope avec les textes qui la précèdent, on peut donc considérer Mt 5,48 non seulement comme la conclusion de la dernière antithèse, mais aussi de Mt 5,21-48[12]. En effet, la présence de l'adjectif περισσόν en Mt 5,47 rappelle sans nul doute le verbe de la même racine περισσεύσῃ en Mt 5,20[13]. La reprise du vocabulaire relatif à ce champ sémantique dans ces deux versets montre que l'exigence de la « perfection » demandée aux disciples en conclusion de la dernière antithèse en Mt 5,48 n'est rien d'autre que la « justice *supérieure* » dont l'exigence est formulée en Mt 5,20[14]. Si donc l'exigence d'être parfaits formulée en Mt 5,48 renvoie à la

---

[10] Cf. H. COUSIN, *L'évangile de Luc* (Paris 1993) 97 ; DUPONT, *Béatitudes,* III, 625 ; J. FITZMYER, *The Gospel According to Luke I-IX* (New York 1981) 641. Les deux ensembles Lc 6,27-35 et 6, 37-38 sont unis par Lc 6,36 ; ils sont fondés sur l'exigence de l'imitation de la miséricorde de Dieu. C'est pour cette raison que certains considèrent Lc 6,27-38 comme une unité. Cf. B.S. EASTON, *The Gospel According to St Luke. A Critical and Exegetical Commentary* (New York 1926) 86-90.

[11] Cf. W. TRILLING, *Il vero Israele. Studi sulla teologia del vangelo di Matteo* (Casale Monferrato 1992) 245-248; GRUNDMANN, *Matthäus*, 180; FRANKEMÖLLE, *Jahwebund*, 291; C. DIETZFELBINGER, « Die Antithesen der Bergpredigt im Verständnis des Matthäus », *ZNW* 70 (1979) 13.

[12] Sur ce point, cf. BONNARD, *Matthieu*, 74 ; GRUNDMANN, *Matthäus*, 179-180 ; E. KLOSTERMANN, *Das Matthäusevangelium* (Tübingen 1971) 51.

[13] Mt 5,20 est considéré à juste titre comme l'introduction aux antithèses. Cf. STRECKER, *Weg*, 153 ; G. BARTH, « Matthew's Understanding of the Law », *Tradition and Redaction in Matthew*, 73 ; G. BORNKAMM, « End-Expectation and Church in Matthew », 16 ; A. SAND, « Die Polemik gegen "Gesetzlosigkeit" im Evangelium nach Matthäus » *BZ* 14 (1970) 116; B. PRZYBYLSKI, *Righteousness in Matthew and His World of Thought* (Cambridge 1980) 90.

[14] Pour la relation entre les concepts de « justice » et de « perfection » dans le DM et dans l'EvMt en général, voir G. BORNKAMM, *Gesù di Nazareth* (Torino ²1981) 104 ; U. LUZ, « Die Erfüllung des Gesetzes bei Matthäus (Mt 5,17-20) », *ZThK* 75 (1978) 398-435. Dans cet article, LUZ écrit : « La justice requise aux disciples est identique à la perfection (Mt 5,48) dont le contenu correspond au commandement de l'amour » (p.423).

requête de la « *justice supérieure* » exposée dans toutes les antithèses, peut-on dire ainsi que la caractérisation de Dieu comme « père parfait » en Mt 5,48 pour fonder l'exigence éthique de la perfection requise aux disciples éclaire aussi toute la praxis requise dans la section des antithèses en Mt 5,21-48 ? Autrement dit, doit-on limiter l'évocation de la relation avec le Père au seul impératif de l'amour des ennemis formulé en Mt 5,43-48 ? C'est à cette question qu'on va tenter de répondre dans les pages qui suivent.

En définitive, il y a en Mt 5,43-48 deux motifs pour fonder les impératifs formulés en Mt 5,44 : l'imitation de l'agir du Père qui rend possible le « devenir fils du Père » et l'exigence pour les « fils du Père » de faire « un plus » qui mériterait « la récompense ». Lc 6,27-35 a aussi une double motivation pour l'impératif « aimez vos ennemis » (Lc 6,27.35a) mais présentée dans un ordre différent de Mt 5,44-48. Tout d'abord, Lc 6,32-34 (= Mt 5,46-47) évoque l'inutilité de cette disponibilité à l'aide réciproque caractéristique des « pécheurs » : Les bonnes actions accomplies avec des intentions utilitaires ne méritent aucune « χάρις » (cf. Lc 1,28.30 ; 2,40.52...)[15]. Ensuite, la motivation fondamentale pour aimer les ennemis (v.35a) est celle que Luc place à la fin du texte (Lc 6,35bcd = Mt 5,45). Luc parle d'une « grande récompense » qui s'actualise dans le don de la filiation divine à ceux qui imitent Dieu, « parce qu'il est bon envers les ingrats et les mauvais » (Lc 6,35). Dans le texte de Matthieu par contre, ce dernier motif de l'imitation de Dieu qui fonde « le devenir fils du Père » est placé tout au début du texte, dans une position emphatique, pour mettre tout de suite en évidence la nécessité pour les disciples de démontrer leur filiation divine en adoptant le mode

---

[15] Cf. W.C. van UNNIK, « Die Motivierung der Feindesliebe in Lukas VI, 32-35 », *NT* 8 (1966) 284-300. Cet article de Van UNNIK étudie ce texte lucanien sur l'amour des ennemis en le comparant avec le principe de réciprocité dans les relations interpersonnelles dans monde gréco-romain. En agissant avec générosité envers les autres, on se fait des amis dans l'espoir d'obtenir en échange le même traitement dans le futur. Ce principe n'a été que très rarement critiqué dans l'antiquité comme une forme de « self-service ». Cf. ARISTOTE, *L'éthique à Nicomaque*. Introduction, traduction et commentaire par R.A. Gauthier et J.Y. Jolif (Louvain 1970) 1167b.31 ; CICÉRON, *De officiis*, 1.44-45. Trad. franç. *Les devoirs*. Texte établi et traduit par M. Testard (Paris 1965).

d'agir de leur Père (Mt 5,44-45)[16]. Matthieu répète ensuite ce motif au v. 48 qui conclut le texte (cf. οὖν anaphorique). On traitera ultérieurement des différences dans la façon de désigner Dieu dans les deux évangiles (ὕψιστος et οἰκτίρμων en Luc ; ὁ πατὴρ ὑμῶν et τέλειος en Matthieu).

Cette confrontation de Mt 5,43-48 avec son parallèle Lc 6,27-35 révèle d'une part un ordre divergent des séquences dans les deux textes, et de l'autre des concordances qui concernent le contenu plutôt que le vocabulaire utilisé[17]. La formulation des motivations données par Luc et par Matthieu pour fonder la praxis de l'amour des ennemis montre que cet impératif pose en réalité la question de la relation entre le Père et ses fils dans la trilogie amour, filiation divine, imitation du Père[18].

■ 2. Mt 5,45 : L'agir du Père et la relation du Père avec les fils

2.1. Mt 5,45b : Le Père donne le soleil et la pluie

Dans le NT, c'est seulement ici en Mt 5,45b que les verbes ἀνατέλλειν (transitif avec sens causatif : « faire lever »)[19] et βρέχειν (sens intransitif : « faire pleuvoir ») ont Dieu (πατήρ) comme sujet.

---

[16] Cf. GUNDRY, *Matthew*, 98 ; D.J. HARRINGTON, *The Gospel of Matthew* (Collegeville 1991) 89.

[17] Sur l'étude des éléments relevant de la tradition et de la rédaction dans ces deux textes, cf. R. GUELICH, « The Antithesis of Matthew V. 21-48 : Traditional and/or Redactional », *NTS* 22 (1976) 447-450 ; D. LÜHRMANN, « Liebet eure Feinde (Lk 6,27-36/Mt 5,39-48) », *ZThK* 69 (1972) 416-422 ; SCHULZ, *Q*, 126-131 ; SCHÜRMANN, *Lukas*, I, 345-346, 354-359 ; H.T. WREGE, *Die Überlieferungsgeschichte der Bergpredigt* (Tübingen 1968) 83-94.

[18] Cette trilogie est présente en d'autres textes du NT. Voir particulièrement Ep 5,1-2 : « *Imitez* Dieu, puisque vous êtes des *enfants* qu'il *aime* ; vivez dans *l'amour* ». Autres textes : 1 P 1,3-25 ; 1 Jn 4,17-21. Ces textes pourraient contenir un modèle parénétique de l'enseignement moral des premières communautés chrétiennes. Voir DAVIES – ALLISON, *Matthew*, I, 554.

[19] Mt 5,45 est dans le NT l'unique emploi transitif de ce verbe avec sens causatif. Pour son emploi dans l'AT (LXX), voir Gn 3,18 ; Dt 29,22. Cf. BLASS–DEBRUNNER–REHKOPF, *Grammatik*, § 309, 1, n.2 ; B. REICKE, « ἀνατέλλω/ ἀνατολή », *EWNT* I, 224-225.

Dans l'AT et dans la littérature rabbinique, ce processus naturel, en particulier faire pleuvoir, est souvent associé à la main de Dieu[20]. L'expression « son soleil » (soleil de Dieu) est inconnue de la Bible. Elle est présente dans la littérature rabbinique (cf. PesR 195a). Étant créature de Dieu et élément du monde céleste, le soleil forme la cour de Dieu ; il obéit à ses ordres (Gn 1,14-19 ; Ps 19,4-6)[21]. Le soleil et la pluie qui font croître le blé dans les champs pour assurer à l'homme sa nourriture, sont présentés comme des dons de la part de Dieu. Ces dons expriment la bonté divine.

Les bénéficiaires de l'agir du Père (ἐπί + accusatif) sont répartis en deux groupes en forme de parallélisme synonymique : « méchants – bons » et « justes – injustes » (variation stylistique). Le couple « bons – méchants »[22] ou « justes – injustes » utilisé en antithèse directe ou indirecte par l'emploi d'autres termes synonymiques, est important dans l'EvMt où les hommes sont divisés en deux groupes selon leur décision en faveur ou contre Jésus. Dans l'EvMt, à l'exception de Mt 20,4 (« je vous donnerai ce qui est *juste* »), toutes les autres occurrences de l'adjectif δίκαιος se réfèrent aux hommes. L'homme « juste » est celui qui agit conformément à la volonté de Dieu révélée par Jésus[23]. Quant à πονηρός, utilisé dans le sens moral, il est synonyme de ἁμαρτωλός

---

[20] Cf. Gn 2,5 ; Is 5,6 ; Jl 2,23 ; Za 10,1 ; Jb 5,10. Pour les textes rabbiniques qui parlent du don divin de la pluie, cf. b.Ber 33a ; p.Taan 1,1 §2 ; LevR 35,8. Textes en STRACK–BILLERBECK, I, 374-377 ; G. EICHHOLZ, *Auslegung der Bergpredigt* (Neukirchen 1965) 100 ; D. FLUSSER, *Judaism and the Origins of Christianity* (Jerusalem 1988) 482.

[21] Cf. S. LÉGASSE, *Les pauvres en esprit. Évangile et non-violence* (Paris 1974) 94, n.13. En employant le possessif « son » pour déterminer le soleil (le soleil de Dieu), Matthieu n'entend nullement attribuer un caractère théophanique au soleil, comme le souligne au contraire BETZ, *Sermon*, 316.

[22] En dehors de Mt 5,45, les termes ἀγαθός et πονηρός sont attestés ensemble en Mt 7,11.17.18 ; 12,34.35 ; 20,15 ; 22,10. L'emploi de ces couples d'antithèses reflète sans nul doute le langage des livres sapientiels, en particulier du livre des Proverbes et des psaumes. Cf. A. DESCAMPS, « Justice et justification », *DBS* IV, 1428-1429.

[23] Voir Mt 1,19 ; 5,45 ; 9,13 ; 10,41 ; 13,17.43.49 ; 20,4 (salaire juste) ; 23,28.35 ; 25,37.46 ; 27,19. La « justice » (δικαιοσύνη) dont on parle ici dans le DM est l'agir humain conforme à la volonté de Dieu. Cf. B. PRZYBYLSKI, *Righteousness in Matthew and His World of Thought* (Cambridge 1980); K. STOCK, *Discorso della montagna Mt 5-7. Le beatitudini* (Roma ⁴2002) 75-85.

ou ἄνομος (Is 1,4.28.31 LXX) ; Ps 103,35 ; Mt 9,13 ; etc.). Le « méchant » est celui qui enfreint la loi du Seigneur[24]. Comme c'est par sa loi que Dieu détermine ce qui est moralement bon ou mauvais, on peut considérer les « mauvais » /« injustes » comme adversaires (ἐχθροί) de Dieu (cf. Ps 37,20)[25]. L'articulation qu'on a précédemment établie aux vv. 44-45 permet de mettre en relation les « ennemis » qu'il faut aimer (Mt 5,44) avec les « mauvais » bénéficiaires de la bonté de Dieu (Mt 5,45b). En effet, l'identité des ennemis qu'il faut aimer (Mt 5,44a) est précisée en Mt 5,44b (parallélisme synonymique). Les ennemis sont ceux qui persécutent (διωκόντων) la communauté (« ὑμᾶς ») à cause de sa foi en Jésus-Christ. Parce que ennemis de la communauté, on peut dire que ces ἐχθροί sont aussi ennemis de Dieu (cf. Ex 23,22).

Dans le langage biblique, la juxtaposition des contraires (bons/mauvais) exprime généralement l'idée de la totalité et de l'universalité. En Mt 5,45, cette juxtaposition indique que tous les hommes sont bénéficiaires de la bonté de Dieu, non point parce que Dieu serait indifférent aux uns ou aux autres, mais à cause de sa magnanimité. Cette dimension totalisante, caractéristique de la façon dont Dieu exerce sa bonté envers les hommes, quels qu'ils soient, anticipe dans le discours l'affirmation centrale sur la perfection du Père évoquée au v. 48. L'extension de la bonté divine à tous les hommes est un trait plutôt tardif dans l'AT. Un texte de référence est sans nul doute Ps 145,9 : « Il est bon (χρηστός), YHWH, *envers tous*, et ses tendresses *pour toutes ses œuvres* »[26]. Néan-

---

[24] Cf. G. HARDER, « πονηρός », *TWNT* VI, 550-551.

[25] Sur la caractérisation des méchants comme « ennemis » de Dieu, cf. P. FIEDLER, *Jesus und die Sünder* (Frankfurt- am-Main 1976) 193 ; W. FOERSTER, « ἐχθρός », *TWNT* II, 811-815 ; HARDER, « πονηρός », 551 ; K. BEYSCHLAG, *Die Bergpredigt und Franz von Assisi* (Gütersloh 1955) 314, 316 ; SCHLOSSER, *Dieu de Jésus*, 255. Dans l'Église primitive, on parlait aussi de l'ennemi en ce même sens religieux. Dans la deuxième Épître de Clément de Rome aux Corinthiens, on dit que les ennemis à aimer sont « ceux du dehors » (2 Cl 13,1), c'est-à-dire ceux qui « blasphèment le nom de Dieu » (2 Cl 13,4).

[26] Voir aussi Ez 21,8-9 ; Ps 11,5 ; Qo 3,17 ; 7,15 ; Mt 22,10 ; Ac 24,15 ; etc. En contexte rabbinique, le Ps 145 ne servait pas tant pour établir l'obligation d'aimer ses ennemis ; il servait plutôt à fonder la nécessité d'exercer la miséricorde envers tous, *mais surtout* envers les justes. Textes en STRACK – BILLERBECK, I, 374-376.

moins, tout en exprimant l'universalité des bienfaits divins, Mt 5,45 entend plutôt mettre en exergue l'attitude du Père envers les hommes méchants et injustes, attitude caractérisée par la bonté. En faveur de cette mise en exergue de la bonté envers les injustes dans le texte matthéen, on peut noter les éléments suivants.

1) La forme en chiasme (a + *b/b* + a) de la disposition littéraire des bénéficiaires de l'agir du Père : En Mt 5,45b, les deux catégories négatives (méchants/injustes) occupent les positions extrêmes ; les catégories positives (bons/justes) tiennent le centre. Intentionnellement voulue par l'auteur, cette inversion ne révèle pas seulement l'élégance du style. Elle renforce plutôt le caractère « scandaleux »[27] de cette bonté du Père qui, tout en maintenant les oppositions caractéristiques entre les catégories morales (injustes – justes, bons – méchants), peut agir autrement qu'en choisissant les uns et en rejetant les autres. L'agir du Père n'est pas déterminé par le « ou/ou », mais par le « et/et » (« *même* les méchants, et *pas seulement* les bons »[28]. En faisant briller son soleil aussi aux méchants et en leur donnant la pluie, le Père réalise déjà dans son propre agir le plus grand commandement de l'amour.

2) En Mt 5,43, le rappel de la « thèse » (« tu aimeras ton prochain et tu haïras ton ennemi ») et les contre-exemples présentés en Mt 5,46-47 n'ont pas pour fonction d'appeler à l'amour du prochain, mais de souligner l'insuffisance d'un comportement qui se baserait uniquement sur ce commandement de l'amour du prochain.

3) On peut évoquer aussi un argument externe à partir du texte parallèle Lc 6,35. Luc ne mentionne que l'agir de Dieu en faveur des ingrats et des méchants : « car il est bon, Lui, pour les ingrats et les méchants ».

---

[27] À juste titre, J. SCHLOSSER parle du Dieu révélé en Mt 5,45 comme un « Dieu déconcertant ». SCHLOSSER, *Dieu de Jésus*, 235-260. Sur ce visage déconcertant de Dieu, voir aussi ZUMSTEIN, *La condition du croyant*, 322, n.1 ; J. GALOT, « Paternità di Dio e amore del prossimo », *CivCatt* 152 (2001) 358.

[28] Cf. BORNKAMM, *Gesù di Nazareth*, 111 ; J. CALLOUD – F. GENUYT, *L'évangile de Matthieu* (Paris 1996), I, 54.

2.2. ὁ πατὴρ ὑμῶν en Mt 5,45 : Portée de cette désignation

En parlant de la présence active de Dieu dans la création, Matthieu adopte un motif sapientiel qui considère la création comme une parabole de l'action divine. Mais le Dieu dont l'agir est ici évoqué, est désigné comme « votre Père ». C'est ὁ πατήρ (cf. τοῦ πατρὸς ὑμῶν de Mt 5,45a) qui est en effet le sujet grammatical (sous-entendu) des deux verbes ἀνατέλλει et βρέχει. En parlant de cet engagement de Dieu dans la création (Mt 5,45b ; 6,26.30 ; 10,29), Jésus n'entend nullement indiquer par là la source de sa connaissance de Dieu comme Père[29]. Si en Mt 5,45, il renvoie avec confiance à la bonté illimitée de Dieu comme Père dans la création pour fonder la loi si difficile de l'amour des ennemis, cela s'explique par le fait que dans sa personne comme Fils, Dieu se révèle comme Père[30]. Ce Père que Jésus révèle à travers son agir et dans son enseignement aux disciples est en même temps le Dieu qui a créé le ciel et la terre. Dans ces versets, Jésus fait parler la création. Il la charge de prêcher Dieu afin que ses auditeurs comprennent qui est ce Dieu qu'il révèle, comment il agit et ce que signifie son Règne dont il annonce la proximité[31]. En Mt 5,45b, la dimension cosmologique de la paternité de Dieu n'est donc en réalité qu'apparente, car cette paternité n'est pas d'ordre cosmique. Elle est plutôt circonscrite dans le rapport entre DP et les disciples, car le texte dit explicitement : « votre Père » (τοῦ πατρὸς ὑμῶν), c'est-à-dire le Père de ceux à qui Jésus destine son discours, et non pas le Père des hommes bénéficiaires de l'agir décrit (les justes et les injustes). Mt 5,45 n'entend donc pas établir le principe d'une paternité universelle de Dieu par le seul fait que DP

---

[29] Cf. MANICARDI, «Paternità», 106 ; PENNA, «Paternità», 12.17 ; SCHRENK, « πατήρ », 990 ; SCHRUERS, « Paternité », 610.

[30] Le « lieu » pour commander la pratique de l'amour des ennemis est principalement la « théologie » (proprement comme discours sur Dieu : *théo – logie*), mais la « théologie de Jésus ». Cf. H. MERKLEIN, *Die Gottesherrschaft als Handlungsprinzip. Untersuchung zur Ethik Jesu* (Würzburg 1978) 236.

[31] Aspect bien souligné par W. BENNETT, « The Sons of the Father. The Fatherhood of God in the Synoptic Gospels », *Interp* 4 (1950) 14; BORNKAMM, *Gesù di Nazareth*, 113-116; ZUMSTEIN, *La condition du croyant*, 324.

distribue ses dons (la pluie et le soleil) à tous les hommes[32]. Dans la bouche de Jésus, « πατήρ » comme désignation de Dieu (« votre Père ») n'a pour destinataires que ceux qui ont accepté le message contenu dans l'expression « votre Père »[33].

Le recours en Mt 5,45 à la figure du Père et à la relation qui caractérise les rapports du Père avec les disciples s'explique par le motif sous-jacent de *l'imitatio patris*. En effet, c'est le rôle du père d'inspirer l'agir des fils[34]. Le code de l'amour impartial dont DP est le premier responsable qualifie non seulement l'image paternelle de Dieu, mais aussi la filiation divine de ceux qui adhèrent à la parole de Jésus. Aussi, pour devenir fils et honorer son statut filial, le disciple doit faire les mêmes œuvres que celles de son Père, en l'occurrence aimer son ennemi. L'adhésion à la condition filiale ne se réalise que là où le disciple découvre en son Père le paradigme de son action. C'est donc cette image du Père comme « celui qui montre au fils ce que celui-ci doit faire » qui détermine l'impératif de l'amour des ennemis en établissant sa raison d'être.

---

[32] Jusqu'à un passé récent, on discutait encore sur la dimension universelle ou particulière (c'est-à-dire relative à un groupe, en l'occurrence les disciples) de la paternité de Dieu telle qu'elle est présentée dans les textes bibliques. Dans son article « La paternité divine dans Mt V,45 et VI,26-32 », *ETL* 36 (1960) 594-599, P. SCHRUERS offre un aperçu des opinions des uns et des autres sur cette question. Il s'agit de savoir si les textes évangéliques qui parlent de l'agir de Dieu comme Père dans la création doivent être compris en un sens sapientiel (*weisheitlich*), ou bien dans le cadre de l'histoire du salut, et donc de l'annonce du Règne (*heilsgeschichtlich*). P. SCHRUERS retient ce second sens en concluant que « le mot πατήρ ne doit donc pas être expliqué en fonction d'une préoccupation paternelle à l'égard de la création dans son ensemble. La perspective est celle du Royaume et de ses disciples » (p. 623). Dans le même sens, voir aussi H.F.D. SPARKS, « The Doctrine of the Divine Fatherhood in the Gospels », *Studies in the Gospels*. Essays in Memory of R. H. Lightfoot (éd. D. E. NINEHAM) (Oxford 1955) 260. JEREMIAS, *Abba*, 127, n.69. Par contre, l'idée d'une paternité universelle dans les textes évangéliques est soutenue entre autres par H.W. MONTEFIORE. Cf. H.W. MONTEFIORE, « God as Father in the Synoptic Gospels », *NTS* 3 (1956/1957) 31-46.

[33] Cf. SCHRENK, « πατήρ », 990-991.

[34] C'est ce qu'affirme par exemple Jn 5,19-20 au sujet de la relation de Jésus (le Fils) avec Dieu (son Père) : « Le Fils ne peut rien faire de lui-même, mais seulement ce qu'il voit faire au Père : car ce que fait le Père, le Fils le fait pareillement. Car le Père aime le Fils, et lui montre tout ce qu'il fait ».

2.3. L'agir du Père (Mt 5,45b) et l'énoncé sur la filiation (Mt 5,45a)

Dans l'AT, par l'expression « fils de Dieu », on désigne aussi bien les membres de la cour céleste (les anges)[35] que le roi. En ce dernier cas, cette désignation sert à exprimer la légitimation divine de la monarchie davidique[36]. Cependant, cette expression est plus fréquemment appliquée à Israël, « fils de Dieu »[37]. Dans cette désignation d'Israël comme « fils de Dieu », la relation Père – fils décrit le rapport entre Dieu et Israël dans une double direction. D'une part, elle souligne la distance entre les deux « partenaires », donc corrélativement l'autorité de Dieu et la soumission du peuple. De l'autre, elle exprime la bonté et l'amour de Dieu[38]. Lorsqu'elle est appliquée au peuple, cette expression n'indique donc nullement l'idée de la procréation physique du peuple par Dieu, mais la relation d'appartenance du peuple à Dieu d'où il tire son origine par l'élection. Le terme hébreu «בן» (בר en araméen) est avant tout un terme de relation qui indique l'appartenance d'un sujet à un domaine ou à un contexte dans lequel il vit ou il détermine sa propre vie[39]. C'est dans ce même sens qu'il faut comprendre la relation exprimée par l'expression « fils de votre Père » (υἱοὶ τοῦ πατρὸς ὑμῶν τοῦ ἐν οὐρανοῖς) en Mt 5,45[40].

---

[35] Cf. Gn 6,2.4 ; Jb 1,6 ; 2,1 ; 38,7.

[36] Cf. 2 S 7,14 ; Ps 2,7 ; 89,26.

[37] Cf. Ex 4,22-23 ; Dt 14,1 ; Is 1,2.4 ; 30,1.9 ; 43,6 ; 45,11 ; 63,8 ; Jr 3,14.19.22; 31,9.20; Os 2,1; 11,1, Ps 73,15; Sg 2,18; 5,5; 9,7; 12,19-21; 18,4.13; Si 4,10.

[38] Cf. G. FOHRER, « υἱός », *TWNT* VIII, 352-353. Cette idée de la filiation divine du peuple est présente dans le judaïsme palestinien, quand bien même le critère d'appartenance à YHWH devient plutôt la fidélité à la Loi. C'est pour cette raison que ce sont seulement les justes qui sont considérés comme « fils de Dieu » (Si 4,10). Enfin, dans les textes apocalyptiques, la filiation divine est transposée dans l'eschatologie comme un bien futur (promesse) : Jub 1,24 ; PsSal 17,27 ; Hen 62,11 ; Ass.Mos 10,3 ; Test.Jud 24,3. Voir F. HAHN, « υἱός », *EWNT* III, 924-925 ; E. LOHSE, « υἱός », *TWNT* VIII, 359-361.

[39] Cf. FOHRER, « υἱός », 353 ; MARCHEL, *Abba*, 52 ; A. SCHENKER, « Gott als Vater – Söhne Gottes », *FZPhTh* 25 (1978) 13 ; F. BROWN – S. DRIVER – C. BRIGGS, *Hebrew and English Lexicon* (Peabody 1996) 119-122.

[40] Cf. R. FELDMEIER, « Verpflichtende Gnade. Die Bergpredigt im Kontext des ersten Evangeliums », *Salz der Erde. Zugänge zur Bergpredigt* (éd. R. FELDMEIER) (Göt-

En Lc 6,35, Jésus parle des « υἱοὶ ὑψίστου » (Lc 6,35). Luc se limite ainsi au thème de la filiation divine des disciples et de la transcendance de Dieu[41]. En Mt 5,45 cependant, Jésus ne parle pas seulement de la filiation divine des disciples, mais aussi de la filiation divine des disciples en relation *explicite* avec la paternité de Dieu. En parlant de « fils de votre Père », expression du reste unique dans les synoptiques, Jésus voudrait indiquer d'une part comment se réalise cette communion des fils avec leur Père, et de l'autre, ce que cette communion avec le Père implique lorsqu'elle est vécue dans le contexte de la pratique de l'amour des ennemis.

Dans le DM, Jésus parle explicitement de la filiation divine des disciples en Mt 5,9 (υἱοὶ θεοῦ) et Mt 5,45 (υἱοὶ τοῦ πατρὸς ὑμῶν) dans un contexte où les disciples sont exhortés à surmonter les conflits auxquels ils sont confrontés (artisans de paix ; aimer l'ennemi). On peut déduire du lien entre les deux textes qu'une façon concrète d'être un artisan de paix est d'aimer ses ennemis et de prier pour ses persécuteurs[42]. En Mt 5,9, le passif κληθήσονται renvoie à l'agir eschatologique de Dieu en faveur des artisans de paix : « Ils seront appelés fils de Dieu » (passif divin). Dans le contexte, « être appelé », c'est « recevoir un nom ». Mais ce nom n'est pas un simple titre. Le nom reçu exprime la réalité conférée au moment où il est attribué. Dieu « appellera » les artisans de

---

tingen 1998) 18-19 ; M. HENGEL, *Jésus, fils de Dieu* (Paris 1977) 42-43 ; H. WEDER, *Die "Rede der Reden". Eine Auslegung der Bergpredigt heute* (Zürich ³1994) 145.

[41] La désignation de Dieu utilisée en Lc 6,35 comme le « Très-Haut » est récurrente dans l'évangile de Luc. Des 13 occurrences de ὕψιστος dans le NT, 9 sont attestées dans Luc-Actes, dont 7 comme désignation de Dieu (Lc 1,32.35.76 ; 6,35 ; 8,28 ; Ac 7,48 ; 16,17). Cette désignation divine, expression de sa transcendance, apparaît fréquemment dans la LXX, quelque fois comme traduction de l'hébreu עליון ou dans d'autres écrits où il n'y a pas de Vorlage hébraïque (Siracide). Cf. G. BERTRAM, « ὕψιστος », *TWNT* VIII, 613-619 ; G. LÜDEMANN, « ὕψιστος », *EWNT* III, 980.

[42] Ce lien établi entre Mt 5,9 et 5,45 a déjà été noté par plus d'un. Cf. P. J. HARTIN, « Call to Be Perfect through Suffering (James 1,2-4). The Concept of Perfection in the Epistle of James and the Sermon on the Mount », *Bib* 77 (1996) 485; W. KIRCHSCHLÄGER, « Die Friedensbotschaft der Bergpredigt. Zu Mt 5,9.17-48 ; 7,1-5 », *Kairos* 25 (1983) 223-237 ; D.A. LOSADA, « La paz y el amor de los enemigos », *RevBib* 45 (1983) 1-15 ; R. SCHNACKENBURG, « Die Seligpreisung der Friedensstifter (Mt 5,9) im matthäischen Kontext », *BZ* 26 (1982) 161-178.

paix « ses fils ». Il les reconnaîtra comme tels en les accueillant dans sa « famille » et en les faisant bénéficier de tous les privilèges attachés à ce nom et à cette réalité[43]. Le disciple ne se nomme pas fils de lui-même. Il entre dans une relation qui lui est donnée par Dieu en la personne de Jésus[44]. Mt 5,9 présente la filiation comme un don eschatologique accordé au disciple qui s'engage pour « faire la paix ».

Mt 5,45a formule avant tout une exigence qui se rattache au commandement d'aimer les ennemis (Mt 5,44). La filiation divine est exprimée comme la finalité de la mise en pratique des impératifs du v.44 (cf. ὅπως). Cette corrélation établit un rapport entre la filiation divine et l'agir requis aux disciples (amour des ennemis), non pas pour indiquer que cette exigence morale serait la genèse de la filiation divine. Celle-ci est avant tout un don du Père (Mt 5,9). Mais celui qui reçoit ce don a besoin de l'exprimer dans la pratique des commandements. Par son adhésion au don du Père, le disciple ratifie l'initiative dont il a été l'objet. Le contexte de Mt 5,43-47 montre qu'en aimant son ennemi, le disciple est appelé à réaliser un « être » qualitativement différent de celui de l'homme naturel (cf. vv. 46-47), en faisant quelque chose « d'extraordinaire » (cf. v.47 : περισσόν). Comme dans la conception vétérotestamentaire de la filiation divine, élection gratuite et exigence vont donc de pair[45].

L'emploi du verbe γίνεσθαι souligne en ce contexte la nuance progressive et dynamique qui convient à la réalisation d'une condition filiale en cheminement[46]. Dans le grec du NT, γίνεσθαι peut remplacer quelque fois les formes correspondantes de εἶναι

---

[43] Cf. STOCK, « Der Gott der Freude », 444.

[44] Cf. A. SCHLATTER, *Der Evangelist Matthäus. Seine Sprache, sein Ziel, seine Selbständigkeit* (Stuttgart ⁶1963) 192.

[45] Cf. Dt 14,1 ; Mal 1,6 ; 2,10 ; Si 4,10 ; PsSal 17,27 ; 18,4. Au sujet de Dt 14,1 (« vous êtes des fils pour YHWH votre Dieu ... »), Rabbi J^{e}huda dit : « Lorsque vous vous comportez comme fils, vous serez appelés fils. Mais lorsque vous ne vous comportez pas comme fils, vous ne serez pas appelés fils » (Qidd 36^a Bar). Textes en STRACK– BILLERBECK, I, 371.

[46] Cf. GNILKA, *Matteo*, I, 293.

(Mc 4,10 ; 16,10 ; Lc 2,42 ; Jn 1,6.15 ; 2,1 ; etc.)[47]. Il peut avoir aussi *contextuellement* le sens de « *manifester* », « *montrer, révéler ce que l'on est* ». C'est le cas quand le verbe γίνεσθαι est suivi d'un adjectif prédicat ou d'un substantif précédé ou pas de la particule ὡς[48]. Cette acception est attestée dans les exhortations : γίνεσθε (Mt 10,16 + ὡς ; 24,44 ; Lc 6,36 ; Ep 4,32 ; Col 3,15) ; μὴ γίνου (Jn 20,27) ; μὴ γίνεσθε (Mt 6,16 ; Ep 5,7.17) ; μὴ γινώμεθα (Ga 5,26). En Mt 5,45, il faut comprendre γίνεσθαι non pas dans le sens d'un « devenir – transformation », c'est-à-dire comme « une entrée dans une nouvelle condition qui n'existait pas auparavant (cf. Mt 4,3 ; Mc 1,17 ; Lc 6,16 ; Jn 1,12 ; 12,36 ; Ac 26,29 ; Rm 4,18…) »[49], mais dans le sens de « *manifester* », « *montrer, révéler ce que l'on est* » : aimez vos ennemis … « … afin de *montrer par là ce que vous êtes déjà*, des fils de votre Père… »[50]. À la suite de ces explications, on comprend donc que Mt 5,45 parle de la filiation divine des disciples en une perspective différente de Mt 5,9. Mt 5,45 s'aligne plutôt sur la tradition vétérotestamentaire qui considère la filiation divine d'Israël comme une réalité déjà présente et non pas comme une condition future. En faisant correspondre leur agir à celui de leur Père, les disciples peuvent déjà vivre dans la vie présente leur condition filiale : « tel le Père, ainsi les fils ». Le disciple est invité à imiter son Père non pas tant pour être sauvé, mais pour ce qu'il est appelé à devenir.

---

[47] W. BAUER et al., *Griechisch-deutsches Wörterbuch zu den Schriften des Neuen Testaments und der frühchristlichen Literatur* (Berlin - New York ⁶1988), 315.

[48] Cf. Mt 6,16 ; 10,25 ; 18,3 ; 28,4 ; Lc 22,26 ; 1 Co 4,13 ; 9,20 ; Ga 4,12 ; Jn 15,8b. Sur le sens de γίνομαι suivi d'un adjectif prédicat ou d'un substantif, cf. J.H. THAYER, *A Greek-English Lexicon of the NT* (Edinburgh ⁴1908) 116-117.

[49] Cf. BAUER, *Wörterbuch*, 319.

[50] Cf. DUPONT, *Béatitudes*, III, 663 ; GUELICH, *Sermon*, 230 ; J. SCHNIEWIND, *Il vangelo secondo Matteo* (Brescia 1977) 129 ; ZAHN, *Matthäus*, 254, n.34. Jn 15,8 utilise le verbe γίνομαι en ce même sens : « καὶ γένησθε ἐμοὶ μαθηταί ». X. LÉON-DUFOUR écrit au sujet de texte johannique : « Souvent on traduit : que vous deveniez mes disciples (v.8b), en raison du verbe *ginomai* qui dit ordinairement une transformation. Toutefois, les destinataires du discours sont déjà des disciples de Jésus : ils n'ont pas à le devenir, mais à se maintenir et à se manifester tels (…). La condition du disciple est dynamique : elle se réalise dans un agir où s'exprime son unité avec le Fils ». X. LÉON-DUFOUR, *Lecture de l'évangile selon Jean* (Paris 1993), III, 172.

En définitive, en parlant de Dieu comme Père, Jésus n'indique pas encore par là que tous les hommes sont fils de Dieu (υἱοί θεοῦ). Dans le contexte des relations de Dieu avec les hommes (disciples), l'image de Dieu comme Père ne fonctionne pas, du moins en premier lieu, comme un topique de relation qui impliquerait que les hommes sont *ipso facto* fils de Dieu. Bien au contraire, en parlant de Dieu comme Père, Jésus révèle avant tout qui est Dieu, c'est-à-dire quel est l'agir qui le caractérise comme père des disciples à qui cette paternité est révélée[51]. Ce n'est pas un fait du hasard qu'en face des nombreuses références à Dieu comme Père des hommes, il n'y a dans toute la tradition synoptique que quatre textes qui affirment *explicitement* la filiation divine des disciples (Mt 5,9 ; 5,45 par. Lc 6,35 ; Lc 20,36), et ce, contrairement à l'emploi abondant de υἱός pour indiquer la filiation divine de Jésus[52]. Des 19 occurrences de « fils de Dieu » dans l'EvMt, 17 se réfèrent à Jésus et seulement 2 aux disciples (toujours au pluriel), alors que dans l'emploi de πατήρ comme désignation de Dieu (44 occurrences au total), 23 sont utilisées en référence à Jésus (Père de Jésus) et 21 aux disciples (Père des disciples). Dans l'évangile de Marc, toutes les 8 occurrences de « fils de Dieu » se réfèrent à Jésus. Quant à l'évangile de Luc, des 11 occurrences de « fils de Dieu », 9 sont appliquées à Jésus et 2 aux disciples (au pluriel). En outre, ces énoncés sur la filiation divine des disciples apparaissent en un contexte qui met en exergue d'une part la

---

[51] Cf. J. SCHMID, *L'evangelo secondo Matteo* (Brescia 1976) 172 ; W. GRUNDMANN, « Die Gotteskindschaft », *Deutsches Pfarrblatt* 44 (1940) 133. Ce n'est donc qu'indirectement que l'on peut déduire l'identité des disciples comme fils à partir des affirmations sur DP. En ce sens, cf. la thèse de H. PATTARUMADATHIL, *Your Father in Heaven. Discipleship in Matthew as A Process of Becoming Children of God* (Roma 2008).

[52] Le quatrième évangile parle de la filiation divine des croyants en utilisant l'expression τέκνα (τοῦ θεοῦ) en Jn 1,12 ; 11,52. En dehors des évangiles, c'est principalement dans les lettres pauliniennes qu'on parle de la filiation divine des croyants (υἱοί θεου) : Rm 8,14.19 ; 9,26 ; 2 Co 6,18 ; Ga 3,26 ; 4,6.7[2x]. Autres emplois de υἱός comme fils de Dieu référé aux croyants en He 2,10 ; 12,5-6 ; Ap 21,7. En outre, Paul utilise les pluriels υἱοί et τέκνα pour parler de la filiation divine des croyants : Rm 8,16.17.21 ; 9,8 ; Ep 5,1 ; Ph 2,15. Sur la filiation divine du croyant dans le corpus paulinien, cf. Voir B. BYRNE, *"Sons of God – Seed of Abraham". A Study of the Idea of the Sonship of God of All Christians in Paul against the Jewish Background* (Roma 1979).

réalisation eschatologique de cette filiation, et de l'autre, l'insistance éthique qui en accompagne la réalisation. Néanmoins, en dépit de la rareté des textes affirmant explicitement la filiation divine des disciples, celle-ci ne peut être considérée comme un thème mineur[53]. Bien plus, le v.45 exprime la condition du disciple vis-à-vis de Dieu son Père dès lors qu'il est appelé à actualiser par l'*imitatio patris* le don de cette relation filiale qui lui est octroyé par Jésus.

2.4. Père, fils et frères en Mt 5,21-48 : Pour une fraternité « ouverte »

L'expression « υἱοὶ τοῦ πατρός » utilisée en Mt 5,45 appartient au langage familial. Elle est en effet une fenêtre ouverte sur la fraternité dans la perspective de la trilogie « Père – fils – frères ». Ce n'est pas par hasard qu'on retrouve ensemble dans cette dernière antithèse les trois termes : « fils » (5,45a) ; « votre Père » (Mt 5,45a.48) ; « frère » (Mt 5,47). Mis à part sa présence en Mt 7,1-5 (vv.3.4.5), le substantif ἀδελφός apparaît encore en Mt 5-7 seulement dans les antithèses, notamment dans la première (Mt 5,22(2x).23.24) et dans la dernière antithèse (Mt 5,47). Comme dans l'usage vétérotestamentaire et dans le judaïsme, le terme ἀδελφός désigne en Mt 5,22.23.24.47 le « coreligionnaire », c'est-à-dire en contexte matthéen, les membres de la même communauté de foi en Jésus[54]. L'emplacement de ἀδελφός au début et à la fin des antithèses indique sans nul doute une inclusion. Celle-ci montre qu'il y a lieu de considérer Mt 5,21-48 comme « le lieu de la construction de la fraternité » parce que dans les antithèses, Jésus exhorte ses auditeurs à pratiquer la justice principalement dans le contexte des rapports interpersonnels. En effet, comme déjà noté par plus d'uns, les exigences impératives qui font l'objet de la justice supérieure requise par Jésus en Mt 5,21-48 se rapportent soit à la deuxième table du décalogue (Mt 5,21 = Ex 20,13 ; Dt 5,17. Mt

---

[53] Ainsi L. J. TOPEL, *Children of a Compassionate God. A Theological Exegesis of Luke 6,20-49* (Collegeville 2001) 172.
[54] Cf. H. von SODEN, « ἀδελφός », *TWNT* I, 146 ; K. H. SCHELKLE, « Bruder », *Reallexikon für Antike und Christentum*, II, 631.

5,27 = Ex 20,14 ; Dt 5,18), soit à des textes analogues du Lévitique ou du Deutéronome (Mt 5,31 = Dt 24,1 ; Mt 5,33 = Dt 23,22 ; Mt 5,38 = Ex 21,24 ; Lv 24,20 ; Dt 19,21 ; Mt 5,43 = Lv 19,18)[55].

L'emploi fréquent de ἀδελφός en Mt 5,21-26 montre que dans cette péricope, Matthieu a en vue la vie de la communauté pour l'exhorter à la réconciliation fraternelle. L'effet « littéraire » de la disproportion établie au v.22 entre les délits moins graves que le meurtre (colère et paroles injurieuses) et des peines qui les sanctionnent (« κρίσις », « συνέδριον », « γέεννα ») est de souligner que cette réconciliation (διαλλάγηθι) avec le frère est non seulement importante au niveau humain parce qu'elle est définie comme un « πρῶτον » par rapport à l'offrande cultuelle. Elle est aussi d'une importance telle à décider du destin définitif devant Dieu (perspective du jugement). Il n'y a dans le judaïsme aucune prescription autorisant une interruption du sacrifice comme le fait Mt 5,23-24[56]. Cette interruption signifie que la relation avec Dieu, particulièrement dans le culte, est étroitement liée à la relation avec le « frère »[57]. En effet, Dieu n'est pas le Dieu de l'un sans l'autre.

Mais alors qu'en Mt 5,21-26, la réconciliation requise est limitée à l'intérieur de la communauté, les exigences impératives de Mt 5,44-45 vont bien au-delà des limites de la communauté. En Mt 5,46-47, Jésus exhorte les disciples à prendre distance de l'amour restrictif (μόνον) caractéristique des publicains (v.46) et des païens (v.47). Les disciples n'appartiennent au Père comme « fils » que s'ils ne se limitent pas à aimer *seulement* ceux qui les aiment et à saluer *seulement* (μόνον) leurs *frères*. Mt 5,46-47 a son parallèle en Lc 6,27-28.32-36. Ce dernier texte ne parle pas ce-

---

[55] Cf. G. BORNKAMM, « Wandlungen im alt- und neutestamentlichen Gesetzesverständnis », ID., *Geschichte und Glaube* (München 1971), II, 96 ; ZUMSTEIN, *La condition du croyant*, 312 ; ID., « Proximité et rupture avec le judaïsme rabbinique », *LV* 183 (1987) 15.

[56] Cf. STRACK–BILLERBECK, I, 283.

[57] Cette préoccupation est présente chez les prophètes (Is 1,13.15-17 ; Os 6,6) et dans la littérature sapientielle (Pr 15,8 ; 21,3.27 ; Si 7,9). On la retrouve aussi dans la littérature rabbinique. Voir m. Yom 8,9. Cf. STRACK–BILLERBECK, I, 285; C. MONTEFIORE, *Rabbinic Literature and the Gospel Teachings* (New York 1970) 40-41.

« totalement/entièrement » (TOB). Mais Mt 5,48 se distingue de Dt 18,13 par deux éléments. Tout d'abord, le contexte rédactionnel de Mt 5,48 (conclusion des antithèses) assure au thème de la perfection une importance qu'il n'a pas en Dt 18,13. Ensuite, Dt 18,13 ne contient aucune référence à la perfection de Dieu proposée comme modèle de la perfection requise aux hommes.

Selon J. DUPONT, la proposition « comme votre Père céleste est parfait » (Mt 5,48b) n'est qu'une « simple clause de style inspirée par la formule biblique de référence » (Lv 19,2)[67]. C'est à partir de l'idéal de perfection proposé aux hommes (disciples) que Dieu est appelé « parfait » en Mt 5,48. En d'autres termes, pour mieux exprimer le motif de l'imitation de Dieu, on transpose en Dieu une qualité qu'on voudrait voir se développer chez les hommes. En Mt 5,48b, nous sommes donc en présence d'un « anthropomorphisme » qui révèle que la conduite de Dieu est calquée sur celle des hommes. Deux conclusions émergent de cette analyse de DUPONT : 1) L'énonciation sur la perfection divine (Mt 5,48b) ne répond pas à la ligne générale de l'exposé, car l'accent en Mt 5,48 porte avant tout sur la conduite que Jésus exige de ses disciples. 2) En comparant Mt 5,48 et Lc 6,36 dans leurs contextes respectifs, Matthieu apparaît comme plus « moral et catéchétique », alors que Luc est plus « théologien », car c'est ce dernier qui est plus intéressé à la manière d'être de Dieu[68]. En effet, diversement de l'attribut divin « parfait » utilisé par Matthieu en Mt 5,48, le parallèle Lc 6,36 contient un attribut divin (οἰκτίρμων, « compatissant »[69]) dont l'emploi est bien ancré dans

---

[67] J. DUPONT a consacré deux articles sur le thème de la perfection en Mt 5,48. Voir J. DUPONT, « "Soyez parfaits" (Mt 5,48), "Soyez miséricordieux" (Lc 6,36) », *Sacra Pagina* (éd. J. COPPENS – A. DESCAMPS – E. MASSAUX) (Paris – Gembloux 1959), II, 150-162, particulièrement p.157 ; ID., « Appel », 137-158.

[68] DUPONT (*Béatitudes*, III, 250) écrit : « En appelant les chrétiens à se montrer parfaits, Matthieu a voulu conserver la pensée d'une conformité à la conduite de Dieu, sans trop se soucier de l'incongruité qu'il y a, au point de vue du vocabulaire juif, à parler de Dieu comme parfait. Ce n'est pas l'enseignement théologique qui l'intéresse, mais la conduite des chrétiens… ». Voir aussi ID., « Soyez parfaits », 160-162 ; ID, « L'appel », 150, 154-158.

[69] Cf. R. BULTMANN, « οἰκτίρμων », *TWNT* V, 161-163.

la tradition vétérotestamentaire. Des 13 occurrences de רחום que la LXX traduit par οἰκτίρμων, 12 sont appliquées à Dieu[70]; 32 occurrences (sur un total de 40) du verbe רחם au piel (« éprouver de la tendresse ») se rencontrent au sujet de Dieu. Le substantif רחמים est utilisé 24 fois pour désigner la « tendresse » de Dieu (14 fois au sujet des hommes). Par ailleurs, si dans la Bible on ne trouve pas l'exhortation « d'être compatissant comme Dieu est compatissant » comme Luc la formule, une telle exhortation est pourtant attestée en dehors de la Bible[71]. Ce qui n'est pas le cas de l'affirmation matthéenne selon laquelle les hommes doivent être parfaits à l'image de la perfection de Dieu. Elle ne se trouve nulle part ailleurs, ni dans la Bible ni dehors de la Bible.

Il est bien clair qu'au regard des données scripturaires mentionnées ci-dessus, l'affirmation de Jésus sur la perfection divine en Mt 5,48b est bien particulière. Mais cela ne peut justifier qu'on en néglige l'importance dans le contexte des affirmations sur DP en Mt 5-7. De même, on ne peut réduire la portée de Mt 5,48 à des considérations purement morales et catéchétiques, qui sont certes bien présentes, pour reléguer au second plan l'énoncé sur la perfection du Père, pour la seule raison qu'un témoignage sur cette perfection n'émerge pas de façon évidente des données scripturaires. En revanche, si en dehors de Mt 5,48, la Bible n'affirme nulle part ailleurs que « Dieu est parfait », elle parle néanmoins indirectement de la « perfection de Dieu ». Notons Dt 32,4 : « son œuvre (agir) est parfaite (תמם/ἀληθινά) » ; Jb 37,16 affirme que la sagesse de Dieu (état

---

[70] Cf. Ex 34,6 ; Dt 4,31 ; 2 Ch 30,9 ; Ne 9,17.31 ; Ps 78,38 ; 96,15 ; 103,8 ; 145,8 ; Jl 2,13 ; Jon 4,2. Dans le NT, cf. Jc 5,11 : « Le Seigneur est miséricordieux (πολύσπλαγχνος) et compatissant (οἰκτίρμων) ».

[71] Cf. Tg Ps.-J Lv 22,28 : « Mon peuple, enfants d'Israël, de même que votre Père (est) compatissant dans les cieux (היכמא דאבא רחמן בשמיא), ainsi vous (soyez) compatissants sur la terre » ; MekhEx 15,2 : R. Abba Saul (2è s. ap. JC) dit : « Nous devons lui ressembler ; de même qu'il est miséricordieux et compatissant (מה הוא חנון ורחום), toi aussi sois miséricordieux et compatissant ». Sur Tg Ps.-J Lv 22,28, voir M. McNaMARA, « Be you merciful as your Father is merciful. Lk 6,36; Mt 5,48 and TJI Lv 22,28 », ID., *The New Testament and the Palestinian Targum to the Pentateuch* (Roma 1966) 133-138.

construit) est parfaite (TM תמים דעים) ; Ps 19,8 : « sa loi est parfaite » (תמם/ἄμωμος) ; 2 S 22,31 ; Ps 18,31 : « son chemin est parfait (תמם/ἄμωμος) »[72]; Rm 12,2 : le vouloir de Dieu est parfait ; Jc 1,17 : tout don parfait descend du Père des lumières. Une autre allusion à la « perfection de Dieu » peut être déduite aussi du nom théophorique « יותם » (Jothan) en Jg 9,5 ; 2 R 15,32[73]. Tous ces textes parlent de la perfection de Dieu à partir de ce par quoi Dieu se manifeste comme tel, c'est-à-dire son œuvre, sa loi, son chemin, son vouloir, son don, etc. Ces éléments renvoient globalement au comportement ou à l'agir de Dieu. Cette façon de décrire la perfection de Dieu à partir de son agir peut donc aider à comprendre l'emploi matthéen de τέλειος appliqué à Dieu en Mt 5,48. Dans les pages qui suivent, on va expliquer en quoi consiste la perfection du Père céleste en prenant en compte la façon dont Jésus parle du Père dans le DM et dans son enseignement sur le Père dans l'EvMt.

3.2. Catégories grammaticales des références à DP et la perfection du Père

Pour comprendre qui est le Père et définir ainsi sa perfection, il est nécessaire de prendre en considération la fonction grammaticale que chaque référence à DP occupe au sein de la proposition dans laquelle elle est insérée. Cette approche qui pourrait sembler à première vue mécanique et même superficielle, est en réalité

---

[72] Cette phrase peut être expliquée de deux façons. Si on reconnaît en ces deux textes une phrase composée, on traduirait alors ainsi : « Dieu, sa voie est parfaite ». Mais on peut aussi postuler une autre interprétation, pour faire de תמים un prédicat qualifiant האל et דרכו un « accusatif de spécification » : « Dieu est parfait en sa voie ». Une telle traduction, qui fait de תמים un attribut divin en 2 S 22,31 (cf. Ps 18,31), pourrait trouver un appui en 2 S 22,26 : « ... tu te montres parfait (תתמם, hithpael) avec les parfaits ». Toutefois, cela ne change pas grand-chose à la compréhension de la phrase, car dans l'un et l'autre sens, c'est à travers ses voies que Dieu se montre parfait. À Qumran, on parlait aussi de « la perfection des voies de Dieu » (1 QS 1,13). Cf. L. SABOURIN, « Why God is called Perfect ? », *BZ* 24 (1980) 266.

[73] Comme phrase nominale, le nom יותם peut être traduit (littéralement) par : « YHWH est parfait », « juste », avec une référence particulière à son action bénévole ; ou bien « YHWH s'est montré loyal ». Cf. KOEHLER – BAUMGARTNER, *Hebräisches und aramäisches Lexikon*, 1605.

importante⁷⁴. Cette classification selon les cas grammaticaux permet de déterminer comment πατήρ est présent dans ce discours (Mt 5-7). En effet, là où on parle de πατήρ au nominatif, on raconte en général une action immédiate du Père, ou bien on parle de sa personne. Quand πατήρ est au génitif, on parle des réalités qui sont en connexion avec le Père. Il s'agit des réalités qui médiatisent la présence du Père auprès des hommes. Quand il s'agit d'indiquer πατήρ comme celui qui est intéressé par l'agir des hommes, on trouve πατήρ à l'accusatif ou au datif⁷⁵. La prédominance de l'un ou l'autre cas sera donc indicative de la façon dont il faut qualifier la présence de πατήρ dans ce discours de Jésus.

Outre le pronom personnel à l'accusatif (αὐτόν) remplaçant πατήρ en Mt 6,8 et 7,11, τὸν πατέρα en Mt 5,16 est le seul emploi de πατήρ à l'accusatif en Mt 5-7 (de l'EvMt aussi) où on indique ce que les hommes doivent faire au Père. Les deux autres occurrences de τὸν πατέρα dans l'EvMt concernent l'agir de Jésus envers « son » Père (Mt 11,27 : « οὐδὲ τὸν πατέρα τις ἐπιγινώσκει εἰ μὴ ὁ υἱός » ; 26,53 : « παρακαλέσαι τὸν πατέρα μου »). Quant au datif τῷ πατρί, toutes les occurrences attestées dans l'EvMt se trouvent en Mt 5-7 : Mt 6,1 (datif régi par la préposition παρά) ; Mt 6,6.18⁷⁶. En Mt 6,6, il est régi par le verbe προσεύχεσθαι. C'est un « verbum dicendi » qui requiert un datif pour désigner la personne intéressée par l'action décrite par ce verbe (προσεύχεσθαί τινι)⁷⁷. En Mt 6,18, il est régi par le passif déponent φανεῖσθαι⁷⁸. Le génitif

---

⁷⁴ Cf. R.L. MOWERY, « The Activity of God in the Gospel of Matthew », *SBL Seminar Papers* 1989 (Atlanta 1989) 400-410. Dans son étude sur le langage théologique de Paul, H. MOXNES relève aussi la pertinence d'une telle démarche. Voir H. MOXNES, *Theology in Context. Studies in Paul's Understanding of God in Romans* (Leiden 1980) 17.

⁷⁵ Cf. E. BORNEMANN – E. RISCH, *Griechische Grammatik* (Frankfurt a.M. – Berlin – München 1973) § 163, 187; BLASS–DEBRUNNER–REHKOPF, *Grammatik*, § 148, 187; E.G. HOFFMANN – H. v. SIEBENTHAL, *Griechische Grammatik zum Neuen Testament* (Riehen 1985) § 150, 174.

⁷⁶ En Mt 11,25, le pronom personnel σοι (datif) remplace le substantif « Père ». C'est bien le « Père » Jésus invoque dans l'hymne de jubilation (Mt 11,25-27).

⁷⁷ Cf. BLASS–DEBRUNNER–REHKOPF, *Grammatik*, § 187,3.

⁷⁸ Pour l'emploi du verbe φανεῖσθαι accompagné du datif τίνι, cf. BLASS–DEBRUNNER–REHKOPF, *Grammatik*, § 187,1.

πατρός ou les possessifs se rapportant au Père (αὐτοῦ ou σου) pour indiquer les réalités qui médiatisent sa présence auprès des hommes se trouvent en Mt 5,45 (υἱοὶ τοῦ πατρὸς ὑμῶν) ; 7,21 (τὸ θέλημα τοῦ πατρός) ; 5,45 (τὸν ἥλιον αὐτοῦ) ; 6,9 (τὸ ὄνομά σου) ; 6,10 (ἡ βασιλεία σου) ; 6,10 (τὸ θέλημά σου).

Sans négliger ce que les hommes doivent faire au Père (le glorifier ; le prier ; lui demander ; se montrer à lui) ni les différentes réalités qui médiatisent la présence du Père auprès des disciples (fils du Père ; le nom du Père, son règne, sa volonté ; le soleil du Père), Dieu se révèle comme Père plutôt par ce qu'il *fait* ou par ce qu'il *fera* pour ceux à qui Jésus le désigne comme tel. En effet, dans l'ensemble, ce n'est que rarement que πατήρ est utilisé dans le DM à l'accusatif, au datif et au génitif. Par contre, la situation est différente pour l'emploi de πατήρ comme le sujet grammatical de la proposition. Il y a au total 14 formes verbales qui ont en Mt 5-7 le terme πατήρ comme le sujet (implicite ou explicite) grammatical de la phrase. Mt 5,48b est le seul énoncé du DM et de l'EvMt où une qualité est attribuée au Père en utilisant la forme habituelle de la prédication : sujet [ὁ πατήρ]+ verbe [εἶναι]+ prédicat [adjectif τέλειος]][79]. Dans tous les autres cas, lorsque πατήρ est au nominatif, Jésus parle du Père pour indiquer une action du Père (présente ou future), ou encore ce que le Père sait.

L'importance accordée à l'agir du Père transparaît aussi dans l'emploi de πατήρ au vocatif, c'est-à-dire dans le contexte de la prière au Père que les disciples doivent réciter. Le vocatif πάτερ de Mt 6,9 est l'unique de tout le DM. Dans l'EvMt, toutes les autres formes de πατήρ au vocatif se trouvent uniquement dans la prière de Jésus à son Père (Mt 11,25.26 ; 26,39.42). Dans cette prière au Père, il y a sept verbes à l'impératif qui expriment diverses actions pour lesquelles le Père est invoqué, et donc pour lesquelles on demande son intervention, parce que c'est à Lui qu'on s'adresse dans la prière.

---

[79] En Mt 23,9, Matthieu utilise aussi le langage prédicatif pour parler du Père (présence du verbe copulatif). Mais la construction grammaticale de la phrase est diverse de Mt 5,48. En Mt 23,9, ὁ πατήρ n'est pas le sujet grammatical de la phrase comme en Mt 5,48, mais le prédicat du sujet εἷς : « un seul est votre Père, le céleste ».

Ce cadre syntaxique montre en définitive que la perfection du Père ne doit pas être définie en des termes abstraits, mais en tenant compte de sa présence agissante dans la vie des disciples. Toutes ces affirmations verbales qui ont le Père comme le sujet grammatical de l'action décrivent la sollicitude du Père pour les disciples. En effet, le Père que Jésus révèle aux disciples est celui qui leur donne des « bonnes choses » bien au-delà de ce que font les pères de la terre (Mt 7,11). Il est celui qui connaît les besoins des disciples (Mt 6,8.32). Il leur donne le nécessaire pour vivre (Mt 6,33b ; cf. Mt 6,9). Il remet les dettes aux disciples qui lui sont débiteurs ; c'est-à-dire, il pardonne aux disciples pécheurs (Mt 6,12.14-15). Il les protège du Mauvais (Mt 6,13). L'Esprit du Père intervient pour défendre les disciples persécutés (Mt 10,29). Tous, quels qu'ils soient, même les μικροί, ont une valeur inestimable devant le Père (Mt 18,10).

Cette présentation « positive » du rôle de Dieu comme Père détermine aussi en quelque sorte l'agir qui caractérise son « être » parfait dans cette dernière antithèse (Mt 5,43-48). Cette péricope est marquée par la présence du verbe ἀγαπᾶν : ἀγαπήσεις (v.43) ; ἀγαπᾶτε (v.44) ; ἀγαπήσητε ; ἀγαπῶντας (v.46). On doit donc circonscrire cette perfection du Père dans le contexte déterminé par l'emploi de ce verbe, bien qu'il soit absent du v.48. La perfection du Père est en effet sa capacité d'aimer. L'insistance de Mt 5,48 porte sur l'élément « parfait », c'est-à-dire sur le fait que cet amour du Père est un amour *total*. C'est un amour qui ne connaît pas de restrictions dans la façon dont il se manifeste. En effet, le Père élargit ses dons non seulement aux justes, mais aussi aux injustes[80].

---

[80] Cette acception de τέλειος dans le sens de l'amour est ancienne. Cf. THEOPHYLACTUS, *Enarratio in Evangelium Matthaei*, ad.loc. Pour les auteurs modernes, voir en particulier H. BRAUN, *Spätjüdisch-häretischer und frühchristlicher Radikalismus : Jesus von Nazareth und die essenische Qumransekte*. II. *Die Synoptiker* (Tübingen 1957) 93 ; DELLING, « τέλειος », 75 ; DU PLESSIS, *ΤΕΛΕΙΟΣ*, 170-171 ; GNILKA, *Matteo*, I, 295 ; SABOURIN, « Why God is called Perfect ? », 268 ; E. SCHWEIZER, *Das Evangelium nach Matthäus* (Göttingen 1976) 83 ; TRILLING, *Il vero Israele*, 248.

3.3. L'agir parfait du Père et l'exigence d'être parfaits

Du point de vue de la concaténation logique, le rapport entre la perfection requise aux disciples et celle du DP est établi par la conjonction ὡς. Pour mieux comprendre la nature de ce rapport et des conséquences qui en découlent, il sied d'analyser la fonction de la particule ὡς à la lumière de Lv 19,2. En effet, Lv 19,2 permet de comprendre l'idée exprimée en Mt 5,43-48 selon laquelle le mode d'être et de se comporter de Dieu est donné à l'homme comme critère de son propre comportement : « Soyez saints, parce que je suis saint, moi le Seigneur votre Dieu ».

3.3.1. La conjonction ὡς dans le rapport entre Mt 5,48a et 5,48b

Le premier membre de Lv 19,2 (« soyez saints ») se trouve en Ex 22,30 et Nb 15,40b, mais sans le deuxième membre (« je suis saint »). Dans l'AT, la présence de ces deux membres est caractéristique du Lévitique (Lv 11,44.45 ; 19,2 ; 20,7.26)[81]. Un élément commun dans la structure grammaticale de tous ces textes du Lévitique est l'emploi de la particule כִּי qui fait du deuxième membre (« je suis saint ») l'élément qui *fonde* le premier (« soyez saints). La sainteté de YHWH n'est pas une qualité externe de Dieu, mais c'est son « être autre (séparé) » qu'il a montré quand il est devenu le Dieu d'Israël en le séparant de tous les autres peuples (Lv 20,26) et en le libérant de l'esclavage d'Égypte (Lv 19,36). Cette façon « d'être autre » de YHWH doit correspondre à « l'être autre » du peuple que YHWH s'est acquis par l'élection[82]. Cette catégorie de l'élection aide à comprendre le lien « causal » établi par la particule כִּי entre les deux parties de l'affirmation « soyez saints » et « parce que je suis saint » en Lv 19,2. La sainteté requise à Israël est avant tout une condition « passive », parce qu'elle est donnée par YHWH à Israël : Dieu exige la sainteté, non seulement parce qu'il est le Saint, mais aussi parce qu'il est celui qui sanctifie. En Lv 20,8 ; 21,8.15.23 ; 22,9.16.32, le participe מְקַדֵּשׁ a YHWH comme sujet grammatical (cf. aussi Ex

---
[81] Pour des affirmations semblables, voir aussi Lv 20,8 ; 21,6.8.12.15.23 ; 22,9.
[82] Cf. K. ELLIGER, *Leviticus* (Tübingen 1966) 255.

31,13 ; Ez 20,12 ; 37,28). Ensuite, cette condition implique la responsabilité et donc l'engagement actif d'Israël d'être saint en application du rapport qui a été établi entre lui et le Saint (élection)[83]. La sainteté requise à Israël devient ainsi une participation à la sainteté de Dieu et une conséquence de l'élection d'Israël. Cet arrière-fond que cette structure de l'élection offre détermine l'emploi de la particule כי en Lv 19,2 (et par.) ; il éclaire sans nul doute la fonction de la conjonction ὡς en Mt 5,48. Dans le contexte de Mt 5,43-48, on peut assigner à la conjonction ὡς une double fonction. Cette conjonction introduit un élément de comparaison et fonctionne en même temps comme une conjonction à valeur causale.

La conjonction ὡς établit un élément de comparaison qui fait de la perfection du Père un exemple normatif pour les disciples. Le thème de *l'imitatio Dei* qui émerge en ce contexte a déjà fait l'objet de plus d'une étude[84]. On se limite à trois observations. Sous cet aspect particulier de l'imitation de DP qui répand ses bienfaits sur les bons et sur les méchants, on rapproche parfois le contenu de Mt 5,44.45b avec la morale antique gréco-romaine[85]. Toutefois, ces textes expriment une philosophie (la *Stoa*) qui déduit les caractéristiques de Dieu à partir du complexe de la nature qui rassemble en elle toutes les créatures (Dieu comme père du cosmos et des hommes comme ses fils)[86]. De la sorte, même l'éthique juge les actions avec le critère de la conformité avec la

---

[83] Cf. G. Rinaldi, « Santi siate, perché santo sono io », *BeO* 10 (1968) 168-169, 172. G. Rinaldi met en évidence le fait que pour Israël, « être saint », c'est « faire des actions déterminées » pour concrétiser le précepte « soyez saints ». Voir par exemple Lv 20,7-8.

[84] Voir pour cela la bibliographie donnée par Luz, *Matteo*, I, 463, n.6 ; G. Schneider, « Imitatio Dei als Motiv der Ethik Jesu », *Jesusüberlieferung*, 155-167.

[85] Selon Sénèque, on doit faire du bien même aux ingrats, puisque « le soleil se lève sur les scélérats et les mers s'ouvrent aux pirates ». Cf. Sénèque, *De beneficiis*, IV, 26,1. Trad. franç. ; *Des bienfaits*. Texte établi et traduit par F. Préchac. 2 vol (Paris 1926-1927). Dans le même sens, Marc Aurèle écrit : « Les dieux eux-mêmes veulent du bien à ces gens-là ; maintes fois même ils les aident à obtenir ce qu'ils réclament : la santé, la richesse, la gloire, tant ils sont bons ! Tu le peux, toi aussi. Sinon, dis-moi qui t'en empêche ». Cf. Marc-Aurèle, *Pensées* IX, 11,2. Trad. A.I. Trannoy (Paris 1925). Voir à ce sujet U. Luck, « φιλανθρωπία », *TWNT* IX, 107-111.

[86] Pour une présentation synthétique des idées philosophiques et gnostiques sur la paternité divine (principalement chez Platon), et sur l'idée de Dieu père comme

nature. Aimer ses ennemis, c'est respecter la nature dans laquelle tous les hommes forment un tout organique que la haine désarticule. Mais il est aussi utile de rappeler que malgré l'analogie dans les formulations, le point de vue exprimé par Jésus dans les évangiles n'est pas le même que celui des parallèles grecs. En effet, Jésus connaît un Dieu personnel qui agit dans l'histoire. Le commandement de l'amour des ennemis ne correspond pas à l'harmonie du monde, mais au vouloir de Dieu, à l'amour incommensurable de Dieu, et à l'irruption de son Règne dans le monde au bénéfice des pécheurs.

La perspective dans laquelle il faut comprendre l'*imitatio Dei* n'est pas ensuite celle que propose par exemple A. SAND : en tant que hommes, « soyez parfaits dans votre sphère humaine et terrestre, comme Dieu est parfait dans sa sphère céleste »[87]. En effet, Matthieu définit la perfection du Père à partir de sa relation avec les hommes bénéficiaires de son amour. La distinction à opérer dans l'emploi de ὡς en Mt 5,43-48 doit donc être diversement expliquée. L'imitation du Père n'est pas d'ordre « *ontologique* » (« comme DP *est* »), mais plutôt « *modal* », c'est-à-dire comme le Père agit.

Considérer enfin les modalités de l'agir du Père, c'est prendre acte du caractère inconditionnel de l'amour de DP et de l'absence de tout calcul dans sa façon d'élargir ses bienfaits aux hommes. En effet, aucun préalable n'est attaché au geste du Père. Aucune allusion non plus à un quelconque résultat espéré[88]. Rien n'est demandé en retour aux ennemis dans le sens d'un *do ut des*. C'est là le paradoxe de l'agir du Père. Connaissant les dispositions intimes des méchants et des injustes, et bien au-delà des offenses du péché qu'il subit de leur part, le Père continue de leur faire

---

« générateur » dans le stoïcisme, cf. SCHRENK, « πατήρ », 954-957. Les divergences relevées ici sont signalées entre autres par BORNKAMM, *Gesù di Nazareth*, 110 ; DUMAIS, *Sermon*, 226 ; GNILKA, *Matteo*, I, 291-292.

[87] SAND, *Matteo*, I, 172.

[88] Par exemple, DIOGÈNE LAËRCE demande d'adopter un bon comportement envers les ennemis, et de les traiter comme des frères. Une telle attitude est nourrie par l'espoir sous-entendu que l'ennemi ainsi traité devienne un « frère » pour celui qui se comporte amicalement à son égard. Cf. DIOGENES LAERTIUS, *Vie, doctrine et sentences des philosophes illustres*. Livre 8, 1,23. Traduction, notes et notices par R. Genaille (Paris 1933).

bénéficier son amour. Apparemment, cet amour pourrait paraître improductif, car il ne supprime pas la différence entre les justes et les injustes. Malgré la bonté du Père à l'égard des méchants, ceux-ci demeurent tels. Ils continuent à se comporter en « ennemis » de Dieu. Cela signifie donc que le commandement de l'amour des ennemis n'est en aucune manière motivé ni par quelque intention pédagogique envers l'autre (l'ennemi) ni par le souci d'éducation personnelle. L'unique fondement à l'exigence d'aimer ses ennemis est la référence à la volonté du Père (ce que veut le Père) et à son action (comment il agit)[89].

3.3.2. Le don de l'amour du Père et l'agir des disciples en Mt 5,21-48

À la lumière de l'emploi de la particule כִּי en Lv 19,2, la seconde fonction que la conjonction ὡς assume en Mt 5,45 est celle d'une conjonction à valeur causale. C'est aussi le cas en Mt 18,33[90]. Dans cette dernière parabole (Mt 18,24-35), Matthieu met en rapport l'agir du roi (DP, cf. v.35) avec l'agir requis au serviteur impitoyable : « Ne devais-tu pas, toi aussi, avoir pitié de ton compagnon ὡς (« *comme* »/« *parce que* ») moi j'ai eu pitié de toi ? ». Le pardon exigé par le roi au débiteur impitoyable n'est qu'une conséquence du pardon préalablement donné : Parce que tu as été pardonné (pardon divin comme fondement), tu dois aussi pardonner (pardon humain comme conséquence)[91].

En Mt 5,43-48, cette valeur causale de ὡς (v.48) doit être comprise dans le prolongement de ὅτι causal utilisé au v.45. En ce sens, la perfection divine est non seulement le paradigme de la perfection requise au disciple, mais aussi son fondement. À l'origine de l'amour demandé aux disciples se trouve l'amour donné par le Père. En effet, c'est bien le Père qui est le premier

---

[89] Cf. ALLISON, *Sermon*, 101 ; DAVIES – ALLISON, *Matthew*, I, 556 ; BORNKAMM, *Gesù di Nazareth*, 111.

[90] Pour la valeur causale de ὡς (ou καθώς en Lc 6,36), cf. BLASS–DEBRUNNER–REHKOPF, *Grammatik*, § 453, 2. Voir aussi SCHNACKENBURG, « Die Vollkommenheit », 426; SCHÜRMANN, *Lukas*, I, 360, n.117: « Der Vergleich (καθώς) ist begründend ».

[91] Dans la parabole des talents en Mt 25,14-30, c'est aussi sur la base du don précédemment reçu que l'on est appelé à rendre compte.

à aimer l'ennemi, avant même qu'il ne le soit par les disciples[92]. Par son agir, le Père précède et en même temps accompagne les disciples qui ne sont pas ainsi abandonnés à eux-mêmes. Aussi, avant d'être un précepte, même de difficile application pour les disciples, l'amour requis est avant tout un don : don de l'amour d'abord offert et parce que offert, demandé ensuite par le Père[93]. Ce qui est donc demandé aux disciples, c'est d'aimer (ἀγαπᾶτε) leurs ennemis de l'amour même dont ils sont eux-mêmes aimés par leur Père. C'est dans ce même sens du « don divin » initial qu'il faut comprendre la phrase par laquelle Jésus conclut le dialogue avec ses disciples après le refus du jeune homme riche d'embrasser le chemin difficile de la perfection : « pour les hommes, cela est impossible ; mais pour Dieu, tout est possible » (Mt 19,26). Les disciples ne seront parfaits que s'ils acceptent d'entrer dans la logique du don illimité du Père. En d'autres termes, la réponse des disciples s'actualise lorsqu'ils accueillent la possibilité de vie créée par le don du Père, pour s'appuyer sur ce Père, bon envers tous, justes et injustes. En ce cas, l'amour parfait de DP peut être envisagé comme ce qui rend possible la perfection demandée aux disciples.

En insérant l'impératif de l'amour des ennemis dans le contexte de la révélation de Dieu comme Père et de la façon dont ce Père se comporte, Mt 5,45.48 révèle donc en même temps la grâce inhérente à la condition filiale des disciples appelés à imiter l'agir de leur Père. Comme tout homme est objet de l'amour du Père, le disciple est lui aussi l'objet de l'amour infini

---

[92] Cela est bien synthétisé dans cette belle formule de R. FELDMEIER (« Verpflichtende Gnade », 54) : « Nicht *wie* du mir, so ich dir, sondern *wie* Gott mir, so ich dir ». Voir aussi STRECKER, *Sermon*, 91 ; M. STIEWE – F. VOUGA, *Le Sermon sur la Montagne. Un abrégé de l'évangile dans le miroitement de ses interprétations* (Genève 2002) 99.

[93] Cf. SCHNACKENBURG, « Die Vollkommenheit », 131-154 ; TRILLING, *Il vero Israele*, 248 ; ZUMSTEIN, *La condition du croyant*, 322. A Qumran, la perfection est conçue avant tout comme un don de Dieu. Malgré les efforts que l'homme déploie pour marcher dans la « perfection de la voie », il n'est pas capable par ses propres forces d'arriver à la perfection sans l'aide de Dieu. En 1 QS 11,2, on lit : « Oui, quant à moi, à Dieu (appartient) mon jugement. *Dans sa main se trouve la perfection de ma voie* » ; 1 QS 11,10 : « Mais à Dieu (ressortit) le jugement ; *Et de sa main* (vient) *la perfection de la voie* ». Voir aussi 1 QH 4,30-33. Textes traduits par J. CARMIGNAC – P. GUILBERT, *Les textes de Qumran. Traduits et annotés. La règle de la communauté ; La règle de la guerre ; Les Hymnes* (Paris 1961).

du Père. Aimer son ennemi, c'est s'immerger dans cette expérience de la grâce qui naît de la rencontre avec le geste initial de l'amour inconditionné et impartial du Père. En effet, le Père ne demande rien aux disciples qu'il n'a fait d'avance ou qu'il ne s'est imposé lui-même de faire[94]. Cette façon de comprendre l'agir de DP est en réalité bien enracinée dans l'AT. Certains textes du Deutéronome montrent clairement que le Dieu qui demande par exemple que l'on prenne soin du nécessiteux est celui-là même qui prend soin (ou qui a déjà pris soin) de celui qui est dans le besoin. En imposant ceci ou cela à son peuple, Dieu est en quelque sorte « lié », car il se doit de montrer dans son propre agir ce qu'il demande à Israël[95]. Dans certains textes du Deutéronome, on peut donc voir comment les commandements adressés à Israël ont leur fondement en une précédente intervention salvifique de Dieu (Dt 10,17-19.22 ; 15,15 ; 16,1 ; 20,1 ; 24,18). Ces textes montrent donc en quel sens l'agir de YHWH dans l'histoire sert d'exemple à l'agir éthique requis à Israël.

Il est clair que dans le contexte immédiat de Mt 5,43-48, cet agir parfait du Père illumine tout d'abord la requête de l'amour des ennemis. Mais étant donné que Mt 5,48 ne conclut pas seulement la dernière antithèse, mais l'ensemble des antithèses en Mt 5,21-48, peut-on dire que la perfection qui est requise au disciple comme expression de cet amour total du Père ne concerne pas seulement l'amour de l'ennemi, quand bien même celui-ci est le point culminant des exigences présentées en Mt 5,21-48, mais la requête de la pratique de la « justice supérieure » qui est énoncée dans toutes les antithèses[96] ? On répond affirmativement à cette

---

[94] Cf. ZUMSTEIN, *La condition du croyant*, 321-326.

[95] Aspect bien mis en évidence par J. HEMPEL, *Das Ethos des Alten Testaments* (Berlin ²1964) . J. HEMPEL a inspiré les réflexions de E. OTTO sur l'imitation de Dieu dans les textes de l'AT. Voir E. OTTO, *Theologische Ethik des Alten Testaments* (Stuttgart 1994). Sur ce thème, voir aussi J. BARTON, *Understanding Old Testament Ethics* (Louisville 2003); ID., « Imitation of God in the Old Testament », *The God of Israel* (éd. R.P. GORDON) (Cambridge 2007) 35-46 ; G. von RAD, *Teologia dell'Antico Testamento*. Vol. I. *Teologia delle tradizioni storiche d'Israele*. Edizione italiana a cura di M. Bellincioni (Brescia 1972) 266.

[96] U. LUZ (*Matteo*, I, 463-464) distingue deux *orientations* possibles dans la compréhension de la perfection requise aux disciples en Mt 5,48 : un point de vue subjectif, c'est-à-dire un cœur indivisé dans l'amour et une obéissance totale ; un point

question. En effet, il y a dans toutes les antithèses une invitation à ne pas se contenter de « demi-mesure » dans l'amour, c'est-à-dire une « suppression de toute restriction » qui montre comment l'amour doit être vécu *totalement*, à l'exemple de l'agir de ce Père qui s'est approché de tous les hommes, de façon non discriminatoire, aussi bien les justes que les injustes. Le texte des antithèses est marqué du point de vue de la présentation formelle par la « destruction de la limite ». C'est ce qu'exprime le schéma du « *non seulement, mais aussi* » attesté en chacune des antithèses : non seulement le meurtre, mais aussi la colère contre le frère (Mt 5,21-26), non seulement l'adultère, mais aussi le simple regard impur envers la femme (Mt 5,27-30), même le divorce légal (Mt 5,31-32), même le simple serment (Mt 5,33-37), même la vengeance qui reste dans les limites permises par la loi (Mt 5,38-42), même l'amour qui exclut l'ennemi (Mt 5,43-48), tout cela contredit la volonté du Père révélée par Jésus[97].

Ensuite, on reconnait aisément dans les antithèses la teneur conflictuelle qui émerge particulièrement dans la dernière antithèse où il est question des rapports avec l'ennemi à vivre bien au-delà de la haine qui alimente les rancœurs (Mt 5,43-48). En Mt 5,21-26, il est question du rapport avec le frère dont l'espace vital est réduit par la colère et les mots qui tuent. Mt 5,27-30 évoque le rapport de l'homme avec la femme dont l'espace vital est menacé par la convoitise du regard. Mt 5,31-32 parle du rapport entre le mari (l'époux) et l'épouse dans la perspective du divorce. Quant à Mt 5,33-37, il est question des rapports interpersonnels marqués par le devoir de sincérité. Il s'agit en fait d'une invitation à dépasser la logique du mensonge. Enfin, en Mt 5,38-42, on

---

de vue objectif qui se rapporte à l'accomplissement de toutes les prescriptions de la loi comme interprétée par Jésus. Les exégètes s'alignent sur l'une ou l'autre orientation. L'idée de l'obéissance inconditionnelle et totale à la volonté de Dieu est défendue par : Du Plessis, « Love and Perfection in Mt 5,43-48 », *Neotest* 1 (1967) 33 ; Hartin, « Call to Be Perfect », 486-487 ; J.P. Meier, *Matthew* (Wilmington 1980) 55 ; R.T. France, *The Gospel According to Matthew. An Introduction and Commentary* (Grand Rapids – Cambridge 1985) 129. Pour la compréhension de la perfection requise à partir de l'idée du cœur indivisé vis-à-vis de Dieu et des autres, cf. Davies – Allison, *Matthew*, I, 562 ; Guelich, *Sermon*, 236-237.

[97] Cf. Bornkamm, *Gesù di Nazareth*, 100.

parle des rapports de cohabitation sociale rendue impossible par l'escalade de la violence. À partir des analyses précédentes, on peut déduire que l'amour parfait du Père qui accueille aussi bien le juste que le méchant peut servir de modèle aux disciples dans les relations interpersonnelles qui sont évoquées en Mt 5,21-26 ; 5,38-42 et 5,43-47. Mais difficilement un tel modèle s'appliquerait aux rapports entre l'homme et la femme dans le contexte du mariage en Mt 5,27-32 et aux rapports interpersonnels évoqués en Mt 5,33-37 (devoir de sincérité). Pour sortir de cette impasse, on peut proposer une lecture canonique de ces textes matthéens à l'intérieur de la Bible[98]. En effet, au sujet du rapport entre l'homme et la femme dans le contexte du mariage, il est utile de rappeler que les prophètes de l'AT, en particulier Osée (Os 1,2-3,5) et Ézéchiel (Ez 16 ; 33), ont utilisé plus d'une fois dans leurs oracles la catégorie matrimoniale pour parler de l'alliance de YHWH avec son peuple. En ce contexte, l'attitude de YHWH envers son peuple est marquée par une fidélité indéfectible. Mais cette fidélité divine s'oppose sans cesse au comportement d'Israël dont l'infidélité est traduite dans les textes par l'image de l'infidélité matrimoniale entre un homme et une femme. Quant à l'appel à la sincérité en Mt 5,33-37, on peut évoquer Jn 8,44 qui présente le « diable » comme le « père du mensonge », c'est-à-dire le père de celui dont le « si » n'est pas un vrai « si ». Celui qui dit la vérité imite l'agir de Dieu « qui ne ment pas », comme l'affirme par exemple Tt 1,2.

■ Conclusion

Dans ce chapitre, on a étudié les deux références à DP en Mt 5,45.48 en les situant dans le contexte des rapports interpersonnels comme ils sont traités en Mt 5,21-48. En révélant qui est Dieu à la fin de cette section du DM consacrée aux antithèses, Matthieu entend offrir sans aucun doute un témoignage inaliénable sur l'engagement illimité de Dieu pour ses créatures. Cet engagement est non seulement un modèle proposé aux disciples,

---

[98] Cf. STOCK, « Die Bergpredigt », 316.

mais aussi et surtout la condition de possibilité de la perfection requise aux disciples dans la mesure où le disciple, mis en relation avec ce Dieu comme son Père, bénéficie de cette sollicitude divine. Mais lorsque Jésus parle d'un Dieu qui donne le soleil et la pluie aux justes et aux injustes, il ne révèle pas par ces phrases un Dieu qui donne sans conditions et sans motifs, comme de par sa propre essence divine. Jésus ne parle pas aux disciples du « Dieu des philosophes », mais de « votre Père qui est dans les cieux ». Le Dieu que Jésus révèle dans cette sixième et dernière antithèse est le Dieu de la prédication du Règne, le Dieu de l'évangile au sens fort du terme, celui qui s'approche de chaque homme pour lui offrir son amour.

Une telle analyse nous permet donc de tirer deux conclusions importantes. Les disciples à qui les prescriptions sont proclamées ne sont pas présentés comme des sujets « autonomes ». Bien au contraire, quand il s'adresse à eux, Jésus les met en relation avec Celui qu'il leur présente comme *leur* Père : « fils du Père » - « votre Père ». Ensuite, les prescriptions que Jésus énonce dans ces textes ne sont pas des prescriptions isolées ou présentées pour elles-mêmes. La perfection que Jésus exige de ses disciples est inséparable de la figure du Père et de sa relation avec les disciples, non seulement parce qu'elle implique tout d'abord l'imitation du Père, mais aussi parce que la perfection du Père rend possible ce qui est demandé aux disciples, par l'entremise du don de son amour que le disciple interpellé reçoit gratuitement. Si l'être parfait du Père réside dans sa capacité d'aimer, cela revient à dire que c'est cet amour, donné et reçu, qui fait que le disciple à qui cette relation avec le Père est donnée devienne véritablement fils du Père. Ignorer cette référence au Père c'est vraiment se méprendre sur le sens exact de ce que Jésus demande dans ces textes.

En faisant de l'amour créateur du Père le modèle de l'amour requis aux disciples, Jésus place certes la barre très haut. En effet, personne ne peut égaler la perfection du Père. Quelle que soit « l'abondance » de la justice pratiquée par les disciples (Mt 5,20), elle sera toujours dépassée et prévenue par la perfection du Père vers laquelle ils doivent sans cesse tourner leur regard. Mais si Jésus place ses auditeurs devant cette figure de l'impossible, ce n'est sans doute pas pour leur demander l'impossible. Bien au contraire, Jésus révèle aux fils du Père que leur justice ne sera abondante que si elle tire son élan de la fécondité de l'amour créateur du Père[99]. C'est pour cette raison que le futur ἔσεσθε en Mt 5,48a ne peut être qu'un jussif. C'est une forme impérative connue du langage législatif de l'AT[100]. Ce futur décrit la *décision* qui est exigée de l'homme en réponse à l'engagement total du Père pour les hommes. Jésus ne dit pas que le disciple sera parfait, tout d'abord parce qu'il fait ceci ou cela. Mais, seulement parce qu'il est appelé à devenir fils du Père, il « devrait être parfait » comme son Père (5,45). La suite du discours montre comment les disciples doivent « s'ajuster » au Père pour recevoir de lui la force qui féconde la pratique de leur justice. Aussi, la référence au Père placée au verset conclusif de Mt 5,21-48 est un pont jeté sur Mt 6,1-18 qui indique comment chercher le Père et où le trouver. U. Luz a donc raison de considérer Mt 5,48 comme un *kelal*, c'est-à-dire comme un verset qui récapitule, et en même temps, comme un verset de transition. La référence à DP dans ce verset conclusif est comme une fenêtre ouverte sur Mt 6,1-18 où les références à DP sont particulièrement abondantes[101].

---

[99] En ce sens, U. Luz a raison de noter que l'utopie et l'absence de réalisme qu'on a jamais manqué de reprocher au sermon sur la montagne et à la morale évangélique en général, n'ont de meilleur appui que ce même enseignement, à moins d'envisager les choses sous un angle différent, c'est-à-dire en se demandant non pas si l'amour des ennemis est réalisable du côté de l'homme, mais si l'expérience de la grâce qu'il suppose est assez puissante pour libérer l'homme au point de l'y faire accéder. Cf. Luz, *Matteo*, I, 469-470.

[100] Cf. Blass–Debrunner–Rehkopf, *Grammatik*, § 362 ; Delling, « τέλειος », 75, n.36 ; Zumstein, *La condition du croyant*, 324.

[101] La technique qui consiste à insérer des termes-clés (ou même des thèmes) en des endroits stratégiques à l'intérieur d'une péricope n'est pas une trouvaille de Matthieu. Elle est attestée aussi dans les écrits rabbiniques. Ces versets sont connus sous le nom de *kelalim* (*kelal* au singulier). Cf. Cf. W. Bacher, *Die exegetische Terminologie der jüdischen Traditionsliteratur. I. Die bibelexegetische Terminologie der Tannaiten* (Darmstadt 1965) 79-82 ; B. Gerhardsson, *Memory and Manuscript* (Uppsala 1961) 136-141. Sur l'emploi du kelal dans l'EvMt, cf. Luz, *Matteo*, I, 454 ; J. Pelaez, « El evangelio de Mateo. Origen, forma y función », A. Pinero (éd.), *Fuentes del cristianismo. Tradiciones primitivas sobra Jesús* (Cordoba 1993) 117-154.

CHAPITRE III
MT 6,1-6.16-18 : LA JUSTICE SOUS LE REGARD DU PÈRE

Avant d'étudier en détail les références à DP en Mt 6,1-16.16-18, il est utile de relever d'abord les articulations littéraires majeures de Mt 6,1-18.

■ 1. Articulation du texte: Vue d'ensemble de Mt 6,1-18

On peut déterminer la structure de Mt 6,1-18 en tenant compte de deux éléments : 1) La combinaison de parallélisme et de symétrie dans la présentation de trois pratiques en Mt 6,2-6.16-18. Ces trois pratiques explicitent la proposition initiale énoncée en Mt 6,1. 2) L'expansion sur la prière du Notre Père (NP) en Mt 6,7-15 située à cheval entre Mt 6,5-6 et Mt 6,16-18. En Mt 5-7, Mt 6,1 a la même fonction que Mt 5,20 (Mt 5,17-20), c'est-à-dire celle d'énoncer un principe que les versets suivants vont expliciter, comme le montre la reprise des termes clés de la péricope : ἄνθρωπος, θεαθῆναι, μισθός, ὁ πατὴρ ὑμῶν. Dans les trois exemples qui illustrent Mt 6,1, on rencontre en outre les mêmes couples d'oppositions : public/secret ; hommes/Père ; récompense présente (ἀπέχουσιν τὸν μισθὸν αὐτῶν)/récompense future (καὶ ὁ πατήρ σου ὁ βλέπων ἐν τῷ κρυφαίῳ ἀποδώσει σοι).

Ces trois illustrations Mt 6,2-4.5-6.16-18 sont toutes construites de la même manière. Tout d'abord une partie négative (vv.2.5.16) à quatre membres où l'on expose l'agir des « hypocrites » que les disciples doivent éviter, d'où les impératifs de défense : μὴ σαλπίσῃς (μή + subjonctif aoriste) au v.2 ; μὴ γίνεσθε (μή + impératif présent)[1] au v.16, et οὐκ ἔσεσθε au v.4, comme dans le langage législatif vétérotestamentaire (emploi du futur). Ensuite, une partie positive (vv.3-4.6.17-18), à quatre membres aussi, qui expose l'agir requis aux disciples interpellés à la deuxième personne du singulier : εἴσελθε, πρόσευξαι, ἄλειψαι, νίψαι. Une seule exception dans ce cadre est l'impératif (aoriste) de défense de la troisième personne du singulier μὴ γνώτω qui dépend de son sujet « ἀριστερά σου » (v.3).

Dans chaque partie, on trouve donc quatre éléments, dont une proposition initiale qui énonce la pratique qui sera traitée ; un commandement (prohibition et prescription) ; la motivation (ὅπως) de l'agir pratiqué ou requis ; la sanction du comportement adopté. C'est seulement dans le volet positif que la sanction est reportée à l'agir du Père : « et ton Père qui voit dans le secret te restituera » (vv.4.6.18). La description du comportement des hypocrites qui ne visent que les honneurs de la part des hommes s'achève sur un résultat (sanction) qui peut être considéré « religieusement » comme une « mort »[2]. Selon Mt 6,1, le Père n'approuve pas un tel agir : « pas de récompense auprès de votre Père qui est aux cieux ».

Mt 6,7-15 brise le parallélisme dans le développement de Mt 6,2-6.16-18. Ainsi, Mt 6,7-15 peut être considéré à juste titre comme une « digression »[3]. Son insertion dans la péricope Mt

---

[1] L'impératif de défense est diversement exprimé dans cette péricope. On le trouve aussi bien à l'impératif présent qu'au subjonctif prohibitif de la deuxième personne (équivalent de l'impératif aoriste). Pour la différence entre les deux formes, cf. BLASS–DEBRUNNER–REHKOPF, *Grammatik*, § 335.

[2] Cf. LUZ, *Matteo*, I, 473.

[3] Selon les règles de la composition ancienne, « une digression » pouvait toujours être introduite à la charnière entre deux parties, reprenant sous une autre forme le thème central. La fonction de cette « digression » n'est donc pas celle qu'on lui assigne couramment aujourd'hui, c'est-à-dire un écart de pensée ou un « divertissement » dans le développement de la pensée. Bien plus, c'est une façon de mettre en exergue un point central de l'enseignement. Voir par exemple la défense de Josèphe contre les accusations de Justus, en FLAVIUS JOSÈPHE, *Autobiographie*. Texte établi et traduit par A. Pelletier (Paris 1959). Sur la digression dans les écrits anciens, cf. D.E. AUNE, *The New Testament in Its Literary Environment* (Philadelphia 1987) 30 ; B. STANDAERT, « L'évangile selon Matthieu. Composition et genre littéraire », *The Four Gospels 1992* (éd. F. van SEGBROECK et al.) (Leuven 1992), II, 1234-1235.

6,1-18 est assurée néanmoins par le biais du verbe crochet προσεύχεσθαι (vv.7.8 ; cf. vv.5-6). Sur le plan formel, les vv.7-15 sont construits de la même manière que les trois textes qui l'encadrent : une partie négative (Mt 6,7-8 : la prière des païens) est suivie d'une partie positive contenant la prière du NP en Mt 6,9-13, et un commentaire en Mt 6,14-15 sur la demande de pardon formulée en Mt 6,12. Néanmoins, sur le plan du contenu, la prière au Père dépasse bien ce cadre restreint. Elle se trouve bien au centre de tout le DM[4]. En effet, le terme « Père » qui commande cette prière domine toute cette section. On compte dix mentions du substantif « père », placé en des endroits clés : dans l'énoncé général sur la justice (v.1), en conclusion de l'exposé de chacune de trois pratiques religieuses (mais seulement dans le volet positif : vv.4.6.18), en ouverture de la prière qui doit être adressée au « Père ». Cette prière est elle-même immédiatement précédée et suivie de mentions du Père : l'invitation à ne pas prier comme les païens est liée à l'image de DP : « votre Père sait ... » au v.8 ; aux vv. 14-15, le commentaire sur la demande du pardon implique des relations humaines justes basées sur l'image du Père comme celui qui pardonne.

Le groupement des trois pratiques comme elles sont présentées en Mt 6,1-18 (aumône, prière, jeûne) n'est pas fréquent dans les textes vétérotestamentaires et judaïques[5]. L'ordre dans lequel

---

[4] On parlera de la structure du DM dans la deuxième partie de ce livre.

[5] Cf. J. BONSIRVEN, *Le Judaïsme Palestinien au temps de Jésus-Christ : sa théologie* (Paris 1935), II, 141-162, 249-252, 281-286 ; W.D. DAVIES, *The Setting of the Sermon on the Mount* (Cambridge 1964) 308 ; J. DUPONT, *Béatitudes*, III, 264 ; STRACK – BILLERBECK, I, 454 ; IV, 553-554. Rien ne permet de dire que la triade de Mt 6,2-18 dépend de Tb 12,8 (prière – jeûne – aumône). Le contexte et l'ordre divergent en effet dans les deux textes. On trouve par contre ensemble la prière et le jeûne en Dn 9,3 (prière/jeûne) ; Si 7,10 (prière/aumône). Il n'est pas non plus nécessaire d'évoquer le *shema Israël* (Dt 6,4) pour justifier la présence de la triologie évoquée en Mt 6,1-18, comme le propose B. GERHARDSSON : la prière concerne le cœur, le jeûne affecte l'âme, l'aumône se réalise par ce dont on dispose (force). Voir B. GERHARDSSON, « Geistiger Opferdienst nach 6,1-6.16-21 », *Neues Testament und Geschichte* (éd. H. BALTENSWEILER – B. REICKE) (Tübingen 1972) 69-77. Il faut dire néanmoins que de telles correspondances feraient de Mt 6,2s. un texte plus que jamais énigmatique. Cf. GNILKA, *Matteo*, I, 304.

ces pratiques apparaissent en Mt 6,1-18 a sans nul doute une fonction structurelle qui met au centre, plus qu'ailleurs, la prière au cœur de la pratique de la justice requise aux disciples. Et c'est bien ici que Matthieu a inséré le logion sur l'exaucement de la prière en Mt 6,7-8 et la prière du NP (Mt 6,9-13). Dans l'analyse de Mt 6,1-18, on étudiera donc séparément les références à DP, tout d'abord celles qui sont attestées en Mt 6,1-6.16-18, puis en Mt 6,8 au sujet de la confrontation entre la prière des païens et celle des disciples, enfin celles relatives à la révélation de Dieu comme Père dans la prière du NP et dans le bref commentaire qui conclut cette prière (Mt 6,9-13.14-15).

■ 2. DP en Mt 6,1-6.16-18

2.1. « Ton Père » regarde dans le secret

La proposition qui circonscrit en une formule stéréotypée le rôle de DP aux vv.4.6.18 (καὶ ὁ πατήρ σου ὁ βλέπων ἐν τῷ κρυπτῷ ἀποδώσει σοι) se présente comme une parataxe syndétique. Mais en réalité, le futur ἀποδώσει, introduit par καί *consecutivum*, est l'apodose de l'impératif conditionnel énoncé au v.3 (μὴ γνώτω), au v.6 (εἴσελθε) et au v.17 (ἄλειψαι καὶ νίψαι). L'emploi d'un impératif en lieu et place d'une proposition conditionnelle dans la protase est un sémitisme[6]. Le rapport logique entre les deux actions attribuées au Père dans la protase (« regarder dans le secret » et « rendre ») peut être de cause à effet : ton Père restituera à toi parce qu'il regarde dans le secret.

Le verbe βλέπειν ne signifie pas simplement « regarder », mais aussi « considérer », « faire attention à »[7]. Aux vv.6.18, l'expression « ἐν τῷ κρυπτῷ » ou « ἐν τῷ κρυφαίῳ » appliquée au Père par

---

[6] Cf. K. BEYER, *Semitische Syntax im Neuen Testament* (Göttingen 1962) 251-255 ; BLACK, *Aramaic Approach*, 66-67. On peut trouver des exemples de cet impératif conditionnel en Mt 7,1.7 ; 18,26.29 ; Jn 2,19 ; Jc 4,7 ; etc. Voir BLASS–DEBRUNNER–REHKOPF, *Grammatik*, § 387, 2 ; A.T. ROBERTSON, *A Grammar of the Greek New Testament in the Light of Historical Research* (New York [5]1931) 948-1040.

[7] Cf. P.G. MÜLLER, « βλέπω », *EWNT* I, 534.

la particule τῷ (reliée au datif πατρί) semble indiquer un « lieu » où résiderait le Père : « ton Père (qui est) dans le secret … »[8]. Cette caractérisation de DP comme « celui qui est dans le secret » doit être lue en fonction de la ligne suivante qu'elle anticipe en quelque sorte. Elle exprime moins « un lieu » où résiderait DP que l'altérité et l'omnipuissance de celui qui est capable de voir ce qui ne se donne pas à voir aux yeux des hommes, c'est-à-dire dans le contexte de Mt 6,1-6.16-18, la disposition interne, ou, selon la terminologie biblique, le « cœur ».

En effet, selon E. SCHWEIZER, dans le NT, l'AT et même dans le judaïsme, l'emploi de la racine κρυπτός dans le contexte du contraste caché/manifeste assume deux directions : ou bien, on parle du Dieu caché aux hommes (« il est un Dieu qui se cache ») et dont la révélation n'est réservée qu'à ses élus ; ou bien, vice versa, on parle des pensées et des actions de l'homme, cachées aux hommes, mais connues de Dieu, car rien ne peut demeurer secret devant Lui. Dans cette seconde direction, comme c'est le cas dans le texte matthéen, la « chose cachée » se réfère au « cœur » de l'homme[9]. Dans la pensée juive, le cœur est le siège des émotions (Dt 28,47 ; Pr 27,11 ; Is 35,4 ; Ac 14,17), de la volonté (Pr 6,18 ; Jr 3,17 ; 23,20 ; Dn 1,8), de l'intelligence (Gn 27,41 ; Jg 5,16 ; Test.Gad 5,3 ; 1 QH 4,21 ; m.Ber 2,1). C'est le symbole de l'intériorité spirituelle et morale, le « centre interne »

---

[8] Cette référence est pourtant absente au v.4a où « ἐν τῷ κρυπτῷ » concerne plutôt le don de l'aumône. C'est pour cette raison que certains manuscrits mineurs (D, latt arm, syr[sin cur]) appliquent l'expression «… τῷ ἐν τῷ κρυπτῷ/ ἐν τῷ κρυφαίῳ » non pas au « Père » mais à la « prière » : « et prie dans le secret ton Père, et ton Père qui regarde dans le secret, te rendra ». Ainsi A. HUCK – L. LIETZMANN, *Synopse der drei ersten Evangelien* (Tübingen [11]1970) 29. Pour sa part, J. WELLHAUSEN propose la même correction pour le v.18. Cf. J. WELLHAUSEN, *Das Evangelium Matthaei* (Berlin 1904) 27. Pour R.H. GUNDRY enfin, Mt 6,6.18 est une expression elliptique qui, pour éviter la redondance avec la ligne finale du verset (καὶ ὁ πατήρ σου ὁ βλέπων ἐν τῷ κρυπτῷ/ κρυφαίῳ…), a laissé tomber le verbe « voir » (βλέπειν) qu'on doit toutefois supposer. Cf. R.H. GUNDRY, *Matthew. A Commentary on His Book for a Mixed Church under Persecution* (Grand Rapids [2]1994) 103. Néanmoins, au regard des témoins importants qui attestent la leçon « τῷ πατρί σου τῷ ἐν τῷ κρυπτῷ / τῷ πατρί σου τῷ ἐν τῷ κρυφαίῳ », il n'est pas nécessaire de préférer ni ces variantes mineures ni la forme elliptique proposée par R.H. GUNDRY.

de l'homme. Le cœur circonscrit la dimension profonde et personnelle de la relation avec Dieu et avec les autres, au point que l'on peut dire que « tout dépend de l'intention du cœur » (cf. b.Meg 20a). C'est bien là que pénètre le regard de Dieu.

Ainsi, par exemple, à propos du choix de David comme le futur roi, 1 S 16,7 montre que ce qui est important pour Dieu reste « caché » aux yeux des hommes : « Ne considère pas son apparence ni sa haute taille. Je le rejette. Il ne s'agit pas ici de ce que voient les hommes : les hommes voient ce qui leur saute aux yeux, mais YHWH voit dans le cœur ». Contrairement à Saul qui se distinguait par son aspect extérieur et sa stature impressionnante (1 S 9,2 ; 10,23-24), le choix de YHWH sur David n'est pas déterminé par l'apparence extérieure qui peut impressionner les hommes, mais par la réalité intérieure, invisible aux yeux des hommes. L'intérêt de Dieu pour le « cœur » de l'homme est du reste bien ancré dans l'AT. Plusieurs textes présentent Dieu comme celui qui connaît le cœur de l'homme, comme « celui qui sonde les cœurs et les reins »[10]. Dans le NT, en Lc 16,5, Jésus critique les pharisiens (hypocrites) en des termes proches des reproches formulés contre les hypocrites en Mt 6,1-6.16-18 : « Vous, vous montrez votre justice aux yeux des hommes, mais Dieu connaît vos cœurs ». De même, en Ac 1,24 ; 15,8, Dieu est présenté comme celui qui connaît les cœurs (« καρδιογνώστης »)[11].

La question du « cœur » ou de la disposition interne est particulièrement présente dans le DM. En Mt 5,8, la béatitude des cœurs purs (οἱ καθαροὶ τῇ καρδίᾳ) demande une adhésion sans réserve à Dieu dans la réalisation de sa volonté non pas seulement à partir de la sphère extérieure, mais tout d'abord et fondamentalement à partir de la sphère intérieure, c'est-à-dire là où l'homme détermine les choix essentiels de sa vie, là où il fixe ses aspirations, ses jugements, sa volonté, son affection, etc., c'est-à-

---

[9] Cf. E. SCHWEIZER, « „Der Jude im Verbogenen..., dessen Lob nicht von Menschen, sondern von Gott kommt". Zu Rm 2,28f. und Matt 6,1-18 », *Neues Testament und Kirche* (FS. R. Schnackenburg) (éd. J. GNILKA) (Freiburg 1974) 115-125.

[10] Voir 1 R 8,39 ; 1 Ch 28,9 ; Ps 7,10 ; 17,3 ; 44,22 ; 90,8 ; Sg 1,6 ; Pr 16,2 ; 21,2 ; 24,12 ; Jr 11,20 ; 12,3 ; 17,10 ; 20,12.

[11] Voir aussi Rm 8,27 ; 1 Jn 3,20.

dire son cœur. Mt 5,27-30 montre en outre que le mal, tout comme le bien, vient du « dedans ». Tout réside dans l'intention de l'action et non pas seulement dans le geste extérieur que l'on pose (Mt 5,28 : « ἐν τῇ καρδίᾳ αὐτοῦ »). En Mt 6,21, Jésus affirme que « là où est ton trésor, là aussi sera ton cœur ». Enfin, en Mt 7,16-20, la parabole de l'arbre et ses fruits propose une corrélation stricte entre les gestes extérieurs observables et la réalité intérieure et vraie de l'homme. Ailleurs dans l'EvMt, sur la ligne de la critique formulée par les prophètes et les sages contre tout formalisme qui recherche la pureté seulement extérieure (Is 29,13 ; Jr 31,33 ; Ez 36,27-28 ; Ps 51,10), Matthieu propose l'adhésion de l'homme à Dieu dans la réalisation de sa volonté à partir de l'intention qui s'enracine dans le cœur (Mt 12,33-34 ; 15,8-9.19 ; 23,25-29).

Les oppositions que Mt 6,1-6.16-18 met en place concernent donc les motivations (cf. la particule ὅπως) de l'agir : agir public ou secret en vue de la gloire donnée par les hommes, ou agir public ou secret pratiqué en vérité devant le Père pour le glorifier. « Les hommes » et « ton Père » représentent ainsi deux instances que ceux qui pratiquent la justice choisissent pour donner un sens à ce qu'ils font[12]. Ces deux instances définissent deux modes d'exercer la justice par les hypocrites d'une part et par les disciples de l'autre[13]. Vues de l'extérieur, ces deux « justices » semblent

---

[12] L'emploi du possessif ὑμῶν dans l'expression τὴν δικαιοσύνην ὑμῶν en Mt 6,1 montre que la justice dont il est question concerne l'agir requis aux disciples, destinataires du discours de Jésus (« vous »).

[13] Le terme hypocrite stigmatise un comportement marqué par une contradiction entre la signification apparente d'un acte et son intention délibérément cachée. Comme le suggère l'expression « γραμματεῖς καὶ Φαρισαῖοι ὑποκριταί » appliquée aux scribes et pharisiens hypocrites en Mt 23,13.15.23.25.27.29, il est possible d'opérer un rapprochement entre les « hypocrites » dont on parle en Mt 6 (cf. aussi Mt 5,20) avec les « scribes et les pharisiens » cités en Mt 23. Bien plus, la présence de l'expression caractéristique « pour être vu des hommes » en Mt 6,1 (πρὸς τὸ θεαθῆναι αὐτοῖς) et en Mt 23,5 (πρὸς τὸ θεαθῆναι τοῖς ἀνθρώποις) est un autre indice en faveur d'un tel rapprochement. Néanmoins, Mt 6,1-6.16-18 n'opère pas explicitement une telle assimilation. Les critiques faites aux hypocrites restent en effet stéréotypées et générales. Elles n'attestent donc pas d'une attaque structurée contre le judaïsme. La figure de l'hypocrite n'est en Mt 6 qu'un contre-modèle qui fonctionne comme un repoussoir dans l'argumentation. Cf. J. ZUM-STEIN, « Proximité et rupture avec le judaïsme rabbinique », *LV* 183 (1987), 10-11.

identiques, tant les actions sont les mêmes de part et d'autre[14]. Mais c'est au niveau de la motivation de leur agir que se trouve la différence. Les modalités ou le lieu choisi pour donner l'aumône, pour prier ou pour jeûner n'intéressent que comme signe de l'intention réelle qui anime celui qui agit. Ils ont donc ici valeur de symbole[15]. Ainsi, une action « dans le secret » ne signifie pas nécessairement une « action secrète ». C'est plutôt toute action, même celle publique, mais qui s'accomplit en vérité devant le Père qui « connaît » l'homme jusque dans les profondeurs de son être[16].

En effet, ce que Jésus condamne dans la pratique des hypocrites, c'est l'ostentation dans leur façon de pratiquer la justice. Une telle pratique détourne de Dieu des actes religieux qui deviennent de ce fait « service de soi » au lieu d'être normalement service à Dieu et au prochain. Ce qui donne une valeur religieuse à l'aumône, à la prière et au jeûne n'est pas la publicité et l'approbation des hommes qui peuvent ou pas l'accompagner, mais la relation profonde avec le Père qui transparaît dans la pratique de ces actes. C'est ce que Mt 5,16 avait déjà montré de façon proleptique. L'aumône faite au pauvre est un service rendu au prochain[17]. Mais

---

[14] Cf. K. BORNHÄUSER, *Die Bergpredigt : Versuch einer zeitgenössischen Auslegung* (Gütersloh 1923) 115 ; STIEWE – VOUGA, *Sermon*, 139.

[15] Certaines expressions de Mt 6,1-6.16-18 ont un caractère figuré et hyperbolique. Le style est sans nul doute celui de l'exagération sémitique comme dans les expressions « sonner la trompette » ; « que ta main gauche ignore ce que fait ta main droite », etc. Sur la forme du langage utilisé par Jésus ici en Mt 6,1-18, cf. ALLISON, *Sermon*, 109-110, 112, 135 ; J. DUPONT, « Le langage symbolique des directives éthiques de Jésus dans le sermon sur la montagne », *Études*, II, 773 ; TALBERT, *Sermon*, 108 ; R. TANNEHILL, *The Sword of His Mouth* (Philadelphia 1975) 78-88.

[16] Au sujet de cette intention qui anime l'agir, G. BORNKAMM note que ce qui est mis en exergue dans ce texte n'est pas tant ce que fait l'homme, mais bien « comment » il agit. Cela ne signifie pas cependant que l'acte lui-même n'a plus d'importance et que c'est l'intention seule, même bonne, qui compte. En réalité, cette distinction entre l'acte et l'intention, distinction devenue courante dans l'éthique moderne, est totalement étrangère à l'enseignement de Jésus. Cf. G. BORNKAMM, *Gesù di Nazareth*, 102.

[17] Le terme ἐλεημοσύνη est attesté 13 fois dans le NT (3 en Mt ; 2 en Lc ; 8 en Ac). Dans l'usage linguistique du NT, ce terme n'est pas utilisé pour indiquer « le sentiment de compassion » (cf. ἐλεημοσύνη, du verbe ἐλεέω : avoir compassion), mais

l'attention portée aux frères et aux sœurs en difficulté n'est pas motivée par la simple compassion humaine ni par le sentiment de responsabilité sociale, mais aussi à cause de la relation avec le Père. En effet, celui qui envoie son soleil sur les bons et les méchants et qui fait pleuvoir sur les justes et les injustes ne veut qu'aucun de ses fils ne vive dans l'indigence (cf. Mt 6,11 : donne-nous notre pain...) mais qu'il soit accueilli miséricordieusement comme « fils du Père ». Il y a un rapport intrinsèque entre l'amour du prochain et l'amour de Dieu (Mt 22, 34-40)[18]. Le service rendu au prochain devient ainsi service rendu au Père qui ne doit donc pas être profané. De même, la prière n'est authentique que si elle exprime cette relation (verticale) avec le Père. Elle n'est pas le lieu pour faire son « théâtre » devant les hommes. Enfin, dans la pratique du jeûne, les privations faites servent normalement à manifester le désir de faire pénitence devant Dieu et lui montrer ainsi la volonté de conversion et non pas pour se donner en spectacle devant les hommes[19].

Ce motif de la clairvoyance divine capable de pénétrer les profondeurs de notre être, trouve un large écho dans la littérature sapientielle et apocalyptique[20]. Mais il y apparaît avant tout en référence aux péchés que l'homme dissimule aux autres avec inquiétude, mais qu'il ne peut dissimuler à Dieu qui les révélera et les punira lors du jugement (Si 17,19-20 ; 23,19 ; Pr 16,2 ; etc.). En Pr 24,12 où ce motif est évoqué, il est fait mention des deux

---

l'œuvre de bienveillance faite au pauvre (don), c'est-à-dire l'aumône. Cet emploi reflète l'usage de la LXX où on l'on note aussi la même restriction de la portée de la « compassion » à une attitude de miséricorde envers les pauvres, ou encore au don fait au pauvre (Pr 21,26 ; Dn 4,27). Cf. F. STAUDINGER, « ἐλεημοσύνη », *EWNT* I, 1044.

[18] Cf. GNILKA, *Matteo*, I, 309.

[19] Au sujet du jeûne pratiqué « pour Dieu » et du « caractère joyeux » qui l'accompagne, signalons ce qu'écrit Test.Jos III,4 en un langage qui rappelle Mt 6,16-18 : « Pendant ces sept années, je jeûnai, et l'Égyptien croyait que je vivais dans les plaisirs, car ceux qui jeûnent à cause de Dieu ont un visage gracieux ».

[20] Voir par exemple Ps 139, 1-3.23-24. Sur ce motif, cf. J. FICHTNER, *Die altorientalische Weisheit in ihrer israelitisch-jüdischen Ausprägung. Eine Studie zur Nationalisierung der Weisheit in Israel* (Gießen 1933) 116-117 ; A. OEPKE, « κρύπτω », *TWNT* III, 968 ; SCHWEIZER, « Der Jude im Verbogenen », 115-125 ; ZELLER, *Mahnsprüche*, 73.

actions divines qui ne sont pas sans rappeler l'agir de DP en Mt 6,4.6.18 : « γίνωσκε ὅτι κύριος καρδίας πάντων γινώσκει ... ἀποδίδωσιν ἑκάστῳ κατὰ τὰ ἔργα αὐτοῦ ». Pr 24,12 parle de l'omniscience divine en vue de démolir le mensonge de celui qui refuse d'aider l'innocent en danger en prétextant mensongèrement de ne l'avoir pas su (cf. v.12a). Mais YHWH connaît la vérité des êtres ; il a le pouvoir sur tous les hommes pour rendre à chacun selon son courage et sa conduite (cf. 1 R 20,39.40 ; Ez 33,8). Dans ce contexte, le regard que YHWH porte dans le cœur de l'homme prépare la punition (« revanche ») contre celui qui s'est désintéressé de la condition de l'innocent menacé[21]. Par contre, dans le texte matthéen, ce ne sont pas les actes honteux et cachés que le Père révèlera. Au contraire, c'est la justice pratiquée dans le secret que le Père récompensera.

2.2. Le Père rétributeur

Le terme μισθός est bien attesté dans l'EvMt (μισθός en Mt : 10 ; Mc : 1 ; Lc/Ac : 4 ; Jn : 1) ; il peut signifier aussi bien le « salaire » que la « récompense »[22]. Selon Mt 6,1, le sujet reçoit la « récompense » à partir de l'instance qu'il a choisie, c'est-à-dire, ou des hommes (instance anthropologique) ou bien de DP (instance théologale). En outre, en parlant du μισθός donné aux hypocrites, Matthieu utilise le verbe ἀπέχειν (ἀπέχουσιν τὸν μισθὸν αὐτῶν en Mt 6,2.5.16). Ce verbe appartient au monde commercial. On l'utilise pour indiquer la rédaction d'un reçu qui atteste que la transaction commerciale est terminée[23]. En ce sens, l'indicatif présent ἀπέχουσιν a la valeur d'un parfait[24] : Les hypocrites qui agis-

---

[21] W. McKane, *Proverbs* (London 1980) 570-571 ; L.G. Perdue, *Proverbs* (Louisville 2000) 213 ; B.K. Waltke, *The Book of Proverbs. Chapters 15-31* (Grand Rapids 2005) 277-278.

[22] Cf. H. Preisker – E. Würthwein, « μισθός », *TWNT* IV, 699-736 (avec bibliographie) ; G. Bornkamm, *Der Lohngedanke im NT* (München 1947) ; W. Pesch, *Der Lohngedanke in der Lehre Jesu : verglichen mit der religiösen Lohnlehre des Spätjudentums* (München 1955) ; Id., « μισθός », *EWNT* II, 1063-1065 ; Schmid, *Matteo*, 373-381.

[23] Cf. A. Deissmann, *Light from the Ancient East* (London 1927) 110-112 ; Id., *Bible Studies* (Edinburgh 1901) 229.

[24] Cf. Blass–Debrunner–Rehkopf, *Grammatik*, § 322,2 ; A. Plummer, *An Exegetical Commentary on the Gospel according to St. Matthew* (London 1909) 91 ; Guelich, *Sermon*, 279 ; Talbert, *Sermon*, 104.

sent en vue d'obtenir la gloire éphémère de la part des hommes (δοξασθῶσιν ὑπὸ τῶν ἀνθρώπων) ont *déjà* reçu le salaire de leurs actions. L'emploi de ce verbe indique que la pratique de l'hypocrite est un vrai marchandage où celui qui agit monnaye sa propre gloire dans le sens d'un *do ut des*. Un tel geste posé en vue d'une récompense humaine temporaire perd de fait la récompense divine et éternelle, car, une fois la transaction terminée, on ne doit s'attendre à plus rien d'autre, pas même de la part du Père (Mt 6,1)[25]. En ce sens, contrairement à la récompense terrestre et éphémère donnée par les hommes, le μισθός donné par le Père renvoie à la récompense céleste dans le monde à venir (cf. Mt 5,12).

Explicitement cependant, le texte dit seulement que le Père « rendra ». Littéralement, le verbe ἀποδιδόναι signifie : « donner à qui de droit » ; d'où, « restituer », « rendre ce qui a été donné »[26], « rembourser une dette » (Mt 5,26.33 ; 18,25-34)[27]. Dans les synoptiques, seul Matthieu utilise ce verbe pour indiquer la rétribution eschatologique : Mt 6,4.6.18 ; 16,27 (citation du Ps 61,3) appliqué à l'agir du Fils de l'homme ; 20,8 (parabole des ouvriers de la vigne)[28]. Mt 6,1-6.16-18 utilise ce motif de la récompense divine eschatologique pour démasquer l'ostentation

---

[25] Il est possible que la conception rabbinique de la justice divine se trouve en arrière-fond de ces affirmations matthéennes. Selon cette conception, Dieu punira dans l'au-delà les païens et les pécheurs qui ne semblent en rien inquiétés en cette vie terrestre. Par contre, les justes qui souffrent actuellement seront récompensés au ciel. Textes en STRACK–BILLERBECK, I, 390s ; II, 231. Voir aussi à ce propos LUZ, *Matteo*, I, 478 ; GUELICH, *Sermon*, 276-277.

[26] Cf. BAGD, s.v. ἀποδίδωμι; A. SAND, « ἀποδίδωμι », *EWNT* I, 307-308 ; F. BÜCHSEL, « ἀποδίδωμι », *TWNT* II, 170-171.

[27] Cf. B. WEBER, « Schulden erstatten – Schulden erlassen. Zum matthäischen Gebrauch einiger juristischer und monetärer Begriffe », *ZNW* 83 (1992) 253-256.

[28] Ce langage s'enracine dans le vocabulaire de l'AT : Pr 19,17 (verbe ἀνταποδίδωμι) ; Tb 4,14 (καὶ ἐὰν δουλεύσῃς τῷ θεῷ ἀποδοθήσεταί σοι) Pour les autres emplois néotestamentaires du verbe ἀποδίδωμι à propos de la rétribution divine eschatologique, voir Rm 2,6 ; 2 Tm 4,8.14 ; Ap 22,12. Sur la portée eschatologique de la récompense divine en Mt 5-7 (5,12.46; 6,1.2.5.16), cf. M. CORBIN, « Votre récompense est grande dans les cieux (Matthieu 5,12) », *Christus* 28 (1981) 65-69; BETZ, *Sermon*, 346; BORNHÄUSER, *Bergpredigt*, 117; C.S. KEENER, *A Commentary on the Gospel of Matthew* (Cambridge 1999) 209; LUZ, *Matteo*, I, 481; SCHNIEWIND, *Matteo*, 138; STRECKER, *Sermon*, 101.

de soi affichée comme le but caché de la pratique de la justice. Celui qui recherche une récompense humaine et veut que ses belles œuvres soient louées et célébrées par les hommes n'est pas à la hauteur du don du Père. La grandeur du don du Père n'est comparable à aucun don humain, pas même des éloges reçus de la part des hommes. Le disciple peut ainsi se soumettre totalement au jugement de Dieu, parce qu'il est son Père, celui qui connaît chacun en particulier et aux yeux de qui rien n'est caché.

Les traductions françaises modernes comme la BJ et la TOB traduisent la phrase « καὶ ὁ πατήρ σου ὁ βλέπων ἐν τῷ κρυπτῷ ἀποδώσει σοι » par : « et ton Père, qui voit dans le secret, te *le* rendra ». Elles ajoutent ainsi un objet, discret (« *le* ») pourtant absent du texte grec qui demeure silencieux sur l'objet à restituer. Les seules informations que le texte donne concernent le sujet qui restitue (« ton Père ») et celui à qui on restitue (« à toi »). Parler de la restitution dans la perspective de la relation des disciples avec le Père signifie d'abord que dans la pratique de la « justice supérieure », il n'y a pas un rapport *impersonnel* entre un « patron » et des « travailleurs », mais une relation à vivre dans un contexte personnalisé entre « TON PÈRE » et « TOI ». Ensuite, c'est aussi sur le sujet qui reçoit, c'est-à-dire sur « TOI » (qui cherche le Père), que vient s'inscrire la restitution. « La restitution redéfinit l'état du sujet, ce qu'il *est* plutôt que ce qu'il a »[29]. Ce faisant, la restitution réoriente « TOI » vers le Père ; elle « retourne » TOI vers le PÈRE. Le Père ne peut donc rembourser que la relation qui a été établie avec lui et pour lui. De la sorte, il y a dans cette restitution un développement, une croissance de la relation « TON PÈRE » - « TOI ». Pour « TOI », la restitution, c'est donc la joie d'être reçu comme « fils » par Celui « qui voit dans le cœur », et qui te fait participer à la vie divine (Mt 5,9). C'est la certitude d'avoir Dieu pour Père, un Père qui donne ce dont on a besoin pour vivre et pour croître comme ses fils, déjà maintenant dans la vie terrestre, et pleinement à la fin des temps. Ainsi, dans le contexte de la relation des disciples avec Dieu comme leur Père, le μισθός perd son caractère

---

[29] CALLOUD – GENUYT, *Matthieu*, 58. Voir aussi J.-C. GIROUD, « La porte étroite du royaume ou le secret de l'impossible », *LV* 183 (1987) 59.

de « salaire dû » (« Anspruch ») pour n'être que l'expression du « don » (ἀπο-διδόναι) du Père (« Gabe »)[30]. La récompense donnée par le Père ne ressort donc pas du système de l'échange, mais de l'esprit du don et de la gratuité[31]. C'est ce que souligne le caractère intentionnellement indéterminé de la récompense.

Pourquoi Jésus parle-t-il alors de μισθός (Mt 6,1) ? Si le Père doit quelque chose aux disciples qui cherchent à le glorifier à travers leur agir, s'il leur est ainsi « débiteur », ce n'est pas d'abord parce que ses disciples sont comme des ayants droit, mais parce que dans son cœur de Père, il n'est pas insensible. Le regard de Dieu est le regard du Père. Non pas un regard froid, critique et menaçant, mais un regard gratifiant et plein d'amour. C'est Lui en définitive qui compte dans la pratique de la justice[32]. Cette orientation théocentrique de la justice requise aux disciples ne signifie pas qu'il faut voir dans le texte évangélique un simple appel à un agir éthique « modeste » ou à un service religieux « désintéressé ». Certes, l'AT[33] et les écrits rabbiniques[34] critiquent aussi l'hypocrisie. Ces textes appellent à un service religieux « désintéressé »,

---

[30] La distinction opérée à ce sujet par W. GRUNDMANN (*Matthäus*, 191) est intéressante : « Es geht nicht um die Entlohnung des Arbeiters, sondern um die Belohnung des Sohnes, nicht um einen Anspruch, den der Arbeiter seinem Arbeitgeber gegenüber hat, sondern um eine Geschenk, das der Vater seinem Sohne macht ». Voir aussi BORNHÄUSER, *Bergpredigt*, 116 ; SCHNIEWIND, *Matteo*, 138.

[31] Dans la parabole des ouvriers de la dernière heure en Mt 20,1-16, Matthieu approfondit ce thème de la récompense donnée par Dieu dans l'esprit de la gratuité et du don. Le message essentiel de la parabole réside dans la redéfinition du concept de « justice » que Jésus détache du système de l'échange pour le rattacher au contexte du don. Les ouvriers, derniers arrivés, reçoivent ce qui est juste.

[32] Cf. SCHMID, *Matteo*, 378-380 ; SCHNIEWIND, *Matteo*, 138-140.

[33] Par exemple, en Si 1,28-30 ; 32,15 ; 33,2, on critique le comportement hypocrite.

[34] R. Sadoq (1er siècle) : « Ne fais pas des paroles de la Torah une couronne pour t'en glorifier, ni une bêche pour creuser » (m.Av 4,6) ; Hillel : « Qui tire profit des paroles de la Torah retire sa vie du monde » (m.Av 1,13) ; Antigonos de Sokho : « Ne soyez pas comme des esclaves qui servent leur patron pour obtenir une récompense ; mais soyez comme ceux qui s'acquittent de leur tâche sans penser à la récompense » (m.Av 1,3). Au sujet du don de l'aumône aux pauvres, on recommande de le faire en secret pour ne pas humilier le pauvre (motivation différente de Mt 6,3-4), et de déposer l'argent dans la « chambre des secrets » qui se trouve dans le Temple (Sheq 5,6). Textes en STRACK–BILLERBECK, I, 391.

en insistant particulièrement sur l'intention droite dans l'agir. La nouveauté du texte évangélique est exprimée non seulement de façon prégnante à travers l'idée de la récompense divine, mais aussi dans l'approfondissement théologal de la relation intime, profonde et personnalisée des disciples avec Dieu défini ici par la singulière expression « ton Père ».

L'emploi du possessif σου pour mettre le Père en relation avec les hommes (disciples/auditeurs du DM) n'est attesté qu'ici en Mt 6,1-18[35]. Cet emploi est certes consécutif à l'alternance des pronoms dans l'adresse aux auditeurs observée en Mt 6,2-6.16-18. Cette alternance du singulier et pluriel dans l'adresse aux auditeurs est courante aussi dans les exhortations de l'AT (Lv 19,12 ; Dt 4,11 ; 5,1-22 ; 6,1.2.14.15.16.18 ; etc.). Ce phénomène de l'alternance de personne/nombre est présent dans tout le DM. En effet, au début (Mt 5,3-10) et à la fin du discours (Mt 7,21-27), Jésus parle à la troisième personne. Par contre, de Mt 5,11 à 7,20, Jésus s'adresse à ses auditeurs à la deuxième personne[36]. En Mt 6,1-6.16-18, l'adresse aux auditeurs est faite d'abord à la deuxième personne du pluriel dans le verset d'introduction (Mt 6,1) ; puis les exemples qui illustrent ce principe sont formulés soit entièrement à la deuxième personne du singulier comme en Mt 6,2-4, soit de nouveau en alternant le pronom « vous » et « tu » en Mt 6,5-6 (pluriel à singulier) et en Mt 6,16-18 (pluriel à singulier). Matthieu y adopte une stratégie de l'application particulière, en passant d'un énoncé à portée générale adressé à un « vous » à un énoncé personnalisé et singularisé adressé à un « tu » placé toujours au début de la proposition qu'il introduit (v.3a.6a.17a). Cette mise en exergue de « tu » instaure le sujet dans une relation personnalisée « je » - « tu » avec le Père en insistant particulièrement sur

---

[35] On le trouve plutôt rarement dans la littérature rabbinique. Cf. m.Av 5,20 : « Sois fier comme le léopard, rapide comme le cerf et fort comme le lion pour accomplir la volonté de ton Père qui est dans les cieux ».

[36] Cf. A. GEORGE, « La justice à faire dans le secret. (Mt 6,1-6 et 16-18) », *Bib* 40 (1959) 594 ; GERHARDSSON, « Geistiger Opferdienst », 71 ; GIROUD, « La porte étroite » 57 ; W. EGGER, « Faktoren der Textkonstitution in der Bergpredigt », *Laurentianum* 19 (1978) 194-195 ; R. BUTH, « Singular and Plural Forms of Address in the Sermon on the Mount », *The Bible Translator* 44 (1993) 446-447.

l'intériorisation de ce rapport. Parce que Dieu est « ton Père », lorsque tu fais l'aumône, ou que tu pries, ou que tu jeûnes, c'est Lui seul que tu dois laisser transparaître dans ton agir pour que ce soit Lui à être glorifié, et par conséquent, il faut donc lui abandonner aussi toute responsabilité de *restituer* ce que tu as fait[37]. Mt 5,16 l'avait déjà établi de façon programmatique.

■ Conclusion

Pour illustrer la pratique de la « justice supérieure » (« votre justice » en Mt 5,20) qu'il demande à ses disciples en Mt 5,20-48, Jésus a emprunté les exemples qu'il cite dans les prescriptions de la Torah, en particulier dans la deuxième table du décalogue. En Mt 6,1-18 par contre, il recourt à trois pratiques de la piété traditionnelle juive pour montrer à ses disciples comment doit être « leur justice » (« votre justice » en Mt 6,1) pour mériter la récompense du Père. Mt 6,1-18 approfondit pour cela un aspect important de la pratique de la justice demandée aux disciples. Il s'agit de la juste disposition intérieure, c'est-à-dire la disposition du « cœur ». C'est un aspect déjà mis en évidence en Mt 5,28 au sujet de l'adultère. Les prestations seulement extérieures ne suffisent plus pour qualifier la justice demandée aux disciples. Une conduite extérieurement religieuse parce qu'elle correspond à la volonté du Père mais dont l'ὅπως n'est pas orienté à la glorification du Père ne peut produire une justice capable de plaire au Père et de mériter sa récompense. Ainsi, contrairement à l'hypocrite dont la pratique de la justice est marquée par le système de l'échange, le disciple n'a que faire de l'opinion des hommes. Il peut renoncer à rechercher l'effet produit, car qui pourrait mieux connaître la valeur de son agir, sinon son Père qui pénètre son être le plus secret. Mt 6,1-18 révèle donc un danger réel d'ostentation de soi dans la pratique des belles œuvres. La réalité de Dieu comme Père qui voit dans le secret et qui récompense corrige

---

[37] Cf. BOUTTIER, « Le Père manifesté », 50 ; GEORGE, « Justice », 598 ; R. FABRIS, *Matteo. Traduzione e commento* (Roma 1982) 152-153.

ainsi toute déviation religieuse. Si Jésus parle de l'aumône, de la prière et de la pratique du jeûne en Mt 6,1-18, ce n'est pas avant tout pour souligner la répercussion externe de ces actions. C'est plutôt pour souligner la nécessité d'exprimer à travers ces actions la relation des disciples avec Dieu comme leur Père en réévaluant pour cela les motivations de leur agir. De la sorte, le message théologique de ce texte s'exprime non seulement dans l'antithèse les « hommes » *vs* « DP », mais aussi dans l'insistance sur la clairvoyance de DP et sur sa fonction de rétributeur. En somme, rien n'apparaît intimement lié à la désignation de Dieu comme Père. Mais en parlant de « ton Père », l'intérêt de Matthieu pour cette désignation, et partant pour la relation qui unit le disciple au Père céleste, demeure pourtant réel. Moyennant l'expression « ton Père » qu'on ne trouve nulle part ailleurs dans toute la tradition synoptique, Dieu, le Père de Jésus, est présenté comme le Père de chacun. De la sorte, DP n'est pas seulement le modèle de l'agir des disciples (Mt 5,20-48) ; il est aussi le « motif » de leur agir. Le disciple est invité à donner (l'aumône), parce Dieu son Père donne (cf. Mt 6,25-34 ; 7,7-11) ; il est invité à prier, parce que Dieu est son Père (Mt 6,7-15 ; 7,11) ; il doit jeûner, parce que, ce faisant, il peut toucher le cœur de Dieu son Père.

CHAPITRE IV
MT 6,7-8 : LES DIEUX DES PAÏENS ET LE PÈRE DES DISCIPLES

■ 1. Articulation du texte

Mt 6,7-8 s'ouvre par le participe προσευχόμενοι qui le relie (cf. δέ) à la péricope précédente (cf. Mt 6,5 : ὅταν προσεύχησθε). Mis à part ce participe, Mt 6,7-8 est bâti sur deux propositions principales (Mt 6,7a.8a) suivies chacune d'une proposition explicative introduite par γάρ (Mt 6,7b.8b). Les propositions principales contiennent deux prohibitions introduites par la particule μή suivie du subjonctif aoriste. Chaque proposition explicative contient une référence à Dieu par laquelle Jésus justifie la pratique de la prière énoncée aux vv.7a.8a. En effet, au v.8b, le verbe οἶδεν a « ὁ πατὴρ ὑμῶν » comme le sujet grammatical. Au v.7b, le verbe δοκοῦσιν a certes « οἱ ἐθνικοί » comme le sujet grammatical. Mais ce que les païens pensent (ὅτι recitativum) concerne « Dieu ». En contexte de prière (προσευχόμενοι), le verbe au passif εἰσακουσθήσονται ne peut avoir que Dieu comme sujet sous-entendu du verbe exaucer (à l'actif : Dieu exauce la prière)[1]. La praxis de la prière des païens s'enracine donc dans leur conception (« ce qu'ils pensent ») de Dieu.

Jésus parle de DP en Mt 6,8. Ce verset est introduit par la conjonction οὖν. Le rapport de conséquence établie par cette

---

[1] Le verbe εἰσακουσθήσονται (εἰσακούω) n'apparaît qu'ici dans l'EvMt. Il est attesté cinq fois dans le NT : quatre fois au passif (Mt 6,7 ; Lc 1,13, Ac 10,3, He 5,7) et une fois à l'actif (1 Co 14,21). Selon Betz (*Sermon*, 367, n.295), l'emploi de ce passif divin servirait à éviter de prononcer les noms des divinités païennes.

particule ne porte pas cependant sur les deux prohibitions qui sont synonymes (parallélisme synonymique entre μὴ βατταλογήσητε ὥσπερ οἱ ἐθνικοί et μὴ ὁμοιωθῆτε αὐτοῖς), mais sur les propositions justificatives. C'est à ce dernier niveau que l'on note une évolution dans l'articulation du discours. En effet, ce que « votre Père sait » exclut ce que les païens pensent en rapport avec l'image de Dieu qui émerge de leur façon de prier (parallélisme antithétique)[2]. En Mt 6,7b.8b (propositions justificatives), l'opposition entre la façon de « penser » des païens au sujet de leurs dieux et le « savoir » du Père des disciples est encore soulignée par le changement des prépositions qui introduisent l'objet respectif de ces deux verbes. Les païens pensent que Dieu exaucera leurs prières « ἐν τῇ πολυλογίᾳ ». La préposition ἐν a une valeur instrumentale : Ils seront exaucés « par » (« au moyen de ») l'abondance de leurs paroles. Cette illusion des païens est exclue par le fait que le Dieu révélé aux disciples sait d'avance (« πρό ») ce dont les fils ont besoin. Ainsi, Mt 6,7-8 montre comment la révélation de Dieu comme Père détermine la pratique de la prière que Jésus recommande à ses disciples en opposition à la façon de prier des païens.

■ 2. Mt 6,7 : La prière des païens et leur conception de la divinité

À la différence des hypocrites qui se servaient de la prière pour obtenir l'approbation des hommes (Mt 6,5-6), les « païens » (οἱ ἐθνικοί)[3] veulent au contraire convaincre Dieu dans leurs prières.

---

[2] Pour l'analyse littéraire complète de ce verset, cf. J. DUPONT, « En priant ne ressemblez pas aux païens (Mt 6,7-8) », ID., *Études sur les évangiles synoptiques* (Leuven 1985), II, 863.

[3] L'adjectif substantivé ἐθνικοί n'est attesté que dans l'EvMt (Mt 5,47 ; 6,8 ; 18,17) où il a un sens plutôt péjoratif. Il transcrit par opposition ce que les disciples ne doivent pas être. Cf. D. CORTÉS-FUENTES, « Not Like the Gentiles: The Characterization of Gentiles in the Gospel according to St. Matthew », *JHLT* 9 (2001) 14-15. Quant au substantif ἔθνος, à l'exception de Mt 21,43 et 24,7 (expression ἔθνος ἐπὶ ἔθνος), il n'apparaît dans l'EvMt qu'au pluriel. L'emploi du terme ἔθνος dans cet évangile donne lieu à des traductions et des compréhensions diverses. Selon J.P. MEIER, on peut classifier l'emploi de ἔθνος dans l'EvMt en trois groupes : 1) appliqué seulement

Le vocabulaire utilisé par Matthieu (le verbe βατταλογεῖν et le substantif πολυλογία) pour décrire leur façon de prier indique qu'ils mettent en avant-plan leurs propres efforts plutôt que la volonté même de Dieu d'exaucer la prière. On explique généralement le verbe βατταλογεῖν comme le fait de répéter incessamment des mots sans sens (« rabâcher »)[4]. La juxtaposition du substantif πολυλογία à ce verbe confirmerait du reste cette acception. Littéralement, le terme πολυλογία signifie : « abondance des paroles »[5]. D'aucuns le comprennent comme synonyme d'une prière longue (prolixité verbeuse)[6]. Pour d'autres par contre, dans le contexte polythéiste gréco-romain, ce terme pourrait se référer à l'emploi des formules longues, redondantes, et accompagnées de beaucoup de titres divins que les païens utilisaient pour invoquer leurs dieux[7].

Il n'est certes pas facile de reconstituer le contexte religieux auquel la critique à la prière des païens fait allusion en Mt 6,7-8. Mais la Palestine offrait à cette époque bien des opportunités pour voir comment les païens priaient. Comme dans l'Antiquité, on priait à haute voix, sans doute pour attirer l'attention des dieux. La prière verbeuse était plus compréhensible pour eux que

---

aux païens (Mt 4,15 ; 6,32 ; 10,5.18 ; 12,18.21 ; 20,19) ; 2) emploi large : non seulement les païens mais aussi les « peuples » (« nations ») : Mt 21,43 ; 24,7.14 ; 25,32 ; 28,19 ; 3) Cas d'application douteuse : Mt 20,25 ; 24,9. Cf. J.P. Meier, « Nations or Gentiles in Matthew 28,19 ? », *CBQ* 39 (1977) 94-102.

[4] Ce verbe est inconnu des LXX. On trouve quelques attestations dans le grec classique et chez les Pères. Il y a deux explications possibles sur l'origine de ce verbe. 1) Selon Blass–Debrunner–Rehkopf (*Grammatik*, § 40, 3), on aurait ici une forme hybride dérivant de l'araméen *bāṭēl* (« futile ») + λόγος ; 2) Selon G. Delling, le verbe βατταλογέω serait une adaptation de βατταρίζω qui se grefferait sur λόγος. G. Delling, « βατταλογέω », *TWNT* I, 598. Voir aussi W. Bauer, *Wörterbuch,* 273.

[5] Tous ces deux termes sont hapax du NT. L'unique occurrence de πολυλογία dans la LXX se trouve en Pr 10,19. Cf. C. Maurer, « πολυλογία », *TWNT* VI, 545-546.

[6] Cf. Strack–Billerbeck, I, 403-406 ; Bonnard, *Matthieu,* 80 ; Klostermann, *Matthäus,* 54-55 ; McNeile, *Matthew,* 76.

[7] Cf. T.W. Manson, *The Sayings of Jesus as recorded in the Gospel according to St. Matthew and St. Luke* (London 1949) 166 ; Grundmann, *Matthäus,* 198 ; D. Hill, *The Gospel of Matthew* (London 1972) 134. L'hymne à Isis accumule plusieurs titres (épithètes) attribués aux divinités. Cf. Apulée (= Apuleius Madaurensis, Lucius) *Métamorphoses,* XI, 2. Texte établi par D. S. Robertson et traduit par P. Vallette (Paris 1940).

peut-être pour nous aujourd'hui[8]. Par cette répétition des formules, les païens cherchent avant tout à faire pression sur les divinités pour les contraindre à exaucer leurs prières. Cette façon de prier révèle sans nul doute l'anxiété et même l'incertitude qui hantaient l'orant de réussir à « rejoindre » la divinité désirée dans la multitude des dieux et des esprits, à employer correctement les formules recommandées et les titres justes sans irriter pour cela les dieux[9]. Cette façon de prier du païen fonctionne comme de la magie, parce que l'orant croit de pouvoir plier la divinité à sa volonté par le flot des paroles prononcées ou des formules magiques utilisées[10]. C'est ce qu'on a appelé dans l'Antiquité « *faticare deos* »[11]. Une telle façon de prier néglige ce qui est essentiel dans l'acte de prier, à savoir se soumettre à Dieu et non pas le contraire. Ainsi, Jésus enseigne à prier le Père : « que ta volonté soit faite » (Mt 6,10 ; voir aussi Mt 26,39 : « non pas comme je veux, mais comme tu veux »).

Déjà dans l'AT, la polémique entre Elie et les prophètes de Baal est révélatrice de la critique à cette façon de prier : « Alors à midi, Élie se moqua d'eux et dit : Criez plus fort, c'est un dieu: il a des préoccupations, il a dû s'absenter, il a du chemin à faire ; peut-être qu'il dort et il faut qu'il se réveille » (1 R 18,27). Cette critique d'Élie vise d'une part la manière trop humaine de considérer les divinités cananéennes. D'autre part, elle s'attaque au fait

---

[8] On ne peut pas déduire de Mt 6,7 que la prière prolixe était l'apanage des seuls païens. En effet, après l'exil, on note aussi dans le judaïsme une certaine tendance à privilégier les prières prolixes et à attribuer plusieurs titres à Dieu dans la prière (2 M 1,23-29). De même, Jésus critique en Mc 12,40 les scribes qui aiment les longues prières (καὶ προφάσει μακρὰ προσευχόμενοι).

[9] Cf. SCHMID, *Matteo*, 165.

[10] Sur l'emploi des formules magiques, on peut se référer aux papyri magiques grecs PGM III, 704 ; IV,74, 573, 619, 925-926, 958.

[11] L'expression se trouve littéralement en TITE LIVE, XXVII 50,5 : « Matronae quia nihil in ipsis opsis erat in preces obtestationesque versae per omnia delubra vagae supplicis votisque *fatigauere deos* » (« Quant aux femmes, parce qu'elles ne pouvaient, pour leur part, fournir aucune aide, s'adonnant aux prières et aux adjurations, elles erraient dans le sanctuaire en sanctuaire et *fatiguaient les dieux* de supplications et de vœux ». Trad. franç. ; *Histoire romaine*. Texte établi et traduit par P. Jal (Paris 1998) 92-93. Voir aussi SÉNÈQUE, *Epistolae*, IV,2,5 ; HORACE, *Odes*, I,2.26 ; APULÉE, *Métamorphoses*, X, 26.

que, contrairement au Seigneur vivant (YHWH), toujours présent et agissant dans l'histoire, Baal était conçu comme un dieu périodiquement absent, ou endormi, ou même mort, comme on peut le voir en certains textes d'Ougarit[12]. Ainsi, à l'idée que les dieux sont imprévisibles et capables d'être influencés par des forces magiques et contre une telle instrumentalisation de la divinité dans la prière, Jésus oppose la révélation d'un Dieu qui connaît d'avance les besoins de l'homme[13]. En outre, Jésus ne parle pas à ses disciples d'une divinité indéterminée, mais de Dieu comme « votre Père » (Mt 6,8)[14].

Il est vrai que la notion de la paternité divine était connue aussi des Grecs et des Romains où Zeus (Jupiter chez les Romains) est le chef de la famille des dieux, et dont l'autorité est souvent mise à dure épreuve[15]. HOMÈRE parle quelque fois de Zeus comme d'un père cruel et sans pitié envers ses fils[16]. ARISTOTE écrit à ce propos : « L'amour pour les dieux est quelque chose

---

[12] Voir les textes cités par K. GALLING, « Der Gott Karmel und die Ächtung der fremden Götter », *Geschichte und Altes Testament* (éd. W.F. ALBRIGHT et al.) (BHT 16; Tübingen 1953) 105-110. Cf. S. DEVRIES, *1 Kings* (Dallas 1985) 229.

[13] G. LOHFINK parle à ce propos d'une « image alternative de Dieu » qui détermine un *ethos* comportemental alternatif pour les disciples. Cf. LOHFINK, *Discorso*, 130, 133.

[14] La tradition manuscrite apparaît surchargée au sujet de cette désignation de Dieu comme « votre Père ». Certains témoins (¹ B sa mae) écrivent : ὁ θεὸς ὁ πατὴρ ὑμῶν (« Dieu votre Père »). Cependant, cette façon de désigner DP n'est pas attestée dans l'EvMt. Elle est présente par contre dans les lettres pauliniennes (« Dieu notre Père ») en Rm 1,7; 1 Cor 1,3 ; 2 Cor 1,2 ; Ga 1,3 ; Ep 1,2 ; Ph 1,2 ; 4,20 ; Col 1,2 ; 1 Th 1,3 ; 3,13 ; 2 Th 1,1 ; 2,16. Ensuite, l'absence en Mt 6,8 de la désignation de Dieu comme le Père « qui est aux cieux » (le Père « céleste ») a poussé certains manuscrits (047 892ᶜ 1424 pc syʰ) à l'ajouter (ὁ πατὴρ ὑμῶν ὁ οὐράνιος) pour harmoniser le texte avec Mt 5,48 ; 6,14.26.32. La leçon la plus courte (ὁ πατὴρ ὑμῶν) est donc à préférer. Elle est attestée par la majorité des grands témoins (* D L W q 33 892 1006 1342 1506…). Cf. B. M. METZGER, *A Textual Commentary on the Greek New Testament* (Stuttgart ²2004) 12-13.

[15] Dans les poèmes de HOMÈRE, Zeus est appelé « πατήρ ἀνδρῶν τε θεῶν » (« Père des hommes et des dieux ») ou simplement « πατὴρ Ζεύς ». Cf. HOMÈRE, *Iliade*, I, 544 ; IV,68 ; V, 421-426 ; VIII, 49.132 ; XI, 182 ; XV, 12.47; *Iliade*, I, 396.404.578 ; II, 146.741 ; III, 276s ; XV, 365s, etc.. Pour les Romains, cf. LACTANCE, *Institutiones Divinae*, IV,3,11s ; TITE LIVE, I, 18,9.

[16] Cf. HOMÈRE, *Odes* 20, 201 ; ID., *Iliade* 3, 365 ; 17, 546.

d'impossible »[17]. Le stoïcisme représente néanmoins un autre développement de cette conception où Zeus est considéré comme le père du cosmos, et les hommes comme ses fils qui doivent se rassurer de son assistance et de sa providence. Un témoignage en ce sens provient d'un des textes significatifs de la piété stoïque, l'hymne à Zeus de Cléanthe (330 av. JC). ÉPICTÈTE se demande en effet : « Ne suffit-il pas d'avoir Dieu comme créateur, comme père et gardien pour nous libérer des souffrances et de nos craintes ? »[18].

Cependant, la conception païenne de la paternité divine n'a en commun avec l'emploi biblique de cette désignation de Dieu comme Père que le titre « père » pour dire Dieu. Dans l'AT, l'idée païenne de la paternité de Dieu comprise comme procréation disparaît pour laisser place à une interprétation métaphorique de la figure paternelle de Dieu. Du reste, l'AT ne parle que rarement de Dieu comme Père (une quinzaine au total). En effet, comme l'écrit H. RINGGREN, « l'idée de Dieu comme père n'a pas une place centrale dans la foi d'Israël. Il s'agit seulement d'une des images qui servent à décrire le rapport de YHWH avec Israël »[19]. On peut distinguer trois sortes de textes où Dieu est appelé « Père » dans l'AT : 1) Les textes où Dieu se nomme « Père » : 2 S 7,14 ; Jr 31,9 ; Ml 1,6 ; 2) les textes où les hommes nomment Dieu « Père » : Dt 32,6 ; Ml 2,10 ; Ps 68,6 ; Tb 13,4 ; Si 51,10. 3) les textes où les hommes invoquent Dieu comme « Père » : Is 63,16 ; 64,7 ; Jr 3,4.19 ; Ps 89,27 ; Sg 14,3 ; Si 23,1.4. Pour être complet dans cette présentation, il faut ajouter aussi tous ces textes où l'agir de Dieu est d'une façon ou d'une autre comparé à celui d'un père (Dt 1,31 ; 8,5 ; 32,18 ; Ml 3,17 ; Ps 22,11 ; 103,13 ; Jb 31,18 ; Pr 3,12 ; Sg 11,10. Enfin, les textes où Israël

---

[17] Cf. ARISTOTE, *Grande morale*. II, 11. Introduction et traduction par A. Wartelle (Paris 1988).

[18] ÉPICTÈTE, *Dissertations*, I, 9,6-7.

[19] Voir H. RINGGREN, «*'ab* », *TWAT* I, 19. Sur la paternité de Dieu dans l'AT, voir en particulier M.-J. LAGRANGE, « La paternité de Dieu dans l'Ancien Testament », *RB* 5 (1908) 482-484 ; MARCHEL, *Abba*, 23-28, 56-84 ; SCHRENK, « πατήρ », 859-974 ; L. MORALDI, « La paternità di Dio nell'Antico Testamento », *RivBiblt* 7 (1959) 44-56 ; A. SCHENKER, « Gott als Vater – Söhne Gottes », 6.

ou les Israélites sont appelés « fis » ou « enfants de Dieu » contiennent aussi indirectement des allusions à la paternité de Dieu.

En analysant le contenu de ces textes vétérotestamentaires, il appert que Dieu y est désigné comme père, non pas parce qu'il est « celui qui a engendré les dieux et les hommes », mais parce qu'il a élu Israël dont il a fait son premier-né en le sauvant de l'oppression de l'Égypte. Dans l'AT et dans les écrits juifs de l'époque de Jésus, Dieu est appelé « Père » en considérant son action salvifique dans l'histoire du peuple élu. Cet agir montre comment Dieu s'est comporté comme « père » à l'égard d'Israël. L'attribution à Dieu du nom « Père » a donc permis à Israël d'exprimer l'attitude d'un Dieu qui révèle sa présence à l'homme, qui dialogue avec lui et qui fait vivre son peuple dans la perspective du salut. En effet, quand bien même chez les Sémites, le titre de père pouvait exprimer quelquefois la domination et l'autorité paternelles[20], dans ces textes de l'AT, c'est le plus souvent la bonté et l'amour que ce titre exprime dans les rapports entre YHWH et Israël. Seuls quelques textes (Ml 1,6 ; 2,10 ; Tb 13,4) soulignent l'idée de la domination paternelle. Tous les autres textes exaltent plutôt la bonté et l'amour paternels de YHWH envers Israël[21].

L'emploi néotestamentaire de la désignation de Dieu comme Père des disciples s'enracine dans cet usage métaphorique vétérotestamentaire. Il s'agit de souligner avant tout l'aspect de l'amour qui caractérise la désignation de Dieu comme Père, mais aussi en même temps son autorité. Mais, c'est surtout à la lumière de la personne de Jésus et de son message qu'il faut comprendre la désignation de Dieu comme Père dans le NT. Jésus annonce la suprême et définitive révélation de Dieu qui se manifeste dans ses paroles et dans ses actions comme *son* Père (Mt 11,25-27). En Jésus, la paternité de Dieu se présente dans une forme nouvelle et unique, parce que Jésus parle du Père comme le Fils unique de Dieu. S'il associe ses disciples à cette relation en désignant Dieu son Père comme leur Père (« votre Père »), c'est pour souligner

---

[20] Sur la conception de la paternité divine auprès des peuples de l'ancien Moyen Orient, voir en particulier Ringgren, « *'ab* », 2-8 ; Marchel, *Abba*, 29-39.
[21] Marchel, *Abba*, 59.

la présence immédiate de son Père dans la vie de ceux qui ont accueilli son message sur le Règne. C'est aussi pour indiquer en même temps ce que la manifestation de cette présence signifie pour ceux qui l'ont accueilli comme le Fils du Père. C'est donc à partir de cette perspective qu'il faut comprendre l'enseignement de Jésus sur DP ici dans le DM.

■ 3. L'εἰδέναι du DP et la prière des disciples

Pour exprimer l'idée que Dieu connaît l'homme et ses besoins, l'hébreu utilise le verbe ידע. Dans la LXX, le verbe ידע est traduit plus souvent par γινώσκειν et εἰδέναι[22]. Dans le grec classique, ces deux verbes ont des significations différentes : οἶδα se réfère à la possession théorique d'un savoir ; γινώσκειν a le sens inchoatif pour désigner l'acquisition d'une connaissance. Dans le NT, la différence entre les deux verbes est en grande partie maintenue, quand bien même il est parfois difficile de les distinguer[23]. Bien plus, en certains cas, ils sont même synonymes, surtout lorsque l'élément inchoatif est secondaire ou absent dans le verbe γινώσκειν. Ainsi, on a en Mt 7,23 : « οὐδέποτε ἔγνων ὑμᾶς », alors que Mt 25,12 écrit : « οὐκ οἶδα ὑμᾶς »[24].

Lorsque dans l'AT le verbe ידע a Dieu comme le sujet grammatical, il exprime en général la transcendance de Dieu. Dieu est celui qui sait tout (Pr 24,12). Il connaît les pensées (LXX Dt 31,21 : ἐγὼ γὰρ οἶδα) et les cœurs (LXX 1 R 8,39 : σὺ οἶδας τὴν καρδίαν). Mais, ce verbe peut exprimer aussi la proximité salvifique de Dieu auprès des hommes pour indiquer sa bienveillance ou

---

[22] Cf. G.J. Botterweck, « ידע », *TWAT* III, 499-500 ; Schruers, « Paternité », 620-621.

[23] Cf. A. Horstmann, « οἶδα », *EWNT* II, 1206-1210. Pour ce qui concerne le quatrième évangile, I. de La Potterie souligne que lorsque le verbe οἶδα a pour sujet Jésus et ses disciples comme sujet, ce verbe indique une connaissance intuitive et certaine par rapport au verbe γινώσκω. Voir I. de La Potterie, « Οἶδα et γινώσκω. Les deux modes de la connaissance dans le quatrième évangile », *Bib* 40 (1959) 709-725.

[24] Autres exemples en H. Seesemann, « οἶδα », *TWNT* V, 120-122. Voir aussi J. H. Moulton – G. Milligan, *The Vocabulary of the Greek New Testament* (London 1949) s.v. ; R. Bultmann, « γινώσκω », *TWNT* I, 689-696.

son agir protecteur, notamment dans le contexte de la relation de YHWH avec Israël (LXX Am 3,2 : ὑμᾶς ἔγνων), ou dans le contexte de l'élection de certains personnages illustres pour un service (Abraham : Gn 18,19 ; Moïse : Ex 33,12.17 ; David : 2 S 7,20 = 1 Ch 17,18 ; etc.)[25]. Ainsi Na 1,7 : « YHWH connaît (LXX : καὶ γινώσκων) ceux qui cherchent en lui leur refuge ». La connaissance de YHWH peut en même temps anticiper son intervention salvifique. En Ex 3,7-8, le fait que YHWH connaît la souffrance du peuple (LXX Ex 3,7 : οἶδα γὰρ τὴν ὀδύνην αὐτῶν) est déjà une première intervention salvifique de YHWH en faveur de son peuple (Ex 3,8). En Is 63,16, le verbe ידע apparaît dans un contexte où la figure paternelle de Dieu est évoquée en opposition à la paternité des patriarches : « C'est que notre Père, c'est toi ! Abraham en effet ne nous connaît pas, Israël ne nous reconnaît pas non plus ; c'est toi, SEIGNEUR, qui es notre Père, notre Rédempteur depuis toujours, c'est là ton nom ». Le fait que Dieu est Père signifie que c'est lui qui connaît vraiment son peuple, mieux que les patriarches (« les pères »). La connaissance divine qui est ici sous-entendue implique une intervention salvifique de Dieu en faveur du peuple qu'il a élu comme sien. En effet, Dieu y est invoqué comme « Père » (« notre Père ») et comme « rédempteur ». Il s'agit là pour Israël d'un motif de consolation bien plus supérieur à celui que lui offre le fait d'appartenir à la descendance des patriarches : « Abraham ne nous connaît pas ».

Comme dans l'AT, l'emploi néotestamentaire de ces verbes sur le *savoir* de Dieu exprime de prime abord la transcendance de Dieu. Dieu *connaît* (γινώσκει) les cœurs (Lc 16,15). Lui seul *sait* (οἶδεν) le jour de la parousie (Mt 24,36). Mais ces verbes contiennent aussi un élément « volitif » qui exprime la présence affective de Dieu auprès des siens. Dieu connaît les siens ; il prend soin d'eux. Il ne les oublie pas (2 Tm 2,19). Mt 6,8 appartient à cette seconde catégorie des verbes. Dans ce texte, le savoir du Père (οἶδεν ὁ πατὴρ ὑμῶν) est déterminé par deux éléments qui ré-

---

[25] Le grec classique ne connaît pas ce sens typiquement sémitique du verbe « connaître » comme « élire ». On le trouve cependant dans le NT : Mt 7,23 ; 1 Co 8,3 ; 13,12 ; Ga 4,9 ; 2 Tm 2,19. Cf. BULTMANN, « γινώσκω », 705.

vèlent la sollicitude paternelle de Dieu. Tout d'abord, le « savoir » du Père est basé sur la contemplation des « besoins » des fils : « ὧν χρείαν ἔχετε ». Dans le NT, le terme χρεία se réfère dans son emploi absolu aux nécessités de l'homme[26]. On le rencontre souvent dans les synoptiques dans l'expression « χρείαν ἔχειν », « avoir besoin »[27]. En Mt 5–7, « χρείαν ἔχειν » n'est attesté qu'ici en Mt 6,8. Le texte ne précise pas cependant la nature des besoins dont il s'agit. Le relatif ὧν demeure en effet indéterminé[28]. En Mt 6,32 où l'on parle encore des « besoins » de l'homme (cf. le verbe χρῄζετε), le texte fait allusion à la nourriture, au boire, et à l'habillement (Mt 6,25.31). En Mt 6,8, cette indétermination pourrait indiquer toute situation d'indigence qui nécessiterait que l'on s'adresse au Père. Dans le contexte du DM, cela pourrait se référer à tout ce dont les disciples ont besoin pour vivre sur le plan spirituel (rapports avec Dieu), social (rapports avec les autres) et matériel (rapports avec les biens matériels). Aussi, parce que Dieu sait les besoins des disciples et donc au courant de leur situation réelle, il apparaît comme un Père qui est intéressé à leur vie[29].

Ensuite, DP connaît les besoins des disciples πρὸ τοῦ ὑμᾶς αἰτῆσαι αὐτόν, « avant que vous ne lui demandiez ». Jésus fait ici appel à la « prescience » (cf. πρὸ τοῦ + infinitif) de Dieu. Ce topique est attesté aussi dans certains textes tardifs de l'AT, dont Ps 139,4 : « Un mot n'est pas encore sur ma langue, et déjà, YHWH, tu le connais (ἔγνως) » ; Is 65,24 : « Avant même qu'ils appellent, moi, je leur répondrai, alors qu'ils parleront encore, moi, je les aurai écoutés »[30]. Ce motif exprime l'attente judaïque selon la-

---

[26] Cf. A. Sand, « χρεία », *EWNT* III, 1133-1135.

[27] Voir Mt 3,14 ; 6,8 ; 9,12 ; 14,16 ; 21,3 ; 26,65 ; Mc 1,17.25 ; 11,3 ; 14,63 ; Lc 5,31 ; 9,11 ; 15,7 ; 19,31.34 ; 22,71.

[28] Dans les autres emplois de χρείαν ἔχειν dans l'EvMt, Matthieu prend soin de préciser ce dont on a besoin. Ainsi en Mt 3,14 : avoir besoin *d'être baptisé* ; 9,12 : avoir besoin du *médecin* ; 14,16 : avoir besoin *d'aller* ; 21,3 : avoir besoin de *ces choses* ; 26,65 : avoir besoin des *témoins*.

[29] Cf. Horstmann, « οἶδα », 1207.

[30] Au sujet de ce motif, on peut citer la prière dite *Abinenû* : « Tu répondras avant même qu'ils ne t'appellent ». Voir aussi ExoR 14,15 ; b.Ber 4,8a,45 ; 29a. Cf. Strack–Billerbeck, IV, 222 ; Fichtner, *Weisheit*, 117 ; Keener, *Matthew*, 213, n.158.

quelle dans le monde à venir, Dieu exaucerait la prière des hommes avant même que ces derniers ne la lui expriment. Cette promesse s'actualise maintenant avec l'avènement du Règne annoncé par Jésus. En effet, dans le contexte matthéen, la vérité de ce motif repose avant tout sur l'autorité de celui qui parle dans le discours. Jésus connaît si bien Dieu, son Père, qu'il peut dire qu'il connaît d'avance ce dont ses disciples ont besoin.

Ce motif du savoir du Père permet en définitive de bien cerner la différence entre la façon de prier des païens et celle des disciples de Jésus. La différence entre le rabâchage des païens et la prière des disciples n'est pas d'ordre quantitatif. En d'autres termes, le texte n'opposerait pas tant une prière longue, dite avec beaucoup de mots (πολυλογία) et qui serait caractéristique des païens, à une prière brève dont Mt 6,9-13 – celle que Jésus enseigne aux disciples – serait par exemple la parfaite illustration. Du reste, dans l'EvMt, lorsque Jésus prie, sa prière est tantôt brève (cf. Mt 11,25-26), tantôt longue (cf. Mt 14,23-24). En outre, en Mt 26,36-46, Jésus prie brièvement, mais trois fois, en répétant les mêmes mots. Il ne s'agit donc pas ici d'une condamnation du précepte qu'il faut prier Dieu sans cesse et avec insistance comme cela est requis en d'autres textes du NT (Mt 7,7-11 ; Lc 11,5-13 ; 18,1-8 ; 1 Th 5,17). La différence entre la prière des païens et celle des disciples porte plutôt sur la façon dont les uns et les autres se représentent le Dieu qu'ils rencontrent dans la prière. Mt 6,7-8 oppose en réalité deux visions différentes de Dieu qui déterminent la pratique de la prière[31]. Si l'on représente Dieu comme peu préoccupé de la vie des hommes, la prière devient en ce cas un moyen pour le domestiquer et le contraindre en utilisant des formules longues et ampoulées, et le rendre ainsi attentif à sa propre cause. Mais si l'on représente Dieu comme Père, et comme un Père qui sait à l'avance ce dont on a besoin, la prière,

---

[31] Cf. DAVIES – ALLISON, *Matthew*, I, 658; DUPONT, « En priant », 868; GUELICH, *Sermon*, 341; HAGNER, *Matthew 1-13*, 165; P. HOFFMANN, « „Er weiß, was ihr braucht..."(Mt 6,7). Jesu einfache und konkrete Rede von Gott », „Ich will euer Gott werden". *Beispiele biblischen Redens von Gott* (éd. N. LOHFINK et al.) (Stuttgart 1981) 174-175.

peu importe sa longueur, n'est alors que le lieu où l'orant rencontre Dieu comme Père pour s'abandonner entre ses mains avec la tranquille assurance d'un enfant qui sait qu'il est aimé par son Père.

▪ Conclusion

La mise en scène des païens et de leur marchandage avec Dieu dans la prière (Mt 6,7-8) que Matthieu a placée peu avant la prière du NP sert sans doute comme introduction à cette prière. De la sorte, Mt 6,7-8 prépare par effet de contraste la révélation de Dieu comme Père qui détermine la prière enseignée en Mt 6,9-13. L'impératif μὴ οὖν ὁμοιωθῆτε αὐτοῖς n'est donc possible que si l'on tient compte du savoir et de la bonté du Père qui le motivent. Le Père céleste de Jésus et de ses disciples n'est pas le partenaire d'un système d'échange ou de marchandage. Jésus défait cette vision en révélant l'excès de générosité de la providence du Père qui sait à l'avance ce dont les disciples ont besoin avant même qu'ils ne puissent lui formuler la demande. On se rend donc compte finalement que le fait que le Père sait d'avance les besoins des disciples ne peut en aucun cas éliminer la nécessité de la prière de demande au Père jusqu'à la rendre superflue[32]. Bien au contraire, dans le contexte de Mt 5-7, cette prière est diversement appréciée parce qu'elle est toujours soutenue par la bonté du Père (cf. Mt 7,7-11). Le disciple est ainsi invité à exposer sa propre misère devant son Père et demander ce dont il a besoin, non pas pour faire pression sur le Père ni pour l'informer sur ce qu'il sait d'avance. La prière n'a pas la fonction de « marchander » avec Dieu. C'est le lieu où l'orant doit reconnaître et confesser la miséricorde infinie du Père et la grandeur incommensurable de

---

[32] Eu égard au fait que les dieux connaissent la situation des hommes, la piété stoïcienne a tiré des conclusions diamétralement opposées à celles des textes évangéliques. En effet, le stoïcisme a jugé inutile et superflue la prière de demande parce qu'une telle prière met en cause la toute-puissance et l'omniscience des dieux. Voir à ce sujet les textes donnés par F. HEILER, *Das Gebet: eine religionsgeschichtliche und religionspsychologische Untersuchung* (München 1925) 211.

sa bonté et de sa providence. C'est le lieu où il convient d'expérimenter de façon dynamique et confiante la relation avec Dieu comme son Père.

En définitive, au cœur du DM, Mt 6,7-8 fait partie de ces textes qui, à l'instar de Mt 7,7-11, témoignent de l'exaucement inconditionnel de la prière par Dieu et qui exaltent la proximité de Dieu à l'homme parce qu'il est Père. Mt 6,7-8 permet ainsi de repousser toute idée de manipulation de Dieu sous quelques formes que ce soit, en particulier dans la prière. En outre, la référence à DP qui détermine dans cette péricope la relation du Père avec les disciples montre que dans son amour, Dieu est avec l'homme avant même que ce dernier le prie, le dispensant ainsi de pouvoir le faire avec un flot de paroles superflues. C'est parce que ce Dieu est le Père qui pénètre les profondeurs de notre être (cf. Ps 139,1-3.23-24) et qui sait ce dont nous avons besoin que nous devons le prier en l'invoquant comme « notre Père ». La particule οὖν (« donc ») introduisant la prière du NP indique l'urgence d'une telle expérience.

CHAPITRE V
LA RÉVÉLATION DE DIEU COMME PÈRE EN MT 6,9-13.14-15

La prière du NP (Mt 6,9-13.14-15) continue de nos jours encore à être l'objet de nombreux commentaires, interprétations et reformulations. Loin de reprendre toutes ces études ou d'en proposer une autre, on voudrait seulement relever les *qualités* de Dieu comme Père qui émergent de cette prière et qui sont telles que c'est à Lui que les disciples doivent adresser cette prière[1]. En effet, appeler Dieu « Père » et l'invoquer comme tel est en soi révélateur de toute une *théologie*. C'est en effet affirmer un certain nombre de choses essentielles sur Dieu et sur son rapport avec les disciples qui le prient. La méthode adoptée dans ce chapitre consiste à faire précéder chaque demande de la *qualité* qui y caractérise le mieux la figure de Dieu comme Père[2].

■ 1. Dire « Notre Père qui est aux cieux » ou le don de l'invocation

Dans le schéma de la communication, il est nécessaire de distinguer entre le destinateur et le destinataire[3], pour savoir qui dit quoi (destinateur), à qui (destinataire) et sur quoi (énoncé[4]). Pour ce qui concerne le(s) destinateur(s) et les destinataires des réfé-

---

[1] C'est ce que TALBERT (*Sermon*, 119) appelle « a certain view of God ». Cette façon de considérer Dieu détermine la façon de prier des disciples.
[2] Cf. R. MEYNET, «La composizione del Padre Nostro », *CivCatt* 155 (2004) 243.
[3] Cf. J. DUBOIS et al., *Dictionnaire de linguistique* (Paris 1973) 145.
[4] Par énoncé, il faut entendre « toute suite finie de mots » émise par un locuteur à l'adresse d'un ou plusieurs auditeurs. Cf. DUBOIS, *Dictionnaire*, 191.

rences à DP (qui dit quoi de DP et à qui) dans l'EvMt, cette distinction est importante. En effet, dans le premier évangile, l'emploi de πατήρ présente une configuration locutoire (locuteur – auditeur) qui diffère des principales autres désignations de Dieu dans cet évangile, en l'occurrence de θεός (51 occurrences) et de κύριος (18 occurrences). Il suffit pour cela de considérer la statistique purement verbale de ces désignations pour s'en rendre compte. Par souci de concision, on ne retient que les désignations qui sont mises dans la bouche de Jésus et le contexte dans lequel Jésus prononce ces différentes désignations de Dieu.

	Θεός	κύριος	πατήρ
Occurrences totales	51	18	44
Prononcées par Jésus	33	8	44
- dans la prière	2	1	7
- aux disciples/foules	10	2	37
- aux adversaires[5]	21	5	0

Pour ce qui concerne le locuteur de θεός et de κύριος, on voit que Jésus n'est pas le seul qui dit « θεός » (33 sur 51 occurrences) et « κύριος » (8 sur 18 occurrences). En effet, ces deux désignations sont attestées aussi dans la bouche d'autres personnages du récit matthéen, ou bien dans leur emploi par l'auteur lui-même (Mt 3,16 ; 9,8 pour θεός). Sans prétendre être exhaustif, on peut noter par exemple que le terme θεός est utilisé par l'ange dans le récit relatif au songe de Joseph (Mt 1,23). On trouve aussi le terme θεός dans la bouche de Jean le Baptiste (Mt 3,9), du tentateur (Mt 4,3.6), des démons (Mt 8,29), des disciples (Mt 14,33; 16,16), des pharisiens (Mt 22,16), du grand prêtre (Mt 26,63) avec les scribes et les anciens (Mt 27,43), des faux témoins au

---

[5] Les « adversaires » de Jésus seraient à comprendre comme un groupe hétérogène de personnes que V. Mora a identifié comme « le bloc du refus » à Jésus. Dans le récit matthéen, ce bloc englobe entre autres les scribes, les gens du savoir (les sadducéens, les pharisiens), les gens du pouvoir (Ponce Pilate ; les grands prêtres) et l'ennemi invisible (Satan). Cf. V. Mora, *La symbolique de Matthieu. II. Les groupes* (Paris 2001) 193-256.

procès de Jésus (Mt 26,61), des ennemis de Jésus au calvaire (Mt 27,40), et enfin du centurion et ses hommes (Mt 27,54).

Quant à κύριος, mis à part son emploi par l'auteur dans l'expression à saveur vétérotestamentaire « ὁ ἄγγελος κυρίου » (Mt 1,20.24 ; 2,13.19 ; 28,2), il est attesté principalement dans les citations explicites ou implicites de l'AT prononcées par Jésus (Mt 4,7.10 ; 5,33 ; 21,42 ; 22,37.44 ; 23,39). En Mt 21,9, κύριος se trouve dans une citation implicite de l'AT mise dans la bouche des foules. On trouve aussi κύριος comme désignation de Dieu dans les introductions narratives aux citations d'accomplissement (Mt 1,22 ; 2,15) et dans deux textes de l'AT cités par l'auteur : Mt 3,3 au sujet de Jean le Baptiste (cf. Is 40,3) et Mt 27,10 au sujet de Judas (cf. Jr 32,6-9). L'emploi de κύριος dans ces citations dépend de la traduction grecque des LXX où le tétragramme YHWH est rendu par κύριος ou bien ὁ κύριος[6].

Par contre, pour ce qui concerne πατήρ, il n'y a que Jésus seul qui prononce toutes les références à DP dans l'EvMt[7]. Jésus parle du Père dans le contexte de l'enseignement aux disciples (quelquefois avec les foules), ou bien lorsqu'il prie Dieu. En ce dernier cas, à l'exception de Mt 27,46 (par. Mc 15,34), qui est une citation du Ps 22,2 et où Jésus invoque Dieu par l'expression : « mon Dieu, mon Dieu... », toutes les autres prières de Jésus que nous rapporte l'EvMt montrent que celui-ci s'adresse à Dieu en l'invoquant toujours comme « Père »[8] : πάτερ (Mt 11,25) ; ὁ πατήρ (Mt 11,26) ; πάτερ μου (Mt 26,39.42). Au cœur de la formule « notre Père, (qui est) dans les cieux » qui ouvre la prière que Jésus

---

[6] Cf. A. MAGGI, *Padre dei poveri. 2. Il Padre nostro di Matteo* (Assisi ³2011) 38.

[7] Les synoptiques concordent entre eux sur ce point. Par contre, dans le quatrième évangile, Jésus est celui qui prononce la plupart des références à DP. Le substantif πατήρ est attesté deux fois dans la bouche des disciples (Jn 14,8 ; 16,17), et une autre fois, il est prononcé par les « Juifs » (Jn 8,41). En Jn 1,14.18 ; 5,18 ; 8,2, par contre, le terme πατήρ se trouve dans les commentaires de l'auteur de l'évangile.

[8] Derrière le vocatif πάτερ dans la bouche de Jésus, on reconnaît sans nul doute le terme araméen « *abba* ». Ce terme a fait l'objet de plusieurs études. Une synthèse sur l'état de la recherche sur l'emploi de « Abba » par Jésus et de sa signification est donnée par G. SCHELBERT, « Abba, Vater. Stand der Frage », *FZPhTh* 40 (1993) 259-281. Voir aussi J. LUZARRAGA, *El Padrenuestro desde el arameo* (Roma 2008) 38-62.

enseigne à ses disciples se trouve sans nul doute cette appellation de Dieu comme Père. Dans cette perspective, cette adresse initiale n'est possible que parce que Jésus autorise les disciples à s'adresser à Dieu avec la même confiance et avec la même familiarité avec laquelle il le fait lui-même dans sa prière en invoquant Dieu comme « père ». Cette invocation est indicative de cette relation que Jésus établit entre ses disciples et Dieu son Père. Celui qui se met à la suite de Jésus et devient son disciple (Mt 4,18-22), peut donc s'adresser à Dieu et l'appeler « père ». Pour les disciples bénéficiaires de ce don, il y a là un « motif de grande consolation »[9] consécutif à la familiarité avec ce Dieu si proche parce que Père. Ainsi, comme Jésus le fait dans sa prière, les disciples peuvent eux-aussi invoquer Dieu en l'appelant : « Père ».

Ce Père tout proche des disciples est en même temps *dans les cieux*. L'emploi du syntagme « ὁ ἐν τοῖς οὐρανοῖς » pour distinguer DP du père terrestre convient mieux à un discours sur Dieu (dénomination) qu'à une invocation de Dieu. En effet, en contexte de prière, cette distinction est inopportune[10]. Cette détermination n'est pas attestée dans les prières de Jésus rapportées dans les évangiles. Si Matthieu la reprend ici, cela signifie qu'elle n'est pas une simple circonlocution pour dire Dieu[11]. Sa présence

---

[9] R. SCHNEIDER, *Das Vaterunser* (Freiburg ⁶1979) 10.

[10] Dans les prières juives anciennes, du moins celles de la période de Jésus, on trouve plutôt rarement la formule « notre Père qui est aux cieux » comme invocation à Dieu (et non pas comme simple dénomination). Ainsi, dans le Kaddish, l'expression y est comme simple dénomination divine : « *Que votre prière soit accueillie et que votre supplication soit réalisée, avec la supplication de toute la maison d'Israël, devant notre père qui est dans les cieux* ». Cf. J. BONSIRVEN, *Textes rabbiniques des deux premiers siècles chrétiens pour servir à l'intelligence du Nouveau Testament* (Roma 1955) 3 ; DALMAN, *Die Worte Jesu*, 153, 305. Voir aussi la prière du matin du second et du cinquième jour de la semaine qui commence ainsi : « *Que soit agréable devant leur Père qui est dans les cieux* ». Comme invocation à Dieu (adresse vocative à Dieu), la formule « notre Père qui est aux cieux » est présente dans le Seder Elijahu Rabba. Il s'agit d'une œuvre morale et didactique relativement tardive. La rédaction finale est datée d'avant le IXè siècle de notre ère. Mais au sujet de la présence de cette formule comme invocation (adresse vocative) de ce texte, MARCHEL (*Abba*, 87-88) émet quelques réserves : « même si elle était originale, elle ne constitue pas une invocation proprement dite ».

[11] Cf. les explications données au sujet de Mt 5,16.

en Mt 6,9 comme adresse à Dieu peut s'expliquer par la prédilection de Matthieu pour cette formule. On la retrouve aussi dans l'autre expression caractéristique du premier évangile : βασιλεία τῶν οὐρανῶν. Cette caractérisation de Dieu comme le Père *céleste* sert à rappeler que la proximité de Dieu comme père ne diminue en rien sa transcendance et son altérité.

Au sujet du possessif ἡμῶν (« *notre Père* »), il faut dire de prime abord qu'il concerne les disciples interpellés par l'impératif προσεύχεσθε (cf. aussi la reprise du pronom ὑμεῖς). Jésus n'y est donc pas inclus. Qu'est-ce à dire ? Jésus se trouve dans une relation particulière avec le Père, une relation différente de celle des disciples avec Dieu (cf. Mt 11,27). L'expérience de la filiation n'est pas vécue de la même manière par Jésus et par ses disciples à qui il révèle cette paternité de Dieu. Chez Jésus, cette filiation revêt une plénitude sans ombre que même la passion avec son caractère d'échec incompréhensible n'a pas diminué. Circonscrit donc dans la relation du Père avec les disciples, le possessif « notre » détermine le caractère communautaire et partant ecclésial de cette prière. Jésus apprend à ses disciples à s'adresser à Dieu comme à un Père commun. Prier Dieu comme « *notre Père* », c'est reconnaître comme frères et sœurs ceux qui l'invoquent aussi comme Père[12]. Une telle communion s'enracine dans l'agir du Père. C'est là un aspect peu souligné dans les commentaires. C'est en effet le Père qui veut et qui rend possible cette communion des uns à l'égard des autres pour qu'il soit invoqué comme « notre Père ». Mt 5,45-48 le montre clairement. En effet, la responsabilité du Père inclut aussi la « socialisation » des fils, avant que celle-ci ne devienne une tâche des disciples.

En définitive, l'invocation initiale de cette prière à Dieu comme « *notre Père qui est dans les cieux* » inclut deux aspects importants de la relation du Père avec les disciples. Le don de la relation avec le Père implique qu'à la suite de Jésus, les disciples de Jésus peuvent invoquer Dieu comme Père. Ensuite, ce don im-

---

[12] Le Talmud explique ainsi cette formulation communautaire de la prière : « L'homme doit associer toute la communauté dans sa prière ; il dira par exemple : que ta volonté soit faite, Seigneur notre Dieu, de *nous* conduire tous vers la paix » (Ber 30a).

plique aussi le devoir de la révérence de la part de ceux à qui Jésus révèle Dieu comme le Père « qui est aux cieux », c'est-à-dire le Dieu proche et en même temps Tout Autre. Ces deux aspects illuminent les demandes exprimées dans cette prière. De la sorte, pour bien être comprise, chacune d'elles devrait être implicitement précédée de l'invocation « Père », et donc placée dans le contexte de la relation des disciples avec ce Père.

2. Mt 6,9b : Père « Saint »

Invoquer un Dieu qui a un « nom » (τὸ ὄνομά σου), c'est se mettre en face d'un Dieu personnel, un « TU », avec qui on peut dialoguer. En contexte sémitique, le *nom* est la personne qu'il indique ; il est même interchangeable avec la personne. Le nom crée donc la possibilité de l'invocation. Quand Dieu manifeste son Nom (« El Shaddai » à Abraham : Gn 17,1 ; « YHWH » à Moïse : Ex 3,14-15 ; 6,2 ; etc.), il apparaît comme le Dieu qui cherche la communion et l'alliance avec les hommes[13]. Mais en révélant son Nom, Dieu reste souverain. Il ne craint pas, comme les dieux païens, d'être dominé par son peuple du moment qu'il leur révèle son Nom[14]. Cependant, le risque est réel qu'Israël verse dans la vaine croyance des païens pour abuser du Nom de Dieu. Cela pourrait expliquer le don du deuxième commandement du Décalogue, qui interdit tout emploi *désordonné* du Nom de Dieu.

Dans la prière du NP, le disciple qui prie son Père invoque d'abord son "Nom", c'est-à-dire son être intime, sa sainteté, et il perçoit cette présence comme une puissance illimitée d'expansion[15].

---

[13] Sur le « nom » de Dieu, cf. H. BIENTENHARD, « ὄνομα », *TWNT* V, 251-261 ; O. GRETHER, *Name und Wort Gottes im Alten Testament* (Giessen 1934) 17-58 ; E. JACOB, *Théologie de l'Ancien Testament* (Neuchâtel ²1968) 66-68 ; H. LESÊTRE, « Nom », *DB* IV, 1169-1177 ; J.F. MCLAUGHLING, « Names of God. Biblical Data », *JewEnc* IX, 160-162.

[14] Cf. J. RATZINGER (BENOIT XVI), *Gesù di Nazareth* (Milano 2007) 173.

[15] Voir Lv 20,3 ; 22,2 ; Am 2,7 ; Is 6,3 ; 40,25 ; 43,15 ; 57,15 ; Ez 20,39 ; 36,20-23 ; 39,7.25 ; 43, 7-8 ; Ps 33,21 ; etc. Cf. F.H. LEENHARDT, *La notion de sainteté dans l'Ancien Testament* (Paris 1929) 180-184.

Chez les sémites, la sainteté est d'abord conçue comme une séparation d'avec le profane. Est saint ce qui est fondamentalement différent, qui ne peut être comparé à rien d'autre dans l'ordre de la création. On ne peut s'approcher de ce qui est saint que sous certaines conditions de pureté souvent rituelle d'ailleurs. Appliquée à Dieu, la sainteté « ne désigne pas une qualité divine parmi tant d'autres, voire la qualité supérieure. Elle exprime ce qu'il y a de caractéristique en Dieu, et correspond exactement à la déité, c'est-à-dire à la plénitude de la puissance et de la vie »[16]. Cette sainteté de Dieu est au cœur du message biblique : « Saint, saint, saint est le Seigneur Sabaoth » (Is 6,3). Dieu est le Saint par excellence ; il ne se confond pas avec sa création, car il en est le créateur[17]. La sainteté traduit donc le mystère transcendant et ineffable qui caractérise le Tout Autre.

Le substantif « τὸ ὄνομα » en Mt 6,9 renvoie à la réalité divine que Jésus révèle dans le DM, c'est-à-dire la réalité contenue dans l'appellatif « Père » déjà anticipé dans l'invocation initiale et qui exprime de façon profonde la connaissance que Jésus, le Fils, a de Dieu[18]. En tant que tel, ce Nom est indicatif d'une « réalité divine » plus « proche », « familiale », « accessible ». Il exprime la présence protectrice et la sollicitude de Dieu pour les disciples, mais aussi en même temps la gloire et la puissance divines (Père céleste). Comme dans l'invocation « notre Père *qui est* dans les cieux » par laquelle le Père est interpellé en ouverture de la prière, on rencontre dans cette première demande la proximité et la distance caractéristiques du Père. En effet, attribuer au « Père » la

---

[16] JACOB, *Théologie*, 68.

[17] Dans le judaïsme, la crainte du « Saint » dégénère parfois dans la crainte du « Nom ». Ainsi, la troisième bénédiction du *Shemoneh Esreh* récite : « Saint es-tu et redoutable est ton nom ».

[18] Pour le lien entre « le nom » et le « Père », cf. GOMA CIVIT, *Mateo*, 339 ; GUNDRY, *Matthew*, 105 ; MAGGI, *Padre dei poveri*, 69-71 ; B. MAGGIONI, *Padre nostro* (Milano 1995) 28 ; S. SABUGAL, *Abba. La oración del Señor: historia y exégesis teológica* (Madrid 1985) 441 ; SCHRENK, « πατήρ », 996 ; TALBERT, *Sermon*, 115 .Y sont par contre opposés : GNILKA, *Matteo*, I, 327 ; H. SCHÜRMANN, *La prière du Seigneur à la lumière de la prédication de Jésus* (Paris 1964) 30-31.

qualification « saint », c'est associer deux termes d'orientation apparemment contraire. C'est proclamer en effet que le Dieu dont on reconnait la transcendance inaccessible et incomparable, a voulu se rendre proche, comme un père.

Ce qui est donc en jeu n'est pas la réalisation de cette identité de Dieu, car celle-ci ne peut qu'être objet de la reconnaissance de la part des hommes. La demande de Mt 6,9 assume ainsi une valeur révélatrice très importante. Dieu seul peut véritablement sanctifier son propre Nom, c'est-à-dire, d'après le sens le plus obvie, manifester sa sainteté et la faire reconnaître telle à tous. Le verbe ἁγιασθήτω est utilisé au passif sans que soit exprimé le complément d'agent. Cette manière d'écrire permet de désigner l'action de Dieu sans le nommer (passif divin). Bien plus, le lien avec la demande qui suit, relative à la venue du Règne, dont Dieu seul peut être le maître, permet de dire par analogie que Dieu seul peut être le sujet de sa propre sanctification et que sa manifestation plénière aux nations n'apparaîtra qu'à la fin des temps lorsqu'il fera advenir son Règne. Le verbe ἁγιασθήτω est à l'impératif aoriste ; ce qui fait penser sans nul doute à une action ponctuelle[19]. Dans les textes de l'AT, la sanctification du nom divin est d'abord l'œuvre de Dieu lui-même (Ez 36,20-28 ; 38,16.23 ; 39,7). Mais les hommes sont impliqués dans la sanctification du Nom divin lorsqu'ils reconnaissent cette sainteté divine à travers le culte et la louange et en obéissant fidèlement aux commandements divins (Ex 20,7 ; Lv 22,32 ; Is 29,23 ; Ez 20,39-41). En particulier pour le prophète Ézéchiel, cette sanctification du nom de Dieu présuppose l'intervention eschatologique de Dieu qui permettra aux hommes de reconnaître sa sainteté, c'est-à-dire lorsque Dieu fera rayonner sa gloire en délivrant les captifs d'Israël pour que son Nom ne soit pas profané par les nations païennes (Ez 36,20-24 ; 38,23). Elle présuppose en même temps le don de la sainteté de Dieu aux hommes de telle sorte qu'ils puissent la faire transparaître (Ez 25,27).

---

[19] Sur l'emploi de l'impératif aoriste dans la prière, cf. BLASS–DEBRUNNER–REHKOPF, *Grammatik*, § 337, 4.

En disant « *Père* : que ton Nom soit sanctifié », les disciples demandent pour eux et pour le monde l'épiphanie de ce qui est au cœur de l'évangile. Cette demande concerne cet agir unique du Père, paraphrasé au passif, réservé pour la fin des temps, lorsque le Père manifestera pleinement qui il est (son Nom). Compte tenu de la richesse de la désignation de Dieu comme Père dans le DM et dans l'EvMt, l'orant demande au Père de faire en sorte que tous puissent reconnaître qu'ils ont un Père qui est à la source de leur être, un Père qui invite chacun à se situer vis-à-vis de lui comme un fils, parce qu'il est un Père qui veut leur bien et leur croissance[20]. Pour le prophète Ézéchiel par exemple, la révélation finale de la sainteté de Dieu coïncide avec la rédemption d'Israël. Selon Ez 36,20-38 ; 39,7, Dieu manifeste sa sainteté en intervenant dans l'histoire du monde, ici, en agissant pour rassembler Israël (restauration nationale) et pour le purifier (restauration spirituelle).

Dans le contexte du DM, reconnaître que seul DP peut manifester qui il est ne signifie pas inciter les disciples à demeurer passifs. Bien au contraire, il s'agit de les inviter à reconnaître l'initiative gratuite et absolue de Dieu dans le don qu'il fait de lui-même et de hâter ainsi le jour de sa manifestation finale qui inaugurera le monde nouveau. En effet, celui qui prie sait que par la venue de Jésus, cet événement de la fin a déjà reçu une première réalisation. L'orant sait aussi qu'il a un rôle à jouer dans la reconnaissance de ce qu'est le Père. En effet, selon Mt 5,16, les belles œuvres des disciples sont révélatrices du Père de sorte que les hommes qui les voient « glorifient » (δοξάσωσιν) leur Père[21]. Dans le langage de l'AT, le verbe « glorifier (Dieu) » est utilisé quelque fois comme un équivalent du verbe « sanctifier (Dieu)». En Is 5,16 par exemple, le niphal נקדש avec YHWH comme le

---

[20] La TOB a d'abord traduit : « Fais-toi reconnaître comme Dieu ». Puis : « Fais connaître à tous qui tu es ». Si ces deux traductions de Mt 6,9b sont littéralement éloignées du texte, elles sont cependant fidèles à l'esprit de la demande qui met ainsi au premier plan l'agir eschatologique de DP.

[21] La relation entre Mt 6,9 et Mt 5,16 était déjà notée par THÉODORE DE MOPSUESTE. Cf. THÉODORE DE MOPSUESTE, *Le Notre Père ou l'éthique chrétienne* = *Homélies Catéchétiques 11*. Trad. Muriel Debié (Paris 1996) 147-163.

sujet grammatical (« être sanctifié ») est traduit par la LXX par δοξασθήσεται. En effet, dans l'emploi de l'un ou l'autre verbe, il s'agit avant tout de rendre visible la « gloire » ou la « sainteté de Dieu » aux hommes[22].

3. Mt 6,10a : Père et Roi

Dans les évangiles, le titre βασιλεύς est rarement appliqué à Dieu[23]. En lieu et place, on trouve l'expression βασιλεία τοῦ θεοῦ ou βασιλεία τῶν οὐρανῶν[24]. La racine hébraïque « *malkut* » est un *nomen actionis* (substantif verbal). Comme le mot grec, elle indique l'exercice de la seigneurie, l'être souverain du roi[25]. Ainsi, en parlant du Règne de Dieu (ou du royaume des cieux), Jésus annonce simplement Dieu, capable d'opérer dans le monde et dans l'histoire dans sa souveraineté royale[26]. Par l'expression ἡ βασιλεία σου (où le

---

[22] Cf. CARMIGNAC, *Notre Père*, 84. Dans le même sens, F. RAURELL note que l'emploi des termes « sainteté » et « gloire » expriment dans l'AT le dynamisme de la transcendance divine et de son immanence. Voir F. RAURELL, « Il binomio "Santità" (ἁγιωσύνη) e "Gloria" (δόξα) di Dio nei LXX », *RCatT* 22/II (1997) 231-244.

[23] L'application est implicite dans les paraboles du Règne où Dieu est présenté dans son agir comme un roi : Mt 18,23 ; 22,2.7.11.13. Voir aussi 1 Tm 1,17 : « le Roi des siècles » (cf. Tob 13,6.10). Cf. K.L. SCHMIDT, « βασιλεύς », *TWNT* I, 579. Selon SCHRENK, c'est pour des motifs christologiques que le terme βασιλεύς est rarement utilisé dans les évangiles synoptiques en référence à Dieu. C'est parce qu'on transfère à Jésus les titres de χριστός et κύριος qui, au moment de la rédaction des évangiles, étaient aussi courants que la désignation θεὸς ὁ πατήρ pour Dieu. Cf. SCHRENK, « πατήρ », 995.

[24] L'expression βασιλεία τῶν οὐρανῶν appartient au vocabulaire théologique du premier évangile. Selon KUHN, cette expression proviendrait du judaïsme tardif où pour éviter d'utiliser des affirmations verbales sur Dieu comme le font par contre les écrits de l'AT, on recourt aux expressions plutôt abstraites. Cf. K.G. KUHN, « βασιλεία » *TWNT* I, 570.

[25] Cf. P. STUHLMACHER, *Biblische Theologie des Neuen Testaments* (Göttingen 1992), I, 67-68.

[26] En français, le terme βασιλεία peut être traduit par « royaume », « règne » ou « royauté ». Le mot « royaume » évoque l'idée de l'espace ou du domaine sur lequel le roi exerce son pouvoir, les deux autres suggèrent davantage l'idée de la souveraineté royale (attributions, fonctions royales). Seul le contexte permet de décider lequel de ces termes traduit la *nuance* exacte du terme βασιλεία dans le contexte où ce terme est employé. Cf. CARMIGNAC, *Notre Père*, 95 ; DUPONT, « Notre Père », 838.

possessif σου se réfère au Père), on entend dire que le Père de Jésus et de ses disciples est « roi ». C'est donc cette figure royale du Père que nous voudrions analyser afin de relever les attributions royales du Père que l'on voudrait voir se réaliser en faveur de l'orant[27].

3.1. Attributions royales de Dieu dans l'AT

Dans l'AT, la royauté de YHWH est diversement exprimée. Il y a des textes qui en soulignent le caractère atemporel en ce qu'elle embrasse le passé et le futur (Ex 15,18 ; 1 S 12,12 ; Ps 145,11 ; 146,10). À partir du sixième siècle, en particulier dans les oracles prophétiques, devant les catastrophes qui ont marqué l'histoire d'Israël, la royauté de Dieu devient l'expression de l'espérance pour le futur. Il s'agit certes d'une réalité présente, mais dont la pleine réalisation est attendue dans le futur (Is 24, 23 ; 33,22 ; 52,7 ; So 3,15 ; Za 14,16 ; etc.). Enfin, dans les psaumes (Ps 47 ; 93 ; 96 ; 97 ; 99 ; etc.) où est particulièrement utilisé le verbe *mlk,* on n'annonce pas un événement eschatologique, mais on évoque la royauté de Dieu comme une réalité cosmico-universelle qu'Israël accueille en adoration (Ps 47 ; 93 ; 96 ; 97 ; 98 ; 99). Dans le judaïsme du temps de Jésus, on rencontre aussi le concept de la seigneurie de Dieu dans le culte du temple à Jérusalem et dans la liturgie synagogale[28].

Le terme βασιλεία n'indique pas la souveraineté de Dieu de façon abstraite, comme c'est par exemple le cas lorsqu'on parle de « l'omnipuissance » de Dieu. Le substantif βασιλεία est plutôt un terme de relation. En effet, celui qui est roi est toujours roi d'un

---

[27] Cf. GRUNDMANN, *Matthäus*, 201 ; SABUGAL, *Abba*, 485-486, 517 ; MAGGI, *Padre dei Poveri*, II, 76-77. Sur la relation entre le « Père » et le « Règne » dans le contexte général de la prédication de Jésus, voir SCHRENK, « πατήρ », 995-996 ; J. SCHLOSSER, Le *Règne de Dieu dans les dits de Jésus* (Paris 1980) 682-684 ; W. KASPER, *Jésus le Christ* (Paris ⁵1996) 112-120.

[28] Dans le *Qaddish* par exemple, on demande non seulement la sanctification du Nom divin, mais aussi la venue de son Règne : « Que soit magnifié et sanctifié son grand nom dans le monde qu'il a créé selon sa volonté ; et qu'il établisse son règne de notre vivant et de vos jours et du vivant de toute la maison d'Israël, bientôt et dans un temps proche ; et dites : Amen ! ».

peuple. Son pouvoir royal s'exerce sur le peuple. Dans l'ancien Orient, le roi représentait « une figure sotériologique » dont le pouvoir consistait à mettre fin au chaos caractérisant la période où il n'y avait pas de roi, et à établir pour ses sujets, en particulier pour les plus démunis, un espace de vie régi par la loi[29]. Le modèle du roi est le pasteur. Comme roi, Dieu est le pasteur de son peuple (Ps 23 ; Ez 34). Il s'engage avec sollicitude et force pour que son peuple puisse vivre[30]. Le Règne de Dieu désigne donc à la fois la gloire et la souveraineté qui appartiennent à Dieu, et par conséquent, le salut et le bonheur de l'homme. Car, l'instauration du Règne implique le salut de l'homme. Ex 15,18 offre une référence significative à l'autorité royale éternelle de YHWH qui s'est manifestée dans la libération prodigieuse de son peuple devant ses ennemis : « Yahvé régnera (ימלך) pour toujours et à jamais » (Ex 15,18). Les traducteurs grecs de la LXX ont rendu l'inaccompli au temps présent, en utilisant pour cela le participe présent grec βασιλεύων. Cette traduction reflète l'idée que Dieu est en train de régner maintenant et pour l'éternité. C'est ce que suggère le contexte de la narration. YHWH a établi son règne en sauvant son peuple par la libération miraculeuse de l'exode.

Il émerge de ces différents textes vétérotestamentaires un triple caractère de la notion de la royauté divine : un caractère politique, nationaliste, parce qu'elle concerne la communauté d'Israël ; un caractère eschatologique comme expérience définitive de la présence de Dieu qui dépasse toute autre expérience humaine royale ; enfin un caractère sotériologique à cause de la conviction que Dieu vaincra le mal et qu'il éloignera les menaces et les injustices vécues par son peuple[31]. Si ces deux derniers caractères

---

[29] Cf. A. DEISSLER, « The Spirit of the Lord's Prayer in the Faith and Worship of the Old Testament », *The Lord's Prayer and Jewish Liturgy* (éd. J. J. PETUCHOWSKI – M. BROCKE) (New York 1978) 8.

[30] Cf. G. von RAD, « βασιλεύς », *TWNT*, I, 567-568 ; SCHLOSSER, *Le Règne de Dieu*, 269-275 ; R. SCHNACKENBURG, *Règne et Royaume de Dieu : essai de théologie biblique* (Paris 1965) 26.

[31] Pour cette synthèse, cf. PONTIFICIA COMMISSIONE BIBLICA, *Bibbia e Morale. Radici bibliche dell'agire cristiano* (Città del Vaticano 2008) 64.

sont présents dans les évangiles, le Règne n'a cependant pas pour Jésus la coloration politique et nationaliste qu'elle pouvait avoir pour le peuple juif, dispersé en exil, sous la domination étrangère[32].

3.2. Emplois de βασιλεία en relation avec πατήρ dans l'EvMt

L'attribution en Mt 6,10 de la βασιλεία au Père pour affirmer sa qualité royale n'a rien d'étonnant. En effet, quelques prières juives contemporaines de l'époque néotestamentaire contiennent aussi l'invocation « notre Père » juxtaposée au titre « notre Roi ». On peut citer pour cela la bénédiction *Ahabah rabbah*. Cette bénédiction précède le Shema ; elle est aussi appelée la « bénédiction de la Torah » : « *Notre Père ! notre Roi ! À cause de nos pères qui ont eu confiance en toi et à qui tu as enseigné les lois de la vie, aie pitié de nous et enseigne-nous. Notre Père ! Père de miséricorde, le Miséricordieux ! Aie pitié de nous !* »[33]. Il en est de même dans la prière du nouvel an. Cette prière est appelée « *Roch ha-chanah* » : « *Notre Père ! notre Roi ! Nous n'avons pas d'autre Roi que toi, notre Père, notre Roi, à cause de toi-même, aie pitié de nous* »[34]. Dans ces deux prières, le fait que l'invocation à « notre Père » soit juxtaposée à celle à « notre Roi » montre que le Père à qui s'adresse la prière est le Roi du ciel. Si la première désignation exprime la proximité de Dieu, la deuxième rappelle sa transcendance, la distance majestueuse. Le judaïsme insiste ainsi sur l'équilibre entre ces deux titres : Dieu Père et Dieu Roi, comme entre miséricorde et justice, amour et crainte[35].

---

[32] Cf. Luz, *Matteo*, I, 506.

[33] Cette prière faisait probablement partie de l'ancienne liturgie sacerdotale du Temple. Elle est antérieure au début de l'ère chrétienne. Cf. W. Staerk, *Altjüdische liturgische Gebete* (Bonn 1910) 6 ; Bonsirven, *Textes rabbiniques*, 1 ; Jeremias, *Abba*, 23 ; Marchel, *Abba*, 87.

[34] D'aucuns estiment que les éléments principaux de cette prière sont antérieurs à l'an 70 de l'ère chrétienne. Cf. Jeremias, *Abba*, 23; S. Lauer, « Abhinu Malkenu: Our Father, Our King », *The Lord's Prayer and Jewish Liturgy*, 73-80.

[35] Sur la combinaison de ces deux titres dans le monde religieux gréco-romain, cf. J. H. Neyrey, « God, Benefactor and Patron : The Major Cultural Model for Interpreting the Deity in Greco-Roman Antiquity », *JSNT* 27 (2005) 471.

Dans les évangiles synoptiques, c'est seulement dans l'EvMt et de Luc que le terme βασιλεία est associé à DP. Hormis la prière de Mt 6,10 par. Lc 11,2 (πάτερ [ἡμῶν]... ἡ βασιλεία σου) où l'on se réfère à la figure du Père comme Roi, l'association de « βασιλεία » à DP se trouve dans deux textes propres de l'évangile de Luc, dans un contexte de consolation où l'on affirme que le Père fait don du royaume aux disciples (δοῦναι ὑμῖν τὴν βασιλείαν : 12,32) et à Jésus (διέθετό μοι ὁ πατήρ μου βασιλείαν : 22,29) ; puis en Lc 12,31 par. Mt 6,33 : τὴν βασιλείαν αὐτοῦ, le possessif αὐτοῦ se réfère au Père à peine mentionné[36]. Dans l'EvMt, il faut citer l'expression typiquement matthéenne βασιλεία τοῦ πατρός en Mt 13,43 (contexte de jugement) et en Mt 26,29 (différemment de Mc 14,25 : ἐν τῇ βασιλείᾳ τοῦ θεοῦ). En outre, dans l'EvMt, on peut déduire la connexion entre πατήρ et βασιλεία à partir de la parabole de Mt 18,23-35 : Le roi (βασιλεύς au v.23) qui remet les dettes et qui demande des comptes au serviteur impitoyable est identifié à la fin de la parabole comme le « Père céleste » (v.35). Cette parabole évoque non seulement le don de la miséricorde du Père envers le serviteur impitoyable (v.27), mais aussi le jugement envers ce dernier qui refuse de pardonner à son collègue (v.35). Enfin, une dernière attestation dans l'EvMt de cette association de βασιλεία à πατήρ se voit aussi dans le fait que ce sont les seuls termes du vocabulaire matthéen qui sont qualifiés par le terme « céleste », si l'on excepte l'emploi de cet adjectif de façon indirecte pour les substantifs « récompense » (Mt 5,12 ; 6,1), « trésor » (Mt 6,21 ; 19,21), « anges » (Mt 18,10 ; 22,30 ; 24,26). La présence de l'expression « qui est aux cieux » dans l'invocation initiale en Mt 6,9 pourrait expliquer son absence en Mt 6,10 pour qualifier le « Règne » (déjà déterminé par le possessif σου).

Dans la prière du NP, la βασιλεία dont on parle est la βασιλεία du Père (Mt 6,10). En Mt 6,9, « Père » est le « nom » (« identité ») du Dieu révélé par Jésus, le Dieu de l'évangile. On peut dire que le Nom renvoie à la personne du Père, à son être intérieur, tandis que l'exercice du Règne est en relation avec son activité exté-

---

[36] Pour les problèmes textuels de ce verset, on renvoie au chapitre sur Mt 6,25-34.

rieure. L'être de la personne s'exprime dans ses actions[37]. Dieu fait reconnaître la sainteté de son Nom dans l'exercice de sa souveraineté. Comme roi, Dieu est juge et seigneur de l'histoire et de la création, tout-puissant et omniscient. Cette toute-puissance divine est cependant celle de l'amour du Père pour ses fils ; c'est l'amour du Père qui offre d'abord le pardon avant de l'exiger aux disciples[38]. Ce lien entre « père » et « roi » permet ainsi d'éviter toute « *pseudothéocratie* »[39] en parlant de Dieu. Dieu exerce son autorité royale en se montrant Père ; et comme le roi idéal, sa paternité se manifeste en prenant soin des siens[40] : « Dieu est vrai roi parce qu'il est vrai Père »[41]. Le Règne indique cette présence efficace et amoureuse du Père qui instaure et fait croître la communion des fils avec lui et entre eux.

Mt 6,10 est le seul texte de l'EvMt où le verbe ἔρχεσθαι a le terme ἡ βασιλεία comme le sujet grammatical[42]. Cet emploi particulier indique que ce Règne n'est pas une réalité statique, mais dynamique. Lorsque en Mt 6,10 l'orant demande au Père « que ton Règne vienne », c'est donc le Père lui-même qu'il désire voir « venir » pour exercer pleinement et définitivement ses attributions royales. Cette demande a une dimension eschatologique évidente. Parce que le Règne n'est pas encore là, Jésus enseigne à prier pour qu'il vienne, car s'il était déjà là, on ne prierait pas pour son avènement. Cette demande concerne cependant cet événement unique que doit constituer sa venue définitive, c'est-à-dire, cet état définitif où le Père est le Seigneur du monde, où il reçoit l'honneur qui lui est dû, où le salut de l'homme est en-

---

[37] Cf. LAMBRECHT, *Discours*, 134.
[38] Cf. MAGGIONI, *Padre nostro*, 28.
[39] L'expression est de SCHRENK, « πατήρ », 995. Cf. MOORE, *Judaism*, II, 210.
[40] Cf. Dt 10,17-18 ; Jdt 9,11 ; Ez 34 ; Ps 12,6 ; 35,10 ; 68,6 ; 76,10 ; 146,9.
[41] T.W. MANSON, *The Teaching of Jesus: Studies of Its Form and Content* (Cambridge 1955) 164. Cf. SCHRENK, « πατήρ », 995-996.
[42] Comme J. SCHLOSSER l'a montré, l'emploi du verbe « venir » avec le substantif « Règne » comme sujet grammatical est plutôt rare dans les textes de l'AT et dans d'autres écrits juifs. Il faut toutefois citer la tradition qui parle de la « venue du Roi » en Is 35,4 ; 40,9-10 ; Za 14,5 ; 1 En 1,3-9 ; 25,3 ; Jub 1,22-28 ; Test.Levi 5,2 ; As. Mos. 10,1-12. Lorsqu'on sait que dans les évangiles (synoptiques), le Règne désigne Dieu comme Roi, il n'est donc pas surprenant que Jésus parle de la venue du Règne comme de la venue de Dieu lui-même. Cf. J. SCHLOSSER, *Le Règne de Dieu*, 261-262, 268-283.

tièrement réalisé et où les forces du mal sont définitivement vaincues[43]. La deuxième demande « que ton règne vienne » associe donc le Père céleste avec le Seigneur divin, désamorce la tension entre les deux idées, et met la prière dans son ensemble dans l'horizon de l'attente d'un ordre eschatologique qui lui appartient (cf. aoriste)[44]. Celui qui récite cette demande sait par ailleurs que ce grand tournant est déjà pris en Jésus. En effet, par Jésus, Dieu a commencé son œuvre de grâce et de salut (Mt 4,17).

■ 4. Mt 6,10b : Père et Seigneur

L'emploi du substantif θέλημα dans son acception religieuse (« état de choses voulues par Dieu ») est plutôt rare dans les évangiles de Marc et Luc. On compte une seule occurrence en Mc 3,35 (τὸ θέλημα τοῦ θεοῦ ; par. Mt 12,50 : τὸ θέλημα τοῦ πατρός μου) et indirectement en Lc 22,42 (cf. τὸ σόν ; par. Mt 26,42). Par contre, si le quatrième évangile parle souvent de la « volonté de celui qui m'a envoyé » (Jn 4,34 ; 5,30 ; 6,38.39 ; etc.), l'EvMt n'utilise jamais θέλημα sans y adjoindre πατήρ (Mt 6,10 ; 7,21 ; 12,50 ; 18,14 ; 21,31 ; 26,42)[45]. En dehors de l'EvMt, on ne trouve l'expression « volonté du Père » qu'en Jn 6,40 (τὸ θέλημα τοῦ πατρός μου) et Ga 1,4 (τὸ θέλημα τοῦ θεοῦ καὶ πατρὸς ἡμῶν).

Parmi les verbes qui accompagnent l'emploi du substantif θέλημα dans l'EvMt, il y a en premier lieu le verbe ποιεῖν (Mt 7,21 ; 12,50 ; 21,30), puis γίνεσθαι (Mt 6,10 ; 26,42), et enfin εἶναι (Mt 18,14). En Mt 6,10, l'orant demande au Père que sa volonté s'accomplisse (γενηθήτω), littéralement : « se produise », « arrive », « se réalise ». Matthieu est le seul évangéliste qui utilise l'impératif γενηθήτω dans son évangile, deux fois en relation avec la volonté du Père (Mt 6,10 ;

---

[43] SCHÜRMANN, *La prière du Seigneur*, 45.

[44] En parlant du Règne qui vient, Mc 9,1 ; 11,10 se réfèrent sans nul doute à la venue eschatologique du Règne.

[45] Cette façon de parler est connue aussi des rabbins. Les attestations ne sont pourtant pas nombreuses. Cf. G. SCHRENK, « θέλημα », *TWNT* III, 54 ; SCHLATTER, *Matthäus*, 257 ; STRACK–BILLERBECK, I, 467. Pour une analyse détaillée de toutes les références matthéennes à la « volonté du Père », voir l'étude récente de J. A. BADIOLA SAENZ DE UGARTE, *La voluntad de Dios Padre en el Evangelio de Mateo* (Vitoria-Gasteiz 2009).

26,42), trois fois dans des récits de miracle de guérison (Mt 8,13 ; 9,29 ; 15,28). Dans tous les cas, il renvoie à une action ponctuelle. « Ô femme, grande est ta foi ! Qu'il t'advienne (γενηθήτω) comme tu veux ! », dit Jésus à la Cananéenne (Mt 15,28). Cet exemple est, au demeurant, très instructif. En effet, comme dans la troisième demande du NP, le verbe est mis en relation avec la volonté : ce que veut la femme, en l'occurrence la guérison de sa fille, arrive de manière soudaine et ponctuelle. Le verbe déponent γενηθήτω a dans le contexte un sens intransitif qui indique quelque chose qui doit advenir ou se réaliser. Il pourrait en ce cas remplacer le verbe ποιεῖν dont la forme passive est rarement utilisée dans le NT[46].

4.1. Contenu de la volonté du Père

Le terme θέλημα indique normalement la volonté divine telle qu'elle s'exprime dans les commandements par lesquels Dieu dicte aux hommes la conduite qu'il entend les voir suivre, commandements auxquels il faut donc obéir. Ces exigences divines sont celles contenues dans la Torah en milieu juif, ou en contexte évangélique, dans la Torah réinterprétée par Jésus (Mt 7,21.24-26). Le terme θέλημα désigne aussi la volonté bienveillante de Dieu qui est à l'origine de son dessein de salut en faveur des élus. Pour parler de cette disposition bienveillante, le NT dispose aussi d'un autre terme : εὐδοκία[47].

Comment faut-il comprendre alors τὸ θέλημά σου en Mt 6,10 ? « Volonté impérative » que l'homme doit mettre en pratique comme l'exige Mt 7,21 ; 12,50 ; 21,31[48] ? Il s'agirait alors de l'enseignement donné par Jésus dans le DM (cf. Mt 7,21-24).

---

[46] Quelques exemples en 1 Tm 2,1 ; He 12,27. Cf. BLASS–DEBRUNNER–REHKOPF, *Grammatik*, § 315 ; W. HACKENBERG, « γίνομαι », *EWNT* I, 594-595 ; SCHLOSSER, *Le Règne de Dieu*, 287, 289-290 ; DAVIES – ALLISON, *Matthew*, I, 605.

[47] Il arrive parfois que la nuance propre exprimée par le terme εὐδοκία soit déjà présente dans l'emploi de θέλημα comme c'est le cas en Ep 1,5 : « κατὰ τὴν εὐδοκίαν τοῦ θελήματος αὐτοῦ ». Cf. G. SCHRENK, « εὐδοκία », *TWNT* II, 745 ; R. MAHONEY, « εὐδοκία », *EWNT* II, 189-190.

[48] Cf. STRACK–BILLERBECK, I, 419-420 ; LAGRANGE, *Matthieu*, 129 ; BONNARD, *Matthieu*, 84 ; SCHÜRMANN, *La prière du Seigneur*, 54 ; J. POUILLY, *Dieu notre Père. La révélation de Dieu Père et le Notre Père* = Cahiers évangiles 68 (Paris 1989) 42-43 ; M. LIMBECK, « θέλημα», *EWNT* II, 339.

En ce cas, l'orant qui s'adresse au Père pour lui demander de mettre en pratique ses commandements lui demande en fait son aide pour qu'il mette en pratique la volonté de son Père. Cette traduction considère l'homme comme sujet de l'action (aspect éthique). Ou bien, s'agit-il de la volonté divine dans sa dimension historico-salvifique comme en Mt 18,14 ; 26,24[49] ? Il s'agirait alors de la réalisation par le Père de sa volonté, c'est-à-dire celle de faire venir son Règne (Is 44,28 ; 46,10-11 ; 48,14 ; etc.). Plusieurs éléments plaident en faveur de cette interprétation qui voit dans le Père le sujet implicite de l'action évoquée dans ces passifs. Il faut d'abord noter que ces trois premières demandes sont les seules qui présentent une même structure littéraire : verbe à l'impératif aoriste passif + substantif + possessif σου. Ensuite, elles sont juxtaposées l'une après l'autre, sans conjonction de coordination. Cela pourrait indiquer une même ligne interprétative pour ces trois premières demandes du NP.

Il ne faut sans doute pas établir une alternative rigide entre ces deux acceptions pour accentuer ou le caractère éthique de la demande (agir du disciple), ou bien son caractère eschatologique (agir eschatologique de DP à qui l'on demande de réaliser son plan de salut). En effet, la décision de salut prise par le Père et qu'il doit réaliser n'est pas sans rapport avec les exigences de sa volonté que l'homme doit mettre en pratique. Sa décision de salut se réalise aussi bien à travers ce qu'il exige aux hommes qu'à travers ce qu'il (leur) donne. Si on se reporte par exemple à Ex 20,1-17 et Dt 5,6-22, on constate que Dieu ne donne ses commandements à Israël qu'après avoir manifesté et rappelé sa libéralité, en l'occurrence en libérant Israël de l'esclavage d'Égypte. En effet, le Dieu qui donne la Torah à Israël n'est jamais perçu comme un Dieu tyrannique, infligeant aux siens un service astrei-

---

[49] Cf. W. C. ALLEN, *A Critical and Exegetical Commentary on the Gospel according to Saint Matthew* (Edinburgh ³1912) 58 ; R. E. BROWN, « The Pater Noster as an Eschatological Prayer », *New Testament Essays* (Milwaukee 1965) 236-237 ; C.F. EVANS, *The Lord's Prayer* (London 1997) 41-42 ; B. GERHARDSSON, « The Matthean Version of the Lord's Prayer (Mt 6,9b-13) », in ID., *The Shema in the New Testament* (Lund 1996) 89-91 ; SCHMID, *Matteo*, 176 ; GOMA CIVIT, *Mateo*, 346-351.

gnant. La Torah n'est qu'une face de la promesse. Le don de la Torah est pour Israël une grâce, car la Torah préserve Israël de s'égarer hors de la sphère de l'Alliance (Dt 5,32-33). C'est dans ce même sens que certains textes rabbiniques considèrent la Torah comme le plus grand don de Dieu à son peuple (MekhEx 20,22 ; Av 6,3)[50]. Cet enracinement de la Loi dans la catégorie du don montre que l'antithèse « Loi – grâce (don) » n'est pas vétérotestamentaire[51]. Il y a donc dans la volonté du Père en Mt 6,10 un aspect théologal et moral qu'il faut tenir ensemble[52]. De la sorte, ce que Mt 6,10b demande n'est pas une simple addition qui permet d'interpréter Mt 6,10a. Il y a en Mt 6,10b quelque chose en plus de ce que dit Mt 6,10a[53]. En d'autres termes, le Père règne là où l'homme ne s'oppose pas à sa volonté, mais se plie à elle avec humilité et obéissance. Le plan divin de salut se réalise non seulement en raison de l'initiative divine (agir du Père), mais aussi par l'obéissance de l'homme (agir du disciple).

---

[50] Texte en STRACK–BILLERBECK, I, 459. Cf. P. HOFFMANN, « Bergpredigt », *BiLe* 11 (1970) 99-100.

[51] Cf. W. ZIMMERLI, « Das Gesetz im Alten Testament », ID., *Gottes Offenbarung* (München ²1969) 249-276. Dans cet article, ZIMMERLI montre que l'enracinement de la Loi dans le don de l'alliance dépouille le précepte de son caractère strictement légal : « Gabe und Rechtswille bleiben im AT ineinander verschlungen, ohne dass sich das Phänomen „Gesetz" in seinem paulinischen Verständnis schon klar herausgestellt hätte – hätte herausstellen können » (p.276). Pour l'articulation de ce rapport de la Torah avec la grâce divine dans les traditions historiques et prophétiques de l'AT, cf. J. M. MYERS, *Grace and Torah* (Philadelphia 1975) 3-62 ; W. GUTBROD, « νόμος », *TWNT* IV, 1031-1036.

[52] Cf. DAVIES – ALLISON, *Matthew*, 605-606 ; DUPONT, « Notre Père. Notes exégétiques », 844-845 ; HILL, *Matthew*, 137 ; LUZ, *Matteo*, I, 507; M.-E. JACQUEMIN, « La portée de la troisième demande du Pater », *ETL* 25 (1949), 73-74 ; TRILLING, *Il vero Israele*, 242.

[53] C'est pour cette raison que TRILLING considère Mt 6,10b comme une application et une explicitation de Mt 6,10a. En ce sens, cette troisième demande montre comment le Règne attendu doit déjà s'accomplir ici et maintenant sur la terre. Le Règne espéré et invoqué par les disciples comme une réalité eschatologique s'accomplit sur la terre dès lors que l'orant met en pratique la volonté du Père. Cf. TRILLING, *Il vero Israele*, 242-243.

Sur cet aspect, la prière de Jésus au Gethsémani en Mt 26,42 peut éclairer cette façon de comprendre Mt 6,10b. Jésus formule sa prière en Mt 26,42 en des termes qui rappellent Mt 6,10b : « Mon Père, si cette coupe ne peut passer sans que je la boive, que ta volonté soit faite ($\gamma\epsilon\nu\eta\theta\dot{\eta}\tau\omega$ $\tau\grave{o}$ $\theta\dot{\epsilon}\lambda\eta\mu\dot{\alpha}$ $\sigma o \upsilon$) ». Jésus demande non seulement que le Père fasse ce qu'il veut ($\pi\lambda\dot{\eta}\nu$ $o\dot{\upsilon}\chi$ $\dot{\omega}\varsigma$ $\dot{\epsilon}\gamma\dot{\omega}$ $\theta\dot{\epsilon}\lambda\omega$ $\dot{\alpha}\lambda\lambda$' $\dot{\omega}\varsigma$ $\sigma\dot{\upsilon}$), c'est-à-dire qu'il réalise son plan salvifique pour l'homme, ce qui correspond dans le texte au « calice » de la passion que Jésus doit boire pour le salut des hommes. Jésus demande aussi en même temps la force pour assumer une attitude positive d'obéissance à cette volonté de son Père. En proclamant sa disponibilité totale pour accomplir la volonté du Père, Jésus hâte la venue du Règne. De la sorte, l'obéissance à la volonté du Père que Matthieu ne cesse de répéter dans le DM et ailleurs dans son évangile ne peut être présentée comme une simple soumission à un impératif moral. C'est une communion à la volonté de salut que le Père réalisera à la fin des temps et dont il entend cependant commencer la réalisation dès à présent[54]. De la sorte, l'intervention divine ultime, essentiellement gratuite et bienveillante, par laquelle à la fin du monde, le Père accomplira en nous et par notre adhésion, son décret de salut sur le monde, ne sera donc pas purement un don, mais un don reçu à travers notre acceptation, une acceptation préparée dès maintenant et anticipée par l'obéissance du disciple, comme l'est le don lui-même[55].

4.2. « Comme au ciel, et sur la terre » : souveraineté illimitée du Père

En français, on traduit habituellement « $\dot{\omega}\varsigma$ $\dot{\epsilon}\nu$ $o\dot{\upsilon}\rho\alpha\nu\hat{\omega}$ $\kappa\alpha\grave{\iota}$ $\dot{\epsilon}\pi\grave{\iota}$ $\gamma\hat{\eta}\varsigma$ » par « sur la terre comme au ciel ». Une telle traduction (liturgique) reste ambiguë. En effet, elle ne rend pas toujours les nuances du texte grec dont la traduction littérale pourrait être « comme au ciel, ainsi sur la terre ». Dans l'EvMt, l'expression « ciel (au singulier) et terre » indique la totalité de l'univers créé (Mt 5,18 ; 11,25 ; 24,35 ; 28,18), mais aussi la correspondance

---

[54] DUPONT, « Notre Père », 845.
[55] Cf. JACQUEMIN, « La troisième demande du Pater », 74.

entre ces deux sphères où s'exerce l'activité de Dieu (Mt 16,19 ; 18,18-19), quelque fois avec une note d'opposition entre les deux (Mt 6,19 ; 23,9).

On peut comprendre l'expression « ὡς ἐν οὐρανῷ καὶ ἐπὶ γῆς » de deux façons. Elle peut être une formule qui exprime la totalité, dans le sens d'une addition : qui embrasse aussi bien le ciel que la terre. Mais très probablement, cette expression peut être une formule de correspondance qui fait du ciel le paradigme de la terre : que soit réalisé sur la terre ce qui existe déjà dans le ciel (« comme au ciel, ainsi sur la terre »). L'idée exprimée par cette correspondance se trouve déjà dans le schéma apocalyptique (Dn 4,32 ; 1 M 3,60). Le ciel représente symboliquement le lieu où la volonté de Dieu est pleinement accomplie, le lieu où Dieu règne sans partage (Ps 103,19-21) et où il est pleinement reconnu comme Père. L'orant demande donc au Père que la terre soit, à l'image du ciel, le lieu où il exerce pleinement sa souveraineté[56]. Dans cette perspective, l'expression est évidemment à comprendre, elle aussi, dans le cadre eschatologique des deux premières demandes : ce n'est qu'au jour de la manifestation plénière de Dieu que la terre sera « comme le ciel ». Mais une lecture en perspective morale n'est pas du tout à exclure, comme le souligne saint JEAN CHRYSOSTOME dans son homélie sur l'EvMt[57].

---

[56] C'est en ce sens que ORIGÈNE soutenait déjà que ce complément « comme au ciel ainsi sur la terre » doit se référer non pas seulement à cette troisième demande, mais aussi aux deux autres qui la précèdent. Cf. ORIGÈNE, *De oratione*, 26, 2 (PG 11, 501). Trad. A. HAMMAN, *Le Pater expliqué par les Pères* (Paris 1952) 54.

[57] JEAN CHRYSOSTOME, *Commentarius in sanctum Matthaeum Evangelistam*, 19,5 , *PG* 57,179. Trad. franç. ; *Commentaire de saint Jean Chrysostome sur l'évangile de Matthieu*. Traduit sous la direction de M. Jeannin, édité par Bar-Le-Duc, L. Guérin (Paris 1865), ad. loc : « Que votre volonté soit faite sur la terre comme au ciel (40). Il y a une admirable (162) suite dans ces paroles. Il nous commande bien de désirer les biens futurs, et de tendre toujours au ciel : mais il veut de plus qu'en attendant cet avenir, nous imitions même sur la terre, la vie des anges dans le ciel. Vous devez, nous dit-il, désirer le ciel et les biens que je vous y prépare; mais je vous commande cependant de faire de la terre un ciel, et d'y vivre, d'y parler et d'y agir comme si vous étiez déjà dans le ciel. C'est cette *grâce* que vous devez me demander. Quoique vous soyez sur la terre, vous devez néanmoins tâcher de vivre comme ces puissances célestes, puisque vous pouvez tout ensemble être ici-bas, et vivre comme elles (...)

Somme toute, l'une et l'autre explication fixent le domaine de la souveraineté du Père céleste dans une perspective universelle. La seigneurie du Père est une seigneurie royale et sans limite. Il s'agit néanmoins d'une autorité au service de l'orant qui prie le Père. Le Dieu qui se révèle à travers cette demande est le Dieu qui veut le bien de l'homme. Pour cette raison, le fait de dire au Père « que ta volonté soit faite » ne justifie en aucun cas un faux quiétisme. Il s'agit plutôt de demander positivement à Dieu qu'il agisse de manière que sa volonté s'accomplisse réellement et que l'homme soit *disposé* à l'accomplir. Toutes ces explications permettent de déterminer ce qui caractérise le Père et la relation avec les disciples en Mt 6,10b. Ici aussi, à la figure du père est attachée l'idée de l'autorité[58], mais avec cette note que DP est le Seigneur qui demande aux disciples l'obéissance à sa volonté[59]. Mais à y voir de près, cette volonté du Père n'est pas un dictat comme s'il s'agissait d'un despote qui veut s'imposer pour mettre en avant sa personne et ses intérêts égoïstes. Le Père qui nous révèle sa volonté par Jésus est celui qui nous manifeste son amour. On peut donc dire que la volonté du Père est principalement son offre magnanime de grâce qui invite les disciples à entrer dans une relation interpersonnelle avec lui. L'exigence de faire la volonté du Père doit ainsi être libérée d'une vue étroite centrée uniquement sur des obligations à accomplir.

Comme les anges dans le ciel obéissent librement et toujours avec la même ferveur, comme ils ne sont point inconstants, obéissant dans une occasion et n'obéissant point dans l'autre ; mais qu'ils se soumettent toujours et demeurent parfaitement assujettis, parce qu'ils sont « puissants en vertu », dit le Prophète, « pour accomplir les ordres de Dieu (Ps. 52, 20) » ; faites-nous cette même grâce à nous autres hommes, de ne point faire votre volonté en partie, mais de l'accomplir entièrement en toutes choses ».

[58] Cf. J. JEREMIAS, *Neutestamentliche Theologie* (Gütersloh 1971) 175 ; SCHMID, *Matteo*, 157, 169.

[59] C'est bien cela que le lien entre les termes « père » et « volonté » exprime dans le judaïsme rabbinique. On y insiste particulièrement sur le devoir de faire la volonté du Père. Ce sens éthique est encore renforcé par l'idée rabbinique selon laquelle le Règne de Dieu vient lorsque les hommes prennent sur eux le « joug du royaume ». Voir t.Ber 3,7 ; b.Ber 29b ; b.Meg 27b ; b.Yom 53b ; m.Av 2,4. Cf. MOORE, *Judaism*, II, 202-209 ; DALMAN, *Die Worte Jesu*, 150-154 ; JEREMIAS, *Abba*, 15,22s. ; STRACK–BILLERBECK, I, 467 ; SCHLATTER, *Matthäus*, 257; SCHRENK, « θέλημα », 54.

5. Mt 6,11 : Le Père et le don du pain

Selon H. Schürmann, Mt 6,10a (la venue du Règne) est « l'unique grand vœu de la prière »[60]. C'est là un point de vue que partagent plus d'un exégète pour qui cette demande est la principale requête que l'orant formule dans cette prière, du moins dans sa première partie (Mt 6,9-10). Lorsqu'on voit comment la réalité du Règne des cieux (de Dieu) traverse de part en part l'enseignement de Jésus dans l'EvMt, à commencer par le texte programmatique (Mt 4,17), on comprend bien la centralité de la demande pour l'avènement du Règne du Père. Mais la demande du pain, bien que se référant dans son acception primaire à une réalité « profane » par rapport au « Règne », n'en est pas moins importante[61]. En effet, Mt 6,11 est la seule demande du NP qui ne commence pas par un verbe, mais plutôt par l'objet sur lequel porte la demande. C'est sans nul doute une façon de mettre en exergue l'objet de la demande, c'est-à-dire le pain que les disciples demandent au Père dans la prière : « notre pain ἐπιούσιον, donne-nous aujourd'hui »[62]. En outre, parmi toutes les demandes exprimées en Mt 6,9-13, c'est elle qui exprime mieux au niveau symbolique le rôle paternel de Dieu à qui est adressée cette

---

[60] Schürmann, *La prière du Seigneur*, 45.
[61] Cf. E. Lohmeyer, *Das Vater-Unser* (Göttingen ⁵1962) 94 ; Deissler, « Lord's Prayer », 12-13.
[62] On propose en général une division bipartite de la prière du NP. 1) Mt 6,9-10 : La première partie, marquée entre autre par le possessif « ton » en référence au Père, contient les demandes qui concernent directement Dieu (le Père céleste), c'est-à-dire le Nom, le Règne et la Volonté du Père. 2) Mt 6,11-13 : la deuxième partie, marquée par le possessif « notre » en référence à la communauté, traite des demandes liées à l'existence sur la terre des disciples. Mais, de nos jours, certains proposent une division concentrique de la prière où, dans le septénaire formulé par les 7 demandes adressées au Père, la partie médiane est constituée par la demande du pain, la seule à ne pas commencer par un verbe, et qui est comme encadrée par deux formules qui sont à rebondissement, avec une idée de balance, signalée par la conjonction « comme » au v. 10b (« comme au ciel ainsi sur la terre ») et au v.12b (« comme nous avons remis nos dettes »). Une telle division concentrique a sans nul doute l'avantage de mettre en exergue la figure du Père en la circonscrivant dans la catégorie du don. Mais cette structuration concentrique de la prière soulève quelques difficultés que l'on cite en passant. En effet, on peut bien se demander si, pour établir le nombre 7 (pour 7 demandes),

prière. En effet, selon l'expérience humaine ordinaire, les enfants savent que le pain dont ils ont besoin pour vivre est celui que leur père leur procure. Le rôle du père n'est donc pas seulement celui d'assurer la socialisation de ses fils (« cf. "notre Père", ou "fils du Père"). Le Père doit aussi, sinon essentiellement, les nourrir et pourvoir à leurs besoins vitaux (cf. Mt 6,25-34 ; 7,7-11)[63]. Dans cette demande du pain, il en va de la vie des disciples comme des fils appelés à prendre conscience de la bonté de leur Père et de tout attendre de lui dans une confiance inébranlable.

Déterminé par le possessif ἡμῶν et par l'adjectif ἐπιούσιος dont le sens est difficile à déterminer (« pain nécessaire à l'existence », « pain référé au jour », ou bien « pain de demain »[64]), le terme ἄρτος n'apparaît dans l'EvMt (21 occurrences) qu'au sens propre pour désigner le « pain » comme nourriture[65]. Mais, comme pour le terme hébreu לחם, le substantif ἄρτος est utilisé aussi dans l'EvMt pour désigner par synecdoque toute « nourriture » qui sert au corps (Mt 4,4 ; 15,2.26), et donc quelque fois comme synonyme de « τροφή » (Mt 6,25 ; 24,45)[66].

Les prières préservées dans l'AT et ailleurs n'expriment pas la demande de pain à Dieu de façon aussi explicite et directe comme en Mt 6,11. Les allusions à la demande de « pain » en Gn

---

Mt 6,13 constituerait une seule demande exprimée en deux volets, l'un négatif et l'autre positif, ou bien il s'agit de deux demandes distinctes. En outre, l'expression « comme au ciel, ainsi sur la terre », comme le soulignait ORIGÈNE, pourrait bien se rapporter aux trois précédentes demandes en Mt 6,9-10, alors que « comme nous aussi avons remis... » ne se rapporte qu'à la demande de Mt 6,12 (pardon). Pour plus de détails sur cette division qui met au centre Mt 6,11, cf. MEYNET, « La composizione », 243 ; E. BORGHI, *Il discorso della montagna. Matteo 5-7* (Torino 2007) 61; J. CAZEAUX, *L'évangile selon Matthieu. Jérusalem entre Bethléem et la Galilée* (Paris 2009) 144-145.

[63] Selon NumR 17, il y a cinq tâches qu'un père doit accomplir en faveur de son fils. Il doit le circoncire ; le racheter (libérer) ; lui enseigner la Torah ; prendre pour lui une femme ; le nourrir. Ce texte conclut en affirmant que Dieu a fait toutes ces choses à Israël. Cf. STRACK–BILLERBECK, I, 394 ; ZELLER, *Mahnsprüche*, 90.

[64] Sur l'état de question sur le sens de l'adjectif ἐπιούσιος, cf. DUMAIS, *Discours*, 248-251.

[65] Mt 4,3 ; 7,9 ; 12,4 ; 14,17.19 ; 15,33.34.36 ; 16,5.7.8.9.10.11.12 ; 26,26.

[66] La LXX traduit cinq fois לחם (pain) par τροφή plutôt que par ἄρτος : Ps 136,25 ; 146,7 ; 147,9 ; Pr 6,8 ; 30,25.

28,20 ; PsSal 5,8 ; TgPr 30,8 ne font que confirmer le caractère « direct » de la demande exprimée en Mt 6,11. Certes, il est naturel de supposer qu'en situation de famine comme celle rapportée en Gn 12,10 ; 26,1 ; 41,54 ; Rt 1,1 ; 1 R 18,2 ; etc., demander le secours de Dieu, revenait à lui demander implicitement aussi « le pain » pour survivre (Lm 1,11 ; PsSal 5,10). Demander le pain à Dieu exprime une conviction ferme qui s'enracine dans le credo d'Israël : L'homme ne vit que de ce que YHWH lui donne (Jb 1,21)[67]. YHWH est celui qui nourrit, c'est-à-dire celui *qui donne la nourriture* à son peuple. L'AT a développé ce motif du don la « nourriture » par YHWH en deux directions liées l'une à l'autre. Tout d'abord, en le déployant dans le contexte historique (histoire du salut). La figure de Dieu comme celui qui donne la nourriture émerge particulièrement dans le contexte de l'exode. Pour soutenir son peuple en marche dans le désert, Dieu intervient pour le nourrir en lui donnant la manne et les cailles (Ex 16)[68]. Ce motif est exploité aussi en ce même sens dans la législation de l'année jubilaire (Lv 25,18-24), dans l'épisode de la multiplication des pains opérée par l'homme de Dieu (Élisée) « selon la parole du Seigneur » en 2 R 4,42-44. L'autre contexte où apparaît ce motif est relatif à la création. Dieu est présenté comme celui qui n'abandonne pas ses créatures. Il les soutient en les nourrissant. Ce motif trouve un large écho dans les psaumes et dans les prières juives du temps de Jésus, spécialement dans les bénédictions pour la nourriture[69]. Dans le NT par contre, l'idée selon laquelle Dieu nourrit est plutôt rare (Mt 6,26, par. Lc 12,24). D'autre part, il faut mentionner les textes où c'est plutôt Jésus, le Fils du Père, qui est présenté comme celui qui nourrit,

---

[67] Cf. LOHMEYER, *Das Vater-Unser*, 94 ; BONNARD, *Matthieu*, 85.
[68] Voir aussi Nb 11 ; Dt 8,3.16 ; Ne 9,20 ; Ps 78,24.
[69] Cf. Ps 33,19 ; 104,27 (LXX : δοῦναι τὴν τροφὴν αὐτοῖς) ; 132,15 ; 136,25 (LXX : ὁ διδοὺς τροφὴν ; 145,15 (LXX : σὺ δίδως τὴν τροφὴν αὐτῶν) ; 146,7 (LXX : διδόντα τροφὴν ; 147,9. Autres textes de l'AT : Gn 28,20 ; Is 33,16 ; Jb 36,31 ; Pr 30,8 ; etc. Pour les prières juives, on peut citer la première des bénédictions du repas en p.Ber 7,11a.35 ; la neuvième bénédiction de la *Shemoneh 'Esreh*. Textes en STRACK–BILLERBECK, IV, 627-639. Voir aussi DALMAN, *Die Worte Jesu*, 330-331.

en particulier dans les deux récits de la multiplication de pain (Mt 14,13-21 ; 15,32-38) et dans l'eucharistie (Mt 26,26-30).

En Mt 6,11, celui à qui on demande ce pain est celui que les disciples ont accueilli à travers Jésus comme « leur Père ». Dans le DM, c'est ici en Mt 6,11 et en Mt 7,7-11 que Matthieu utilise le verbe δίδωμι avec ὁ πατήρ comme le sujet grammatical. Dans ce dernier texte, les verbes δοθήσεται et δώσει ont « le Père » comme le sujet grammatical. La figure du Père comme « celui qui donne » est présente aussi en Mt 6,33. Quand bien même le verbe utilisé est προστίθημι et non pas δίδωμι, la réalité que le verbe προστίθημι exprime contient sans doute l'idée du « don ». En demandant à leur Père de leur donner le pain, les disciples le reconnaissent comme celui qui se soucie de leurs besoins, y compris de leur subsistance matérielle. Non pas que les disciples n'aient plus à travailler, mais l'action humaine présuppose ici le don de Dieu qui la soutient et qui l'accompagne. Ceux qui expriment cette demande savent bien que celui à qui ils demandent le pain est Celui qui donne la pluie et le soleil pour faire germer et faire croître le grain (cf. Mt 5,45)[70]. Cette synergie entre l'action des hommes et celle de Dieu signifie que l'orant reconnaît en Dieu celui qui continue chaque jour l'œuvre de la création (*creatio continua*).

Cette demande de pain faite au Père exprime avec force la proximité de Dieu qui se met du côté des nécessiteux. En cela, cette demande évoque la première béatitude (Mt 5,3). Au-delà des différentes interprétations de l'adjectif ἐπιούσιος qualifiant le pain qu'il faut demander, la délimitation de l'« aujourd'hui » qui souligne l'urgence de la demande (σήμερον), conjugué avec l'impératif aoriste (δός) qui renvoie à un don ponctuel du Père, tout indique que dans sa version du Notre Père, Matthieu rapporte la demande à la nécessité concrète de ce jour. Cela donne un caractère décidément moins eschatologique à cette demande[71]. La demande du pain se réfère moins à la participation au banquet

---

[70] Cf. SCHMID, *Matteo*, 177.

[71] Une interprétation eschatologique de cette demande est soutenue entre autres par BROWN, « The Pater Noster », 243 ; J. JEREMIAS, *Le Notre Père dans l'exégèse actuelle*, ID., *Paroles de Jésus* (Paris 1963) 73 ; LOHMEYER, *Das Vater-Unser*, 109.

céleste dans la consommation eschatologique qu'au don du *nécessaire vital* dont les disciples ont besoin « aujourd'hui » pour conduire une existence humaine digne de ce nom[72]. C'est à cela que renvoie particulièrement la péricope sur les soucis (Mt 6,25-34).

■ 6. Mt 6,12.14-15 : Le Père miséricordieux ou le don du pardon

Mt 6,12 parle du pardon en termes de remise ou d'effacement des dettes (ἀφιέναι τὰ ὀφειλήματα) qui ne sont pas par ailleurs autrement qualifiées. Le texte qualifie seulement le péché de l'homme comme une dette (ὀφείλημα). L'homme pécheur est comme un débiteur (ὀφειλέτης). Ce langage commercial appliqué à la relation entre Dieu et l'homme provient du judaïsme tardif. En effet, le terme araméen *hôbâ* est utilisé pour signifier aussi bien l'endettement (monétaire) que le « péché » de l'homme. La négligence par l'homme de ses devoirs religieux le mettait dans la condition d'un « débiteur » vis-à-vis de Dieu[73]. L'emploi de ce vocabulaire sur le pardon comme remise de dette montre que ce qui est en cause, c'est la problématique de la gratuité. La dette fait référence à l'attribution d'un bien, quel qu'il soit. Mais quand le don est interprété comme une « dette », cela laisse penser qu'il est un prêt impliquant l'obligation d'un remboursement certes impossible (cf. Mt 18,13) du débiteur (homme) à son créancier (le Père), d'où la demande : « remets-nous (ἄφες) nos dettes ». Littéralement, le verbe ἀφιήμι signifie « laisser », « renvoyer », « remettre ». Lorsqu'il a pour objet « les dettes » comme ici en Mt 6,12 et en Mt 18,23-35, il exprime l'idée de la radiation, de l'acquittement, d'où « annuler les dettes ». Comme en Mt 6,12.14-15, ce verbe est courant dans l'EvMt dans le sens de pardonner : Mt 9,2.5 (passif divin ἀφίενταί) ; 12,31-32 (passif divin ἀφεθήσεται) ; Mt 18 ; 26,28 (le substantif ἄφεσις).

---

[72] Cf. ALLISON, *Sermon*, 127 ; GUELICH, *Sermon*, 293 ; SCHMID, *Matteo*, 178 ; R. SCHNACKENBURG, *Tutto è possibile a chi crede. Discorso della Montagna e Padrenostro nell'intenzione di Gesù* (Brescia 1989) 127.
[73] Cf. BLACK, *Approach*, 140 ; DALMAN, *Die Worte Jesu*, 335-336 ; JASTROW, *Dictionary*, s.v. ; STRACK–BILLERBECK, I, 421 ; M. WALTER, « ὀφειλέτης / ὀφείλημα », *EWNT* II, 1344-1346.

6.1. Être Père, c'est pardonner

Parler du Père qui pardonne, c'est d'abord évoquer la conviction ferme de la foi d'Israël selon laquelle YHWH est un Dieu miséricordieux. Cette foi trouve sa meilleure expression en Ex 34,6 : YHWH est un Dieu de tendresse et de pitié, lent à la colère, riche en grâce et en fidélité[74]. C'est ensuite un *locus classicus* du langage théologique de l'AT que lorsque les textes parlent du Dieu qui pardonne, ils le décrivent en recourant à l'image paternelle. En particulier pour les prophètes, l'acte divin de pardonner est un trait caractéristique par lequel Dieu se manifeste comme le père du peuple de l'alliance. Les prophètes expriment cette tendresse miséricordieuse et paternelle de Dieu pour ses fils par le biais de l'image anthropomorphique des « entrailles qui frémissent » (רחם) pour les fils, c'est-à-dire dans le sens d'une « compassion viscérale »[75]. La racine sémitique sous-jacente (רחם) désigne d'abord le sein maternel[76]. Dans la LXX par contre, le piel רחם ayant Dieu comme sujet est traduit souvent par ἐλεέω ou par οἰκτίρω[77], et même par ἀγαπάω[78] et non pas par le passif σπλαγχνίζομαι qui n'y est pas attesté[79]. Cette absence est peut-être due au langage anthropomorphique que contient l'idée selon la-

---

[74] Voir aussi Nb 14,18 ; Ne 9,17 ; Ps 86,15 ; 103,8 ; 145,8 ; Jl 2,13 ; Jon 4,2 ; Na 1,3.

[75] Voir Is 9,16 ; 14,1 ; 16,11; 27,11 ; 30,18 ; 49,10.13.15 ; 54,8.10 ; 55,7 ; 60,10 ; Jr 12,15 ; 30,18 ; 31,20 ; 33,26 ; Ez 39,25 ; Os 1,6.7 ; 2,6.25 ; Za 1,12 ; 10,6., etc. Cf. JEREMIAS, *Abba*, 12-14 ; ID., *Le message central du Nouveau Testament* (Paris 1976) 12-13.

[76] C'est en ce sens que quelques textes vétérotestamentaires mettent en relief certains traits maternels dans la façon dont ils décrivent l'agir de Dieu pour indiquer sa compassion (Nb 11,12 ; Is 42,13-14 ; 45,10 ; 49,15 ; 66,10-13). Cf. R. G. HAMERTON – KELLY, *God the Father : Theology and Patriarchy in The Teaching of Jesus* (Philadelphia 1979) 39-40 ; E. JACOB, « Traits féminins dans la figure du Dieu d'Israël », *Mélanges bibliques et orientaux en l'honneur de M. Mathias Delcor* (éd. A. CAQUOT – S. LEGASSE – M. TARDIEU) (Neukirchen –Vluyn 1985) 221-230 ; M.I. GRUBER, « The Motherhood of God in the Second Isaiah », RB 90 (1983) 351-359.

[77] Voir Ex 33,19 ; 2 R 13,23 ; Is 27,11 ; Mi 7,18 ; Ps 102,14 ; 103,13.

[78] Voir Is 60,10 ; Za 10,6.

[79] Dans le grec profane, l'actif σπλαγχνίζω signifie « consommer les entrailles ». Dans la LXX, la forma active σπλαγχνίζω ne se trouve qu'en 2 Mac 6,8, avec le sens de « prendre part aux sacrifices ». Cf. C. SPICQ, « σπλαγχνα /σπλαγχνισθη », ID., *Lexique Théologique du Nouveau Testament* (Paris 1991) 1409.

quelle Dieu possède des « entrailles ». Lorsque dans l'AT (hébreu) le verbe רחם (piel) est appliqué à Dieu, il incorpore en général deux concepts. Il est attaché d'abord au choix inconditionnel de YHWH pour son peuple[80]. Il est appliqué ensuite à YHWH dans la relation avec ceux qu'il appelle ses enfants. YHWH les traite comme un père traite ses enfants. Pour eux, ses entrailles frémissent : Il a pitié d'eux.

Par ailleurs, on ne saurait parler du Père miséricordieux dans l'AT sans citer Ps 103,13. C'est l'un des textes importants qui compare le comportement de Dieu qui pardonne à celui d'un père. Le psaume 103 chante la grandeur de Dieu (103,2). Cette louange frappe par sa vivacité et sa puissance exemplaires. Un sens profond du péché et de la miséricorde de Dieu est évoqué dans la première partie de cet hymne où l'on énumère une liste poétique des diverses actions qui exaltent avec tant d'ardeur l'amour et le pardon de Dieu (vv.3-10). Dans le deuxième mouvement (vv.11-19), cet amour de Dieu qui se manifeste en particulier dans sa capacité de pardonner, est évoqué parallèlement avec la fragilité de l'homme comparée à la poussière. L'homme naît, croît, s'épanouit et disparaît (vv.14-16). La miséricorde de Dieu naît de la connaissance qu'il a de cette fragilité. YHWH est tendresse et pitié, lent à la colère et plein d'amour *(hesed)*, chante le v.8, en écho à Ex 34,6. Trois images du psaume décrivent avec une force poétique évidente cette grandeur de l'amour de Dieu. Tout d'abord, l'amour de Dieu est aussi grand que la distance qui sépare le ciel de la terre (v.11). Ensuite, autant l'Orient est éloigné de l'Occident, autant Dieu éloigne de nous nos péchés (v.12). Enfin, autant un père aime tendrement son fils, autant Dieu aime tendrement celui qui le craint : « Comme un père est tendre (כְּרַחֵם) pour ses enfants, YHWH est tendre (רִחַם) pour ceux qui le craignent » (v.13)[81]. Dans cette dernière image, le psalmiste utilise la racine « רחם » qui, comme on l'a montré plus haut, se réfère à l'amour naturel des parents, en l'occurrence ici, celui d'un

---

[80] Cf. Ex 33,19; Dt 13,18 ; 30,3 ; 2 R 13,23 ; Ps 102,14 ; 103,13; 116,5 ; Lm 3,22.
[81] Cf. H. McKeating, « Divine Forgiveness in the Psalms », *SJTh* 18 (1965) 69-83; N.H. Parker, « Psalm 103: God is Love. He will have Mercy and Abundantly Pardon », *CJT* 1 (1955) 191-196.

père (Os 2,6). Le pardon accordé exprime le רחם de Dieu. Comme un père se comporte à l'égard de ses enfants, ainsi Dieu s'est comporté à l'égard d'Israël (Ex 4,22 ; Jr 31,20 ; Os 11,1.3.4). La profondeur de l'amour de Dieu est telle qu'elle est comparée ici à la compassion d'un père pour ses enfants. En définitive, tous ces textes montrent que c'est en pardonnant à ses fils que Dieu se révèle vraiment comme leur père.

Dans l'EvMt, c'est en Mt 6,12 et en Mt 18,23-35 que l'acte divin de pardonner est lié à sa figure paternelle. En Mt 18,23-35, le motif pour lequel le roi efface la dette du serviteur n'est pas la promesse de paiement que ce dernier lui a faite, mais c'est uniquement à cause de sa « compassion » envers ce débiteur. Pour exprimer cette compassion, Matthieu utilise les verbes σπλαγχνίζομαι (σπλαγχνισθείς) au v.27 et ἐλεεῖν au v.33. Les deux verbes sont presque synonymes. En effet, le passif ἐσπλαγχνίσθη a le sens exact de : « il ressentit une viscérale (σπλάγχνα) compassion ». Les σπλάγχνα désignent la partie intérieure, « les entrailles », là où on localise les sentiments, en y attachant quelque fois la nuance de pitié. Le passif ἐσπλαγχνίσθη est donc à traduire comme : « il fut pris (ou saisi) de pitié ». Dans le NT, le verbe σπλαγχνίζομαι n'est attesté que dans les synoptiques (Mt : 5 ; Mc : 4 ; Lc : 3). Il décrit dans la plupart des cas une attitude de Jésus. Cette attitude de compassion n'est attribuée à Dieu qu'indirectement dans deux paraboles, en Mt 18,27 dans la figure du patron dont parle la parabole du serviteur impitoyable et en Lc 15,20 dans la parabole du « père » miséricordieux[82]. Dieu est un Père miséricordieux : il a pitié et il pardonne. C'est parce qu'il est capable de s'émouvoir devant l'état misérable de l'homme marqué par le péché (la dette) que le Père lui *efface* sa dette, c'est-à-dire qu'il lui pardonne (cf. Mt 18,24-35). La demande de pardon en Mt 6,12 se fonde sur ce visage de Dieu comme le Père miséricordieux[83]. Si le Père n'est pas là pour tenir

---

[82] En Lc 10,33, le verbe décrit une action attribuée au bon samaritain. Cf. SPICQ, « σπλαγχνα/ σπλαγχνισθη », 1409-1411.

[83] Une demande de pardon adressée à DP est attestée dans la sixième bénédiction du *Shemoneh Esreh* : « Pardonne-nous, *notre Père*, car nous avons péché contre toi ; efface et enlève nos iniquités devant tes yeux, car nombreuses sont tes miséricordes. Béni sois-tu, Seigneur, qui abondamment pardonne ».

son office, celui de faire vivre les fils, on croirait toujours avoir des dettes à régler. Sans le Père, il n'est guère possible d'être libéré des dettes contractées et qui n'en écrasent pas moins la vie des fils.

6.2. Le pardon du Père et celui des disciples

En Mt 6,12, la demande de pardon adressée au Père est mise en relation avec le pardon que l'orant dit avoir accordé à son débiteur. Le lien entre le pardon demandé au Père et celui accordé par le disciple est établi par le biais de la particule « ὡς καί ». Ce lien est ensuite repris dans une formulation conditionnelle dans l'expansion des vv.14-15. Le vocabulaire de Mt 6,14-15 rappelle celui de Mt 6,12 (cf. le verbe ἀφιέναι), mais avec quelques variantes. Mt 6,14-15 ne parle plus de la dette (ὀφείλημα) comme en Mt 6,12, mais de παράπτωμα (« manquement »)[84]. En lieu et place du terme débiteur (ὀφειλέτης) utilisé en Mt 6,12, on trouve plutôt en Mt 6,14-15 le terme plus général ἄνθρωπος (au pluriel).

6.2.1. La prière pour le pardon et l'exigence du pardon mutuel

Pour comprendre la nature de ce lien entre le pardon demandé au Père et l'exigence de pardon mutuel, il faut replacer Mt 6,12 dans son cadre propre, qui est celui de la *prière*[85]. Une telle exigence de pardon mutuel formulée en contexte de prière est attestée dans la tradition vétérotestamentaire et judaïque. Ainsi Si 28,2-3 : « Pardonne à ton prochain l'injustice commise ; alors, quand tu prieras, tes péchés seront remis. Si un homme nourrit de la colère contre un autre, comment peut-il demander à Dieu la guérison ? »[86]. L'orant y est donc invité à pratiquer la miséricorde pour être pardonné et obtenir ainsi l'exaucement de sa prière.

---

[84] Le terme παράπτωμα est du grec tardif. Il ne se trouve dans les évangiles qu'en Mt 6,14-15 et Mc 11,25. Ce terme est par contre plus fréquemment utilisé dans les épîtres pauliniennes (Rm 4,25 ; 5,15.20 ; 11,11 ; 2 Co 5,19 ; Ga 6,1 ; Ep 1,7 ; 2,1.5 ; Col 2,13. Dans la LXX, on est passé du sens originel d'erreur à celui de faute, transgression (Ps 18,13 ; 21,2 ; Sg 10,2 ; Ez 3,20 ; 14,11). Cf. W. MICHAELIS, « παράπτωμα », *TWNT* VI, 170-173.

[85] Cf. K. STENDHAL, « Prayer and Forgiveness », *SEA* 22 (1957) 75-86.

[86] Pour la littérature rabbinique, cf. b.Yom 8,9. Texte en STRACK–BILLERBECK, I, 203, 425.

Dans la tradition évangélique par contre, on peut rapprocher Mt 6,12.14-15 de Mc 11,25 quant à la relation à établir entre la prière et l'exigence de réconciliation fraternelle[87]. Mc 11,25 contient l'unique référence à Dieu comme père des disciples dans l'évangile de Marc. Dans ce texte, Jésus pose une condition à la validité de la prière : le pardon mutuel des offenses. La prière n'y est certes pas conçue comme destinée spécialement à obtenir le pardon des péchés comme dans le NP (Mt 6,12), mais quel qu'en soit l'objet, pour être agréé, la prière ne saurait s'allier à une situation où le prochain a été blessé. Il faut de toute urgence (impératif présent ἀφίετε) guérir la blessure et obtenir à ce prix le pardon de Dieu. Ce n'est qu'alors qu'on pourra prier comme il convient et comme il le désire. Dans le DM, c'est d'abord en Mt 5,23-24 que Matthieu affronte le problème du lien entre le culte (offrande au temple/relation avec Dieu dans la prière) et la réconciliation (relation avec autrui). Selon Mt 5,23-24, la restauration de la relation fraternelle perturbée est une exigence prioritaire (cf. πρῶτον au v.24), même par rapport au déroulement d'un acte aussi sacré que l'offrande d'un sacrifice. La réconciliation avec le prochain ne peut être retardée, même au risque d'interrompre le culte. La vérité du culte dépend donc de la droiture d'intention de celui qui prie. C'est bien cela que Jésus exprime en Mt 6,12b. En demandant à leur Père de les pardonner, les disciples pécheurs affirment en même temps *avoir déjà pardonné* à leurs semblables. Le pardon déjà accordé aux autres atteste la sincérité de la prière que l'on fait au Père en lui demandant d'être soi-même pardonné. Pour cela, il faut accorder à l'aoriste ἀφήκαμεν toute sa force de l'action passée déjà accomplie[88]. L'emploi de cet aoriste ne signifie pas que l'homme, avec sa propre

---

[87] Sur les rapports entre ces deux textes, cf. G. BIGUZZI, « Mc 11,23-25 e il Pater », *RivBib* 27 (1979) 57-68 ; C. A. WANAMAKER, « Mk 11,25 and the Gospel of Matthew », *Studia Biblica 1978*. Tome II. *Papers on the Gospels* (éd. E. LIVINGSTONE) (Sheffield 1980) 329-337.

[88] Cet aoriste est diversement interprété. D'aucuns le considèrent comme un « aoriste dramatique » (passé récent). LAMBRECHT (*Discours*, 139) le définit en ces termes : C'est un « temps employé pour des actions qui viennent d'être posées et dont l'effet dure encore maintenant. (Par exemple : Il vient de calomnier ; il calomnie) ». Même

disponibilité au pardon, accomplit une action pour laquelle il peut obliger le Père céleste et lui exiger la rémission de ses propres dettes. Bien au contraire, l'homme peut en toute sincérité exprimer la demande de rémission de péché devant le Père quand il a, de sa part, déjà pardonné[89]. La différence entre l'impératif et l'indicatif se trouve donc dans la qualité de l'action exprimée : elle est immédiate dans le premier ; dans le second, elle est accomplie dans le passé avec effets dans le présent[90].

Ces observations permettent d'éclairer les problèmes posés par l'expression ὡς καί qui unit les deux stiques de Mt 6,12. Le premier problème est celui de savoir s'il faut rattacher la particule καί au pronom ἡμεῖς comme nous le traduisons ici (« comme nous aussi »), ou au verbe ἀφήκαμεν (« comme nous avons pardonné aussi »). L'examen des 13 occurrences néotestamentaires de la formule ὡς καί suivie du pronom personnel inviterait à privilégier la première traduction (Mt 18,33 ; 20,14 ; Ac 10,47 ; 11,17 ; 25,10 ; 1 Co 7,7 ; etc.). Le second problème est relatif à la signification de ὡς. Selon les explications données plus haut, ce « comme » peut être pris ici dans le sens de « parce que ». Le pardon déjà accordé par l'orant motive la demande du pardon auprès du Père. On retrouve aussi la même conjonction ὡς dans la parabole de Mt 18,23-35. Mais ici, elle est en relation avec l'agir du Père qui a eu pitié du serviteur impitoyable (v.33) : ὡς κἀγὼ σὲ ἠλέησα. La conjonction « comme » en Mt 18,33 peut avoir la même valeur causale (motivation) qu'en Mt 6,12[91]. Par conséquent, c'est la valeur de la demande de pardon auprès du Père qui est conditionnée par le pardon préalablement accordé par l'orant.

---

point de vue en DUPONT, *Béatitudes*, II, 979. JEREMIAS par contre l'interprète comme un « perfectum praesens » araméen qui désigne une action qui se produit dans le moment même. Voir JEREMIAS, *Notre Père*, 62. Pareillement HAGNER, *Matthew 1-13*, 150 ; L. CARDELLINO, « Il Padre Nostro (Mt 6,9-13) », *BibOr* 201 (1999) 168. Enfin, BLASS–DEBRUNNER–REHKOPF, (*Grammatik*, § 337,4) et ZERWICK (*Biblical Greek*, §255) le comprennent comme un « aoriste global » qu'on rencontre dans les prières. Cet aoriste n'a pas nécessairement de valeur temporelle ; il ne sert qu'à exprimer un état de fait accompli.

[89] Cf. CARMIGNAC, *Notre Père*, 231 : « Dieu ne dépend pas de l'homme, mais notre prière dépend de notre sincérité effective ».

[90] Cf. GUELICH, *Sermon*, 294.

[91] Cf. GNILKA, *Matteo*, I, 337.

L'image de Dieu comme « *notre* Père » évoquée dans l'invocation initiale permet de comprendre aussi la relation entre les deux parties de Mt 6,12. En effet, qui invoque Dieu comme « *notre* Père » doit être conscient que ce Dieu est Père de tous ceux qui l'invoquent comme tel. Comment imaginer alors quelqu'un en train de prier en disant « *notre* Père » et haïr au même moment le frère ou la sœur qui, comme lui, est aussi « fils du Père » ? La relation qui unit le disciple au Père est inséparable de la relation du disciple avec son prochain.

6.2.2. Mt 6,14-15 : Le Père miséricordieux et le jugement

On a déjà noté les ressemblances lexicales entre Mt 6,14-15 et Mt 6,12. La forme conditionnelle des vv. 14-15 établit une corrélation entre l'agir humain (apodose : ἐάν + subjonctif aoriste) et l'agir divin (protase : indicatif futur) en ce qui concerne l'acte de pardonner. Ce que l'homme fait aux autres, Dieu le fera pour lui, en positif ou en négatif. Comment concilier alors ce qui a été dit au chapitre 5 au sujet de l'amour de DP qui s'étend aux justes et aux injustes, et la restriction apportée au v. 15 selon laquelle Dieu ne pardonne qu'à ceux qui pardonnent ?

Pour répondre à cette question, il faudrait sans doute distinguer deux situations diverses du pardon divin comme le suggère aussi la parabole de Mt 18,23-35. Dans cette parabole, Jésus répond à une question posée par Pierre sur le thème du pardon (cf. 18,21)[92]. Cette parabole présente, en outre, des affinités littéraires et thématiques avec la demande du pardon formulée en Mt 6,12. En Mt 18,23-35, on retrouve, en effet, le vocabulaire relatif au péché décrit en Mt 6,12 comme une dette par les mots de la racine ὀφειλ- : ὀφειλέτης (Mt 18,24), ὀφείλω (Mt 18,28.30.32.34) ; ὀφειλή (Mt 18,32). Il y a ensuite l'emploi du verbe ἀφιέναι pour exprimer le pardon des péchés (Mt 18,35). Bien que la formulation du NP suppose que l'orant, pour obtenir le pardon du Père, a déjà lui-même pardonné au prochain, les

---

[92] Sur ce texte, voir à ce propos le commentaire récent à partir de son contexte immédiat : L. LARROQUE, *La parabole du serviteur impitoyable en son contexte (Mt 18,21-35)* (AnBib 187 ; Roma 2010).

paroles de Jésus dans cette parabole supposent le contraire. Le pardon humain, celui exigé à l'homme, y est plutôt précédé par le pardon déjà accordé par Dieu[93]. On doit donc partir de ce pardon initial que le Père concède au pécheur, pardon inconditionné parce qu'il inaugure le processus salvifique, et auquel le disciple doit correspondre avec fidélité et persévérance. Accueillir ce pardon signifie être en mesure de produire les fruits de cette grâce divine en pardonnant aux autres[94]. Il n'y a donc pas au départ de commune mesure entre les deux pardons, quand ils s'exercent, puisque l'un (celui de Dieu) est à la source de l'autre (celui du disciple). Le devoir de pardonner son propre frère ne peut donc être réduit à une exhortation simplement éthique. L'exigence du pardon mutuel s'enracine dans cette expérience de la grâce qui ne peut être comprise qu'à partir de la rencontre du débiteur avec le geste incomparablement généreux du Père. Qui est pardonné, doit se transformer en celui qui pardonne. Partant, on peut dire qu'en fait, dans le NP, le pardon infini du Père précède l'orant. C'est pour cette raison qu'il peut prier le Père avec une grande confiance, sachant que ce Père qui ne se laisse pas vaincre en miséricorde lui accordera ce qu'il lui demande hic et nunc. Cette confiance et cette supplication envers le Père sont d'autant plus grandes et totales que l'orant a déjà, à partir de ses propres fautes, fait l'expérience profonde du pardon gratuit de Dieu. Ensuite, l'accomplissement ou non de cette exigence de pardon mutuel, née de la rencontre avec le geste initial du Père, détermine le destin final de vie ou de mort du débiteur pardonné. C'est ce que montre l'application conclusive de la parabole (Mt 18,35). Comme le roi a condamné le serviteur impitoyable, ainsi le Père céleste émettra une sentence de condamnation contre celui qui, après avoir été pardonné par lui, n'aura pas été en mesure de pardonner son propre frère. Mt 6,14-15 se réfère donc à

---

[93] Cf. BARBAGLIO, « Il vissuto spirituale di Gesù di Nazareth », 81 ; BETZ, *Sermon*, 416 ; FABRIS, *Matteo*, 161.
[94] Cf. ALLISON, *Sermon*, 127 ; C.F.D. MOULE, « "... As we forgive...": A Note on the Distinction between Deserts and Capacity in the Understanding of Forgiveness », *Donum Gentilicium. New Testament Studies in Honour of David Daube* (éd. E. BAMMEL) (Oxford 1978) 76.

ce pardon final de Dieu dans le contexte du jugement dernier. Dieu mesurera sa miséricorde et son pardon à l'aune de ce que les hommes auront même pratiqué (cf. Mt 7,1-2 ; cf. Lc 6,37).

Au Père appartient donc le rôle de sanctionner l'agir des disciples, parce que ce que le Père donne au disciple en vertu de la relation qui les lie, est un don qui oblige. Celui qui, après en avoir fait la joyeuse expérience, ne se conforme pas à son tour à ce code de la gratuité, devient victime du jugement final. Le délai marqué par le futur de l'action divine (ἀφήσει : Mt 6,14.15 ; ποιήσει : Mt 18,35) ménage un temps pour l'avertissement. Étant donnée la préoccupation parénétique et ecclésiale qui traverse le premier évangile, c'est sur ce dernier aspect que Matthieu voudrait insister en Mt 6,14-15. Devant le Père céleste, les disciples sont comme des débiteurs insolvables à qui il fait miséricorde. Et si l'on veut échapper à la condamnation lors du règlement des comptes au jugement final, il faut alors dès maintenant remettre déjà aux autres leurs dettes. En établissant de la sorte cette corrélation entre le pardon humain et celui accordé par DP, il devient donc difficile de séparer la dimension eschatologique de la dimension présente dans cette demande du pardon. La parabole de Mt 18,24-35 a montré à suffisance combien le pardon accordé initialement par le Père est fragile ; il y a un risque réel de ne pas produire les fruits attendus, en particulier la réconciliation fraternelle. Cette fragilité motive la demande de pardon au Père. En lui exprimant cette demande (Mt 6,12), les disciples reconnaissent le Père comme celui qui est au fait de leur fragilité (cf. Ps 103) et qui peut donc les pardonner.

■ 7. Mt 6,13 : DP protecteur et libérateur

Mt 6,13 est constitué de deux membres, complémentaires, qui sont comme les deux faces de la même médaille. On y reconnaît le « parallelismus membrorum » antithétique (cf. μή/οὐ ... ἀλλά), où le deuxième membre explique le premier[95]. Les deux membres expriment deux mouvements de sens inverse, le premier

---

[95] Cf. BLASS–DEBRUNNER–REHKOPF, *Grammatik*, § 477,4 ; 485 ; 489 ; 492 ; GNILKA, *Matteo*, I, 338.

énoncé négativement, et le second positivement, *faire entrer* vs *tirer à l'écart*. L'un et l'autre décrivent une action attribuée au Père. C'est en analysant ces actions qu'on dégagera les qualités qui caractérisent le Père dans cette dernière demande.

7.1. Mt 6,13a : Brève analyse philologique

Le terme πειρασμός peut signifier « épreuve », ou bien « tentation ». Lorsque le NT emploie le substantif πειρασμός, ce terme ne désigne jamais l'attrait intérieur que l'on éprouve pour quelque chose de mauvais ou de défendu, mais l'épreuve dans laquelle Satan cherche à perdre celui qu'elle atteint (1 Co 7,5 ; 1 Th 3,5 ; 1 P 5,5-9 ; Ap 2,10). Il s'agit donc d'une attaque du tentateur qui vise à détruire la foi dans le cœur du croyant (Lc 8,13 ; 18,8 ; Ap 3,10). À cause de la demande parallèle au v.13a, le mot πειρασμός est à circonscrire dans la sphère du πονηρός (le « mal » ou « le malin »). En effet, dans l'EvMt, le verbe πειράζειν dont dérive le substantif πειρασμός, renvoie à une action nettement négative et qui est l'œuvre par excellence de Satan, l'adversaire par antonomase (Mt 4,1.3). En Mt 16,1 ; 19,3 ; 22,18.35, ce verbe décrit aussi l'action des personnes hostiles à Jésus[96]. En Mt 6,13, il s'agit donc de la « tentation » qui met en danger de pécher. Il faut préférer le terme « tentation » (plutôt que « épreuve ») à cause de cette résonance religieuse. Ensuite, le terme πειρασμός est employé sans article. Il s'agit donc d'une situation générale, et non pas d'une tentation particulière ou déterminée, comme par exemple la tentation eschatologique dont on parle en Ap 3,10, c'est-à-dire l'ultime épreuve susceptible de provoquer l'apostasie, la défection de ceux qui ne sont pas fermes dans la foi (voir aussi 1 P 5,9)[97]. Enfin, comme on le montrera dans les pages qui suivent, le rapprochement de Mt 6,13 avec Mt 26,41 indique que la tentation pour laquelle il faut prier pour ne pas y entrer, n'est pas nécessairement celle eschatologique. Il s'agit plutôt de n'im-

---

[96] Cf. CARMIGNAC, *Notre Père*, 244-245, 340-341 ; LUZ, *Matteo*, I, 513, n.5 ; J. FITZMYER, « And Lead Us Not into Temptation », *Bib* 84 (2003) 260-261.

[97] Cf. R.E. BROWN, « The Pater Noster », 175-208 ; DUPONT, « Notre Père », 855 ; A. GEORGE, « Ne nous soumets pas à la tentation… Note sur la traduction nouvelle du Notre Père », *BVC* 71 (1966) 76.

porte quelle tentation qui survient dans la vie actuelle du disciple et qui constitue une menace pour sa relation avec Dieu son Père[98].

Le verbe εἰσφέρειν est plutôt rare dans le NT (Mt 6,13 ; Lc 5,18.19 ; 11,4 ; 12,11 ; Ac 17,20 ; 1 Tm 6,7 ; He 13,11). La LXX l'utilise comme la traduction de בוא hiphil (Dt 7,26 ; Jb 14,3) : « faire entrer ». Étymologiquement, le verbe composé εἰσφέρειν signifie « porter dans », d'où *introduire* (Lc 5,18-19 ; He 13,11). Dans le NT, la construction avec εἰς est attestée en Ac 17,20 : « tu nous fais entrer (εἰσφέρεις εἰς) dans les oreilles d'étranges paroles » ; 1 Tm 6,7 : « nous n'avons rien apporté (εἰσηνέγκαμεν εἰς) dans le monde » ; He 13,11 : « le sang des victimes est introduit (εἰσφέρεται ... εἰς) par le grand prêtre dans le sanctuaire »[99]. En Mt 6,13, le double emploi de εἰς aussi bien dans le verbe composé εἰσφέρειν que dans la préposition εἰς qui l'accompagne (μὴ εἰσενέγκῃς ἡμᾶς εἰς) indique qu'il ne s'agit pas seulement d'un simple mouvement vers, mais d'un mouvement qui implique un passage d'un lieu à un autre, un passage à l'intérieur. Littéralement, les disciples demandent alors au Père de *ne pas les introduire* (μή + subjonctif aoriste[100]) dans ce lieu. Une telle traduction soulève une difficulté théologique déjà notée depuis lors dans le débat exégétique sur Mt 6,13. Peut-on dire que Dieu est en mesure de pousser les hommes dans une confrontation contre le mal, au point d'imaginer en définitive, même indirectement, que Dieu est la cause

---

[98] Cf. J.V. DHAMS, « Lead Us Not into Temptation », *JETS* 17 (1974) 223-230; GNILKA, *Matteo*, I, 339; LUZ, *Matteo*, I, 513.

[99] Dans le grec de la LXX, ce verbe est construit, soit avec le datif, soit avec la préposition εἰς. Lorsqu'il est employé avec le datif, il a le sens de « faire venir vers », « apporter à » (Gn 27,10.18.25.33 ; 37,32 ; Jg 12,9 ; 1 S 9,7 ; 2 S 9,10 ; 13,10 ; 2 Ch 24,9 ; etc.). Avec la préposition εἰς, il indique un mouvement d'un lieu vers un autre où l'homme est introduit (Gn 43,18 ; 47,14 ; Ex 4,6 .7 ; 23,19 ; 34,26 ; Lv 4, 5 ; 6,23 ; Nb 31,54 ; etc.). L'emploi de ce verbe avec le datif ne se rencontre pas dans le NT. Ce verbe y est utilisé ou bien sans préposition (Lc 5,18 .19), ou bien avec la préposition ἐπί (Lc 12,11), mais dans un sens proche de l'emploi avec la préposition εἰς. Cf. CARMIGNAC, *Notre Père*, 269.

[100] L'emploi du subjonctif aoriste avec μή à la place d'un impératif aoriste négatif pour exprimer la défense (impératif prohibitif) correspond à l'usage classique. Cf. BLASS–DEBRUNNER–REHKOPF, *Grammatik*, § 364,3 ; ZERWICK, *Biblical Greek*, 246.

des tentations humaines ? Cependant, une telle hypothèse est catégoriquement exclue en Jc 1,13 : « Que nul, quand il est tenté, ne dise: Ma tentation vient de Dieu. Car Dieu ne peut être tenté de faire le mal et ne tente personne ».

Une analyse du thème de la tentation dans l'AT met en lumière une évolution caractéristique[101]. Dans les textes les plus anciens, on n'hésite pas à écrire que Dieu « excite » l'homme à pécher (1 S 26,19 ; 2 S 24,1), ou bien de dire que Dieu envoie un « esprit mauvais » (Jg 9,23 ; 1 S 18,10-11) qui conduira l'homme au péché. De telles affirmations ne sont qu'une manière de dire que rien n'échappe au pouvoir de Dieu. D'autres textes, plus récents, montrent Dieu mettant l'homme ou le peuple d'Israël à l'épreuve pour voir ce qu'il en est de leur fidélité (Abraham en Gn 22,1 ; 1 M 2,52 ; Si 44,20 ; Israël en Ex 15,25 ; 16,4 ; 20,20 ; Dt 8,2-3 ; 13,4 ; Jg 2,22 ; Sg 11,9). Dans ces *épreuves*, il n'y a de la part de Dieu aucune sollicitation au mal, aucune impulsion vers le péché. Ces épreuves sont plutôt l'occasion de tester la fidélité des intéressés. À une époque encore tardive apparaît la figure de Satan auquel est réservé le rôle de tentateur (Jb 1-2). On peut noter cette évolution en comparant 1 Ch 21,1 et 2 S 24,1. En 1 Ch 21,1, c'est Satan qui inspire à David le projet coupable de dénombrer le peuple, alors qu'en 2 S 24,1, c'est Dieu lui-même qui en était l'origine.

Pour comprendre Mt 6,13a, certains proposent de recourir au substrat sémitique (araméen ou hébreu) de la formule grecque μὴ εἰσενέγκῃς ἡμᾶς εἰς πειρασμόν. Dans l'original sémitique (hébreu ou araméen), l'auteur aurait utilisé un verbe à la forme causative dans le sens de « faire porter dans » ; « faire introduire », que le grec a traduit par « porter dans », « conduire ». À partir de cette rétroversion sémitique, deux options sont alors possibles : « *ne fais pas en sorte que nous entrions en tentation* », ou bien, « *fais que nous n'entrions pas en tentation* »[102]. La première traduction im-

---

[101] Cf. POUILLY, *Dieu notre Père*, 49.
[102] La compréhension de Mt 6,13a en un sens "permissif" est attestée déjà à l'époque des Pères de l'Église. Cf. TERTULLIEN, *De oratione*, 8,1 (= PL 1,262). Même opinion en A. BAKER, « Lead Us Not into Temptation », *NBlackfr* 52 (1971) 64-69 ;

plique une intervention active du Père à qui l'on demande de ne pas être la cause de la tentation (ne pas la permettre). Dans la seconde, c'est l'homme qui est responsable face à la tentation. En ce dernier cas, les disciples demandent au Père qu'ils ne se laissent pas dominer par la tentation. La traduction grecque, qui évoque un agir divin, se rangerait sur la première interprétation, tandis que la cohérence théologique invite à opter pour la seconde. Néanmoins, la prière du NP est rapportée en grec, et c'est en définitive ce texte grec qu'il nous faut traduire et interpréter. Faire appel à un original sémitique permet certes d'expliquer la tournure grammaticale. Cela ne permet malheureusement pas de cerner de plus près le sens de la formule telle qu'elle est énoncée dans son contexte actuel et qui en appelle, comme dans les autres demandes, à une intervention de DP.

7. 2. DP, la prière et la tentation

Dans son évangile, Matthieu n'utilise que deux fois le substantif πειρασμός (Mt 6,13 ; 26,41), et toujours en contexte de prière : la prière du NP (Mt 6,9-13) et la prière de Jésus au Gethsémani (Mt 26,36-46). Bien que situé dans le contexte de la prière de Jésus au Gethsémani, Mt 26,41 est plutôt une recommandation faite aux disciples comme l'indiquent les deux impératifs qui leur sont adressés : γρηγορεῖτε καὶ προσεύχεσθε. Le NP est, lui aussi, introduit par l'impératif προσεύχεσθε. Mt 6,13 (6,9.13) et 26,41

CARDELLINO, « Il Padre Nostro », 194-195 ; I. M. CECCHERELLI, « Et ne nos inducas in temptationem ? » BibOr 43 (2001) 55-68 ; E. JENNI, « Kausativ und Funktionsverbgefüge. Sprachliche Bemerkungen zur Bitte : „Führe uns nicht in Versuchung" » TZ 48 (1992) 77-88 ; J. JEREMIAS, Théologie du Nouveau Testament. I. La prédication de Jésus (Paris 1975) 252-253 ; KENNER, Matthew, 225 ; LUZARRAGA, El Padrenuestro, 152-162 ; R. TOURNAY, « Ne nous laisse pas entrer en tentation », NRT 120 (1998) 440-443 ; R. SCHNACKENBURG, The Gospel of Matthew (Grand Rapids 2002) 68. Pour sa part, CARMIGNAC (Notre Père, 292-294) propose de « corriger » le texte grec en décalant la négation sur le deuxième verbe du causatif hébreu original. La raison évoquée est que dans les langues sémitiques (hébreu, araméen), lorsque la particule de négation לא est utilisée avec le hiphil ou un verbe causatif (הביא - εἰσφέρω), elle se réfère à l'objet (ἡμᾶς) et non pas au sujet du verbe (DP), d'où sa traduction : « fais que nous n'entrions pas en tentation ».

présentent bien des similitudes qui peuvent aider à comprendre l'agir du Père dont il est question dans cette dernière demande du NP.

Mt 6,9.13 :	*priez*	*ne nous introduis pas*	*en tentation*
	προσεύχεσθε	καὶ μὴ εἰσενέγκῃς	εἰς πειρασμόν
Mt 26,41 :	*priez*	*pour ne pas entrer*	*en tentation*
	προσεύχεσθε	ἵνα μὴ εἰσέλθητε	εἰς πειρασμόν

Dans les deux textes, les verbes utilisés en relation avec la tentation sont certes différents : le transitif εἰσφέρειν en Mt 6,13 et l'intransitif εἰσέρχεσθαι en Mt 26,41. L'emploi de l'intransitif μὴ εἰσέλθητε en ce dernier texte s'explique par le fait que cette action dépend des disciples (sujet grammatical du verbe). En Mt 6,13 par contre, c'est DP qui est le sujet grammatical du verbe μὴ εἰσενέγκῃς. En effet, c'est Lui qui est invoqué dans la prière. Il s'agit donc de l'influence de DP sur l'agir des disciples en face de la tentation : non pas « entrer », mais « faire entrer », « introduire ». En dépit de ces différences, la tentation est présentée symboliquement dans les deux textes comme un lieu dans lequel l'on pénètre (εἰς). Ensuite, l'emploi de l'impératif προσεύχεσθε adressé aux disciples (Mt 6,9 ; 26,41) montre que la prière représente un moyen pour surmonter cette tentation (cf. la négation μή).

Le contexte de Mt 26,36-46 est celui de la passion de Jésus ; c'est une épreuve qui va mettre en péril la foi des disciples (Mt 26,31). Jésus lui-même est en train de prier (Mt 26,36-44). Ni Jésus ni ses disciples ne peuvent affronter ce moment difficile sans être en communion avec le Père, particulièrement dans la prière. La raison est donnée en Mt 26,41b : « L'esprit est ardent, mais la chair est faible » (26,41). Pris ensemble, Mt 6,9.13 et 26,41 montrent que la communion avec Dieu dans la prière est nécessaire « pour ne pas entrer en tentation ». En outre, selon l'enseignement de Jésus dans le DM, lorsque les disciples invoquent Dieu dans la prière, ils le rencontrent comme Père (Mt 6,9). Jésus lui-même est en train de prier Dieu en l'invoquant comme son Père : « πάτερ μου ». Cette invocation est répétée en Mt 26,39.42. Dans la prière, on fait recours au Père, c'est-à-dire à sa puissance inconditionnelle et donc à son aide pour surmonter la tentation. En Mt 6,13a, on ne demande donc pas seulement au Père de nous empêcher d'entrer dans la tentation, de par notre propre mouvement. Bien plus, on lui demande d'*intervenir efficacement* pour ne pas nous y mettre[103]. Certes, comme Saint Augustin l'écrivait, une chose est dire « Dieu tente quelqu'un » et une autre, « Dieu porte quelqu'un dans la tentation »[104].

De ce point de vue, le récit des tentations de Jésus (Mt 4,1-11) offre le paradigme idéal pour comprendre l'agir de Dieu, et par-delà ce texte, l'identité même de Dieu comme Père en Mt 6,13a. L'introduction du récit des tentations de Jésus montre clairement que c'est le diable qui tente Jésus. Mais c'est l'Esprit qui conduit (passif ἀνήχθη) Jésus dans le désert pour y être tenté (infinitif de but πειρασθῆναι). Matthieu présente l'Esprit comme l'agent divin qui pousse Jésus dans une situation où sa relation filiale est particulièrement mise à rude épreuve par Satan (Mt 4,3.6). Cette façon de présenter l'agir divin s'enracine dans la conviction déjà présente dans l'AT que c'est Dieu qui conduit et qui guide son peuple en tout temps ; c'est Lui qui l'introduit là où il doit passer. Dieu est avec son peuple, même quand il le conduit dans une situation où ce peuple doit subir des épreuves ou des tentations[105]. Et même alors, rien n'échappe à la souveraineté de Dieu, pas même la tentation, ni le pouvoir de Satan. En traduisant la demande de Mt 6,13a par « Notre Père, *ne nous introduis pas dans la tentation* », la formule implique donc une intervention active de Dieu. Mais comme précise si bien la note de la TOB au sujet de ce verset, « il ne saurait être question que Dieu introduise les disciples, ou fasse entrer, dans la tentation comme dans un piège où l'homme serait pris »[106]. Comme dans la situation de Jésus au désert, Dieu peut lui-même porter quelqu'un

---

[103] Cf. DUPONT, « Notre Père », 853 ; GNILKA, *Matteo,* I, 339.

[104] AUGUSTIN, *De Sermone Domini*, II, 9, 30. Trad. franç., *Explication du sermon sur la montagne*. Présentation, guide de lecture, annotations par A.-G. Hamman (Les Pères dans la Foi 5 ; Paris 1978).

[105] Cf. BONNARD, *Matthieu*, 87 ; GNILKA, *Matteo*, I, 338-339.

[106] Cf. Note de la TOB sur ce verset.

dans une situation critique de tentation. Mais conscients de leur faiblesse et surtout de leur état de pécheur – ce dont on a fait allusion dans la demande précédente –, les disciples demandent alors à leur Père de ne pas les exposer au péril de lui faire défection et de renier leur relation avec Lui.

7.3. Mt 6,13b : DP, le « libérateur »

Positivement, Jésus enseigne à ses disciples à demander au Père de les « délivrer » (impératif ῥῦσαι) « ἀπὸ τοῦ πονηροῦ ». Commençons par l'analyse du verbe ῥύεσθαι. Dans les 17 occurrences néotestamentaires du verbe ῥύεσθαι, celui-ci a le sens de « libérer », « sauver ». Ce verbe est souvent accompagné de la préposition ἐκ + génitif (en général pour ce qui concerne les choses, une situation passée ou présente), ou de la préposition ἀπό + génitif (pour ce qui concerne les personnes, ou une situation future)[107]. Ce verbe n'est employé dans l'EvMt qu'en Mt 6,13 et Mt 27,43. Matthieu dépend presque exclusivement de l'emploi linguistique vétérotestamentaire où, dans la plupart des cas, ce verbe est utilisé pour caractériser l'agir de YHWH. Dans les psaumes en particulier, ce verbe décrit le secours apporté par YHWH[108]. C'est que le Dieu d'Israël est fondamentalement « ὁ ῥύστης » (LXX Ps 17,3.49 ; 69,6 ; 143,2), « ὁ ῥυόμενος » (Sg 16,8), c'est-à-dire un Dieu qui « délivre » de tous les esclavages (Ex 6,6 ; 12,27 ; 14,30)[109].

Les deux emplois matthéens de ῥύεσθαι évoquent d'une manière ou d'une autre l'action divine de libérer en relation avec la titulature paternelle. En effet, en Mt 6,13, le sujet de l'impératif

---

[107] Cf. L. Lichtenberger, « ῥύομαι », *EWNT* II, 514-516.

[108] Voir Ps 7,2 ; 25 (24),20 ; 31 (30),2 ; 40 (39),14 ; 43 (42),1 ; 54 (53),9 ; 59 (58),3 ; 69 (68),19 ; 71 (70),2.4 ; 124 (123),7 ; etc. Dans la LXX, ῥύομαι est la traduction de נצל (niphal ou hiphil), פלט (piel), חלץ (piel), ישע (hiphil ou niphal), גאל. Cf. Lichtenberger, « ῥύομαι », 514-516 ; W. Kasch, « ῥύομαι », *TWNT* VI, 1002-1004.

[109] La figure de YHWH comme le rédempteur d'Israël est évoquée aussi dans la septième bénédiction du *Shemoneh Esreh* : « Vois notre détresse, et combats notre combat, et rachète-nous à cause de ton nom. Bénis sois-tu Seigneur et *rédempteur* d'Israël ». Cf. Strack–Billerbeck, I, 422 ; Lichtenberger, « ῥύομαι », 516.

est sans nul doute le vocatif initial πάτερ ἡμῶν (Mt 6,9). En Mt 27,43, les grands prêtres, les anciens et les scribes se moquent de Jésus en disant : « Il a mis en Dieu sa confiance, que Dieu le délivre (ῥυσάσθω) maintenant, s'il l'aime, car il a dit: ⟨Je suis *Fils de Dieu*! » (cf. LXX Ps 21,9 ; Sg 2,18-20). Ces propos des adversaires de Jésus montrent d'une part que Dieu seul pouvait délivrer Jésus de la mort ; et de l'autre, Dieu délivre ceux qui ont confiance en lui parce qu'il est Père (cf. « fils de Dieu »). C'est la responsabilité du Père de voler au secours de ses propres fils en danger. En d'autres termes, le fait d'être fils de Dieu donne droit à être protégé par le Père.

Is 63,16 offre une perspective intéressante qui éclaire la caractérisation de DP comme celui qui délivre. Is 63,16 est en effet l'unique texte de l'AT où YHWH est présenté à la fois comme « Père » (« notre Père ») et comme celui qui « délivre » : « Pourtant tu es notre père. Si Abraham ne nous a pas reconnus, si Israël ne se souvient plus de nous, toi, YHWH, tu es notre père, notre rédempteur (LXX : σύ κύριε πατὴρ ἡμῶν ῥῦσαι ἡμᾶς), tel est ton nom depuis toujours ». Is 63,16 se trouve dans le contexte d'une prière de pénitence (Is 63,7-64,11) où la paternité de Dieu est évoquée trois fois par l'orant (Is 63,16 ; 64,7). Comme c'est souvent le cas dans la poésie hébraïque, ces deux métaphores « père » et « rédempteur » s'expliquent mutuellement. YHWH est appelé « notre Père » en un contexte de crise. En effet, celui qui parle à YHWH déclare être « sans père » (en référence à Abraham et Jacob), et donc sans support humain : « Si *Abraham* ne nous a pas reconnus, si *Israël* ne se souvient plus de nous... » (Is 63,16a). Avec les patriarches, plus de contact donc ; ils ne peuvent plus secourir leurs enfants et, même s'ils le pouvaient, ils ne le feraient pas parce que ce sont des enfants rebelles. Par contre, YHWH est fidèle à sa promesse ; malgré l'infidélité d'Israël, il reste toujours leur Père[110]. D'où l'appel à YHWH, « notre Père », pour qu'il sauve Israël. Dans ce texte d'Isaïe (TM), le choix du terme גאל juxtaposé à אבינו n'est pas non plus aléatoire. En effet, ce terme

---

[110] Cf. MARCHEL, *Abba*, 61.

comporte aussi une nuance familiale. Le *go'el* est aussi le « parent », celui qui rachète[111]. Le *go'el* est un rédempteur, un défenseur, un protecteur des intérêts de l'individu et du groupe. C'est ainsi que le terme *go'el* est passé dans la langue religieuse. Vengeur des opprimés et sauveur de son peuple, YHWH est appelé *go'el* fréquemment en Isaïe (Is 41,14 ; 43,14 ; 44,6 ; 49,7 ; 59,20 ; etc.)[112]. Comme Père, YHWH ne doit pas seulement être honoré et respecté par ses fils, mais il a aussi la responsabilité de les protéger et de les sauver. Isaïe conclut (Is 63,16) en rappelant que « être rédempteur » est « le nom de YHWH depuis toujours ». Il ne précise pas par ailleurs de quelle situation YHWH a délivré son peuple. Cela ne peut être expliqué qu'en tenant compte du contexte de tout le chapitre. YHWH s'est montré comme rédempteur d'Israël non seulement à l'exode lorsqu'il a libéré son peuple de l'Égypte, mais aussi, dans le contexte historique d'Is 63,16, en délivrant son peuple de la captivité babylonienne (Is 63,7.11). Mais il y a plus. En s'engageant dans une relation d'alliance avec son peuple, YHWH demeure son éternel גאל. C'est dans cette catégorie de l'alliance que le prophète insère cette métaphore de Dieu comme le père qui est appelé à intervenir en faveur de son héritage (Is 63,17)[113]. La triple répétition de la phrase « tu es notre Père » en Is 63,7-64,11 exprime la foi en l'indéfectible amour paternel de Dieu et en la protection qu'il accorde sans cesse au peuple élu dont il est le Père. C'est donc sur la base de cette foi bien enracinée dans les traditions religieuses d'Israël qu'il faut comprendre la demande que les disciples adressent au Père en Mt 6,13b en lui demandant de les libérer ἀπὸ τοῦ πονηροῦ.

Le terme πονηρός peut être grammaticalement un neutre ; il indiquerait le « mal »[114], ou bien un masculin pour désigner le « Malin »,

---

[111] Cf. P. NISKANEN, « YHWH as Father, Redeemer, and Potter in Isaiah 63,7-64,11 », *CBQ* 68 (2006) 398-404.

[112] Voir aussi Jb 19,25 ; Ps 19,15 ; 78,35 ; Jr 50,34. Cf. R. DE VAUX, *Les institutions de l'Ancien Testament* (Paris 1958), I, 40-41.

[113] NISKANEN, « YHWH as Father », 403-404.

[114] C'est le sens adopté par les Pères latins en général. Plusieurs textes liturgiques du NP en langues modernes adoptent aussi ce même sens. En français, par exemple,

c'est-à-dire Satan[115]. Dans l'EvMt, les deux sens sont possibles (le mal : Mt 5,11 ; 6,23 ; Malin – Satan : Mt 13,19 ; 5,37 ; 13,38). De toutes les façons, dans un sens comme dans l'autre, l'expression évoque une puissance maléfique, personnifiée ou non, qui vise à ruiner le disciple dans sa relation avec Dieu son Père. On pourrait néanmoins privilégier ici le sens personnel. En effet, l'emploi de l'article (τοῦ πονηροῦ) pourrait du reste suggérer cette détermination personnelle : non pas le mal dans toute son extension, c'est-à-dire tout le mal possible et imaginable, mais *l'individu pervers*, c'est-à-dire le Malin, Satan. « Satan » serait ainsi comme l'anti-père par excellence[116]. La prière du NP s'ouvre en effet par l'invocation au Père ; elle s'achève par l'évocation de Satan qui représente l'anti-père. En ce cas, la tentation à surmonter consiste à ne pas se tromper de père. Comme dans les tentations de Jésus en Mt 4,1-12 et en particulier lors de sa passion, la tentation dont Jésus parle en Mt 6,13 équivaudrait à chercher à se sauver soi-même en altérant et en faussant la relation avec le Père, c'est-à-dire en reniant sa condition filiale : « si tu es Fils de Dieu » (Mt 4,3.6 ; 27,40). Contre Satan, les disciples n'ont qu'une oasis sécuritaire où s'abriter. C'est l'espace dessiné par la main protectrice de leur Père. En effet, il revient au Père de guider les disciples de façon que rien dans leur vie ne mette en danger leur relation avec lui. Dans ce contexte, invoquer et reconnaître Dieu comme « notre Père » représente sans nul doute une des meilleures manières de résister face au Malin.

En définitive, plutôt que d'exposer un débat sur l'origine du mal ou de la tentation, Mt 6,13 est avant tout la proclamation et la reconnaissance de la toute-puissance du Père maintenant accessibles à celui qui le prie[117]. En attribuant au Père ces deux ac-

---

on prie : « délivre-nous du mal ». Dans le judaïsme, le « mal » comme référence indicative du personnage de Satan n'est pas attesté. En 2 Tm 4,18 (ῥύσεταί με ὁ κύριος ἀπὸ παντὸς ἔργου πονηροῦ), « πονηρός » est utilisé en un sens impersonnel (le mal).

[115] Les Pères grecs ont compris, quant à eux, ce terme comme un substantif masculin. Les traductions françaises de la TOB et de la Bible de Jérusalem proposent cette lecture : « délivre-nous du *Mauvais/Tentateur* ».

[116] Pour les arguments en faveur de l'emploi du masculin, cf. DUPONT, « Le Notre Père », 856-857 ; LAMBRECHT, *Discours*, 140 ; CALLOUD – GENUYT, *Matthieu*, 61.

[117] Cette puissance divine et son aide en contexte de πειρασμός affligeant les croyants est un motif théologique attesté aussi ailleurs dans le NT : 1 Co 10,13 ; 2 P

tions libératrices, Mt 6,13 le proclame non seulement comme celui qui conserve et sauve l'existence concrète et historique des disciples, mais aussi comme le Seigneur qui domine et plie le mal. La figure du Père ainsi brossée coïncide parfaitement avec l'image du Père que présente la prière du NP, en particulier en Mt 6,10. La venue du Règne du Père coïncidera en effet avec la libération du pouvoir du mal/Satan. Cette libération est déjà à l'œuvre dans la vie de Jésus, le Fils, qui a défait le tentateur (Mt 4,1-11)[118].

■ Conclusion

En Mt 6,9-13.14-15, l'enseignement de Jésus sur la prière ne porte pas seulement sur ce qui est nécessaire demander au Père dans la prière. Jésus révèle en même temps à ses disciples qui *est pour eux ce Dieu* qu'ils rencontrent dans la prière et *ce que ce Dieu est disposé à faire* pour eux. La prière du NP est en ce sens la proclamation de la miséricorde magnanime et prévenante du Père, d'où les aspects de bonté, de fidélité, d'amour et de miséricorde qui émergent de cette prière et qui caractérisent l'image de Dieu comme Père.

Cette prière s'ouvre par des demandes qui concernent en premier lieu les réalités appartenant au Père. C'est là un mode de souligner l'autorité du Père, expression de sa seigneurie royale. Parce que le Père est roi, il exige la vénération (Mt 6,9b ; cf. Mt 5,16) et l'obéissance de la part des disciples (Mt 6,10ab). Mais

---

2,9. En 1 Co 10,13, l'intervention divine est évoquée en un sens plus au moins *permissif* (ne pas permettre ; cf. le verbe οὐκ ἐάσει) : « Les tentations auxquelles vous avez été exposés ont été à la mesure de l'homme, Dieu est fidèle ; il *ne permettra pas* que vous soyez tentés au-delà de vos forces. Avec la tentation, il vous donnera le moyen d'en sortir et la force de la supporter ». Paul conçoit la tentation comme un piège dans lequel le croyant y pénètre par son consentement ; une quelconque causalité divine n'y est donc pas évoquée. Cependant, Dieu fait résister à la tentation en procurant au croyant un moyen pour y échapper, littéralement pour « sortir » de là. Le terme ἔκβασις signifie proprement « issue », « sortie ». En outre, 1 Co 10,13 présente la tentation comme une « entrée » à l'intérieur de cette situation (cf. aussi 1 Tm 6,9). En 2 P 2,9, l'emploi du verbe ῥύεσθαι en rapport avec le substantif πειρασμός est suggestif, car c'est le même verbe qu'on retrouve en Mt 6,13b (οἶδεν κύριος εὐσεβεῖς ἐκ πειρασμοῦ ῥύεσθαι).

[118] Cf. Kasch, « ῥύομαι », 1004 ; Schürmann, *La prière du Seigneur*, 99.

cette autorité royale du Père est en réalité au service des disciples qui le prient. Si Dieu est invoqué pour qu'il soit réellement le Père des disciples, c'est non seulement parce que l'orant espère que cette révélation du Nom du Père, et donc aussi la venue de son Règne, la réalisation de sa volonté coïncident avec son salut, mais aussi parce que comme Père, Dieu est celui qui soutient l'existence concrète et historique des fils.

Cette prière au « Père qui est dans les cieux » exprime la présence du Père dans la vie des disciples. En vertu du don de la relation que Jésus établit entre Dieu son Père et ses disciples, cette prière traduit la proximité de Dieu comme Père auprès des disciples au point que ces derniers peuvent prier Dieu en l'invoquant comme « notre Père ». Les disciples peuvent donc demander au Père de leur donner tout ce qui convient pour vivre véritablement et pleinement leur relation avec lui, c'est-à-dire comme ses fils. Cela concerne la demande du pain pour ce qui est de leur existence matérielle ; c'est ensuite la demande du pardon pour vivre leurs rapports interpersonnels comme « fils du Père » ; c'est enfin la liberté du Mauvais pour que ce dernier ne soit d'aucun obstacle dans leur relation avec Lui.

On ne peut nier enfin le caractère eschatologique de l'agir du Père invoqué dans cette prière, comme cela émerge en particulier dans les trois premières demandes. Néanmoins, il faut reconnaître que cet agir du Père a aussi une portée historique qui touche la vie présente des disciples et qui détermine leur engagement. Par Jésus le Fils qui le révèle, le Père est en effet celui qui chemine maintenant aux côtés des disciples vers la pleine manifestation de ce qu'il est. Mais les disciples ne sont pas seulement ceux qui bénéficient des largesses du Père. Mt 5,16 avait déjà souligné cette responsabilité qui incombe aux disciples destinataires de la révélation de Dieu comme Père. Par leur éveil au Père en vertu de la relation qui les lie à Lui, les disciples participent d'ores et déjà à la réalisation de ce que leur Père accomplira pleinement à la fin des temps.

CHAPITRE VI
MT 6,25-34 : LA RELATION AVEC DP DANS LE CONTEXTE DU RAPPORT AVEC LES BIENS MATÉRIELS

■ 1. Articulation du texte

Énoncé initial. v.25a : Ne vous inquiétez pas ... du manger et vêtement

Argument à l'appui de l'énoncé initial. v.25b : La vie vaut plus (πλεῖον)...

Illustration a / argument a fortiori. v.26 : Les oiseaux ...votre PÈRE nourrit

Illustration b / argument a fortiori. vv.28-30 : Les lis ... DIEU habille

Conclusion. vv.31-33.34 : Cherchez le Règne du PÈRE... toutes ces choses vous seront ajoutées

Explication du schéma proposé

Mt 6,25-34 est un texte littérairement et thématiquement homogène, comme le montrent la répétition du verbe μεριμνᾶν (vv.25.27.28.31.34), l'emploi récurrent des impératifs ou des prohibitions qui assurent au texte un caractère impératif évident (μὴ μεριμνᾶτε ; ἐμβλέψατε ; καταμάθετε ; μὴ μεριμνήσητε ; ζητεῖτε), le recours à la question rhétorique (vv.25.26.27.28.30) et l'emploi du *qal wahomer* (vv.25.26.30)[1]. Ce texte est diversement

---

[1] Cette technique était en usage chez les rabbins. Elle appartient aux sept règles attribuées à Hillel. Le qal wahomer est la forme plus utilisée. Il opère une déduction

structuré selon les auteurs². La structure que nous proposons ressemble grosso modo à celle élaborée au sujet de Mt 5,43-48 :
(1) Un impératif initial suivi de sa justification (v.25).
(2) Deux exemples en forme de « preuve » illustrent l'impératif initial (vv.26-30).
(3) La conclusion (cf. οὖν) par laquelle l'auteur récapitule sa pensée et offre la clé herméneutique pour comprendre le texte (vv.31-34).

L'impératif initial (μὴ μεριμνᾶτε) et la justification qui suit (v.25ab) définissent le leitmotiv de toute la péricope. Matthieu précise les domaines sur lesquels porte l'interdiction énoncée dans l'impératif par le biais de deux datifs (*dativus commodi*³) construits en parallélisme synthétique : τῇ ψυχῇ ὑμῶν τί φάγητε et τῷ σώματι ὑμῶν τί ἐνδύσησθε. Ces domaines ainsi circonscrits seront illustrés dans les exemples successifs développés au v.26 et aux vv.28-30⁴. La question rhétorique posée à la fin du v.25 établit un πλεῖόν sur lequel l'auditeur est appelé à se prononcer⁵ : La vie ne vaut-elle pas plus que la nourriture ? Le corps plus que le vêtement ?

Les deux illustrations exposées aux vv.26.28-30 sont construites en deux séquences parallèles dont le contenu se réfère aux deux « objets » pour lesquels les disciples ne devraient pas se préoccuper. L'exemple des « oiseaux du ciel » se réfère au « manger » (v.25 : φάγητε et τροφή ; v.26 : τρέφει) ; l'exemple des « lis des champs » illustre la préoccupation pour le vêtement (v.25 : ἐνδύσησθε ; ἔνδυμα ; vv.28-30 : ἐνδύματος ; περιεβάλετο ; ἀμφιέννυσιν).

---

de la mineure à la majeure (a minori ad maius) ou vice versa. Cf. G. STEMBERGER, *Introduzione al Talmud e al Midrash* (Roma 1995) 33.

² Voir quelques exemples en BETZ, *Sermon*, 55-56 ; 465-466 ; FABRIS, *Matteo*, 177-178 ; LUZ, *Matteo*, I, 535 ; M. F. OLSTHOORN, *The Jewish Background and the Synoptic Setting of Mt 6,25-33 and Lk 12,22-31* (Jerusalem 1975) 18.

³ BLASS–DEBRUNNER–REHKOPF, *Grammatik*, § 188,1.

⁴ La référence au « boire » (ἢ τί πίητε) manque dans certains témoins. Elle pourrait être un ajout secondaire pour harmoniser Mt 6,25 à 6,31 (τί φάγωμεν ; τί πίωμεν ; τί περιβαλώμεθα). Cf. METZGER, *Textual Commentary*, 17. Les éditeurs de *The Greek New Testament* (quatrième édition) mettent cette leçon entre crochets.

⁵ L'emploi de la particule οὐχί qui introduit la question montre que la réponse attendue est positive.

Exemple A. Mt 6,26

(1) ἐμβλέψατε εἰς τὰ πετεινὰ τοῦ οὐρανοῦ
(2) οὐ σπείρουσιν οὐδὲ θερίζουσιν…
(3) καὶ ὁ πατὴρ ὑμῶν […] τρέφει αὐτά
(4) οὐχ ὑμεῖς μᾶλλον …

Exemple B. Mt 6,28-30

(1) καταμάθετε τὰ κρίνα τοῦ ἀγροῦ
(2) οὐ κοπιῶσιν οὐδὲ νήθουσιν
(3) ὁ θεὸς […] ἀμφιέννυσιν
(4) οὐ πολλῷ μᾶλλον ὑμᾶς

Au cœur de chaque exemple, on évoque l'agir de Dieu dans la création, mais avec une désignation diverse de Dieu : « ὁ πατὴρ ὑμῶν ὁ οὐράνιος » au v.26 et « ὁ θεός » au v.30. Entre ces deux illustrations, l'auteur intercale au v.27 une question rhétorique sur la préoccupation (μεριμνῶν) sous la forme d'une réflexion de type sapientiel.

Pour ce qui est des vv.31-34, on doit d'abord considérer les vv.31-33 comme une unité. En effet, le v.31 est introduit par οὖν (conclusif). L'emploi de l'impératif de défense (subjonctif aoriste) μὴ μεριμνήσητε signale une reprise du thème amorcé au v.25. Le v.32 est bien relié au v.31 par la conjonction γάρ et par le pronom πάντα ταῦτα qui récapitule le manger, le boire et le vêtement. Néanmoins, un nouveau sujet est introduit au v.32 : les « païens ». L'insertion de ce « sujet » dans le texte s'opère par la caractérisation de ces païens comme ceux qui recherchent « toutes ces choses » (πάντα ταῦτα) dont les disciples ne doivent pas se préoccuper. Le fait que les païens recherchent ces choses est jugé négativement parce que (cf. second γάρ au v.32b) un tel comportement manifeste que les païens ou ceux qui agissent comme eux ignorent ce que le Père céleste sait (cf. v.26), en l'occurrence : « votre Père sait que vous avez besoin de toutes ces choses (τούτων ἁπάντων) » (v.32b). Enfin, l'impératif positif ζητεῖτε (v.33) annonce un changement de ton qui l'oppose (cf. la particule δέ adversatif) aux impératifs négatifs qui le précèdent (cf. v25 : μὴ μεριμνᾶτε ; v.31 : μὴ μεριμνήσητε). Mt 6,33 contient deux actions unies par καί *consecutivum* : l'agir (impératif) de l'homme vis-à-vis du Père : « cherchez le Règne et la justice de Lui », et la réponse du Père sous la forme d'une promesse (futur) : « toutes ces choses vous seront ajoutées ». L'emploi du passif (προστεθήσεται) laisse entrevoir que Dieu est intéressé à « toutes ces choses » (ταῦτα πάντα repris du v.32) pour lesquelles l'homme se préoccupe. La nouveauté introduite au v.33 quant au comportement requis et à sa formulation positive confèrent à ce verset une place centrale dans la péricope (climax).

Mt 6,34 se présente d'emblée comme un verset conclusif à cause de la particule οὖν qui l'introduit. Mais il est inséré dans le texte plus par son vocabulaire (μὴ μεριμνήσητε ; μεριμνήσει[6]) que par le thème qu'il développe. En effet, l'objet de la préoccupation ne porte plus sur le manger, le boire et le vêtement, mais sur « demain » (εἰς τὴν αὔριον). Il exhorte plutôt à s'attacher à « l'aujourd'hui » qui doit pourtant faire ses comptes avec sa propre κακία.

En définitive, la présence des impératifs dans ce texte est certainement un élément structurant. On trouve ces impératifs en des positions stratégiques dans le texte : au début, au v.25 (μὴ μεριμνᾶτε) et à la fin, d'abord au v.31, puis au v.34 (μὴ οὖν μεριμνήσητε). Les problèmes majeurs que soulève cette péricope portent sur l'interprétation de ces impératifs[7]. Sans éluder les difficultés d'interprétation que ces impératifs soulèvent, le projet de ce chapitre est d'étudier cette péricope dans la perspective de la relation du Père avec les disciples interpelés par ces impératifs. En effet, lorsque Jésus dit : « car votre Père sait que vous avez besoin de toutes ces choses » (v.32), et « ... toutes ces choses vous seront ajoutées » (v.33), il est bien clair que c'est dans le contexte de cette relation qu'il affronte, et par-dessus tout qu'il cherche de surmonter les difficultés qui naissent de l'inquiétude pour les biens matériels.

---

[6] L'emploi de μεριμνήσει avec le génitif ἑαυτῆς est insolite. Cf. BLASS–DEBRUNNER–REHKOPF, *Grammatik*, § 176,3.

[7] Une synthèse des problèmes herméneutiques soulevés par cette péricope est donnée par LUZ, *Matteo*, I, 539.

2. Analyse des versets

2.1. Mt 6,25-30 : Du « ὁ Θεός » de l'ordre de la création à « ὁ πατὴρ ὑμῶν »

2.1.1. Mt 6,25 : L'impératif μὴ μεριμνᾶτε et sa justification

Le verbe μεριμνᾶν (« se préoccuper ») a en Mt 6,25-34 un sens complexe qui indique non seulement les efforts que l'on déploie pour rejoindre un but, mais aussi les modalités adoptées en vue de sa réalisation[8]. En Mt 6,25-34, ce verbe est suivi par une série des questions introduites par l'interrogatif τί[9]. Toutes ces interrogations révèlent l'état d'esprit auquel correspond l'emploi de ce verbe. C'est un état d'esprit marqué par un souci anxieux et qui provoque des questions inquiètes : « Le μεριμνῶν est l'homme préoccupé, qui se fait du souci, se tracasse ; cela peut aller jusqu'à l'anxiété »[10]. Ce verbe a donc ici un sens péjoratif. En même temps, cette préoccupation ne se limite pas seulement à cette attitude d'anxiété. Elle se traduit aussi par un comportement de l'homme qui cherche à réaliser ce pour quoi il s'inquiète (agir). C'est ce que montrent les deux illustrations des vv.26.28 (les oiseaux ne sèment pas, ne moissonnent pas ; les lis des champs ne peinent ni ne tissent) et le terme actif ζητεῖν (v.33) opposé au verbe μεριμνᾶν. Celui qui se préoccupe prend soin de quelque chose : il agit ; mais il le fait avec anxiété et dans l'agitation[11]. L'impératif de défense μὴ μεριμνᾶτε est au présent. Le sens devrait être : Cessez (arrêtez une action) de vous préoccuper au sujet du manger, (du boire) et du vêtement.

La ψυχή dont parle le v.25 correspond à l'hébreu נפש, c'est-à-dire la « vie », la force vitale qui a besoin de nourriture pour se maintenir (Gn 2,7 ; Ps 104,29-30). Le σῶμα est le corps animé,

---

[8] Cf. R. BULTMANN, « μεριμνάω » TWNT IV, 593-598 ; BORNHÄUSER, Bergpredigt, 150 ; J. JEREMIAS, The Parables of Jesus (London 1955) 214.
[9] Voir aussi Lc 12,22 ; Mc 13,11. On trouve aussi des questions introduites par πῶς (1 Co 7,32.33.34) ou πῶς ἢ τί (Mt 10,19 ; Lc 12,11).
[10] DUPONT, Béatitudes, III, 279.
[11] Cf. GUELICH, Sermon, 336 ; LUZ, Matteo, I, 540

qui a besoin de vêtement[12]. Pour motiver l'application de l'impératif μὴ μεριμνᾶτε, Matthieu recourt à une question rhétorique qui lui permet d'établir la supériorité (πλεῖον) de la ψυχή sur le manger, et celle du σῶμα sur le vêtement. Cette question rhétorique s'harmonise pourtant difficilement avec le contexte. Elle sous-entend l'idée que le fait de se préoccuper pour le manger et le vêtement n'est que la conséquence de la préoccupation pour la vie et pour le corps qui sont certainement très importants[13]. Il y aurait ainsi une préoccupation *légitime* pour la ψυχή et le σῶμα, et une préoccupation *illégitime* pour le manger et le vêtement. Cette ambiguïté est due au fait que le texte ne précise pas en quoi consiste ce πλεῖον. Il faudrait peut-être l'interpréter sur la ligne du courant sapientiel, comme le suggère par exemple Si 30,23-31,2. Ce texte formule une mise en garde contre une préoccupation excessive, car la μέριμνα ne peut que ruiner la vie de l'homme[14].

Dans ce même ordre d'idées se trouve aussi la question formulée au v.27. Mt 6,27 contient une argumentation de type sapientiel[15]. En effet, les soucis que l'homme se fait ne sont que sans espoir. À dire le vrai, même en se préoccupant, l'homme ne dispose pas de sa vie. Il lui est impossible de changer tant soi peu son « ἡλικία ». La compréhension de ce terme oscille entre les deux sens : « âge », ou bien « stature ». D'habitude, c'est le premier sens qui est adopté, parce que prolonger les années de sa propre vie est le désir de tout homme. Ce désir peut devenir l'objet des préoccupations pour plus d'un. Mais, dans un sens comme dans l'autre,

---

[12] La ψυχή et le σῶμα ne sont donc pas utilisés ici dans la perspective de la dichotomie grecque entre l'âme et le corps, mais à partir de l'anthropologie biblique. Celle-ci considère l'homme comme une unité corporelle et spirituelle. Cf. G. DAUTZENBERG, *Sein Leben bewahren. Psychê in den Herrenworte der Evangelien* (München 1966) 13-48, 92-97.

[13] C'est pour cette raison que LUZ considère cet argument comme un « ajout secondaire » (« sekundärer Zusatz »). LUZ, *Matteo*, I, 540. Voir aussi J. J. BARTOLOMÉ, « Los pájaros y los lirios. Una aproximación a la cuestión ecológica desde Mt 6,25-34 », *EstBib* 49 (1991) 176.

[14] Sur l'interprétation sapientielle de ce v.25, voir aussi GNILKA, *Matteo*, I, 368 ; LUZ, *Matteo*, I, 541 ; SAND, *Matteo*, I, 200 ; ZELLER, *Mahnsprüche*, 88.

[15] Cf. BULTMANN, *Tradition synoptique*, 135.

la perspective du logion est plutôt pessimiste. Personne ne peut changer ce que Dieu a établi pour lui. La conséquence non dite de cette constatation amère qu'on relève du contexte est que la seule façon raisonnable de s'occuper de sa vie est de mettre sa confiance en Dieu, car la vie est un don du Créateur. Elle ne peut donc être reçue que comme un don gratuit du Créateur (cf. vv.26.28-30).

En définitive, ce qui compte devant Dieu, ce n'est pas l'activité frénétique de l'homme que le texte souligne si bien à travers la succession précise des verbes *semer, moissonner, amasser*. Ce qui compte est plutôt le fait que c'est Dieu qui maintient en vie cette existence par ses dons. C'est pour cette raison qu'en Mt 6,25-34, l'impératif μὴ μεριμνᾶτε demandant aux disciples de cesser de se préoccuper pour le manger et le vêtement signifie qu'une telle inquiétude et l'anxiété qui s'ensuit caractérisent l'attitude de qui cherche à s'assurer la sécurité de sa vie par ses propres efforts, sans tenir compte de ce que le Père est disposé à faire, ou de ce qu'il fait présentement pour ceux pour qui il est Père. Cette compréhension du v.25 en un sens théologique anticipe en quelque sorte ce qui sera dit aux vv.26.28[16]. On comprend dès lors que si l'on doit éviter la préoccupation, ce n'est pas parce que c'est un fardeau pour l'homme, ou parce qu'elle ôte toute joie à l'homme. C'est plutôt parce qu'elle usurpe le poste qui revient à Dieu. En Mt 6,25-34, la μέριμνα est un ennemi de la foi au Père, d'où l'interpellation des disciples au v.30 comme « hommes de peu de foi »[17].

2.1.2. L'agir de DP dans les deux exemples de Mt 6,26.28-30

Mt 6,26.28-30 est construit sur le contraste entre l'incapacité des oiseaux et des lis à subvenir à leurs besoins essentiels et la sollicitude de Dieu à l'égard de ces créatures. Au v.26, ce contraste apparaît dans la façon dont la liste détaillée et précise des « non actions » des oiseaux (οὐ σπείρουσιν οὐδὲ θερίζουσιν οὐδὲ συνάγουσιν)

---

[16] Cf. Augustin, *Sermon*, II. 15 ; Davies – Allison, *Matthew*, I, 468 ; Fabris, *Matteo*, 182 ; Guelich, *Sermon*, 337 ; Schmid, *Matteo*, 191 ; Schniewind, *Matteo*, 166 ; W. Trilling, *Vangelo secondo Matteo* (Roma ²1969) 127.

[17] Sur la caractérisation des disciples en Mt 6,30 comme hommes de « peu de foi », cf. M. Cairoli, *La "poca fede" nel vangelo di Matteo: uno studio esegetico-teologico* (Roma 2005).

tranche avec la concision littéraire de l'unique action de Dieu en leur faveur : καὶ ὁ πατὴρ ὑμῶν ὁ οὐράνιος τρέφει αὐτά. Ces deux propositions sont unies par un καί adversatif (« et pourtant »)[18]. Jésus ne dit pas comment DP nourrit les oiseaux. Mais il en parle comme une vérité établie. En effet, le verbe τρέφει est à l'indicatif présent. Matthieu reprend ici un topique bien connu de l'AT[19]. Ce topique repose sur un optimisme sans nul doute excessif. En effet, malgré tout, il y a quand même des oiseaux qui meurent de faim. Toutefois, ce qui intéresse Jésus ici, ce n'est pas tant le dynamisme de la création. C'est plutôt l'agir provident de Dieu envers la création issue de ses mains.

Dans la seconde illustration, le texte parle de « τὰ κρίνα τοῦ ἀγροῦ » (seulement τὰ κρίνα en Lc 12,27)[20]. On peut comprendre le terme κρίνον dans le sens générique de « fleur » (et pas nécessairement de « fleur de jardin »). Comme le v.30 le précise, il pourrait s'agir tout simplement de l'herbe qu'on utilisait pour le chauffage. Dans ce second exemple, plus développé que le premier, la séquence des verbes au v.28 fait ressortir en forme de contraste comment une insistance active (πῶς αὐξάνουσιν) est expliquée négativement : οὐ κοπιῶσιν οὐδὲ νήθουσιν. Ce contraste met en exergue la valeur du don de Dieu que les fleurs des champs expérimentent au-delà de tout effort. Dieu leur assure une telle beauté qui dépasse même la gloire légendaire de Salomon[21]. L'idée que Dieu habille l'herbe des champs est plutôt rare dans la Bible (Gn 3,21 ; Ez 16,7-14). Le contraste entre l'inutilité

---

[18] Voir aussi Lc 12,6. Cf. ZERWICK, *Biblical Grammar*, 455 (« et tamen »).

[19] Gn 1,30 ; Ez 29,5 ; Ps 104,12 ; 145,15-19 ; 147,9 ; Jb 38,41 ; PsSal 5,9-10. Cette vision optimiste de la nature est présente aussi dans les textes stoïques (cf. SÉNÈQUE, *De remediis fortuitorum*, 10) et rabbiniques (cf. Qidd. 4,14). Cf. STRACK–BILLERBECK, I, 437.

[20] Les expressions « oiseaux du ciel » (v.26) et « herbe des champs » sont traditionnelles. On rencontre plus de quarante occurrences de τὰ πετεινὰ τοῦ οὐρανοῦ dans la LXX. Pour χόρτος τοῦ ἀγροῦ, cf. 2 R 19,26 (LXX) ; Jr 12,4.

[21] Sur la gloire de Salomon, cf. 1 R,313 (= 2Ch 1,12) : « une richesse et une gloire (καὶ πλοῦτον καὶ δόξαν) comme à personne parmi les rois » ; 10,23 (= 2 Ch 9,22). Cf. W. CARTER, « Solomon in All His Glory: Intertextuality and Matthew 6,29 », *JSNT* 65 (1997) 3-25.

de ces fleurs destinées au feu[22] et leur beauté exceptionnelle (« plus que Salomon » : vv. 28-29) sert à exalter l'agir de Dieu. Il y a donc là un vrai gaspillage de la prodigalité divine. Dieu assure une telle beauté aux herbes qui ne durent que l'espace d'un matin, et finissent de surcroît au feu ! Apprendre des lis des champs, c'est « reconnaître » dans cette beauté « inutile » le signe de l'excès de la générosité de Dieu. Cela rend plus que crédible l'agir de Dieu qui se soucie gratuitement de l'inutile et du superflu.

Les oiseaux du ciel et les lis des champs ne sont pas proposés aux disciples comme des exemples à imiter pour leurs « non actions » parce que le texte opère en réalité une transposition métaphorique. En effet, ces non-actions désignent positivement l'activité de l'homme (semer, moissonner, rassembler dans des greniers) et de la femme (filer ; tisser). Ces activités humaines par lesquelles on produit le manger et le vêtement ne sont donc pas mises en cause en Mt 6,25-34. Les oiseaux et les lis sont plutôt deux « témoins » de l'excès de providence du Créateur. Les exemples donnés ont donc une fonction démonstrative et pédagogique. C'est ce que suggèrent les deux impératifs ἐμβλέψατε et καταμάθετε par lesquels Jésus interpelle ses auditeurs au début de chaque illustration (vv.26.28). En Lc 12,24.27, il n'y a qu'un seul impératif pour les deux exemples : κατανοήσατε. Jésus n'exhorte pas seulement les disciples à « regarder avec attention » (verbe composé ἐμβλέπειν) ce que Dieu fait dans la création, mais aussi à « apprendre » (καταμάθετε). Le verbe καταμανθάνειν n'apparaît qu'ici dans le NT. Il appartient au champ sémantique de l'étude et de la perception (μανθάνω). Il indique l'attitude de celui qui est appelé à prêter attention pour apprendre. Dans l'EvMt, cette attitude circonscrit la condition du disciple, c'est-à-dire du μαθητής. Le disciple (μαθητής) est littéralement celui qui « apprend » (cf. le verbe μανθάνειν)[23]. L'emploi du verbe καταμανθάνειν en Mt 6,26-30 suggère que le disciple de Jésus

---

[22] Dans l'AT, l'herbe est parfois utilisée comme une image pour indiquer la brièveté et la fragilité de la vie humaine. Cf. Is 40,6-7 ; Jb 8,12 ; 14,1-2 ; Ps 37,1-2 ; 90,5-6 ; 102,11 ; 103,15-16.

[23] Cf. BORNKAMM, Gesù di Nazareth, 115-116; SAND, Matteo, I, 201.

apprend quelque chose sur l'agir de Dieu non seulement à travers l'enseignement de Jésus, mais aussi en « observant » la création, parce que celle-ci est œuvre de Dieu.

L'évocation de ces actions divines a donc une fonction essentiellement didactique. Par le biais de l'argument a fortiori développé aux vv.26.30 (οὐχ ὑμεῖς μᾶλλον ; οὐ πολλῷ μᾶλλον ὑμᾶς), le rappel de ces activités divines prépare non seulement l'énoncé sur le soin que Dieu réserve aux créatures de loin supérieures aux oiseaux du ciel et aux lis des champs (c'est-à-dire les hommes – disciples), mais aussi l'affirmation du v.33b, notamment le fait que Dieu ajoutera toutes ces choses (le manger, le boire, le vêtement) aux disciples. La finalité de toute l'argumentation est donc la comparaison : Si Dieu prend soin des oiseaux et des fleurs des champs, combien plus s'occupera-t-il de « vous ».

2.1.3. L'argument a fortiori des vv.26.30 et la prééminence des disciples

L'argument a fortiori est placé en conclusion de chacune des deux illustrations (vv.26d.30b). La relation entre Dieu et les disciples est diverse de celle entre Dieu et le reste de la création (ici représentée par les oiseaux et les lis). Au v.26d, le pronom ὑμεῖς de l'adresse aux destinataires du discours est placé au début de la phrase (répété dans le verbe διαφέρετε, à la deuxième personne du pluriel). La grandeur qui revient à la personne humaine par rapport aux autres créatures est une affirmation centrale de toute la Bible. Elle se comprend du reste aisément. Seul l'homme a été créé à l'image et à la ressemblance de Dieu (Gn 1-2)[24]. C'est ce que Ps 8, 6-7 chante en particulier : « Tu en as presque fait un dieu : tu le couronnes de gloire et d'éclat ; tu le fais régner sur les œuvres de tes mains ; tu as tout mis sous ses pieds ». La gloire et l'honneur appartiennent normalement à qui exerce le pouvoir royal. Ces prérogatives royales sont maintenant attribuées à l'homme ! Malgré sa faiblesse, l'homme a une position spéciale

---

[24] En mQidd 4,14, la dignité et le prestige de l'homme dans la création sont motivés par le fait que l'homme est destiné au service de Dieu.

dans la création. C'est une position qui le rapproche de Dieu à qui appartiennent la gloire et l'honneur (Ps 29,1 ; 104,1).

Dans l'EvMt, outre Mt 6,26.30, c'est aussi en Mt 10,31 ; 12,12 que Jésus parle de cette dignité supérieure de l'homme par rapport au reste de la création. Dans ces textes matthéens, excepté Mt 6,30, Jésus utilise le verbe διαφέρειν + génitif, dans le sens (intransitif) de : « se distinguer de » ; « être supérieur à », « l'emporter sur »[25]. Mt 6,26-30 et Mt 10,29-31 présentent du reste bien des ressemblances formelles. Jésus en appelle à l'agir de Dieu en faveur des oiseaux (Mt 6,26 : τὰ πετεινά ; 10,29 : στρουθία) pour « appuyer » l'application d'un impératif qu'il adresse aux disciples. Ainsi en Mt 6,25 : μὴ μεριμνᾶτε; Mt 10,28.31: μὴ φοβεῖσθε. Dans les deux textes, l'agir de Dieu est appliqué favorablement à la situation des disciples par le biais d'un argument a fortiori. Selon Mt 10,29-30, si quelque chose de valeur minime comme la mort d'un passereau n'advient pas sans la disposition du Père (ἄνευ τοῦ πατρὸς ὑμῶν), combien plus la vie et la mort des messagers du Règne, qui valent plus que les passereaux (πολλῶν στρουθίων διαφέρετε ὑμεῖς), sont-elles entre les mains de Dieu. Enfin, dans les deux textes, le Dieu qui prend soin des oiseaux est mis en relation avec les disciples : Il est désigné comme « leur » Père. La référence à Dieu comme le Père des disciples en Mt 10,29 (cf. Mt 10,20) met en évidence le contexte dans lequel les disciples expérimentent la présence de Dieu comme Père. C'est en situation de danger et de difficultés que Dieu se montre et agit comme le Père des disciples. Si Dieu est Père, c'est qu'il n'est en rien indifférent au martyre de ceux qui sont envoyés en mission par son Fils Jésus.

Tous ces textes matthéens qui exaltent la prééminence de l'homme dans la création servent à justifier l'intervention salvifique de Dieu (ou de Jésus en Mt 12,12) en faveur de l'homme. En Mt 6,26-30, la finalité est de mettre en exergue l'intervention de Dieu en faveur des disciples pour qui il est Père. C'est donc pour cette raison que l'inquiétude pour les nécessités quotidiennes de la vie ne reflète pas seulement un problème éthique.

---

[25] Cf. A. BAILLY, *Dictionnaire grec français* (Paris 1950) 496.

Elle dénote surtout une « petite foi » (v.30). La « petite foi » ne consiste pas en une connaissance déficitaire du contenu de la foi. Elle est plutôt un manque de confiance en Dieu reconnu comme Père[26]. En qualifiant les disciples de « ὀλιγόπιστοι », Jésus leur montre que ce qui est réellement en jeu ici, c'est leur relation avec leur Père céleste. Jésus voudrait faire passer les disciples de la « petite foi » à la confiance en un Père qui prend soin d'eux. La confiance tend en effet à libérer le cœur d'une inquiétude peu compatible avec une foi vécue à l'égard du Père céleste, car en définitive, la générosité du Père n'est en aucune façon conditionnée par la « petite foi » des disciples.

2.1.4. « ὁ πατὴρ ὑμῶν ὁ οὐράνιος » (v.26) : signification et fonction

Mt 6,25-34 a souvent été considéré depuis l'antiquité comme un *locus classicus* de la notion de la « providence » divine[27]. Bien des textes de l'AT en parlent, en particulier dans la littérature sapientielle (Sg 6,7 ; 14,3 ; 17,2 ; etc.). Dieu intervient dans la création, dans l'histoire du peuple élu et même dans la vie des individus. Cette intervention divine est présentée comme un acte de la providence du Créateur qui continue de soutenir la création

---

[26] Cf. GNILKA, *Matteo*, I, 371.

[27] Voir par exemple la liste des citations des pères dans BETZ, *Sermon*, 464. Le terme grec correspondant à la providence est le substantif πρόνοια (cf. le verbe προνοέω : penser ; pourvoir). Dans la philosophie stoïcienne, on exige la liberté des préoccupations en la motivant par le recours à la Providence qui fournit à chaque créature le nécessaire pour vivre. Mais comme on peut le voir en Épictète, cette liberté vis-à-vis des préoccupations s'explique par la liberté du sage. Celui-ci trouve en lui-même la valeur de sa vie et se rend ainsi indépendant vis-à-vis de son destin externe. Cf. ÉPICTÈTE, *Dissertations*, I, 9, 7-9 ; 16,1-8 ; III, 26.27. Sur le motif purement spéculatif de la providence divine dans la pensée grecque, cf. les indications synthétiques de J. BEHM, « προνοέω, πρόνοια », *TWNT* IV, 1004-1011 ; W. RADL, « προνοέω », *EWNT* III, 382-383. Comme le montre MARCHEL (*Abba*, 78-81), la doctrine stoïcienne et celle de l'AT sur la providence divine diffèrent entre elles de façon fondamentale. L'idée de la providence dans l'AT ne connaît pas le déterminisme naturel qui caractérise l'idée stoïcienne de la providence. Au sujet de ces différences, voir aussi P. HEINRICH, *Das Buch der Weisheit* (Münster 1912) 265. Enfin, signalons que dans le vocabulaire du NT, le substantif πρόνοια et le verbe προνοέω ne sont employés qu'en référence à l'agir de l'homme (Ac 24,2 ; Rm 12,17 ; 13,14 ; 2 Co 8,21 ; 1 Tm 5,8).

issue de ses mains[28]. Le soin que selon Mt 6,26.30.32.33b Dieu réserve aux oiseaux, aux lis des champs et aux hommes (disciples) s'inscrit sans nul doute dans la ligne de ce topique vétérotestamentaire. Néanmoins, le texte matthéen combine ce motif avec une dimension éthique bien marquée en Mt 6,33a. Bien plus, en développant ce thème, Mt 6,25-34 ne l'exploite pas tant dans la ligne de la *creatio continua*, mais dans la perspective de la relation entre le « Père » et les disciples. En effet, au v.26, le sujet du verbe τρέφει est « ὁ πατὴρ ὑμῶν ὁ οὐράνιος ». Le parallèle Lc 12,24 a « ὁ θεός », comme en Lc 12,28 où il concorde avec Mt 6,30. Et pourtant, l'objet du verbe en Mt 6,26, c'est le relatif neutre « αὐτά », c'est-à-dire τὰ πετεινά (les oiseaux du ciel). Tout indique que l'emploi de « ὁ πατὴρ ὑμῶν ὁ οὐράνιος » en Mt 6,26 est rédactionnel (cf. οὐράνιος). Difficilement Luc aurait changé « ὁ πατὴρ ὑμῶν » en « ὁ θεός » s'il l'avait dans sa source, ce qu'il ne fait pas en tout cas avec Marc.

Par ailleurs, Mt 6,26 n'est pas l'unique texte de l'EvMt où le titre « votre Père qui est aux cieux » est en relation avec l'agir de Dieu dans la création. C'est la même chose en Mt 5,45 et en Mt 10,29. Ces textes ne parlent pas de Dieu comme « Père » des oiseaux, ou des passereaux, ou des « justes et injustes », en disant « leur Père ». Le texte dit : « *votre* Père ». Le possessif ὑμῶν est important. Il indique le lien d'appartenance réciproque entre les destinataires du discours de Jésus et le Père. Celui qui nourrit les oiseaux est « votre Père ». Mais on peut bien se demander en définitive sur la raison pour laquelle le texte utilise la désignation « ὁ πατὴρ ὑμῶν » au v.26 et « ὁ θεός » au v.30. Qu'en est-il de cette variation ?

Un examen attentif sur l'emploi de ὁ Θεός et πατήρ dans l'EvMt révèle que ces deux désignations répondent à des situations diverses[29]. Dans la traduction grecque des LXX, le nom ὁ Θεός est utilisé comme traduction de l'hébreu *Elohim* ; il s'agit d'un nom à valeur universelle parce qu'il est utilisé en référence au Dieu de la création[30].

---

[28] Pour une brève présentation de ce motif dans l'AT, cf. G. De Virgilio, « Mt 6,19-34 : Provvidenza divina e realismo cristiano », *RivBib* 50 (2002) 3-6.

[29] Cf. l'analyse de Mt 6,9 sur l'invocation à Dieu comme Père dans la prière.

[30] Cf. A. Maggi, *Padre dei poveri*, II, 37.

Comme on l'a montré précédemment, l'emploi matthéen de ὁ Θεός est diversifié ; il dépend d'une variété des contextes (auditeurs, destinataires ; etc.). Matthieu y voit une allusion à l'action universelle de Dieu en tant que tel. Le terme πατήρ est par contre un terme réservé. Il s'applique d'abord aux relations uniques de Jésus avec « son Père », ensuite aux relations du Père avec les disciples, ou plus précisément avec ceux qui ont rencontré et accepté le Royaume prêché par Jésus, en l'occurrence le message contenu dans la désignation de Dieu comme Père[31]. L'idée d'une paternité universelle de Dieu dans le sens de Dieu « père de l'univers » est étrangère à ces textes matthéens[32]. Bien plus, même dans les textes de l'AT qui parlent de l'activité « créatrice » de Dieu en rapport avec la figure de Dieu comme Père, cette désignation de Dieu est toujours mise en rapport avec la « création » d'Israël comme peuple appartenant à Dieu à partir de l'expérience de l'exode. Ainsi, lorsqu'en Dt 32,6c ; Is 45,12 ; 64,7 ; Ml 2,10 ; etc., on parle de Dieu comme Père du peuple qu'il a « créé », on indique par-là que la connexion entre « Dieu » et « père » est fondée sur l'élection, sur la stipulation de l'alliance et sur la promesse de salut faite à Israël[33].

En définitive, en utilisant « ὁ θεός » en Mt 6,30 (cf. Lc 12,24.28) plutôt que « ὁ πατὴρ ὑμῶν », Matthieu veut tout simplement indiquer par là le Dieu qui dans l'ordre de la création, est capable de pourvoir aux besoins de toutes ses créatures. En utilisant « ὁ πατὴρ ὑμῶν » lorsqu'il parle au v.26 de la préoccupation de Dieu à l'égard des oiseaux, Matthieu avait sans doute devant les yeux l'attitude (l'agir) de Dieu à l'égard des disciples

---

[31] Cf. H. CONZELMANN, *Théologie du Nouveau Testament* (Paris – Genève 1969) 119 ; JEREMIAS, *Abba*, 47 ; SCHRENK, « πατήρ », 991.

[32] Contrairement à ce que soutient par exemple E. MANICARDI, Matthieu ne parle pas ici d'une paternité divine à partir de l'ordre de la création. E. MANICARDI, « Dio Padre nella prospettiva del vangelo secondo Matteo », *Lateranum* 66 (2000) 93, 95. Il est vrai que Matthieu utilise ici du matériel sapientiel. Mais sa perspective est sans nul doute « *heilsgeschichtlich* ». Voir à ce sujet les conclusions de SCHRUERS, « Paternité », 617-618. Cf. H. MERKLEIN, *La signoria di Dio nell'annuncio di Gesù* (Brescia 1994) 105.

[33] Cf. NISKANEN, « YHWH as Father », 403-404 ; SCHRENK, « πατήρ », 951,959 ; SCHRUERS, « Paternité », 617-618 ; ZELLER, « God as Father », 118.

pour qui ce Dieu est Père. Le terme ὁ πατὴρ ὑμῶν rappelle donc le devoir et l'amour paternels de Dieu. Dans l'EvMt, Jésus n'aligne donc pas ces logia sapientiaux à côté des affirmations sur le Règne, mais il les intègre dans la prospective eschatologique, en recourant notamment aux conclusions *a minore ad maius* (Mt 6,26.30 ; 10,31)[34]. Ainsi, si Dieu prend soin de ses créatures, à plus forte raison prendra-t-il soin de « vous » pour qui il est Père[35].

2.2. Mt 6,32b : Le savoir du Père et l'impératif « ne vous préoccupez pas »

Si Jésus demande aux disciples de ne pas s'inquiéter du manger et du vêtement, c'est parce qu'une telle exhortation se fonde (cf. le second γάρ) sur le rôle de Dieu comme Père qu'il leur révèle : « *car* (γάρ) votre Père céleste sait que vous avez besoin de tout cela ». Dans le DM, la présentation de DP comme celui qui connaît (οἶδεν) les besoins des disciples apparaît en Mt 6,8 et 6,32. Dans ces deux textes, Matthieu oppose deux typologies comportementales différentes en référence à l'agir des païens (οἱ ἐθνικοί et τὰ ἔθνη) et des disciples. Matthieu utilise pour cela la technique de la *synkrisis*[36]. Cette technique est bien présente dans le DM. En effet, Matthieu définit la « justice supérieure » demandée aux disciples, non seulement en opposition à la conduite des scribes et des pharisiens (5,20), des publicains (5,46) et des hypocrites (6,1-18), mais aussi des « païens » qu'il présente comme des « anti-modèles » des disciples (Mt 5,47 ; 6,7-8 ; 6,32).

L'accent polémique du v.32 porte sur le verbe ἐπιζητεῖν (ἐπιζητοῦσιν) qui caractérise l'agir des païens dans leur relation avec ces biens pour lesquels les disciples ne doivent pas se préoc-

---

[34] Cf. MERKLEIN, *La signoria di Dio*, 105 ; LUZ, *Matteo*, I, 544 : le matériel linguistique sapientiel que Jésus utilise lui sert en réalité pour annoncer le Règne de Dieu.

[35] Cf. GRUNDMANN, *Matthäus*, 216.

[36] La technique rhétorique de la synkrisis consiste à comparer systématiquement des personnages (ou groupe des personnes), des actions ou des événements en montrant non seulement leurs points communs, mais aussi leurs différences, ou encore la supériorité de l'un sur l'autre. Cf. J.-N. ALETTI, M. GILBERT, J.-L. SKA, S. DE VULPILLIÈRES, *Vocabulaire raisonné de l'exégèse biblique. Les mots, les approches, les auteurs* (Paris 2005) 85.

cuper. Dans le NT, le verbe composé ἐπιζητεῖν a presque le même sens que le verbe simple ζητεῖν avec lequel il est parfois interchangeable (Mt 12,39 : σημεῖον ἐπιζητεῖ ; par. Mc 8,11 : ζητοῦντες παρ' αὐτοῦ σημεῖον ; Lc 11,29 : σημεῖον ζητεῖ)[37]. Ce verbe ἐπιζητεῖν a toutefois une acception péjorative en Mt 12,39 et 16,4 où la recherche des signes est jugée négative, car la « génération mauvaise et adultère » (pharisiens et scribes en 12,38 ; pharisiens et sadducéens en 16,1) qui demande les signes ne croit pas en Jésus. En outre, dans le verbe composé ἐπιζητεῖν, la préposition ἐπί peut avoir une nuance intensive dans un sens qui renforce, intensifie la quête (ou dans le sens de l'addition : *chercher en outre*). Cette préposition peut indiquer aussi la direction, en orientant particulièrement l'attention vers un objet particulier. Tous ces éléments linguistiques éclairent le sens du verbe ἐπιζητεῖν en Mt 6,32. En faisant de ces biens élémentaires (le manger, le boire, le vêtement) l'objet de leur quête incessante, les païens les absolutisent ; ils n'entrevoient aucun autre horizon en dehors de ces biens. Jésus juge négativement cette quête des païens. En effet, une telle recherche laisse entrevoir l'image d'un homme qui s'appuie sur ses propres forces, tant il est convaincu que tout ne dépend que de lui, de ses propres forces, sans pourtant prendre en considération, ou se rendre compte de ce que Dieu fait pour lui. Une telle typologie comportementale ne manifeste pas tant un manque générique de confiance en Dieu, mais il s'agit d'un manque de confiance qui s'accompagne du non accueil de Dieu comme il est révélé par Jésus, c'est-à-dire comme le Père[38].

Matthieu ne confronte pas les païens avec les disciples seulement sur ce plan pragmatique (ἐπιζητεῖν). Les païens sont aussi « opposés » aux disciples sur le plan cognitif, c'est-à-dire en référence à la connaissance du Dieu révélé par Jésus. Le païen est en Mt 5-7 l'antitype du disciple à cause de sa vision différente de Dieu. En effet, les trois textes du DM qui confrontent l'agir des païens avec celui des disciples se trouvent en un contexte où Jésus

---

[37] Cf. H. GREEVEN, « ἐπιζητέω », *TWNT* II, 895-896.
[38] Cf. BONNARD, *Matthieu*, 95.

parle de Dieu comme Père : Mt 5,43-47 : votre Père parfait ; Mt 6,8.32 : votre Père sait. Mais cette démarcation des disciples d'avec les païens ne concerne pas le comportement du Père comme si sa sollicitude n'était réservée qu'aux seuls disciples. DP aime tous les hommes (Mt 5,45). La différence porte plutôt sur le fait que les disciples savent ce que les païens ne savent pas. La confrontation entre les païens et les disciples a donc pour but de souligner que l'on attend plus de ceux qui connaissent Dieu comme le Père révélé par Jésus. Les disciples ne doivent pas agir comme le reste des hommes qui se préoccupent pour le manger et pour le vêtement. Les disciples agissent ainsi parce qu'ils connaissent le Dieu que Jésus leur révèle comme leur Père.

En Mt 6,8 et 6,32, tout se mesure donc dans l'horizon de la paternité de Dieu révélée aux disciples. Mais non pas une divinité indéfinie, mais « votre » Père ; non pas un Dieu lointain et absent de la vie de ces hommes, mais un Dieu qui, parce que Père, « sait » ce dont on a besoin. Dans ces deux textes, le verbe οἶδεν est mis en exergue, car il est placé au début de la proposition explicative (οἶδεν γὰρ ὁ πατὴρ ὑμῶν ὁ οὐράνιος ὅτι...). Diversement dans le texte parallèle de Lc 12,30 qui a par contre : « ὑμῶν δὲ ὁ πατὴρ οἶδεν ὅτι χρῄζετε τούτων ». En outre, en Mt 6,32, Jésus parle de ce savoir du Père par une généralisation intentionnellement accentuée par le biais de la triple reprise de πάντα ταῦτα aux vv. 32-33. Cette reprise montre d'abord que le problème de « toutes ces choses » intéresse tout homme. Tout dépend néanmoins de la façon dont on doit se comporter vis-à-vis de « toutes ces choses », soit comme un païen, soit comme celui qui a confiance au Père. Cette triple reprise suggère ensuite que le Père connaît « tous » les besoins des disciples. Il est attentif à *tout* ce qui leur permet de mener une existence humaine digne de ce nom. Le Père sait qu'ils en « ont besoin » (χρῄζετε) pour vivre. Il ne s'agit donc pas des biens accessoires. Ainsi, celui qui se préoccupe jusqu'à devenir anxieux pour ces biens matériels montre par là qu'il ignore la réalité de Dieu révélé par Jésus comme un Père qui sait ce dont on a besoin. En Mt 6,25-34, une telle attitude est caractéristique des païens, c'est-à-dire de ceux qui ne connaissent pas le Dieu révélé par Jésus Christ[39]. Aussi, dans le DM, Jésus révèle à ses disciples non seulement un Dieu qui prend soin de toutes ses créatures, mais aussi et surtout un Dieu qui, parce que Père des disciples, est attentif à tous leurs besoins de subsistance matérielle, et donc en mesure de les satisfaire. Dans cette perspective, ce que l'on attend des disciples est d'accueillir le don de cette relation avec le Père, c'est-à-dire de vivre comme des fils conscients du fait que leur Père prend à cœur leur destin plus qu'eux-mêmes ne le feraient. La certitude que Jésus, le Fils qui connaît et qui révèle le Père, proclame dans le DM sur le fait que DP connaît les besoins de ses disciples, doit pousser ces derniers à l'action, d'où l'impératif ζητεῖτε qui caractérise l'agir des disciples (Mt 6,33).

2.3. Mt 6,33 : Le primat du Père et la promesse des dons du Père

Le génitif τοῦ θεοῦ déterminant τὴν βασιλείαν dans l'expression τὴν βασιλείαν τοῦ θεοῦ n'est attesté que dans quelques manuscrits[40]. Il n'est pas présent dans d'autres manuscrits qui n'ont que la leçon brève (sans le génitif τοῦ θεοῦ)[41]. Il y a donc ici une incertitude textuelle qu'il faut élucider. Dans l'EvMt, l'expression βασιλεία τοῦ θεοῦ ne se trouve qu'en 12,28 ; 21,31.43. Matthieu parle normalement de la « βασιλεία τῶν οὐρανῶν » (32 occurrences). En Mt 6,33, le génitif τοῦ θεοῦ pourrait alors être une insertion secondaire qui chercherait à « normaliser » un texte dont la construction grammaticale apparaît peu régulière. Mt 6,33 a en effet deux substantifs à l'état construit (τὴν βασιλείαν καὶ τὴν δικαιοσύνην) dépendant d'un seul génitif (αὐτοῦ). On préfère pour cela la leçon brève : ζητεῖτε δὲ πρῶτον τὴν βασιλείαν καὶ τὴν δικαιοσύνην αὐτοῦ (v.33a)[42]. En ce cas, l'antécédent grammatical du possessif αὐτοῦ déterminant les deux objets de l'impératif est

---

[39] Sur cette présentation des païens, voir Ps 79,6 ; Rm 1,18 ; Ep 4,17-18 ; 1 Th 4,5 ; 2 Th 1,8. Cf. D. E. GARLAND, *Reading Matthew: A Literary and Theological Commentary on the First Gospel* (New York 1993) 79 ; SCHNIEWIND, *Matteo*, 169.

[40] La leçon « τὴν βασιλείαν τοῦ θεοῦ » se trouve en p⁴⁵ A D W Q 33. 1006 etc.

[41] Cf. ℵ et B. Ce dernier manuscrit a τὴν δικαιοσύνην avant τὴν βασιλείαν.

[42] C'est naturellement avec prudence que nous optons pour la leçon brève. En effet, Matthieu n'utilise le terme βασιλεία sans détermination que six fois. En ce cas,

« ὁ πατὴρ ὑμῶν ὁ οὐράνιος » (v.32) : Le Règne et la justice qu'il faut chercher appartiennent au Père. L'attribution du Règne au Père n'a du reste rien de surprenant[43]. La manière dont Dieu est désigné ici comme Père est liée, non pas à l'idée que l'on se fait de son Règne, car le Règne du Père signifie exactement la même chose que « Règne de Dieu/des cieux ». Cela est lié plutôt à l'aspect sous lequel on considère Dieu dans le contexte, c'est-à-dire comme un Père plein de sollicitude pour les disciples (Mt 6,26-32)[44].

2.3.1. L'impératif de Mt 6,33a : DP, finalité de l'agir des disciples

Sur le plan littéraire, Mt 6,33 est relié aux versets précédents par la particule δέ qui a une valeur adversative (« au contraire »). Le v.33 est le pendant positif des impératifs négatifs (v.25 : μὴ μεριμνᾶτε ; v.31.34 : μὴ μεριμνήσητε). L'anxiété disparaîtra dans la mesure où il y aura une recherche du Règne du Père et de sa justice (v.33a). Le sens qu'il faut donner à l'impératif ζητεῖτε est défini par les deux compléments qui l'accompagnent : τὴν βασιλείαν et τὴν δικαιοσύνην αὐτοῦ. L'expression « chercher le Règne de Dieu (Père) » n'est attestée ni dans l'AT ni dans la tradition judaïque. On la trouve seulement ici en Mt 6,33 (et par. Lc 12,31). Cela suffit pour comprendre la raison pour laquelle cette expression a été diversement interprétée dans l'histoire de l'exégèse[45]. Pour comprendre correctement cet impératif, il faut

---

βασιλεία est toujours au génitif (Mt 4,23 ; 8,12 ; 9,35 ; 13,19.38 ; 24,14). Du reste, les éditeurs du *Textual Commentary on the Greek New Testament* observent la même prudence, car ils mettent « τοῦ θεοῦ » entre crochet, et dans leur échelle de valeur, ils donnent la note « C » aux variantes qui ont τοῦ θεοῦ après τὴν βασιλείαν.

[43] Voir notre analyse de Mt 6,10.
[44] Cf. DUPONT, *Béatitudes*, III, 283-284.
[45] Pour une vue globale des différentes interprétations de ce verset, on peut se référer à DAVIES – ALLISON, *Matthew*, I, 660-661. Il relève quatre interprétations possibles de ce verset.

1) La βασιλεία est une réalité future dont la venue imminente détermine le rapport des disciples vis-à-vis des biens matériels. Dans l'impératif de Mt 6,33a, Jésus donne les indications pour entrer dans ce royaume futur.

d'abord préciser le sens de la βασιλεία dans ce verset et dans le contexte matthéen. La βασιλεία n'est rien d'autre que la réalité de Dieu qui est révélé en Jésus comme le Seigneur riche en grâce et qui a accueilli les hommes dans sa communion de vie. S'il en est ainsi, la recherche du Règne ne peut donc concerner que Dieu lui-même, précisément le Père que Jésus révèle et rend proche des hommes. C'est donc ce Père que Jésus présente ici comme la finalité ultime des aspirations de l'homme, en particulier des hommes qui sont en train de l'écouter et à qui il fait don de cette relation en indiquant ce Dieu comme leur Père.

Cet impératif traduit le primat que les disciples doivent accorder à leur Père en le reconnaissant comme cette « réalité » sans laquelle rien de bon ne peut exister pour eux. Par cet impératif, Jésus indique à ses disciples ce qui doit dominer leurs désirs, remplir leurs cœurs, déterminer le critère de leur agir et exiger leur service : le Règne de leur Père et sa justice. Cet impératif traduit l'engagement qui doit caractériser l'agir du disciple pour faire régner le Père dans sa propre vie, en reconnaissant son autorité et en même temps sa bonté paternelle. Comme on le voit, il s'agit d'une recherche qui ne se réfère pas qu'à la consommation eschatologique, c'est-à-dire orientée uniquement à la fin de l'histoire lorsque toutes les puissances du mal seront détruites, quand Dieu régnera en tout et pour tout et qu'il sera finalement reconnu comme Père par tous. Bien au contraire, c'est une recherche qui permet de se rendre compte que ce Règne est déjà présent dans l'histoire humaine à travers l'enseignement et les œuvres de Jésus[46]. On peut donc y participer hic et nunc à travers son engagement personnel. Cet aspect est souligné dans le

---

2) « Chercher le Règne » signifie prier pour demander l'avènement du Règne.

3) « Chercher le Règne » implique un engagement à travers l'œuvre missionnaire.

4) La βασιλεία ne se réfère pas seulement à sa consommation eschatologique ; mais c'est la réalité même de Dieu et de son initiative salvifique en cours de réalisation par Jésus (Mt 12,28). On peut y participer ici et maintenant à travers son engagement personnel.

[46] Cf. BONNARD, *Matthieu*, 95; DAVIES – ALLISON, *Matthew*, I, 660-661; GUELICH, *Sermon*, 342-345; OLSTHROORN, *The Jewish Background*, 73-78.

second membre de cet impératif. Ce second membre est caractéristique du premier évangile ; il ne se trouve pas dans le texte parallèle Lc 12,31.

Le second membre de l'impératif (« cherchez la justice de *Lui* ») est epexégétique du premier (« cherchez le Règne »). La « justice » est le comportement requis aux disciples conformément à la volonté du Père révélée par Jésus (Mt 5,6.10.20 ; 6,1). En ce sens, le génitif αὐτοῦ qui détermine δικαιοσύνη n'est pas un génitif subjectif. On n'indique pas ici l'agir de Dieu qui rend l'homme juste par pure grâce. Il s'agit là d'une vision typiquement paulinienne[47]. Le génitif αὐτοῦ est plutôt un génitif objectif. C'est le comportement juste qui plait au Père, parce que c'est Lui qui l'exige et qui en est la norme (Mt 5,48)[48]. La « justice du Père » correspond ainsi à la « volonté du Père » qu'il faut mettre en pratique (Mt 6,10 ; 7,21). Comme en Mt 6,10, au sujet de la succession de la deuxième et de la troisième demande du NP (Règne du Père – volonté du Père), la juxtaposition de ces deux membres du v.33 montre qu'il n'y a d'authentique recherche du Règne du Père que dans une poursuite dont le but immédiat est la « δικαιοσύνη ».

Cette présentation typiquement matthéenne de la « recherche du Règne du Père » comme « recherche de sa justice » désigne la capacité et l'engagement de réaliser concrètement les exigences qui découlent de la présence du Règne. Ces exigences s'articulent autour de ce centre qu'est l'amour (Mt 7,12), un amour capable de libérer les disciples des autres intérêts[49]. Il n'y a sans doute là aucune fuite de la réalité historique. Bien au contraire, cela permet une vie sereine. Ainsi, à l'initiative du Père qui conduit le Règne à son accomplissement (Mt 6,10a) doit correspondre aussi l'engagement présent du disciple qui l'accueille dans

---

[47] C'est l'opinion défendue par MELLO, *Matthieu*, 145 ; SAND, *Matteo* I, 202 ; SCHNIEWIND, *Matteo*, 170.

[48] Cf. DUPONT, *Béatitudes*, III, 304 ; LAMBRECHT, *Discours*, 161-168 ; SCHMID, *Matteo*, 193 ; TRILLING, *Il vero Israele*, 187 ; J. WEISS, *Die Predigt Jesu vom Reiche Gottes* (Göttingen ²1900), 188-192.

[49] Cf. CAIROLI, *La « poca fede »*, 40-41 ; FABRIS, *Matteo*, 184.

sa vie (Mt 6,33). L'impératif ζητεῖτε en appelle à un dynamisme de la part de l'homme en réponse à l'initiative salvifique divine[50]. Le don du Père qui rejoint l'homme à travers l'œuvre de Jésus d'une part, et la recherche active de l'homme d'autre part ne se contredisent pas, mais ils se rencontrent dialectiquement. C'est bien cela l'enjeu de la relation entre le Père et le disciple.

Enfin, en définissant la recherche du Règne comme un « πρῶτον », indication absente de la version lucanienne, Matthieu établit certes une « priorité ». Mais il ne faut pas comprendre cette priorité dans le sens chronologique qui autoriserait un « ensuite » pour les inquiétudes au sujet du reste (le manger, le boire et le vêtement)[51]. On reconnaît dans l'emploi de cet adverbe la « circonspection pastorale »[52] de Matthieu. Cet adverbe établit d'abord la valeur suprême qu'il faut accorder au Père : non pas plusieurs recherches, mais une seule, non pas deux maîtres, mais un seul (Mt 6,24)[53]. Mais en même temps, cet adverbe inclut la *préoccupation* légitime des besoins fondamentaux de l'existence, à condition naturellement que ce soit sans cette angoisse indigne du disciple et sans cette préoccupation excessive typique du païen. Comme dans la prière du NP, les demandes concernant la venue du Règne et l'accomplissement de la volonté divine précèdent, mais n'excluent pas celle qui s'intéresse ensuite au pain nécessaire à la vie.

---

[50] Cf. H. GREEVEN, « ζητέω », *TWNT* II, 892 ; E. LARSSON, « ζητέω », *EWNT* II, 253-256.

[51] Cf. KLOSTERMANN, *Matthäus*, 64 ; LAMBRECHT, *Discours*, 164-165 ; MIEGGE, *Sermone*, 241 ; SCHMID, *Matteo*, 193 ; WREGE, *Überlieferung*, 122-127.

[52] DUPONT, *Béatitudes*, III, 275-276.

[53] Certains auteurs comprennent cet adverbe dans le sens de « avant tout », à peu près la même chose que « exclusivement », comme dans la version de Luc (πλὴν ζητεῖτε τὴν βασιλείαν αὐτοῦ...). En Mt 6,19-34, Matthieu traiterait seulement et exclusivement du Règne et de la justice, sans porter attention à la préoccupation légitime pour les besoins de l'aujourd'hui. C'est l'opinion de H. RIESENFELD, « Vom Schätzesammeln und Sorgen – ein Thema urchristlicher Paränese. Zu Mt vi 19-24 », *Neotestamentica et Patristica*. (FS O. Cullmann) (éd. A. N. WILDER et al.) (Leiden 1962) 49-50 ; SOIRON, *Bergpredigt*, 393-394.

2.3.2. Mt 6,33b : Le verbe προστεθήσεται et la promesse du Père

Après l'impératif du v.33a, on aurait pu s'attendre à une conclusion du type : « cherchez le Règne et la justice, et méprisez tout le reste… ». Mais en lieu et place d'une telle conclusion, on trouve plutôt une affirmation qui révèle la profonde humanité de l'évangile et qui repousse tout héroïsme naïf. La recherche du Règne est accompagnée (cf. καί *consecutivum* qui unit les deux propositions) de la promesse selon laquelle « toutes ces choses » dont les disciples s'inquiètent leur seront « *ajoutées* » (v.33b)[54]. L'évangile est dominé par cette compassion du Père : « toutes ces choses » (le manger ; le boire ; le vêtement) « vous seront ajoutées ». Le passif προστεθήσεται est en effet un passif divin. En outre, pour décrire l'agir du Père, Matthieu n'utilise pas le verbe διδόναι qu'il avait pourtant employé déjà en Mt 6,11 et qu'il reprendra ensuite en Mt 7,7-11 pour caractériser l'agir de Dieu comme Père. En Mt 6,33b, il utilise plutôt le verbe προστιθέναι. Ce verbe composé (πρός-τίθημι) peut signifier « placer auprès de », ou « placer en outre », d'où le sens de « augmenter », « ajouter », « donner en plus (de ce qu'on a) »[55].

---

[54] On peut comprendre la corrélation entre les deux parties de ce verset (l'impératif et la promesse du don de la part du Père) à la lumière de ce que von RAD a écrit à propos de certains textes du Deutéronome où la concession à Israël d'un bien salvifique de la part de YHWH est exprimée en une forme conditionnelle, et ce comme dépendant de l'obéissance d'Israël : Dt 6,18 ; 7,12 ; 8,1 ; 11,8 ; 16,20 ; 19,8 ; 28,9. Selon Von RAD, ces impératifs qui sont reliés à une finalité (« fais ceci, afin que tu puisses entrer dans la terre promise ») ne diminuent en rien l'offre de la grâce divine dans ce livre. Ils ne présentent pas non plus une voie légaliste au salut. À l'arrière-fond d'une telle corrélation, il y a sans doute la conception biblique de l'alliance, selon laquelle la bénédiction (vie – liberté – félicité) est assurée à ceux qui en observent les clauses. « Même ces propositions qui, en une forme conditionnelle, font dépendre apparemment le salut d'Israël de son agir, ne sont élaborées qu'après l'élection d'Israël de la part de YHWH. Ces propositions expriment une exhortation adressée à Israël pour qu'il puisse accueillir de sa part une réalité qui lui est déjà donnée, pour qu'il puisse s'enraciner dans cette réalité, dans l'obéissance et dans la gratitude. Même ces impératifs sont en réalité précédés de l'indicatif : tu es maintenant le peuple que YHWH a choisi pour lui ». C'est pour éviter qu'en ne suivant pas les prescriptions de YHWH, Israël ne perde le salut que le deutéronomiste met en exergue cet agir que YHWH requiert à Israël. Cf. von RAD, *Teologia dell'Antico Testamento*, I, 265-268.

[55] Cf. W. BAUER, *Wörterbuch*, 726 ; BAILLY, *Dictionnaire*, 1678.

Certains mettent en cause la valeur de la préposition πρός dans ce verbe en faisant valoir que ce verbe composé peut dire exactement la même chose que le verbe simple. Il signifierait alors tout simplement « donner »[56]. Il est vrai que dans le contexte de Mt 6,33, l'idée du don est présente dans ce verbe. Néanmoins, en Mt 6,25-34, le verbe προστιθέναι apparaît deux fois, au v.27 et au v.33. Ce sont du reste les deux seules occurrences de ce verbe dans l'EvMt. En Mt 6,27, ce verbe signifie clairement « ajouter à ce qu'on a ». Le contraste entre les deux versets devient ainsi suggestif. D'un côté, il y a l'homme qui, malgré ses inquiétudes sur le manger, le boire et le vêtement, est incapable « d'ajouter » (προσθεῖναι) ne serait-ce une coudée à sa propre vie. De l'autre, il y a DP qui se penche sur l'homme qui le recherche en mettant en pratique sa volonté. Celui-ci renonce à s'inquiéter de ces biens de première nécessité, car tous ces biens, DP les lui « ajoute ». Il faut donc conserver la forme composée du verbe et expliquer ce par rapport à quoi on doit envisager « l'addition » suggérée par ce verbe[57]. Dans le contexte du DM, l'emploi de ce verbe dans le sens de « ajouter » signifie que ce que DP donne aux disciples ne concerne pas que le don des biens matériels nécessaires à la vie (le manger ; le boire ; le vêtement). Ce que le Père donne concerne aussi la mise en pratique de l'impératif « cherchez le Règne et la justice du Père » (v.33a). Le Père accompagne les disciples lorsqu'ils s'efforcent de mettre en pratique sa volonté. C'est pour cela qu'ils Le prient (Mt 6,10ab). Lorsqu'ils prient le Père pour que son Règne vienne, ils demandent aussi à bon droit l'aide du Père pour qu'ils trouvent le courage de hâter la venue du Règne du Père dans le monde en obéissant à sa volonté. Affirmer que « toutes ces choses seront données en sus », c'est reconnaître ensuite que ces biens matériels ne seront donnés qu'après la recherche du Règne. Le futur προστεθήσεται est gnomique. Par rapport au Règne et à la recherche de la justice du

---

[56] Cf. C. MAURER, « προστίθημι », *TWNT* VIII, 169 ; STRECKER, *Der Weg*, 155.

[57] Sur les diverses interprétations de ce « plus » et ce qu'il qu'implique pour la compréhension du verbe « προστίθημι » en Mt 6,33, cf. DUPONT, *Béatitudes*, III, 297-298 ; GUELICH, *Sermon*, 348 ; 371-373 ; HAGNER, *Matthew 1-13*, 166.

Père, toutes ces choses sont secondaires, non pas dans le sens que les disciples peuvent s'en passer, mais que toutes ces choses acquièrent leur juste valeur lorsqu'elles sont placées dans le contexte d'une recherche correcte et illuminée par la relation avec le Père.

2.4. Mt 6,34 : L'αὔριον des disciples dans les mains de DP

En Mt 6,34, la prohibition μὴ οὖν μεριμνήσητε porte sur l'αὔριον, et non plus sur le manger, le boire et le vêtement dont on a parlé jusque-là dans le texte (vv.25-33)[58]. Le terme αὔριον signifie « demain », ou bien comme *pars pro toto* « le futur » (Gn 30,33 ; Ex 13,14 ; Jos 4,6). La double motivation donnée (cf. γάρ) pour justifier la prohibition (μή + subjonctif aoriste μεριμνήσητε) est d'inspiration sapientielle[59]. Cette motivation est diversement interprétée. Elle pourrait indiquer que le jour suivant se préoccupera de lui-même. En ce cas, ce qui est important pour le disciple est la *juste* préoccupation pour l'aujourd'hui. Ou bien plus probablement, elle pourrait établir le fait que chaque jour a déjà sa propre κακία qui opprime déjà le disciple. Le terme κακία n'a pas ici le sens moral qu'il a ailleurs dans le NT[60]. Il signifie ici « la peine » ; « la souffrance ». La vie présente a déjà sa propre κακία qu'il ne sert à rien d'en ajouter d'autres. Certains comprennent alors en un sens optimiste cette prohibition de ne pas se préoccuper pour le « demain » : Il faut vivre pleinement le présent (« *carpe diem* »)[61]. Mais en considérant la finale du verset, cette préoccupation apparaît plutôt de ton pessimiste. C'est déjà trop pour l'homme porter le poids du jour. Il est donc inutile d'en ajouter d'autres pour le futur[62]. De

---

[58] On trouve aussi des exhortations analogues dans la littérature rabbinique, égyptienne, arabe, turque. Cf. BULTMANN, *Tradition synoptique*, 139 ; DAVIES – ALLISON, *Matthew*, I, 662-663.

[59] Voir par exemple Qo 2,23 ; Si 11,10-11 ; 40,1.

[60] Ac 8,22 ; Rm 1,29 ; 1 Co 5,8 ; 14,20 ; Ep 4,31 ; Col 3,8 ; Tt 3,3 ; Jc 1,21 ; 1 P 2,1.16.

[61] Cf. J. WESLEY, *Sammlung auserlesener Predigten* (Bremen – Zürich s.d.), II, 96.

[62] Voir par exemple b.San 100b ; b.Yev 63 ; Jc 4,13-14. Cf. GNILKA, *Matteo*, I, 373; LUZ, *Matteo*, I, 546.

toutes les façons, ce que le texte condamne, ce n'est pas le fait de « prévoir », mais le fait d'être anxieux d'avance.

Pour éluder toutes ces apories interprétatives, il convient de lire Mt 6,34 à la suite de l'annonce sur le Règne au v.33. En ce cas, cette préoccupation pour le futur ne pourrait être que la marque d'un manque de confiance en Dieu Père, c'est-à-dire comme la conséquence d'une attitude existentielle qui veut tout planifier et tout contrôler. On reste donc sur la ligne du reproche fait aux disciples au v.30 comme gens de petite foi[63]. Seule la foi en Dieu qui est Père et la recherche de son Règne peuvent libérer l'homme de l'inquiétude pour le demain. En faveur de cette interprétation, on peut rapprocher cette catégorie temporelle du « demain » avec celle de « l'aujourd'hui » (σήμερον) de la demande pain dans le NP : « notre pain... donne-nous *aujourd'hui* » (Mt 6,11)[64]. En effet, le fait que le Père est celui qui donne aujourd'hui le pain est pour les disciples qui Le prient une garantie d'un lendemain à vivre sans inquiétudes. Leur « demain » est en effet entre les mains de leur Père[65]. Comme en Mt 6,25b.27, Matthieu met au service de la proclamation du Règne le matériel linguistique sapientiel à sa disposition[66]. Le demain des disciples n'est pas une existence incertaine qu'ils doivent s'assurer tout seuls, par leurs propres forces, jusqu'à s'en inquiéter. Le disciple doit cesser de compter sur lui-même comme garant de sa propre vie en acceptant qu'un Autre puisse s'occuper *aussi* de sa vie. L'effort à faire consiste donc à être ouvert au Père.

---

[63] Dans le même sens MekhEx 16,4 : « Qui a créé le jour a créé aussi sa subsistance. C'est pourquoi R. Eléazar disait : Celui qui a le nécessaire pour manger aujourd'hui et dit : qu'est-ce que je vais manger demain, voilà de peu de foi. R. Eliezer le Grand dit : celui qui a présentement du pain dans son panier et dit : que vais-je manger demain, appartient à la catégorie des hommes de peu de foi ».

[64] Cf. SCHÜRMANN, *La prière du Seigneur*, 67-68 ; ZELLER, *Mahnsprüche*, 94.

[65] Cf. DAVIES – ALLISON, *Matthew*, I, 663 ; GNILKA, *Matteo*, I, 374.

[66] Cf. BONNARD, *Matthieu*, 95.

3. La référence à DP dans le contexte de Mt 6,19-34

Par la formule « διὰ τοῦτο λέγω ὑμῖν » qui l'introduit, Mt 6,25-34 est relié aux versets qui le précèdent (Mt 6,19-24). En Mt 12,31 ; 21,43, cette même formule « διὰ τοῦτο λέγω ὑμῖν » a aussi une fonction conclusive évidente. Cela permet donc de lire Mt 6,25-34 à la suite des péricopes qui le précèdent (Mt 6,19-24). En effet, on peut y relever des corrélations lexicales qui montrent à suffisance que Mt 6,19-34 traite du rapport des disciples avec les biens matériels : vv.19-21 : trésor ; v.24 : Mammon ; vv.25-34 : manger, boire, vêtement. Dans cette première partie (Mt 6,19-24), Jésus expose les dispositions fondamentales sur le juste rapport avec les biens matériels, alors qu'en Mt 6,25-34, il traite des dispositions pratiques. Ces corrélations lexicales et littéraires nous obligent à examiner le rôle de DP en Mt 6,25-34 en prenant en considération toute la section Mt 6,19-34.

Il y a en Mt 6,19-24 une certaine homogénéité littéraire en raison de la parenté de forme que présentent les oppositions antithétiques dans le texte : trésors sur la terre/trésors au ciel (Mt 6,19-21) ; œil bon/œil mauvais (Mt 6,22-23); ténèbres/lumière (Mt 6,22-23); haïr/aimer (6,24) ; Mammon/Dieu (Mt 6,24). On y relève aussi une homogénéité de contenu : Deux enseignements sur la richesse (Mt 6,19-21 ; 6,24) encadrent une instruction sur la « lumière du corps » (Mt 6,22-23)[67]. Ces couples antithétiques qui articulent Mt 6,19-24 servent à renforcer la ra-

---

[67] Mt 6,22-23 est un des textes de l'EvMt qui demeurent aujourd'hui encore difficile à expliquer. Voir à ce propos l'état de la question en DUMAIS, *Sermon*, 260-263. Néanmoins, on s'accorde aujourd'hui pour interpréter en un sens moral les images que contient cette péricope. Dans la tradition biblique, « l'œil » exprime, comme le cœur, l'intention et l'orientation spirituelles de la personne (Dt 15,9). Cette péricope est encadrée par des paroles sur les biens et sur l'argent. Il y aurait donc dans ces versets intermédiaires un appel à un engagement sans réserve au service de Dieu et un avertissement contre la cupidité (« œil mauvais » ; cf. Pr 23,6 ; 28,22 ; Mt 20,15) : non pas une attitude de possession aveugle, mais une attitude de dégagement qui s'exprime dans la générosité et dans le partage. Cf. LAMBRECHT, *Discours*, 173; LUZ, *Matteo*, I, 527-528; STRECKER, *Sermon*, 134. Sur l'œil mauvais, cf. J.H. ELIOT, « The Evil Eye and the Sermon on the Mount: Contours of a Pervasive Belief in Scientific Perspectives », *Biblical Interpretation* 2 (1992) 51-84.

dicalité du choix que les disciples doivent opérer en faveur des trésors du ciel et donc pour Dieu. Dans la tradition sapientielle, lorsqu'on parle des « trésors dans le ciel », on pense au « crédit » qu'on accumule au ciel à cause des bonnes œuvres produites sur la terre. Ce crédit sera rendu au jugement final (Mt 19,21)[68]. Dans le contexte du DM, le trésor impérissable équivaut sans doute à tout ce que le Père donnera aux disciples qui mettront en pratique sa volonté (Mt 5,12 ; 6,1). L'option pour les trésors célestes n'est donc que la conséquence de l'option (ἢ ... ἤ) pour Dieu demandée au v.24. On trouve au v.24b l'unique occurrence de ὁ θεός en Mt 6,19-24. Ce qui en fait le climax. Matthieu emploie ὁ θεός et non pas πατήρ à cause du caractère proverbial de cette maxime. Le rapport avec les biens matériels ne concerne pas seulement l'existence matérielle de l'homme. Il en va aussi du culte approprié qu'il faut rendre à Dieu. C'est ce que traduit le verbe δουλεύειν. Ce verbe n'est utilisé qu'ici dans l'ÉvMt. Dans la Bible, ce verbe est religieusement riche. Il indique le service exclusif et indivisible qu'il faut rendre à Dieu[69]. YHWH ne tolère pas d'autres « dieux » (idoles) à ses côtés (Dt 6,4 ; Ex 20,3). À partir de cet arrière-fond biblique, Mt 6,24 insiste sur le don total qu'il est impossible d'accorder à deux patrons au même moment. Les biens matériels peuvent exiger de l'homme son « cœur », pour qu'il se mette tout entier à leur service. À cause du caractère nécessaire de ces biens, l'homme peut en effet en être conditionné, car pour vivre, il a besoin de manger, de boire et de s'habiller. Après les impératifs de Mt 6,19-24, le disciple peut alors et justement se demander : qu'en est-il maintenant de ma vie, c'est-à-dire de ce que je dois manger, boire et de quoi je dois me vêtir[70] ? Au terme des

---

[68] Tb 4,7-11 ; PsSal 9,5 ; 4 Esd 6,5 ; 7,77 ; 2 Bar 14,12. Ce thème apparaît aussi dans les textes rabbiniques. Cf. GenR 9,9 ; 53,5 ; ExoR 31,2 ; m.Pe'a 1,1. Cf. K. KOCH, « Der Schatz im Himmel », *Leben angesichts des Todes* (éd. B. LOHSE – H.P. SCHMIDT) (Tübingen 1968) 47-60.

[69] Cf. LUZ, *Matteo*, I, 529 ; A. WEISER, « δουλεύω », *EWNT* I, 848-852.

[70] En MekhEx 16,4 par exemple, dans un contexte où on commente le don quotidien de la manne, on rapporte cette sentence de R. Simon ben Jochai : « L'étude de la Torah est possible seulement à ceux à qui on donne la manne. En effet, comment un homme peut-il être tranquille pour étudier quand il ne sait pas d'où lui viendra ce qu'il va manger et boire, ni où il pourra trouver de quoi se vêtir ».

recommandations données en Mt 6,19-24, Mt 6,25-34 se propose ainsi d'indiquer aux disciples le rapport juste qu'il faut établir avec ces biens matériels nécessaires à la vie de l'homme[71].

La raison pour laquelle les disciples doivent accumuler leurs trésors au ciel et non pas sur la terre (Mt 6,19-21), qu'ils doivent s'orienter vers la lumière (Mt 6,22-23) et « servir » Dieu seul (Mt 6,24), c'est-à-dire chercher le Règne et la justice du Père, ce n'est pas par exemple comme en 1 Co 7,29-31 parce que le temps se fait court et à cause du caractère éphémère de ce monde. Selon Mt 6,25-34, cette raison réside dans le fait que Dieu est le Père des disciples et donc dans l'assurance que ce Père pourvoit aux besoins de ses fils (relation avec le Père). Celui qui se porte vers le Règne du Père (Mt 6,33a), abandonnant pour cela ses trésors illusoires (Mt 6,19-21.24), peut compter toujours sur la générosité du Père : la nourriture, la boisson et le vêtement ne lui manqueront pas pour autant[72]. C'est donc cette relation des disciples avec Dieu leur Père (Mt 6,32.33) qui fonde la liberté des disciples vis-à-vis des inquiétudes pour les biens matériels.

En effet, selon l'enseignement de Jésus en Mt 5-7, cette relation par laquelle les disciples appartiennent à Dieu comme leur Père, relation rendue possible par l'œuvre de Jésus, s'exprime particulièrement dans la prière où les disciples rencontrent Dieu comme leur Père (Mt 6,9). On peut donc alors comprendre les renvois de Mt 6,25-34 à la prière du NP, en particulier de Mt 6,31-33 à Mt 6,7-8.9-11[73]. Dans la prière du NP, la demande qui

---

[71] Mt 6,25-34 serait ainsi une « guemara » à Mt 6,19-24. Cf. DAVIES – ALLISON, *Matthew*, I, 664 ; Cf. D.C. ALLISON, « The Configuration of the Sermon », 189.

[72] Selon MekhEx 16,32, Dieu pourvoira le nécessaire à ceux qui s'occupent des paroles de la Torah.

[73] En tenant compte de ces parallèles et du travail rédactionnel opéré par Matthieu dans le changement d'ordre, les élargissements et les remaniements par rapport à Lc 11, 34-36 (lumière du corps) ; 12,22-31 (sur les inquiétudes) ; 12,33-34 (trésor au ciel) ; 16,4 (Dieu et Mammon), G. BORNKAMM a conclu que Matthieu a introduit les vv.19-34 dans son discours sur la montagne en fonction de la thématique de la prière. Il considère le NP comme le principe structurant non seulement de Mt 6,19-34 (Mt 6,9-10 à 6,19-24 ; 6,11 à 6,25-34), mais aussi de Mt 7,1-11. Voir G. BORNKAMM, « Der Aufbau der Bergpredigt », *NTS* 24 (1977-78) 426-427. Quelques

révèle le caractère proprement paternel de Dieu est celle de la demande du pain (Mt 6,11). Le pain demandé au Père est maintenant promis par Jésus aux disciples qui, dans la recherche prioritaire du Règne, sont ainsi libérés des inquiétudes pour leur subsistance matérielle. Vice-versa, les disciples peuvent formuler avec confiance la demande du pain, parce qu'ils sont confortés par ce rôle du Père que Mt 6,25-34 développe en présentant DP comme celui qui pourvoit aux nécessités de leur vie. La relation avec DP dont on invoque l'intervention dans la prière est donc déterminante pour contraster et éliminer les inquiétudes qui affligent l'homme, parce que DP est celui qui écoute, qui sait, qui comprend et qui vole au secours[74]. Ainsi, même dans la façon dont les disciples doivent vivre leurs rapports avec les biens matériels, nécessaires ou pas à leur vie, la place décisive doit revenir à Dieu, c'est-à-dire à Celui que Jésus présente aux disciples comme leur Père. Oublier le Père et être absorbés par l'inquiétude pour ces biens est tout simplement paganisme et idolâtrie.

Enfin, Mt 6,25-34 n'est pas l'unique texte de l'EvMt qui parle de la paternité de Dieu dans le contexte des inquiétudes qui pourraient affliger les disciples. Il y a aussi Mt 10,19-20, texte qui appartient au second discours de Jésus dans l'EvMt (discours missionnaire). L'inquiétude dont on parle en Mt 10,19 (μὴ μεριμνήσητε) se réfère à la difficulté à trouver en contexte de persécution les mots justes et le mode correct pour se défendre devant les persécuteurs (ὅταν δὲ παραδῶσιν ὑμᾶς). En Mt 10,19, le passif divin δοθήσεται et l'expression « ἐν ἐκείνῃ τῇ ὥρᾳ » montrent clairement que Dieu interviendra quand les envoyés

---

années plus tôt, la même opinion avait déjà été soutenue par G. GIAVINI. Voir G. GIAVINI, « Abbiamo forse in Mt 6,19-7,11 il primo commento al Pater Noster », *RivBib* 13 (1965) 171-177 ; ID., « Lo schema di Mt 6,5-7,12 : una precisazione », *RivBib* 20 (1972) 575-587. Pour une évaluation de cette hypothèse, cf. D.C. ALLISON, « The Structure of the Sermon on the Mount », *JBL* 106 (1987) 426-429 ; LAMBRECHT, *Discours*, 155-161 ; LUZ, *Matteo*, I, 520.

[74] Le contraste « prier » vs « s'inquiéter » est un motif connu dans la Bible. Il y est présent sous diverses formes. Ainsi, on lit en 1 P 5,7 : « Déchargez-vous sur lui (Dieu) de tous vos soucis (πᾶσαν τὴν μέριμναν), car il prend soin de vous ». Voir aussi Ps 55,23 ; Ph 4,6.

en mission seront interrogés sur leur agir. Mc 13,11 parle de τὸ πνεῦμα τὸ ἅγιον (« Esprit Saint »), alors que Mt 10,29 a « τὸ πνεῦμα τοῦ πατρὸς ὑμῶν » (l'Esprit de votre Père). Pour Matthieu, la confiance dans l'intervention de l'Esprit Saint pour éliminer la μέριμνα est fondée sur la paternité de Dieu mise en relation avec les envoyés en mission par le possessif ὑμῶν déterminant πατήρ. C'est donc en ce moment particulièrement difficile consécutif aux persécutions et aux inquiétudes qui s'en suivent que les disciples de Jésus expérimentent la relation avec Dieu comme leur Père : « *L'Esprit de votre Père* parlera en *vous* » (Mt 10,29-30).

■ Conclusion. DP en Mt 6,25-34 : Présence qui exige et qui réconforte

En réponse au problème posé par la préoccupation pour les biens matériels, Jésus déploie son argumentation en l'insérant dans le contexte de la relation des disciples avec Dieu leur Père, et donc sur la base d'un énoncé théologique. Cet énoncé repose sur la sollicitude du Père pour les disciples. C'est la réponse d'un Père qui connaît si bien ses fils qu'il sait de quoi ils ont besoin pour vivre. Étant donné que c'est Dieu seul qui peut donner, maintenir et prolonger la vie, le disciple de Jésus ne se préoccupe pas de ces biens matériels et ne les recherche pas comme un païen. Bien plus, confiant dans le fait que son Père lui donnera le nécessaire pour vivre en ce monde, il se dédie tout d'abord à la recherche du Règne et de la justice du Père. Il s'agit donc de reconnaître la juste hiérarchie des valeurs dans la relation avec le Père. La proximité de Dieu comme Père est selon Mt 6,25-34 une consolation pour les disciples[75]. Mais en même temps, c'est une présence qui met les disciples devant leurs propres responsabilités.

Présence qui exige : Dans le DM, DP n'est pas seulement le modèle de l'agir des disciples (justice dans les rapports avec autrui en Mt 5,48), ou le motif de leur agir (justice devant Dieu en Mt 6,1-18) ; DP est aussi la finalité de leurs aspirations : « Cherchez

---

[75] Cf. DAVIES – ALLISON, *Matthew*, I, 626-627 (« Encouragement »).

d'abord le Règne du Père et sa justice » (Mt 6,33a). Par cet impératif, Jésus veut donner au Père la première place dans la vie des disciples pour les libérer des inquiétudes qui le tourmentent lorsqu'ils croient s'assurer eux-mêmes leur existence. C'est pour rechercher le Règne et la justice du Père que les disciples ne doivent pas s'inquiéter pour leur subsistance matérielle. Le « souci » pour le Père éclaire aussi l'attitude des disciples à l'égard des biens matériels nécessaires à leur subsistance.

Présence qui réconforte : L'impératif de Mt 6,33a est inséré dans un contexte qui contient la « bonne nouvelle » sur le Père. DP est le garant et le soutien de la vie des disciples. Ce motif est introduit progressivement dans le texte jusqu'à atteindre son climax au v.33. L'on commence par le renvoi explicite à l'action créatrice de Dieu aux vv.26.28-30 ; puis au v.32 émerge avec force la relation des disciples avec DP qui connaît toutes les nécessités de leur vie (Mt 6,32), pour finir au v.33 par la promesse des dons du Père pour répondre aux besoins des disciples.

Ces deux aspects sont intrinsèquement liés. Entre les exigences que les disciples doivent mettre en pratique et ce qu'ils reçoivent de leur Père, il y a un rapport dialectique qui montre que le don du Père est un don qui engage et qui oblige celui qui le reçoit. Jésus, le Fils, sait bien que son Père est celui qui « donne ». C'est la raison pour laquelle il peut demander à ses disciples d'avoir confiance en ce Père (cf. v.30 : « hommes de peu de foi »), en faisant de la recherche de sa justice l'objet principal de leurs aspirations et en renvoyant au second plan les aspirations sans doute légitimes de se procurer ce dont ils ont besoin pour leur existence matérielle. DP donne à l'homme ce dont il a besoin pour sa vie, parce qu'il ne tolère pas des concurrents, fussent-ils les biens matériels (Mammon, cf. Mt 6,24). Somme toute, Mt 6,25-34 permet de comprendre que le disciple n'est pas abandonné à lui-même. Il n'est pas entre les mains des dieux capricieux ou insoucieux de l'homme, comme le pensent les païens qui, pour cela, croient de ne pouvoir compter que sur leurs propres forces pour s'assurer des biens nécessaires à leur vie. DP est au cœur de l'histoire de ceux à qui Jésus le révèle. L'ignorer, c'est vivre de la « petite foi ».

CHAPITRE VII
MT 7,7-11 : DP DONNE DES « BONNES CHOSES »

■ 1. Articulation du texte

Thèse (v.7)   « demandez et il sera donné à vous... »
Base   (v.8)   « car, quiconque demande reçoit ... »
Exemple 1 (v.9)   « quel homme, si son fils demande du pain ... »
Exemple 2 (v.10) « s'il lui demande un poisson ... »
Conclusion (v.11) « Donc, si vous... à plus forte raison VOTRE PÈRE... »

Mt 7,7-11 s'ouvre par l'énoncé du thème (αἰτεῖν - διδόναι) en deux versets construits parallèlement. Mt 7,8 fonde (γάρ) le v.7. Le développement amorcé au v.8 n'est donc pas tautologique. En effet, on passe de « vous » de l'adresse aux auditeurs du v.7 à des formules générales de caractère impersonnel au v.8 (cf. πᾶς ὁ...). Ensuite, mise à part la reprise du futur ἀνοιγήσεται (v.7= v.8), la promesse de l'exaucement est exprimée au v.8 à l'indicatif présent, alors qu'au v.7, elle est exprimée à l'indicatif futur. Enfin, en lieu et place du verbe διδόναι (δοθήσεται) du v.7b (demander – donner), on trouve le verbe λαμβάνειν (λαμβάνει) dans le couple parallèle au v.8 (demander – recevoir).

La thèse est appuyée aux vv.9-10 par deux illustrations empruntées à la vie quotidienne. Mt 7,9 est introduit par une interrogation *ad hominem*: ἢ τίς ἐστιν ἐξ ὑμῶν ἄνθρωπος. L'emploi de ἄνθρωπος en lieu et place d'un pronom indéfini est un sémitisme. Lc 11,11 a plutôt πατήρ. Il est possible que Matthieu évite d'utiliser au v.9 le terme πατήρ pour le réserver seulement à DP et distinguer ainsi ce dernier du père humain[1].

---

[1] Cf. GUNDRY, *Matthew*, 124; SAND, *Matteo*, I, 211.

Au v.11, la conclusion (οὖν) est formulée comme un raisonnement a fortiori (*qal wahomer*). Mt 7,11 est la clé interprétative de toute la péricope. Le passage à la seconde personne du pluriel (ὑμεῖς), mis en exergue au début du v.11 (déjà annoncé au v.9), rend la conclusion importante. De même, la mention de DP et de son agir offre l'argument religieux qui permet de situer le verbe « demander » en un contexte de prière.

Les différentes parties du texte sont harmonieusement unies par les mots-clés : le verbe αἰτεῖν aux vv.7.8.9.10.11, les verbes de la racine (δι) δο – aux vv.7.9.10.11, le substantif δόμα. On constate aussi un déplacement d'accent dans l'articulation du texte. On est passé de l'exigence de « demander » formulée dans les impératifs du v.7 à l'exaltation au v.11 de la bonté du Père qui gratifie de ses dons. Le texte est encadré enfin par une inclusion en forme de chiasme.

v.7.	demandez	αἰτεῖτε	(αἰτεῖν)
	et il sera donné à vous	δοθήσεται	(διδόναι)
v.11	votre Père donnera	δώσει	(διδόναι)
	à ceux qui lui demandent	αἰτοῦσιν	(αἰτεῖν)

Au centre de cette disposition se trouvent les verbes qui décrivent l'agir de DP par la catégorie du don (verbe διδόναι). En ce sens, les passifs δοθήσεται et ἀνοιγήσεται aux vv.7.8 sont des passifs théologiques. Ils renvoient discrètement à l'agir de Dieu, plus explicitement identifié au v.11 comme le Père (sujet du verbe δώσει).

2. Analyse des versets

2.1. Mt 7,7-8 : La prière au Père et la certitude de l'exaucement

L'AT (LXX) et le NT utilisent les couples « demander – donner (recevoir) », « chercher – trouver », et « frapper – ouvrir » dans un sens profane et religieux. Ici en Mt 7,7-11, ils sont utilisés dans leur sens religieux parce que le contexte auquel ils se réfèrent est celui de la prière[2]. Dans l'EvMt, l'emploi du verbe αἰτεῖν

---

[2] Cf. G. LEONARDI, « "Cercate e troverete … lo Spirito Santo" nell'unità letteraria di Luca 11,1-13 », *Quaerere Deum. Atti della XXV settimana biblica*. A cura di A. BONORA

en contexte de prière est régulier : Mt 6,8 ; 18,19 ; 21,22 (cf. Lc 11,10.13 ; Mc 11,24 ; Jn 11,22 ; Ep 3,20). Quant au couple « chercher/trouver », il exprime la quête de Dieu (Ex 33,7 ; Dt 4,29 ; Is 55,6 ; Ps 105,4), ou de la Sagesse (Pr 1,28 ; 8,17 ; Sg 6,12 ; 4 Esd 5,9-10 ; etc.). En contexte de prière, on rencontre le verbe « chercher » (« chercher la face de Dieu ») en 2 S 21,1 ; Ps 24,6 ; 27,8 ; Os 5,15, et surtout en Jr 29,13-14. Il est accompagné de la promesse que Dieu se fait trouver par ceux qui le cherchent (Dt 4,29 ; Is 55,6 ; Jr 29,13.14). Quant à l'emploi de la métaphore « frapper – ouvrir » en contexte de prière, on peut citer au passage b.*Meg.*12b. En Mt 7,7-8, les trois paires de couples sont en parallélisme synonymique, les deux dernières ne servant qu'à renforcer la première (demander – donner).

Au sujet du v.7, on se demande si l'accent doit être placé sur l'impératif (« vous devez demander, pour recevoir »), ou bien sur la promesse qui l'accompagne en formulant la phrase comme une conditionnelle : « si vous demandez, il vous sera donné ». Le deuxième sens est certainement présent dans le texte ; mais une telle insistance n'est soulignée que dans les versets suivants (à partir du v.8) qui développent la promesse et la certitude de l'exaucement comme la base de l'impératif. Aussi, il est préférable d'adopter le premier sens pour le v.7 sans recourir à une forme conditionnelle[3]. Le v.7 formule bel et bien un impératif auquel est attachée l'assurance que la demande faite sera exaucée. Bien plus, ces trois impératifs au temps présent expriment de ce fait l'habitude de prier que les disciples doivent avoir[4].

En invitant les disciples à demander, Jésus n'entend pas dire par là que le Père ne peut rien leur donner s'ils ne demandent pas. En réalité, la demande exprime la dépendance du fils vis-à-vis du Père. En effet, dans l'expérience humaine ordinaire, les couples « demander – donner/recevoir », « chercher – trouver », et « frap-

---

et al. (Brescia 1980) 276-277 ; G. Stählin, « αἰτέω », *TWNT* I, 191-192. Pour les couples chercher/trouver » et « frapper/ouvrir » en contexte de prière dans la littérature rabbinique, cf. Strack–Billerbeck, I, 458-459.

[3] Cf. Guelich, *Sermon*, 357.
[4] Cf. B.M. Fanning, *Verbal Aspect in the New Testament Greek* (Oxford 1990) 332-333 (« customary present » : make it your habit to ask »).

per – ouvrir » se réfèrent à une situation de manque et de besoin. On demande parce qu'on manque quelque chose ; on cherche parce qu'on a besoin de quelque chose ou parce qu'on a perdu quelque chose ; qui frappe à la porte est normalement celui qui est (resté) dehors. Appliquée à la relation avec DP, la demande est nécessaire pour deux motifs. Tout d'abord, elle exprime le désir du Père de la part des disciples. Ensuite, la demande est nécessaire pour l'homme qui doit s'exercer dans la confiance en Dieu. La demande devient ainsi exercice de la foi en Dieu le Père. Si la demande échoue, c'est-à-dire si le don n'est pas accordé, ce n'est pas en tout cas parce que Dieu, que Jésus insiste à présenter comme le Père, agirait différemment d'un père. Dieu ne peut renier *qui* il est.

Jésus fonde cette exigence de demander par la certitude que le Père exauce la prière qui lui est adressée. En Mt 7,7-8, la promesse de l'exaucement est exprimée de façon catégorique, dans une forme apodictique. Ce qui fonde une telle certitude, ce n'est donc pas « l'expérience commune »[5], ou « l'expérience du mendiant »[6] qui sait qu'au bout du compte la persévérance paye. Comme pour l'affirmation relative au savoir du Père en Mt 6,8.32, la vérité de cette affirmation sur l'exaucement de la prière par le Père repose sur l'autorité de celui qui parle : Jésus est le Fils qui connaît le Père (Mt 11,27). Lui seul peut donner la certitude que le Père exauce la demande qui lui est adressée[7]. L'homme doit ainsi demander parce que Dieu, dans sa miséricorde, s'est déjà approché de l'homme et entend lui faire grâce (cf. Mt 4,17). Ensuite, contrairement à d'autres textes qui établissent des préalables pour que Dieu exauce la prière[8], en Mt 7,7-8, on ne pose aucune condition à l'exaucement de la prière. En plus, Mt 7,8 ne contient aucune restriction : « *tout celui* (πᾶς ὁ) qui demande, reçoit ». Enfin, le temps employé pour indiquer la réalisation de la

---

[5] Cf. G. BERTRAM, « κρούω », *TWNT* III, 956-957.
[6] Cf. GUNDRY, *Matthew*, 124; JEREMIAS, *The Parables*, 159-160.
[7] Cf. BONNARD, *Matthieu*, 99; I.H. MARSHALL, *The Gospel of Luke: A Commentary on the Greek Text* (Exeter 1978) 468.
[8] Voir Si 34,24 ; Pr 28,29 ; Mt 17,20 ; 18,19 ; 21,21-22 ; Lc 17,5-6 ; Jn 15,7.

promesse renforce aussi la certitude que la demande sera exaucée. En effet, le futur employé au v.7 correspond au temps qui suit l'acte de la demande (futur gnomique). Il ne se rapporte pas nécessairement à la parousie. Au v.8, excepté le futur ἀνοιγήσεται, les autres verbes (λαμβάνει ; εὑρίσκει) qui expriment l'exaucement sont à l'indicatif présent (présent gnomique). Ces présents expriment la certitude de l'exaucement et non pas nécessairement son immédiateté[9].

En définitive, si en Mt 7,7-8, Jésus renonce à établir des conditions ou des restrictions relatives à l'exigence de demander, c'est pour mettre en exergue la figure du Père et la bonté qui le caractérise. Le motif de l'exaucement de la prière est solidement ancré dans l'AT, en particulier chez les prophètes[10], et dans le NT[11]. Il n'y a cependant ici aucun rite magique. Cette certitude ne signifie pas que l'orant déjà rassuré d'être exaucé peut contrôler ou manipuler Dieu à sa guise. Elle est au contraire génératrice de confiance des disciples à l'égard de leur Père céleste. Il faut sans doute lire ces versets à la suite de Mt 6,8 et de Mt 6,25-34.

2.2. Mt 7,9-11 : Le Père donne des « ἀγαθά »

Les verbes utilisés aux vv.7-8 n'ont pas de complément direct. L'objet de la demande, et par conséquent, ce qu'il faut recevoir, ne sont donc pas précisés. Il en est de même dans les autres emplois du verbe αἰτεῖν en contexte de prière en Mt 6,8 ; 18,19 ; 21,22. Ce silence sans doute intentionnel sur l'objet à demander et à recevoir met en exergue la figure du Donateur, c'est-à-dire le Père. Il est question du rôle de Dieu comme Père. On rejoindrait ainsi la première demande du NP (Mt 6,9) : « Qu'il y ait un Père pour répondre à mon désir »[12]. On voit donc émerger ici au premier plan la relation que Jésus établit entre le Père et ses disciples.

Matthieu présente le rôle du Père en recourant à l'analogie avec le père de la terre. Il utilise pour cela deux types d'argument :

---

[9] Luz, *Matteo*, I, 656.
[10] Cf. Is 30,19 ; 58,9 ; 65,24 ; Jr 29,13 ; Os 2,23 ; Jl 3,5 ; Za 13,9.
[11] Cf. Jn 14,13 ; 16,23 ; Jc 1,5.
[12] Calloud – Genuyt, *Matthieu*, I, 68

un argument d'expérience (le père humain satisfait les besoins essentiels de ses fils) et un argument religieux (l'assurance de la bonté de DP). Le pain et le poisson que les fils demandent à leur père sont la nourriture de base en Palestine. Celui qui demande du pain ou du poisson demande de vivre. La pierre et le serpent représentent respectivement quelque chose d'inutile et de dangereux. L'argument d'expérience (vv.9-10) montre que le fils qui demande quelque chose de vital ne reçoit de son père rien d'inutile ni de dangereux. La question rhétorique : « Quel est d'entre vous l'homme auquel son fils demandera du pain ou du poisson, et qui lui remettra une pierre ou un serpent ? » (cf. vv.9-10) ne laisse place dans le contexte qu'à une seule réponse : Personne. Le texte semble donc écarter la possibilité qu'un père puisse agir diversement pour sauvegarder les intérêts majeurs de son fils. Mt 7,9-10 présente la paternité sous les traits de la responsabilité et de la protection permanentes.

Le v.11 donne l'argument de raison fondé sur un présupposé théologique accepté. La générosité du Père céleste ne peut être que supérieure à celle de tous les pères humains. L'emploi de πονηροί pour qualifier les pères de la terre a une fonction rhétorique. C'est pour souligner par contraste la bonté absolue de DP : ceux qui sont « *mauvais* » peuvent donner des « dons *bons* » (contraste πονηρός et ἀγαθός), combien plus DP, sous-entendu qui est le seul bon (Mt 19,17), donnera-t-il les « ἀγαθά » à ceux qui (les) lui demandent. Si la paternité humaine peut être source de bonté, combien plus le sera la paternité divine. Cela veut dire que ce qu'il y a de bon en l'homme vaut à plus forte raison pour Dieu.

L'expression « δόματα ἀγαθά » (ou seulement « ἀγαθά »), « bonnes choses », est traditionnelle[13]. Mt 7,11 ne dit pas que DP accordera *ce qui est demandé*, mais seulement qu'il donnera les « bonnes choses » à ceux qui le prient. Cela signifie que celui qui demande doit être persuadé qu'il ne recevra du Père aucun don pernicieux : le Père ne donne que le « bien » (ἀγαθός). Ensuite, parce que la générosité du Père est supérieure à celle de tous les

---

[13] Cf. Dt 28,11 ; Ps 84,12 ; Si 2,9 ; 18,17 ; Tb 4,19 ; etc. Pour son emploi dans la littérature rabbinique, voir les textes cités par STRACK–BILLERBECK, I, 459.

autres pères, aucun don du Père ne sera inférieur à la demande.

Quant au contenu de ces « bonnes choses » que le Père donne, il est diversement compris : « biens spirituels »[14] ; « biens eschatologiques du royaume »[15] ; « tout ce qui est mentionné dans le NP »[16] ; etc. Le parallèle Lc 11,13 parle explicitement du don de l'Esprit Saint. Dans la perspective du troisième évangile, le don de l'Esprit est le don eschatologique par excellence de la part de Dieu. Dans la protase de Mt 7,11 où ce terme apparaît pour la première fois dans la péricope matthéenne, il se réfère aux biens matériels nécessaires pour la vie que le père terrestre donne pour satisfaire les besoins de son fils (pain et poisson). C'est donc ce même sens de « biens matériels nécessaires pour vivre » que certains lui attribuent dans l'apodose. Cette identification s'appuie entre autres sur la demande du pain en Mt 6,11 et sur la référence à « toutes ces choses » promises en Mt 6,33 comme dons du Père (le manger, la boisson, et le vêtement)[17]. Néanmoins, la formulation de Mt 7,11 reste indéterminée. On ne devrait donc pas limiter ce que le Père donne aux seuls besoins matériels pour la vie concrète.

2.3. Père céleste – pères terrestres : sens (et limites) d'une analogie

La dernière mention de DP comme père des disciples (πατὴρ ὑμῶν) est liée au schéma de l'analogie de la paternité divine avec la paternité humaine : « Si donc vous, qui êtes mauvais, savez donner de dons bons à vos enfants, combien plus votre Père qui est aux cieux donnera-t-il de bonnes choses à ceux qui le lui demandent » (Mt 7,11). Mt 7,11 et Lc 11,13 sont les seuls textes évangéliques qui utilisent cette analogie pour comparer l'agir du Père céleste à celui du père terrestre[18]. En dehors des évangiles, c'est en He

---

[14] JEAN CHRYSOSTOME, *Matthieu*, s.v.

[15] GUELICH, *Sermon*, 359.

[16] HENDRICKX, *Sermon*, 169.

[17] Ainsi MCNEILE, *Matthew*, 92 ; P. MINEAR, *Commands of Christ* (Nashville – New York 1972) 118.

[18] En Mt 23,9, Jésus dit aux disciples : « n'appelez personne votre "Père" sur la terre, car vous n'en avez qu'un, le Père céleste ». Mais le père « ἐπὶ τῆς γῆς » dont parle Jésus n'est certainement pas le père naturel (biologique). Jésus ne met pas en

12,7-9 qu'on rencontre cette analogie avec un argument a fortiori semblable à Mt 7,11. De même, on a vu que dans l'AT cette relation naturelle entre le père – le fils (ou mère – fils) est aussi utilisée pour éclairer les liens de Dieu (comme Père) avec les croyants. Le comportement de Dieu est comparé à celui d'un père, voire à celui d'une mère. Dans les (rares) textes de l'AT qui parlent de la paternité de Dieu, Dieu est appelé père, non seulement parce qu'il n'agit pas que comme le ferait un père humain. En ce cas, on compare l'agir de Dieu comme Père à celui du père humain. Bien plus, Dieu est désigné proprement comme le Père d'Israël. Ce schéma de l'analogie est enfin fréquent dans le judaïsme[19].

Parmi tous les titres empruntés au langage humain que Jésus pouvait utiliser pour parler de Dieu dans le DM, par exemple « patron », « seigneur », « créateur », « tout-puissant » ; etc., il choisit ici l'image de « père » pour illuminer le mystère de Dieu. Quelle différence entre un « homme » et un « père » ? « Père » est celui qui a donné la vie à un fils. Jésus enseigne par-là que la vie est un don de Dieu (Mt 6,25-34). Le père n'abandonne pas son fils, mais il est toujours proche de lui, pour le nourrir, l'aider, le faire grandir.

---

cause la paternité naturelle. Comme dans l'AT où l'appellation « père » est parfois attribuée à des personnages illustres, au prophète par exemple (2 R 2,12 ; 6,21 ; 13,14), « père » est en Mt 23,9 un titre révérenciel. Dans le même sens, on peut citer dans la littérature rabbinique le traité au titre indicatif : « Abot » (pères). Malgré les ambiguïtés grammaticales de Mt 23,9, il est fort possible que dans le contexte actuel, c'est au rabbi que ce titre est attribué (v.8), quand bien même en dehors de Mt 23,9, il n'est pas possible de démontrer l'attribution de ce titre aux « rabbis ». Selon J. GNILKA (*Il vangelo di Matteo*, II, 407-408), il est possible que Jésus a utilisé originellement ce logion (Mt 23,9) pour inviter au détachement de la famille naturelle en vue du Règne des cieux (cf. Lc 9,58-62). Cette proposition de GNILKA n'explique cependant pas le sens du logion dans le contexte rédactionnel actuel qui est celui de la condamnation des prétentions ambitieuses (cf. Mt 23, 8.10). Sur cette question, cf. S. BYRSKOG, *Jesus the Only Teacher : Didactic Authority and Transmission in Ancient Israel, Ancient Judaism and the Matthean Community* (Stockholm 1994) 299-300 ; D.A. HAGNER, *Matthew 14-28* (Dallas 1995) 661 ; KEENER, *Matthew*, 544 ; SCHMID, *Matteo*, 414-415 ; M. PERRONI, « "E non chiamate nessuno « Padre » sulla terra…" (Mt 23,9): Un monito per una Chiesa in crisi », *ParSpV* 39 (1999) 119-133 ; C. ZIMMERMANN, *Die Namen des Vaters. Studien zu ausgewählten neutestamentlichen Gottesbezeichnung vor ihrem frühjüdischen und paganen Sprachhorizont* (Leiden – Boston 2007) 109.

[19] Cf. MOORE, *Judaism*, II, 203-204.

Quand le fils a grandi, le père respecte sa volonté, sa liberté ; mais il continue toujours à l'aimer ; il est toujours prêt à lui voler au secours. Mais, pour Jésus, la révélation de Dieu comme Père n'est pas le résultat de cette analogie du Père céleste avec les pères terrestres. Elle est en amont (à l'origine) de cette analogie[20]. Le choix de la parabole de Mt 7,9-11 pour parler de la paternité de Dieu se base sur « l'autorité » de celui qui parle dans le discours, c'est-à-dire Jésus, le Fils du Père qui peut reconnaître dans l'expérience d'amour des pères humains un indice qui oriente vers le Père céleste. Ensuite, le père terrestre n'est pas rapproché du Père céleste en ce qu'il est, mais seulement en ce qu'il fait, car il ne s'agit pas de n'importe quel père terrestre, mais seulement d'un père qui agit conformément à sa vocation de père. La forme interrogative des vv.9-10 laisse entendre que tous les pères de la terre ne ressemblent pas à ce père qui donne du pain ou du poisson à son fils qui les lui demande[21]. C'est dire que l'amour de Dieu dépasse tout concept de bonté paternelle. DP est le plus fort, le plus tendre, le plus miséricordieux de tous les pères de ce monde. Le beau texte d'Is 49,15, comparant l'agir de Dieu à celui d'une mère, exprime bien ce dépassement : « Une femme oublie-t-elle son petit enfant, est-elle sans pitié pour le fils de ses entrailles ? Même si les femmes oubliaient, moi, je ne t'oublierai pas »[22].

3. La bonté de DP en Mt 7,7-11 : Fonction dans le contexte

Dans la division tripartite de la partie centrale du DM, encadrée au début par Mt 5,17-20 et à la fin par Mt 7,12, Mt 7,7-11 est inclus dans la section Mt 6,19-7,11 (Mt 5,21-48 ; Mt 6,1-18 ; Mt 6,19-7,11). Contrairement à Mt 6,19-34 qui présente une unité thématique, Mt 7,1-11 apparaît comme un agglomérat des textes qui n'offrent pas de thème unitaire en dépit de quelques correspondances plutôt lexicales entre les différentes parties de

---

[20] Cf. LUZ, *Matteo*, I, 567.
[21] Cf. BONNARD, *Matthieu*, 100.
[22] Voir aussi Os 11,8-9 ; Ps 27,10.

cette section Mt 6,19-7,12. On peut voir ces correspondances dans l'emploi des impératifs négatifs introduits par la particule de négation μή en Mt 6,19 ; 6,25 ; 7,1 ; 7,6, ou dans l'emploi du substantif « œil » en Mt 6,22 ; 7,3-5[23]. Cette absence d'homogénéité thématique explique les difficultés et les divergences d'opinions pour expliquer la fonction de Mt 7,1-11 dans le DM. Bien plus, dans l'histoire de l'exégèse de cette péricope, cinq explications possibles sont données au sujet de l'emplacement actuel de Mt 7,7-11 dans ce contexte. On peut les passer en revue par souci de clarté méthodologique[24].

1) Mt 7,7-11 n'a aucun lien avec le contexte.

2) Mt 7,7-11 conclut un complexe qui commence avec la prière du NP ; Mt 7,7-11 rassure ceur qui récitent le NP que le Père exaucera leur prière.

3) Mt 7,7-11 doit être rattaché aux versets qui le précèdent immédiatement : aux vv. 1-5 parce que le Père donnera la sagesse nécessaire pour enlever la poutre de son propre œil ; au v.6 afin de comprendre comment le principe énoncé au v.6 doit être correctement appliqué.

4) Mt 7,7-11 est encadré par des textes qui ont en vue l'amour du prochain (Mt 7,1-5 ; 7,12). Mt 7,7-11 introduit ainsi la règle d'or (Mt 7,12). Comme le Père donne les bonnes choses à ceux qui les lui demandent, ainsi le disciple doit faire du bien aux autres.

5) Mt 7,7-11 répète 6,19-34 : L'angoisse et les préoccupations doivent pousser les disciples à la prière d'intercession au Père.

---

[23] DAVIES – ALLISON, *Matthew*, I, 625-626, voit en Mt 6,19-34 et 7,1-11 une structure parallèle à partir des indices formels. Chacun de ces deux ensembles est formé d'une exhortation (Mt 6,19-21 ; 7,1-2), de deux paraboles (6,22-23.24 ; 7,3-5.6) et d'un encouragement par une conclusion a minori qui fait appel à l'agir du Père pour réconforter ceux à qui on vient d'adresser les exhortations précédentes (6,25-34 ; 7,7-11). Les concordances « formelles » sur ces dernières péricopes sont bien évidentes, et le rôle du Père qu'on y décrit a sans doute une fonction par rapport aux impératifs qui le précèdent, directement ou non. Néanmoins, le parallélisme semble forcé et pour le moins artificiel pour ce qui concerne ce que ces deux auteurs appellent les « paraboles ». Par exemple, Mt 6,24 ne peut pas être considéré comme un dit parabolique.

[24] Pour une présentation synthétique de ces diverses opinions, cf. ALLISON, *Sermon*, 155-156 ; DAVIES – ALLISON, *Matthew*, I, 677-678.

Mis à part Mt 7,6 qui demeure énigmatique et de difficile interprétation, Mt 7,1-5 et Mt 7,7-11 reprennent en réalité des thèmes déjà traités : le rapport avec le prochain (vv.1-5 ; cf. Mt 5,21-48) ; la prière (vv.7-11 ; cf. Mt 6,5-6.7-13). Pour établir la fonction de cette péricope en ce point précis du discours, on doit d'abord établir le *caractère théologique de ce texte comme révélation sur DP et sa bonté*[25]. Après Mt 6,5-13.14-15, Jésus parle de nouveau de la prière en Mt 7,7-11. En Mt 6, l'enseignement sur la prière porte sur la forme (négativement : pas comme les hypocrites ni comme les païens) et sur le contenu de la prière qu'il faut adresser au Père (positivement : la prière du NP). Dans la façon de prier des disciples comme Jésus l'enseigne, l'évocation de Dieu comme Père est déterminante, parce que cette titulature paternelle offre les conditions de possibilité de cette prière. En effet, dans les versets qui introduisent la prière du NP (vv.7-8), DP est présenté comme celui qui sait ce dont on a besoin avant de le lui demander (Mt 6,8). En Mt 7,7-11, DP est présenté comme celui qui donne à quiconque lui demande. On est donc passé de « αἰτεῖν » des disciples en Mt 6,8 ; 7,7 à « διδόναι » du Père en Mt 7,11. L'argument a fortiori qui conclut Mt 7,7-11 met en exergue non plus l'effort de l'homme qui prie, mais les dons du Père que les disciples reçoivent. Au cœur de Mt 7,7-11 se trouve donc la figure de DP et ce qui le caractérise. À l'image d'un Dieu qui continuellement exige et insatiablement commande fait place en Mt 7,7-11 l'image du Père dont la bonté est la vraie essence, qui ne demande rien pour soi, mais qui donne généreusement à ceux qui lui demandent. Le Père n'est pas que celui qui exige (impératifs). En Mt 7,7-11, Jésus le présente comme Celui qui « donne » des « bonnes choses ».

En outre, en Mt 7,11, Jésus parle pour la dernière fois à ses disciples de Dieu comme leur Père (dernière mention de « votre Père » dans le DM). La prochaine référence à DP se trouve dans la parénèse finale où Jésus parle de Dieu comme son Père : « la volonté de *mon* Père » (Mt 7,21). Mt 7,11 conclut ainsi d'une certaine façon tout ce que Jésus a affirmé jusque-là sur la figure

---

[25] Cf. GNILKA, *Matteo*, I, 391 ; DAVIES – ALLISON, *Matthew*, I, 684.

de Dieu comme Père des hommes (« votre/ton/notre Père qui est aux cieux »). Dans la première référence à Dieu Père des disciples en Mt 5,16, Matthieu transcrit la tâche des hommes envers le Père : « glorifier votre Père ». La réalisation de cette tâche est liée au témoignage des disciples, sel de la terre et lumière du monde, c'est-à-dire à la justice pratiquée en conformité avec la volonté du Père comme cela est développé dans la section centrale du DM, c'est-à-dire en Mt 5,17-7,12. À la fin de ce parcours, Matthieu recourt en Mt 7,7-11 à l'analogie avec le père de la terre, pour présenter, comme en synthèse sur la révélation de Dieu comme Père des disciples, la tâche principale de ce Père envers les disciples : donner des bonnes choses à ceux qui les lui demandent. Dans la relation avec les disciples, Dieu se révèle comme Père par ce qu'il « donne ». Le Père donne « les bonnes choses ». Cette mention finale de « votre Père », illuminée par la catégorie du don, forme ainsi une « ceinture » autour de la partie centrale du DM. La relation avec le Père, et par conséquence ce que le Père donne en vertu de cette relation, est indispensable pour la mise en pratique des normes particulières qui sont énoncées dans ce discours.

Enfin, Mt 7,7-11 transcrit le lien inséparable entre ces dons du Père (ἀγαθά) et les exigences du DM à mettre en pratique, entre la prière au Père et l'engagement du disciple. Peu avant de conclure la section centrale du DM en Mt 7,12, Matthieu rappelle le principe de la bonté du Père céleste. En effet, en Mt 5,17-7,12, le verset 7,12 a une fonction récapitulative qui résume la révélation de la volonté divine par le principe de la solidarité humaine connue sous le nom de la « règle d'or ». La présence en Mt 7,12 de l'expression « la Loi et les Prophètes » est une allusion directe à Mt 5,17. Il y a là une inclusion thématique qui encadre toute la section Mt 5,17-7,12, là où Jésus énonce les normes particulières de l'agir des disciples[26]. Par rapport au texte parallèle de Lc 11,9-13, cet emplacement de Mt 7,7-11 est la plus impor-

---

[26] Sur la fonction de l'expression « La Loi et les Prophètes » en Mt 5,17 et 7,12, et l'inclusion que forme cette double expression pour la section Mt 5,17-7,12, cf. SYREENI, *The Making*, 168-206.

tante variation opérée par Matthieu. Lc 11,9-13 fait plutôt partie de l'enseignement sur la prière qui se trouve en Lc 11,1-13 (Lc 11,1 : δίδαξον ἡμᾶς προσεύχεσθαι). Cet emplacement de Mt 7,7-11 montre que les ἀγαθά désignent tout ce que le Père donne aux disciples en vertu de la relation qui le lie à eux, pour les habiliter à la pratique des exigences exposées dans ce discours pour vivre selon ce qui leur est exigé[27].

En même temps, la figure du Père et la bonté qui le caractérise illuminent la parénèse finale du discours (Mt 7,13-27). Avant d'exhorter ses disciples à mettre en pratique l'enseignement qu'il vient de leur proposer dans ce discours (Mt 7,21), Jésus leur enseigne la bonté du Père et les invite à s'adresser à lui dans la prière en toute confiance et sûrs d'être gratifiés de ses dons. Cela signifie que dans son effort pour réaliser la « justice supérieure » comme elle est définie en rapport avec les autres (Mt 5,21-48 ; 7,1-5), en rapport avec Dieu (dimension interne de la justice : Mt 6,1-18) et en rapport avec les biens matériels (Mt 6,19-34), le disciple n'est pas abandonné à lui-même. Il est vraiment soutenu par son Père. De la sorte, le disciple a le droit de le prier, de s'adresser à Lui, sûr de recevoir de Lui tout ce qui est nécessaire pour mettre en pratique sa volonté.

■ Conclusion

L'enseignement de Jésus sur la prière en Mt 7,7-11 exprime à travers l'analogie avec le père humain la proximité caractéristique de Dieu révélé comme Père. Il est certes difficile d'expliquer l'emplacement actuel de Mt 7,7-11 et par conséquent son lien avec le contexte. Toutefois, la contribution majeure de cette péricope est celle de circonscrire la figure du Père dans la catégorie du « don » (δόμα). DP est celui qui concède le plus précieux de tous les biens, à commencer par le don de la relation avec lui comme Jésus l'établit dans ce discours et dans laquelle s'enraci-

---

[27] Dans le même sens, cf. THEOPHYLACTUS, *Comment. Matt.*, ad loc., PG 123,212 ; DAVIES – ALLISON, *Matthew*, I, 685 ; DUMAIS, *Sermon*, 284.

nent tous les autres dons provenant du Père. C'est ce que le texte désigne par le terme ἀγαθά. Le Père est celui qui est trouvé par tous ceux qui le cherchent. Il est celui qui ouvre à tous les portes de sa grâce. La bonté du Père que ce texte exalte et qui se manifeste dans le don des δόματα ἀγαθά a une fonction pragmatique dans le texte, car en définitive, il s'agit d'habiliter les disciples à la praxis du DM, c'est-à-dire à vivre au mieux leur relation avec le Père.

CHAPITRE VIII

MT 7,21 : « MON PÈRE » ET SES IMPLICATIONS CHRISTOLOGIQUES

■ 1. Articulation du texte

Mt 7,21 est construit sur le contraste entre « οὐ πᾶς ὁ λέγων… » et « ἀλλ' ὁ ποιῶν … ». Une telle structure antithétique est caractéristique de la parénèse finale du DM. En effet, Mt 7,13-27 est caractérisé par l'emploi des paires antithétiques. On note ainsi aux vv.13-14 : la porte étroite *vs* la porte large ; la voie qui mène à la vie *vs* la voie qui mène à la perdition ; vv.17-19 : les bons fruits *vs* les mauvais fruits ; vv.24-27 : la maison sur le rocher *vs* la maison sur le sable. Ces oppositions binaires sont construites de telle façon qu'elles se correspondent et s'interprètent mutuellement[1]. Ainsi, les « pseudoprophètes » (v.15) et ceux qui disent « Seigneur, Seigneur » (vv.21.22) dans les deux péricopes centrales (Mt 7,15-20.21-23) représentent la voie qui mène à la perdition (v.13b) ; en même temps, ils illustrent l'attitude de « celui qui écoute mes paroles et ne les met pas en pratique » (v.26). À l'opposé, la voie conduisant à la « vie » (v.14) se concrétise dans l'agir de ceux qui, comme des bons arbres, produisent des « bons fruits » (vv.17.18). Ce sont ceux qui font la volonté du Père (v.21), c'est-à-dire, les personnes qui écoutent et qui mettent en pratique les paroles de Jésus (v.24). Ces oppositions binaires mettent les auditeurs du DM devant le choix inéluctable qu'ils doivent opérer dans la perspective du jugement.

Plus qu'ailleurs dans la parénèse finale du DM, Mt 7,21-23 est littérairement marqué par l'emploi récurrent des références

---

[1] Cf. MARGUERAT, *Jugement*, 172.

intentionnellement explicites au locuteur du discours[2]. Signalons tout d'abord la présence du pronom personnel de la première personne en Mt 7,21 : ὁ λέγων μοι ; τοῦ πατρός μου ; 7,22 : ἐροῦσίν μοι ; τῷ σῷ ὀνόματι. Dans cette dernière expression, à cause du discours direct, le possessif de la seconde personne σῷ se réfère au pronom μοι cité dans la proposition précédente. Mt 7,23 : ἀπ' ἐμοῦ ; 7,24.26 : μου τοὺς λόγους τούτους. Il faut noter ensuite l'emploi des verbes à la première personne du singulier au v.23 : ὁμολογήσω ; ἔγνων. Dans le DM, en dehors de ces allusions à sa propre personne, Jésus parle directement à la première personne en Mt 5,19-48. Tout d'abord en Mt 5,17-20 lorsqu'il dit : « je suis venu… » ; « je vous dis ». Ensuite, dans la formule stéréotypée que l'on trouve en introduction de chaque antithèse, Jésus déclare avec force : « vous avez appris / il a été dit … mais *moi, je* vous dis… » (ἐγὼ δὲ λέγω ὑμῖν) en Mt 5,22.28.32.34.39.44. Ces références au locuteur servent à mettre en exergue l'autorité de celui qui prononce le discours et la qualité de l'enseignement qu'il livre dans ce discours.

Mt 7,21 a son parallèle en Lc 6,46. Comme Mt 7,21, Lc 6,46 se trouve aussi à la fin du discours sur la plaine. Mais Mt 7,21 se démarque de Lc 6,46 par trois éléments. Tout d'abord, en lieu et place du verbe « appeler » (καλεῖν) utilisé par Luc dans le sens de confesser, reconnaître dans la prière et dans le culte, Matthieu emploie le verbe « dire » qui ne signifie pas tout à fait ni à proprement parler « prier »[3]. Le binôme antithétique « dire »/« faire » est attesté aussi en Mt 21,28-32 ; 23,3b. Ensuite, alors que Lc 6,46 est formulé comme une interrogation (« pourquoi m'appe-

---

[2] On discute au sujet de la structure de Mt 7,15-23 pour savoir s'il faut diviser ces versets en deux unités distinctes (Mt 7,15-20 et 7,21-23), ou bien s'il faut les considérer comme une unité. On peut cependant relever des indices littéraires et des éléments d'homogénéité thématique qui militent en faveur de l'unité de ces versets. En effet, le motif de l'arbre et ses fruits (vv.16-20), appliqué par Matthieu aux ψευδοπροφῆται (v.15), est lié aux vv.21-23 par les mots-clefs προφητεύειν (vv.15.22) et ποιεῖν (vv.17ab.19.21.22). Quant à l'homogénéité thématique, il sied de relever que le thème de l'obéissance (καρποί, θέλημα) et du jugement (vv.19.22-23) sont au centre de cette unité. Cf. MARGUERAT, *Jugement*, 172.

[3] Cf. LAMBRECHT, *Discours*, 190.

lez-vous "Seigneur, Seigneur", et ne faites pas ce que je vous dis ?»), Mt 7,21 se présente comme une norme générale qui édicte une sentence d'entrée dans le royaume des cieux. L'expression εἰσέρχεσθαι + εἰς τὴν βασιλείαν τῶν οὐρανῶν utilisée en Mt 7,21 appartient au patrimoine lexical et théologique du premier évangile. On la trouve deux fois dans le DM, au début du discours (Mt 5,20) et ici, à la fin (Mt 7,21). Ailleurs dans l'EvMt, cette expression est attestée en Mt 18,3 ; 19,23-24. Seul ce dernier texte a des parallèles dans les synoptiques (Mt 19,23-24=Mc 10,23-24 ; Lc 18,24-25). Les autres textes sont propres au premier évangile. Enfin, Mt 7,21 se démarque de Lc 6,46 en ce que l'exigence éthique est diversement formulée dans le texte matthéen. En Lc 6,46, ce qui doit être fait, c'est « ce que je dis » (ἃ λέγω). En Mt 7,21, c'est « τὸ θέλημα τοῦ πατρός μου τοῦ ἐν τοῖς οὐρανοῖς ». Dans sa version, Luc n'insiste que sur la nécessité de mettre en pratique les exigences contenues dans les paroles de Jésus, sans en expliciter toutefois la relation avec le Père. Matthieu insiste par contre sur un élément ultérieur : La parole de Jésus, en particulier celle qu'il vient de prononcer dans ce discours, est la volonté de son Père (ὁ πατήρ μου). En Mt 7,21, il s'agit du rapport de Jésus avec son Père, et donc de l'autorité des paroles qu'il prononce. Le projet de ce chapitre est de relever la portée christologique de cette désignation de Dieu comme « mon Père » et son importance pour le DM.

2. « ὁ πατήρ μου » : Portée christologique et fonction

2.1. La portée christologique de « ὁ πατήρ μου » dans l'EvMt

L'expression ὁ πατήρ μου est beaucoup plus fréquemment utilisée par Matthieu et Jean que par Marc et Luc[4]. Aucun ὁ πατήρ μου n'est attesté en Marc. Les trois occurrences marciennes relatives à Dieu père de Jésus présentent deux fois πατήρ absolu (Mc 13,32 ;

---

[4] Dans l'évangile de Jean, on compte vingt-cinq occurrences de ὁ πατήρ μου, contre quatre-vingt-douze de ὁ πατήρ absolu, dont neuf au vocatif (« Père »). C'est donc la forme « ὁ πατήρ » qui domine dans les paroles de Jésus dans le quatrième évangile. En Jean, ὁ πατήρ est devenu tout simplement le nom de Dieu. Cf. T. W.

14,36 : Αββα ὁ πατήρ[5]) et une fois πατὴρ αὐτοῦ (Mc 8,38 par. Mt 16,27). Dans l'évangile de Luc, sur les douze références à Dieu, Père de Jésus, quatre ont πατήρ μου (Lc 2,49 ; 10,22 ; 22,29 ; 24,49) ; huit ont πατήρ absolu, dont cinq au vocatif, c'est-à-dire principalement dans la prière de Jésus. Dans l'EvMt, exceptées les six occurrences où πατήρ est utilisé en un sens absolu et donc en un contexte où est attestée la présence de « ὁ υἱός » (Mt 11,25.26.27[2x] ; 24,36 ; 28,19), Jésus parle de son rapport avec Dieu comme son Père principalement en utilisant l'expression « ὁ πατήρ μου ». En effet, seize des vingt-trois occurrences de πατήρ comme le Père de Jésus se présentent en cette forme : l'article + πατήρ + μου. Ce groupe inclut aussi Mt 16,27 où c'est le possessif αὐτοῦ se référant au Fils de l'Homme (Jésus) qui détermine πατήρ. Le vocatif πάτερ est attesté quatre fois en Matthieu (une fois en Marc ; six fois en Luc) ; deux fois, le possessif μου est ajouté au vocatif πάτερ (Mc 26.39.42 ; cf. Mc 14,36)[6].

Dans l'EvMt, on trouve « ὁ πατήρ μου » tout d'abord dans un contexte où émerge le motif de la révélation réciproque du Père et du Fils. C'est le cas dans l'hymne de jubilation de Jésus en Mt 11,27 et dans la confession de Pierre (Mt 16,17). Ces deux textes présentent du reste une étroite parenté. On peut y noter l'emploi du verbe ἀποκαλύπτειν (Mt 11.25.27 ; 16,17) et la mention de « mon Père » qui s'harmonise bien avec l'insistance matthéenne sur la christologie du Fils de Dieu (cf. la précision rédactionnelle du v.16 : « Fils de Dieu vivant »)[7]. En Mt 16,17, le verbe ἀπεκάλυψέν est utilisé sans com-

---

Manson, *The Teaching* 99 ; Jeremias, *Abba*, 33-34 ; G. Schneider, « Auf Gott bezogenes „Mein Vater" und „Euer Vater" in den Jesus-Worten der Evangelien », *The Four Gospels* (éd. F. van Segbroeck et al.) (Leuven 1992), III, 1771-1773 ; Id. « Gott, der Vater Jesu Christi, in der Verkündigung Jesu und im urchristlichen Bekenntnis », *Jesusüberlieferung und Christologie* (Leiden – New York 1992) 24-25.

[5] Dans cette expression de Marc (14,36), il faut noter l'emploi de l'article qui détermine ὁ πατήρ après Αββα, comme pour souligner en une forme emphatique, le caractère unique de la relation de Jésus avec son Père.

[6] Pour Jeremias (*Abba*, 58), ce « πάτερ μου » matthéen est « eine korrekte Wiedergabe des Abba (ὁ πατήρ) der Vorlage Mk 14,36 ».

[7] Cf. Schlosser, *Dieu de Jésus*, 166 ; A. Vögtle, *Das Evangelium und die Evangelien* (Düsseldorf 1971) 165.

plément d'objet direct. Ce que « ὁ πατήρ μου » (sujet du verbe, comme c'est le cas aussi en Mt 11,25) révèle n'est pas nommé. Mais le contexte et la parenté de ce verset avec Mt 11,25.27 permettent d'indiquer que cette révélation concerne l'identité profonde de Jésus, Messie et Fils du Dieu vivant, que Pierre a proclamée. Pierre participe ainsi à la condition des « petits » auxquels le Père a gratuitement révélé son projet salvifique (« ces choses » en 11,25-26). L'emploi de « ὁ πατήρ μου » dans ces deux textes importants indique la relation unique qui lie Jésus à son Père. À partir de cette relation unique entre le Père et le Fils, on peut donc déduire la connaissance réciproque du Père et du Fils comme l'atteste clairement Mt 11,27[8].

Un autre contexte où on trouve « ὁ πατήρ μου » dans la bouche de Jésus et dans lequel il faut situer l'emploi de Mt 7,21 est lié aux motifs conjugués de l'obéissance et du jugement[9]. Liée quelque fois au terme θέλημα, l'expression « ὁ πατήρ μου » apparaît dans l'EvMt lorsque Jésus se prononce en matière d'obéissance (Mt 7,21 ; 12,50 ; 26,39.42)[10] et de jugement (Mt 10,32.33 ; 15,13 ; 18,35 ; 20,23 ; 25,34 ; 26,29). Le lien entre ces deux motifs (obéissance et jugement) est parfaitement exprimé par la sentence d'entrée dans le royaume en Mt 7,21 : L'attitude que l'on assume envers la volonté du Père devient la norme de jugement. Toutes ces données montrent en définitive que « ὁ πατήρ μου » est une « expression clé de la christologie du Révélateur » de l'EvMt[11].

---

[8] Contra BETZ (*Sermon*, 548) qui écrit au sujet de la « christologie » de Mt 7,21 : « One must not, however, misunderstand this statement as implying a christology of Jesus as the Son of God. Jesus regards himself as God's son just as all faithful Jews do and as it is expressed also in the invocation (epiklesis) of the Lord's Prayer (SM/Matt 6:9b) ». BETZ précise en outre que « by speaking of God as my Father Jesus sharply separates himself from the Gentile Christians he rejects ». Le texte viserait en particulier les pseudoprophètes qui seraient, selon lui, des chrétiens proches de Paul et donc non observant la loi.

[9] Quant aux références non reprises dans cette classification, on peut dire en général qu'elles parlent de l'action salvifique du Père (Mt 18,10.19 ; 26,53). Cf. MANICARDI, « Dio Padre secondo Matteo », 97-98.

[10] L'expression « volonté du père » est attestée aussi en Mt 21,31 dans la parabole de deux fils (Mt 21,28-32). L'insistance sur le faire que développe cette parabole est bâtie comme en Mt 7,21 sur le contraste entre « dire » et « faire ».

[11] SCHRENK, « πατήρ », 989 : « Stichwort einer Offenbarer-Christologie » ; FRANKEMÖLLE, *Jahwebund*, 160.

Matthieu souligne ainsi que Dieu est le Père qui se révèle à travers le Fils. De la sorte, la décision du jugement est faite en rapport avec le Fils uni à son Père.

La perspective du jugement final, caractéristique de la finale des discours de Jésus dans le premier évangile, est présente aussi en Mt 7,13-27[12]. Mt 7,13 signale la destinée ultime de l'homme à travers les catégories ζωή/ἀπώλεια. Mt 7,19 reprend la prédication de Jean Baptiste sur le jugement : « tout arbre donc qui ne produit pas de bon fruit va être coupé et jeté au feu » (Mt 3,10 ; 7,19). Mt 7,22 préfigure la condamnation « ἐν ἐκείνῃ τῇ ἡμέρᾳ » des croyants qui invoquent à leur actif les charismes spirituels. L'emploi de l'expression « ἐν ἐκείνῃ τῇ ἡμέρᾳ » au v.22 est suggestif (Mt 24,19.22.29.36.38 ; 26,29). C'est l'expression caractéristique du jugement dernier dans l'AT en contexte apocalyptique[13]. Le style solennel de Mt 7,23 n'est pas sans rappeler la grande fresque de Mt 25,31-46 où le Fils de l'homme juge les nations au nom de son Père. Tous ces éléments présentent un renforcement de la menace du jugement qui pèse comme un avertissement sur les disciples afin qu'ils mettent en pratique l'enseignement de Jésus donné dans ce discours, d'où l'insistance sur le « faire » déjà signalée plus haut. L'emploi de « ὁ πατήρ μου » plutôt que de « ὁ πατὴρ ὑμῶν » en Mt 7,21 s'explique donc dans ce contexte où apparaissent au premier plan et de la manière plus forte la relation de Jésus avec son Père et l'enseignement que lui, le Fils, donne au nom du Père.

En parlant de Dieu comme « mon Père » en Mt 7,21, Jésus indique par-là implicitement qu'il parle dans ce discours comme le Fils. Selon Mt 11,27, la principale mission du Fils (Jésus) est de révéler son Père. Cette révélation advient à travers l'annonce de

---

[12] Ce principe structurel n'est pas caractéristique du seul évangile de Matthieu. On le trouve aussi en Q et dans la Didaché. Cf. G. BORNKAMM, « End-Expectation and Church in Matthew », G. BORNKAMM – G. BARTH – H. J. HELD, *Tradition and Interpretation in Matthew* (Philadelphia 1963) 17 ; D. LÜHRMANN, *Die Redaktion der Logienquelle* (Neukirchen-Vluyn 1969) 93-97.

[13] L'emploi linguistique de l'expression ἐν ἐκείνῃ τῇ ἡμέρᾳ (au singulier) pour indiquer la parousie est attesté aussi dans l'AT. Voir Is (LXX) 10,20 ; Os 1,5 ; Am 9,11 ; So 1,15 ; Za 12,3-11 ; 13,1-4 ; 14,4.6. Pour le NT, voir Lc 17,31 ; 21,34 ; 2 Th 1,10 ; 2 Tm 4,8.

Jésus, ses œuvres de puissance, sa passion et sa résurrection. Dans la perspective de Mt 7,21, lorsque le Fils révèle le Père, il révèle avant tout sa volonté. La filiation divine de Jésus se manifeste ici dans sa tâche de héraut de la volonté divine[14]. C'est sur la base de ce rapport exclusif avec son Père que Jésus s'érige en juge eschatologique qui édicte la sentence d'entrée dans le royaume des cieux (Mt 7,21), c'est-à-dire, comme le montre la scène de la comparution eschatologique, celui qui autorise l'entrée ou le rejet hors du royaume (Mt 7,22-23).

2.2. «τὸ θέλημα τοῦ πατρός μου » dans le contexte de Mt 5-7

L'enchaînement de l'annonce du jugement des fauteurs d'iniquité (Mt 7,21-23) avec la parabole des deux maisons (Mt 7,24-27) montre clairement que le fait d'accomplir la volonté du Père et de mettre en pratique les « paroles » formulées par Jésus dans ce discours est désormais une seule et même chose. Ce que Jésus demande dans le DM « ne doit pas être placé ni à côté, ni au-dessus, ni en dessous des exigences de Dieu, mais ce qu'il demande s'identifie avec ce que le Père exige »[15]. Ainsi, la volonté du Père, ce sont « les paroles » (μου τοὺς λόγους τούτους) que Jésus vient de proclamer et qu'il faut « faire » (ποιεῖν). L'expression μου τοὺς λόγους τούτους (Mt 7,24.26) est une analepse qui, dans le contexte, renvoie à tout l'enseignement que Jésus a donné à ses disciples dans le DM. On comprend dès lors la raison pour laquelle Jésus insiste dans cette dernière partie du discours sur la nécessité de mettre en pratique la parole qu'il vient de proclamer. Les paroles de Jésus, c'est-à-dire son interprétation de la Torah, deviennent le critère du salut eschatologique. Seule la mise en pratique de la Torah telle qu'elle est enseignée par le Fils mène au salut[16].

---

[14] Cf. GRUNDMANN, *Matthäus*, 234 ; M. HENGEL, « Zur matthäischen Bergpredigt und ihrem jüdischen Hintergrund », *ThR* 52 (1987) 327-400 ; MARGUERAT, *Jugement*, 196.

[15] TRILLING, *Il vero Israele*, 241.

[16] C'est ce que ZUMSTEIN appelle le point de la rupture christologique de Matthieu avec le judaïsme. La rupture se cristallise sur cette fonction que Matthieu attribue au Christ. L'autorité de la Torah ne réside plus en elle-même ; elle est extérieure à la Torah, c'est-à-dire dans le Christ. Cf. ZUMSTEIN, « Proximité et rupture », 17-19.

En même temps, la présence de « τὸ θέλημα τοῦ πατρός μου τοῦ ἐν τοῖς οὐρανοῖς » en Mt 7,21 rappelle la demande du NP qui parle aussi de la volonté du Père. Cette insertion de « τὸ θέλημα τοῦ πατρός μου » dans le contexte de la prière montre que « faire la volonté du Père céleste » comme le demande Mt 7,21 (cf. Mt 12,50) n'est pas seulement un impératif qui appelle à la responsabilité du disciple. Bien plus, les disciples doivent prier sans cesse pour demander de l'aide auprès de leur Père céleste[17]. C'est dire donc que demander au Père d'accomplir sa volonté, c'est aussi lui demander de faire en sorte que par sa grâce, les hommes acceptent sa volonté[18].

■ Conclusion

En Mt 7,21, c'est la première fois dans le DM et dans l'EvMt que Jésus parle de Dieu en le désignant comme « ὁ πατήρ μου ». Il n'a parlé jusque-là de DP que comme Père de ses disciples (« votre Père » ; « ton Père » ; « notre Père »). En concluant les références à DP dans le DM par cette référence à « ὁ πατήρ μου ὁ ἐν τοῖς οὐρανοῖς », Jésus montre que son rapport avec Dieu son Père ne peut en aucun cas être oublié lorsqu'on parle de la paternité de Dieu. En effet, à l'exception de Mt 13 qui n'a qu'une seule référence à DP (ὁ πατήρ αὐτῶν), là où Jésus parle de Dieu comme le Père des hommes, il n'y a aucun « ὁ πατήρ ὑμῶν » qui n'est utilisé sans être suivi d'une référence à « ὁ πατήρ μου », c'est-à-dire à Dieu, le Père de Jésus qui prononce le discours. C'est donc Jésus qui indique aux disciples que Dieu, son Père, est aussi leur Père.

Cette affirmation est importante pour deux motifs. En premier lieu, Jésus montre que c'est sa relation avec son Père qui est à la base de la révélation de la paternité de Dieu envers ses disciples. S'il a parlé avant et longuement du Père dans sa relation avec

---

[17] Cf. Luz, *Matteo*, I, 597 ; L. Sánchez Navarro, *La enseñanza de la Montaña. Comentario contextual a Mateo 5-7* (Estella 2005) 169.
[18] Cf. Dupont, « Notre Père », 846.

ses disciples, c'était pour montrer comment la paternité de Dieu à leur égard devient visible au monde par le comportement éthique qu'il leur demande dans son enseignement. Ensuite, sans la référence à Dieu comme « ὁ πατήρ μου » telle qu'elle est formulée en Mt 7,21, on soupçonnerait l'enseignement de Jésus en Mt 5-7 d'être un discours d'orientation seulement moraliste. Matthieu présenterait ainsi la paternité de Dieu sans cette référence essentielle à la personne de Jésus[19]. Mais avant de conclure le discours, Matthieu montre que c'est bien Jésus, le Fils, qui révèle par sa parole la volonté du Père et qui permet ainsi à ceux qui l'écoutent et qui mettent en pratique sa parole de devenir à leur tour « fils du Père » (Mt 5,45). L'emploi du possessif « μου » indique que la source de cet agir est le Père de Jésus, et que ce dernier est la médiation permanente des exigences qui guident les disciples à devenir fils du Père. C'est donc dans le contexte de la relation des disciples avec le Père révélé par Jésus qu'il faut placer les exigences éthiques formulées dans le DM.

---

[19] Cet aspect est bien souligné par MANICARDI, « Paternità », 114-115.

DEUXIÈME PARTIE

LA RELATION AVEC DP ET LA PRAXIS DU DM

Dans la première partie de cette étude, on a analysé les références à DP de façon plutôt « linéaire ». Cela nous a permis de noter que les impératifs de l'agir des disciples ne se trouvent pas en un contexte isolé ou présentés pour eux-mêmes, mais toujours en relation avec le Père. De même, la caractérisation de Dieu comme le Père des disciples et comme le Père de Jésus est en fonction de l'annonce éthique qui y est faite. Dans cette deuxième partie, on voudrait montrer ce que signifie et ce qu'implique cette articulation du contenu moral (exigences impératives) avec cette réalité théologale que constitue la relation des disciples avec Dieu comme leur Père. Une telle démarche est motivée par le souci de déterminer comment la demande d'un tel agir suppose une identité nouvelle pour les disciples sur la base de cette relation que Jésus établit entre son Père et ses disciples. Il va sans dire que pour relever ces aspects proprement pragmatiques de la révélation de Dieu comme Père en Mt 5-7, il est nécessaire d'élucider de prime abord le contexte dans lequel Matthieu a inséré cette révélation de Dieu comme Père à ce point précis de son récit. Ensuite, une telle démarche ne peut éluder la question importante de la distribution des références à DP dans ce discours. C'est à cette tâche que l'on va donc s'atteler dans les prochains chapitres, avant d'affronter en dernière analyse la question relative aux aspects pragmatiques de la relation des disciples avec le Père et au statut de celui qui prononce ce discours.

CHAPITRE I
LA RÉVÉLATION DE DP (MT 5-7) À LA SUITE DE MT 4,17-25

Le DM est immédiatement précédé d'une série des textes où, à partir de Mt 4,17, Matthieu fixe les conditions générales de l'activité de Jésus en Galilée (Mt 4,12). Matthieu précise pour cela le thème général de l'enseignement de Jésus (Mt 4,17), les premiers destinataires (appel des quatre disciples en Mt 4,18-22), les formes principales de l'activité de Jésus (proclamation de l'évangile du Règne et guérisons en Mt 4,23) et enfin l'effet de l'activité de Jésus auprès des foules (Mt 4,24-25). Tous ces textes offrent, ainsi, un cadre approprié qui introduit le DM. Ce contexte nous aide à comprendre l'enseignement de Jésus dans ce discours.

■ 1. Le Règne et l'impératif de conversion en Mt 4,17

En Mt 4,17, Matthieu présente le thème général de l'enseignement de Jésus : « Convertissez-vous, car le Règne des cieux s'est approché ». Au cœur de cette synthèse de l'enseignement de Jésus se trouve la réalité de la βασιλεία qui s'est approchée des hommes. En parlant de la βασιλεία, les évangiles la décrivent comme une réalité à la fois présente et future. L'ère nouvelle de grâce a déjà commencé dans le monde avec la venue de Jésus, comme le montrent si bien ses guérisons et ses exorcismes. En Mt 12,28, Jésus dit : « Mais si c'est par l'Esprit de Dieu que j'expulse les démons, c'est donc que le Royaume de Dieu est arrivé jusqu'à vous » (cf. Lc 11,20 ; Lc 17,20-21). Mais cette ère de grâce n'atteindra sa plénitude qu'à la fin de l'histoire humaine lorsque toutes les puissances de mal seront définitivement détruites. C'est cette acception du Règne entendu comme réalité future qu'on retrouve dans la prière du NP où l'on prie pour l'avènement du Règne (Mt 6,10). Il en est de même en Mt 4,17 où Jésus utilise le verbe ἤγγικεν. Il ne dit pas que le Règne est déjà là, mais littéralement, qu'il « s'est approché », « il est devenu proche ». L'emploi de ce verbe en Mt 4,17 implique donc que le Règne n'est pas encore établi ni réalisé dans sa plénitude[1]. Cette tension entre le futur et le présent caractéristique de la βασιλεία comporte un aspect important pour la vie morale. La réalité du Règne dont le plein accomplissement est attendu pour le futur envahit dès à présent la vie des hommes et en détermine l'orientation pragmatique décisive. En d'autres termes, le destin final de l'humanité dans sa relation avec Dieu, destin qui correspond à la victoire sur le mal, au rétablissement de la justice, appartient à l'expérience future, mais les contours de ce futur aident à définir ce que doit être la vie de l'homme déjà dans le présent.

En Mt 4,17, la corrélation entre la βασιλεία et la conduite correspondant de l'homme est exprimée littérairement par la particule causale γάρ[2]. L'emploi de cette particule signifie que la proximité du Règne est la « motivation » (le fondement) qui justifie l'appel à la conversion que Jésus lance à ses auditeurs[3]. L'appel

---

[1] Dans l'EvMt, cette annonce se trouve aussi dans la bouche de Jean (Mt 3,2) et dans la mission confiée aux disciples (Mt 10,7). Ce dernier texte ne contient cependant pas l'appel à la conversion comme en Mt 3,2 ; 4,17. Cette variation n'a certes pas de signification majeure, car l'avènement du temps de salut exige de toutes les façons un changement de vie (conversion) de la part de l'homme. Les trois textes affirment tous la proximité du règne des cieux. Mais il n'y a pas d'homogénéité entre eux. En effet, quand bien même ces textes sont formulés de manière identique, le contenu concret est façonné par les diverses circonstances de l'annonce, en particulier en relation avec le héraut qui proclame l'annonce. Jean Baptiste est le précurseur ; Jésus est le fils du Père qui annonce la proximité du Règne de Dieu. Sur la différence entre Mt 3,2 et 4,17, cf. E. WÜRTHWEIN, « μετανοέω, μετάνοια », *TWNT* IV, 972-1004.

[2] Sur ce γάρ, cf. R. A. EDWARDS, « Narrative Implications of GAR in Matthew », *CBQ* 52 (1990) 652.

[3] Aspect particulièrement mis en exergue par MERKLEIN, *Die Gottesherrschaft*, 291. Pour MERKLEIN, la βασιλεία τοῦ θεοῦ est à la fois le principe formel et matériel de la conduite morale que Jésus requiert : « Die erfahrene, radikale Güte des eschatolo-

à la conversion et la réalité de la βασιλεία qui s'est approchée constituent ainsi deux motifs inséparables. Le fait que ce Règne, c'est-à-dire Dieu dans son autorité royale, s'est approché des hommes exige que ces derniers se « tournent » vers Lui. Comme dans les textes prophétiques, en particulier chez Jérémie où la conversion est exprimée par la racine שוב (Jr 3 ; 4,1 ; 8,4.5 ; 18,8.11 ; etc.), ce retour n'est possible que parce qu'il y a alliance, c'est-à-dire grâce à un engagement souverain et premier de YHWH à l'égard de son peuple, un retour sur la base d'un pacte initial entre YHWH et Israël. Ce retour ne ramène pas cependant l'homme sur lui-même, ni sur ses fautes, mais vers Quelqu'un : YHWH. La conversion requise à l'homme ne s'explique que parce que Dieu s'est approché de l'homme : « Tournez-vous vers Dieu, parce que Dieu s'est tourné vers vous »[4].

En outre, la βασιλεία que Jésus annonce dans son enseignement est une réalité libératrice et porteuse de joie. Mt 4,23 parle en effet de la « *bonne nouvelle du Règne* ». Le ton est donc donné : l'œuvre qui commence à s'accomplir est sous le signe de la bonté de Dieu. La transformation radicale de la vie que doit provoquer cette annonce joyeuse de la part de Jésus n'est donc que la conséquence pratique et urgente de la proximité du Règne des cieux, et non pas sa condition. Le Règne n'est pas en effet un projet pour l'agir de l'homme, ou une réalité que les hommes peuvent constituer. Le Règne vient de Dieu et seul lui peut le constituer (Mt 6,10a). Ce que les hommes peuvent faire par rapport à la réalité de ce Règne qui est proche est indiqué par l'impératif μετανοεῖτε. À la venue du Règne doit correspondre la réponse de l'homme. C'est pourquoi en Mt 4,17, l'impératif est placé au début de la phrase. Cette mise en exergue de l'impératif en Mt 4,17 reflète les préoccupations pas-

---

gischen handelnden Gottes begründet, ermöglicht und fordert vom Menschen radikale Güte gegenüber seinem Mitmenschen ». Voir aussi D. P. SENIOR, « The Foundations for the Christian Moral Life in the Gospel of Matthew », « *Il Verbo di Dio è vivo* ». *Studi sul Nuovo Testamento in onore del Cardinale A. Vanhoye* (éd. J. E. AGUILAR CHIU – F. MANZI et al.) (Roma 2007) 60-63.

[4] BONNARD, *Matthieu*, 32; SCHNIEWIND, *Matteo*, 66.

torales de Matthieu qui insiste sur la nécessité de la réponse de l'homme[5]. Sans cette dernière, le don de Dieu que Matthieu présente comme un fait assuré, reste « vain ». Il y a donc possibilité d'échouer. La parabole du serviteur impitoyable en Mt 18,23-35 l'illustre clairement. Bien qu'ayant obtenu la remise gratuite de sa dette, le serviteur impitoyable est incapable d'agir avec la même sollicitude envers son collègue qui, pourtant, doit lui rembourser moins de ce qu'il devait à son patron. Mais si l'on doit justement être préoccupé de ce que l'homme doit faire, rien n'empêche que l'élément décisif est, et reste l'agir de Dieu qui constitue le facteur sans lequel l'agir de l'homme demeure sans motif et sans fondement. La transformation radicale provoquée par l'annonce de Jésus n'est rendue possible que dans l'horizon de l'avènement du Règne des cieux qui est en mesure de l'accroître et de la couronner. C'est donc dans cette perspective qu'il faut placer la révélation sur Dieu comme le Père des disciples et de Jésus dans l'annonce éthique de Mt 5-7.

2. L'activité de Jésus en Mt 4,18-25 et sa signification pour Mt 5-7

On peut rappeler brièvement comment Matthieu décrit l'activité de Jésus aussitôt après l'annonce programmatique de Mt 4,17 et avant de prononcer son enseignement sur la montagne. Jésus appelle les quatre premiers disciples (Mt 4,18-22) ; il proclame l'évangile du royaume et guérit les malades (Mt 4,23-25) ; puis aussitôt après, il révèle à ses disciples la condition d'obéissance qui caractérise leur être disciple (Mt 5-7). Le placement de l'appel des disciples (Mt 4,18-22) et du sommaire sur les guérisons (Mt 4,23-25) avant les chapitres Mt 5-7 montre qu'avant d'être confrontés aux impératifs du DM, les disciples et les foules ont été l'objet d'une initiative salvifique et en même temps des témoins de la miséricorde de Jésus, sans que pour cela il leur ait été demandé de faire quoi que ce soit[6]. Le premier geste de Jésus

---

[5] Cf. DAVIES – ALLISON, *Matthew*, I, 388.
[6] Cf. ALLISON, « The Configuration of the Sermon », 198; U. LUZ, « Die Jünger im Matthäusevangelium », *ZNW* 62 (1971) 164, n.101; MARGUERAT, *Jugement*, 227-228.

n'est pas donc celui d'imposer des impératifs, mais de donner la grâce bénéfique du Règne que manifestent l'appel des disciples, les guérisons, etc. Cette disposition traduit le primat du don de Dieu en vue du salut.

Ensuite, Mt 5-7 et 8-9 sont encadrés par deux sommaires que Matthieu a placés en Mt 4,23 et Mt 9,35. Ces deux versets décrivent dans une correspondance quasi *verbatim* l'activité de Jésus à l'aide de trois verbes : enseigner ; proclamer ; guérir. Ces deux sommaires ont dans l'évangile une fonction inclusive. En effet, ils enchâssent une présentation des *paroles* et des *œuvres* de Jésus qui est importante pour l'EvMt. Mt 5-7 concerne l'enseignement de Jésus et en Mt 8,1-9,34, il est question des « œuvres », c'est-à-dire principalement des miracles (la section des miracles). Par sa formulation, Mt 4,23s. peut donc être considéré comme un titre qui introduit aussi bien l'enseignement de Jésus en Mt 5-7 que la section des miracles en Mt 8-9.

Et pourtant, en présentant l'activité de Jésus au début du discours en Mt 5,2 et à la fin du discours en Mt 7,29, Matthieu n'utilise que le seul verbe διδάσκειν en lieu et place des deux verbes présents en Mt 4,23 : διδάσκων καὶ κηρύσσων τὸ εὐαγγέλιον τῆς βασιλείας[7]. Néanmoins, le terme qui exprime le contenu de cette proclamation (κηρύσσων), en l'occurrence la βασιλεία présentée comme le contenu objectif de cet évangile (τὸ εὐαγγέλιον τῆς βασιλείας)[8], apparaît en des endroits stratégiquement importants de l'enseignement (διδάσκων) de Jésus en Mt 5-7 : au début du discours, (Mt 5,3.10) et à la fin du discours (Mt 7,21), dans l'introduction aux normes particulières (Mt 5,19.20),

---

[7] Certains attribuent à ces deux verbes des sens différents. Ainsi, SCHLATTER, *Matthäus*, 121 : l'enseignement concerne ce qu'on doit faire (exposition sur la Loi), et la proclamation : ce que Dieu fera (annonce sur le règne). Voir aussi SCHWEIZER, *Matthäus*, 77 ; BORNKAMM, « Endexpectation », 38. Mais comme l'a si bien montré U. LUZ, bien que comportant des connotations diverses, il y a lieu de considérer globalement ces deux verbes comme des synonymes. LUZ, *Matteo*, I, 281-284.

[8] Le génitif τῆς βασιλείας signifie que la prédication a pour objet le Règne, celui annoncé comme proche et inauguré par Jésus. Dans le NT, l'expression τὸ εὐαγγέλιον τῆς βασιλείας ne se trouve que dans l'EvMt (Mt 9,35 ; 24,14). Elle pourrait être une réminiscence d'Is 52,7, où l'on rencontre les deux verbes εὐαγγελίζομαι et βασιλεύω. Cf. BONNARD, *Matthieu*, 52 ; MERKLEIN, *La signoria di Dio*, 24.

dans la prière du NP (Mt 6,10) et dans la section relative aux préoccupations (Mt 6,33). Cela suffit donc pour qu'on considère l'enseignement de Jésus en Mt 5-7 comme « l'évangile du Règne »[9]. Mais il s'agit d'un enseignement présenté avec un accent éthique bien évident[10]. En effet, la βασιλεία est dans la plupart des occurrences du DM le contenu de la promesse (Mt 5,3.10), de la prière (Mt 6,10). Pour y entrer, il est donc nécessaire de pratiquer la justice (Mt 5,19-20 ; 7,21). Enfin, elle est liée à l'idée de la justice (Mt 5,10 ; 6,33).

Mais si l'expression « royaume des cieux » renvoie à la présence dynamique de Dieu, à son activité salvifique dans le présent et dans le futur, en Mt 5-7 Jésus parle pourtant de ce Dieu sous les traits d'un Père proche des disciples et disposé à donner et à pardonner. La βασιλεία qui s'est approché des hommes est la βασιλεία du Père (Mt 6,10 ; 6,33a ; 13,43 ; 26,29). C'est dire que la bonne nouvelle du Règne ne contient pas que les exigences éthiques pour y accéder. Il n'y a donc pas lieu de considérer l'évangéliste Matthieu comme un « légaliste » pur et simple[11]. La bonne nouvelle du Règne qui est proclamée dans cet évangile est aussi l'annonce joyeuse sur Dieu qui s'est approché des hommes par l'œuvre de Jésus. De ce point de vue, la contribution de Mt 5-7 est donc de montrer que ce Dieu est le Père de ses disciples.

■ Conclusion

À la lumière de ce que les textes qui le précèdent (Mt 4,17-25) ont montré pour la compréhension du DM, il n'est donc pas possible de ne voir en Mt 5-7 que l'accumulation des impératifs en le faisant suivre de Mt 8-9 comme expression de la grâce bénéfique à cause des nombreuses guérisons que Jésus opère dans

---

[9] Voir à ce propos l'article important de K. STOCK, « Die Bergpredigt als Programm für das Reich Gottes », *Studia Missionalia* 46 (1987) 1- 20. Cf. LUZ, *Matteo*, I, 283, 318.

[10] Sur cet « *aspect éthique* » de la βασιλεία, cf. U. LUZ, « βασιλεία », *EWNT* I, 488-489 (« Ethisierung des Begriffs »).

[11] Cf. H. KVALBEIN, « The Kingdom of God in the Ethics of Jesus », *ST* 51 (1997) 75-77.

cette section des miracles. Au contraire, dans le discours même, on peut noter tout d'abord les promesses eschatologiques qui sont formulées dans les béatitudes. Celles-ci sont comme une porte ouverte à la grâce dans le futur eschatologique, c'est-à-dire dans la perspective de la βασιλεία, du « déjà – là – pas – encore » (Mt 5,3-12). Il faut ensuite prendre en compte cette relation avec Dieu révélé comme Père et qui est sans doute un événement de la grâce. La révélation de Dieu comme Père que Jésus fait dans ce discours actualise cette annonce joyeuse du Règne qui s'est approché des hommes. En effet, cette relation des disciples avec le Père est sans nul doute le don du Père qui, par son Fils Jésus qui le révèle, se rend proche de ceux à qui il est révélé en tant que tel. À partir de ce don, on comprend mieux l'attitude de ce Père vis-à-vis des disciples, c'est-à-dire ce que ce Père est, ou mieux, pour le dire avec Mt 5-7, ce que ce Père fait ou ce qu'il est disposé à faire pour les disciples et pour les auditeurs de l'enseignement de Jésus en Mt 5-7.

CHAPITRE II
DISTRIBUTION DES RÉFÉRENCES À DP EN MT 5-7

Sur le plan strictement littéraire et linguistique, la répétition du terme πατήρ en Mt 5-7 pourrait être à première vue une caractéristique de surface. On aurait donc tort d'étudier ces références d'une façon seulement linéaire sans tenir compte de la composition du texte. Pour établir ce que cette répétition de la désignation de Dieu comme πατήρ signifie dans le discours, on doit recourir à d'autres critères d'ordre sémantique comme on l'a montré dans la première partie, et ensuite d'ordre structurel, comme on va le faire maintenant. Il s'agit de tirer au clair la logique qui préside à l'organisation et à la distribution des références à DP dans le discours afin de relever les insistances rédactionnelles par lesquelles Matthieu construit sa « *patérologie* » en Mt 5-7. Pour cela, il est nécessaire de jeter un coup d'œil sur l'ensemble des références à DP dans l'EvMt.

■ 1. Les références à DP dans l'EvMt

Mises à part les 7 références à DP attestées dans la prière de Jésus à *son* Père (Mt 11,25.26.27 ; 26,39.42), les 37 autres références à DP dans l'EvMt se trouvent en des endroits stratégiques de l'évangile qui révèlent les intérêts vitaux du premier évangile : christologique, ecclésiologique, missionnaire et éthique[1]. Pour l'illustrer, on doit opérer une double distinction. Il est nécessaire

---

[1] Cf. FABRIS, « Il Dio di Gesù Cristo », 127.

de distinguer d'une part les références à DP contenues dans les 5 discours de Jésus dans l'EvMt et les références qui se trouvent dans d'autres contextes narratifs[2]. D'autre part, on doit aussi distinguer les références à DP comme le Père de Jésus des autres références où DP est présenté comme le Père des hommes (disciples). On peut le voir dans le tableau schématique suivant.

Les 5 Discours	Total	DP des hommes	DP de Jésus
1. Mt 5-7	17	16	1
2. Mt 10	4	2	2
3. Mt 13	1	1	–
4. Mt 18	4	1	3
5. Mt 23.24-25	3	1	2

Autres contextes (narratifs)			
	8	–	8

Les données établies ci-dessus montrent que dans l'EvMt, Jésus parle de DP principalement dans les cinq discours. Tous les évangiles rapportent certes les paroles, l'enseignement et les œuvres de Jésus. Matthieu est toutefois le seul qui regroupe dans son évangile cet enseignement de Jésus en cinq discours. En concluant

---

[2] Nous avons divisé l'EvMt en « discours » et « narration » dans le souci de mieux comprendre la distribution des références à DP dans l'évangile. Cette division ne signifie nullement que nous considérons l'EvMt comme composé de deux éléments distincts, c'est-à-dire les cinq discours d'une part et les sections narratives de l'autre, comme l'a défendu B. BACON particulièrement, et beaucoup d'autres après lui. Voir B. BACON, *Studies in Matthew* (London 1930) XV, 47.50.81-82. L'EvMt est une œuvre unitaire. Loin d'être en dehors de l'histoire qui est racontée, les discours de Jésus dans cet évangile ont un rôle bien précis à l'intérieur de cette histoire. Dans l'ouvrage qu'il a consacré à l'EvMt dans une perspective de critique littéraire, J.D. KINGSBURY a mis en évidence ce rôle des discours de Jésus dans le récit matthéen. Cf. J.D. KINGSBURY, *Matthew as Story* (Philadelphia ²1988) 105-107. Pour la relation entre « discours » et « narration » à l'intérieur d'une œuvre littéraire, cf. S. CHATMAN, *Narrative and Discourse: Narrative Structure in Fiction and Film* (New York 1978) 45-46.

tous ces discours par la même formule « καὶ ἐγένετο ὅτε ἐτέλεσεν ὁ Ἰησοῦς ... » (Mt 7,28 ; 11,1 ; 13,53 ; 19,1 ; 26,1), il montre que ces cinq discours ne doivent pas être pris isolément ; ils doivent plutôt être considérés comme un corpus unique[3]. Ces discours contiennent l'essentiel de l'enseignement de Jésus que cet évangile présente. En plaçant l'ensemble de ces références à DP dans le contexte de ces cinq discours, Matthieu souligne d'une part que la révélation de Dieu comme Père est une dimension essentielle de l'enseignement de Jésus à travers lequel il se confirme comme l'unique qui révèle le Père (Mt 11,27). De l'autre, comme tous ces discours sont adressés soit aux disciples seuls (Mt 10 ; 13,36-53 ; 18 ; 24-25), soit aux disciples ensemble avec les foules (Mt 5-7 ; 13,2-35 ; 23), l'être et le devenir disciple sont inséparables de cette relation avec le Père que Jésus leur révèle. C'est la raison pour laquelle toutes les 21 références à DP mises en relation avec les auditeurs de Jésus (Dieu comme le Père des hommes) ne sont attestées que dans ces cinq discours. La particularité de Mt 5-7 est que Matthieu y a concentré plus de la moitié des références à DP attestées dans les cinq discours (17 sur 29 références), et plus particulièrement, 16 des 21 références à Dieu, Père des hommes.

Quant aux huit autres références à DP attestées dans des contextes narratifs de l'évangile (Mt 12,50 ; 15,13 ; 16,17.27 ; 26,29.53 ; 28,19), elles ont la particularité de présenter Dieu comme le Père de Jésus. Cette présentation est attestée dans un double contexte narratif. Globalement, on peut dire que Jésus parle de Dieu comme son Père en un contexte où, après avoir affronté l'opposition et le refus de la part de ses adversaires, il montre que la révélation de Dieu comme son Père n'est réservée qu'« aux humbles », c'est-à-dire principalement aux disciples. C'est ce qu'il fait en Mt 12,50. Située en conclusion de la section Mt 11,2-12,50, la péricope Mt 12,46-50 marque le passage de cette « génération mauvaise » qui

---

[3] La formule qui conclut le dernier discours est « καὶ ἐγένετο ὅτε ἐτέλεσεν ὁ Ἰησοῦς πάντας τοὺς λόγους τούτους » (Mt 26,1). Matthieu y ajouté l'adjectif πάντας. Cet adjectif indique donc la fin, non pas seulement du dernier discours (Mt 24-25), mais aussi de tout l'enseignement de Jésus livré dans cet évangile à travers ces cinq discours.

rejette Jésus à la nouvelle « famille » qui l'accueille, c'est-à-dire ceux qui accomplissent la volonté du Père que manifeste Jésus, le Fils. L'idée que suggère le vocabulaire relatif à la famille (« mère », « frères », « sœurs ») est renforcée par cette désignation de Dieu comme « Père »[4]. De même en Mt 15,13, en parlant à ses disciples, Jésus désigne les pharisiens et les scribes comme « la plante que mon Père céleste n'a pas plantée »[5]. Enfin, comme on l'a vu dans la première partie, en Mt 16,17, la béatitude proclamée à Pierre repose sur la révélation qui lui a été faite par le Père (Mt 16,17). De cette façon, Pierre participe à la condition des « petits » auxquels le Père a librement octroyé la connaissance de son projet salvifique demeuré caché aux « sages et aux intelligents » (11,25-27). Ce passage (Mt 16,13-20) marque un tournant dans l'évangile. Après cette confession de Pierre, Jésus fait la première annonce de la passion et commence sa marche vers Jérusalem (Mt 16,21). Enfin, les autres références à DP sont situées dans le récit de la passion et résurrection de Jésus, en Mt 16,27 comme première annonce de la passion et résurrection de Jésus ; en Mt 26,29 pendant la dernière Cène ; en Mt 26,53 lors de son arrestation ; et enfin en Mt 28,19. Ce texte est la dernière référence à DP de l'EvMt. Cette référence se trouve dans la « formule trinitaire » du baptême qui doit être administré « au nom du Père, du Fils et du Saint Esprit ». C'est l'aboutissement logique de tout ce parcours de révélation de Dieu comme Père que Jésus fait dans l'EvMt.

---

[4] Cf. GNILKA, *Matteo* I, 684 ; HARRINGTON, *Matthew*, 192 ; GRASSO, *Gesù*, 57-66.

[5] L'image de la plante utilisée au v.13 est attestée dans l'AT (« la plantation du Seigneur »). Elle sert à désigner le peuple de Dieu (Is 61,35 ; 60,21). Elle est reprise à Qumran (1QS 8,5 ; 1QH 6,15 ; 8,6) pour exprimer le statut privilégié de la communauté choisie et protégée par Dieu. L'affirmation que les pharisiens et les scribes ne sont pas « plantés par le Père céleste » de Jésus constitue un reproche grave (« la plante sera déracinée »), même si rien ne dit qu'ils ont été plantés par le démon, comme le soutient au contraire G. BAUMBACH, *Verständnis des Bösen in den synoptischen Evangelien* (Berlin 1963) 90. Positivement, dans le contexte, « la plante plantée par le Père » désignerait ceux à qui Jésus a réservé la révélation du Père, laquelle n'est pas concédée « aux sages et aux intelligents » (Mt 11,25-26 ; 13,11-17 ; 16,16-17 ; 14,33). Cf. FABRIS, *Matteo*, 343, n.3; GNILKA, *Matteo*, II, 44 ; KEENER, *Matthew*, 413.

2. Emplacement des références à DP dans le DM

2.1. Disposition concentrique des références à DP dans le DM

Très peu d'études ont été consacrées jusqu'alors à l'analyse de la disposition de ces références aussi bien dans le DM que dans l'EvMt pour comprendre la logique de leur organisation et la fonction de leur disposition. SCHENK parle par exemple à ce propos de « Die Plazierung der mt Stellen ». Mais il ne s'intéresse plutôt qu'à la disposition dans l'EvMt des références qui ont seulement « ὁ πατήρ μου », c'est-à-dire les références à DP comme le Père de Jésus (Mt 7,21 ; 10,32 ; 11,25-27 ; 12,50 ; 15,13 ; 16,17)[6]. Une contribution intéressante pour la distribution des références à DP en Mt 5-7 est par contre celle de J.S. SIBINGA. Dans un article consacré à la composition de Mt 5-7, SIBINGA est d'avis que Matthieu a distribué les références à DP en Mt 5-7 selon un principe de regroupement numérique en quatre[7]. En effet, la section qui contient les instructions relatives aux trois pratiques religieuses (l'aumône : Mt 6,2-4 ; la prière : Mt 6,5-15 ; le jeûne : Mt 6,16-18) contient neuf références à DP (Mt 6,4.6[2x].8.9.14.15.18[2x]). Ces neuf références sont précédées de quatre références (Mt 5,16.45.48 ; 6,1) et suivies de quatre autres (Mt 6,26.32 ; 7,11.21). Au cœur de ces neuf références (Mt 6,2-18) se trouve le vocatif πάτερ (Mt 6,9), l'unique de Mt 5-7. Cette invocation au Père est précédée de quatre mentions de πατήρ (Mt 6,2.6ab.8) et suivies de quatre autres (Mt 6,14.15.18ab) selon le schéma : 4 + 1 + 4. En définitive, SIBINGA regroupe toutes les références à DP en Mt 5-7 selon un schéma numérique qui met au centre l'invocation au Père en Mt 6,9 : 4 + [4 + 1 + 4] + 4 ; ce qui peut devenir 8 + 1 + 8.

On peut faire deux observations au sujet de ce schéma numérique. Il est bien vrai que dans son évangile, Matthieu privilégie le regroupement du matériel en sa disposition en blocs de trois

---

[6] SCHENK, *Matthäus*, 289.
[7] J. SMIT SIBINGA, « Exploring the Composition of Mt 5-7. The Sermon on the Mount and some of its "Structures" », *FiloNT* 7 (1994) 185-186.

ou quatre[8]. On est toutefois en droit de se demander si cette structuration complexe que SIBINGA présente est bien l'œuvre de Matthieu lui-même.

(1) En effet, pour obtenir les correspondances en quatre pour les références à DP en Mt 6,1-18, SIBINGA est obligé de détacher la référence à DP en Mt 6,1 de neuf autres qui la suivent (Mt 6,2-18). Or, on a montré dans la première partie qu'en définissant les conditions pragmatiques de la justice à pratiquer devant le Père, Mt 6,1 fait partie intégrante et inséparable des versets qui le suivent. On a évoqué pour cela la parenté de vocabulaire (ἔμπροσθεν, ἄνθρωπος, θεάομαι, μισθός), la caractérisation du Père comme celui qui récompense. La référence à DP en Mt 6,1 est donc parfaitement liée aux références qui la suivent (Mt 6,2-18).

(2) Ce schéma numérique ne rend pas non plus compte de la distinction opérée par Matthieu entre les 16 premières références à DP (toutes relatives à Dieu Père des hommes) et la dernière en Mt 7,21 (relative à Dieu, Père de Jésus). De fait, si en Mt 5-7 il s'agit d'un seul et même Dieu qui est Père, on ne peut pas mettre cependant sur le même plan ces deux expressions ὁ πατὴρ ὑμῶν (et ses variantes stylistiques) et ὁ πατήρ μου. Ces deux désignations procèdent des deux types de relations différentes entre d'une part le Père et Jésus, son Fils unique (ὁ πατήρ μου en Mt 7,21), et de l'autre, entre le Père et les hommes à qui Jésus révèle cette paternité de Dieu (ὁ πατὴρ ὑμῶν en Mt 5,16-7,11).

En définitive, tout en reconnaissant l'effort de SIBINGA de mettre l'adresse au Père dans la prière en Mt 6,9 (πάτερ ἡμῶν) au centre des références à DP en Mt 5-7, son schéma numérique ne rend pas compte des diversités formelles et de contenu entre les différentes références à DP dans le DM.

Une analyse strictement « *linéaire* » des références à DP comme celle que nous venons de faire dans la première partie de ce travail a montré que le terme πατήρ est présent dans toutes les parties de l'enseignement de Jésus en Mt 5-7, avec une concentration

---

[8] Ce principe de schématisation en groupe de trois ou quatre est une forme didactique attestée aussi dans le style rabbinique. Cf. M.D. GOULDER, *Midrash and Lection in Matthew* (London 1974) 26; ALLISON, *Sermon*, 36-40.

évidente dans la partie centrale du discours (Mt 6,1-18) où il y a dix des dix-sept occurrences de πατήρ (pour Dieu) dans ce discours. Une telle concentration des références à DP en Mt 6,1-18 confirmerait ainsi la division symétrique de Mt 5-7 qui place en son centre la prière du NP (Mt 6,9-13). Comme pour l'EvMt, il existe aussi pour le DM une variété des structures proposées. Toutefois, sur la base des indices littéraires et thématiques donnés par R. RIESNER[9], U. LUZ[10] et J. KÜRZINGER[11], K. STOCK propose une structure concentrique du DM que l'on peut voir dans le schéma suivant[12].

    5,1-2 :   La situation
        5,3-16 :   Introduction générale
            5,17-20 :   Introduction aux normes particulières
                5,21-48 : Rapports avec le prochain
                    6,1-18 :   Rapports avec Dieu
                6,19-7,11 : Rapports avec les choses ; « juger » ; « donner »
            7,12 :   Conclusion aux normes particulières
    7,13-27 : Conclusion générale
    7,28-8,1 : La situation

Eu égard à cette structure symétrique du DM, on peut proposer une distribution concentrique des références à DP en Mt 5-7, avec au centre les références en Mt 6,1-18, précisément celles relatives à la prière à « notre Père ». A partir de ce centre, les affirmations sur le Père se déploient comme un filet qui embrasse tout le discours[13].

---

[9] R. RIESNER, « Der Aufbau der Reden im Matthäusevangelium », *ThBeit* 9 (1978) 174-176.

[10] LUZ, *Matteo*, I, 287-289; ID., *Jesusgeschichte*, 57-63.

[11] J. KÜRZINGER, « Zur Komposition der Bergpredigt nach Matthäus », *Bib* 40 (1959) 569-589.

[12] STOCK, *Discorso*, 121. Voir aussi DUMAIS, *Sermon*, 79-82.

[13] En étudiant le texte du DM du point de vue de sa diction phonétique (*recitatio*), B. SCOTT et M.E. DEAN ont noté que l'expression « votre Père qui est aux cieux » intervient en général dans les parties conclusives des péricopes où elle est insérée (par exemple Mt 5,45.48 pour toute la section Mt 5,21-48 ; Mt 5,48 pour Mt 5,43-48 ;

> Mt 5,16 : πατὴρ ὑμῶν Tâche fondamentale des hommes = GLORIFIER le Père
> Mt 5,45.48 πατὴρ ὑμῶν Rapports avec les hommes
> Mt 6,1-18 πατὴρ ὑμῶν – πατήρ σου – πάτερ ἡμῶν Rapports avec Dieu
> Mt 6,26.32 πατὴρ ὑμῶν Rapports avec les biens matériels
> Mt 7,11 : πατὴρ ὑμῶν Disposition fondamentale du Père = le Père DONNE
>
> Mt 7,21 : πατήρ μου Père de Jésus : DM est la volonté de MON PÈRE

Du point de vue de la forme de ces références et de la nature des relations avec le Père qu'elles impliquent, les seize premières références à DP (Mt 5,16-7,11) méritent d'être séparées de la dernière référence à DP en Mt 7,21. Quand bien même il s'agit dans toutes ces 17 références d'un seul et même Dieu qui est Père, les premières 16 références doivent être distinguées de la dernière parce qu'elles sont toutes déterminées par un pronom possessif qui qualifie Dieu comme le père des auditeurs de Jésus en Mt 5-7 (possessifs ὑμῶν, σου et ἡμῶν). La dernière référence est déterminée par le possessif μου qui qualifie Dieu comme le Père du locuteur du discours (Jésus). Jésus dit de Dieu : « mon père » ; et aux disciples, il dit : « votre père ». Le Dieu que Jésus nomme comme son Père, devient à travers lui le Dieu des siens ; il devient « votre père ».

L'unique référence à DP en relation avec la filiation de Jésus (Mt 7,21) est attestée dans les exhortations parénétiques qui concluent le discours (Mt 7,13-27). On observe aussi une telle disposition dans les autres discours de Jésus dans l'EvMt. En effet, « ὁ πατήρ μου » est attesté ailleurs dans le même contexte des me-

---

Mt 6,32 pour Mt 6,25-34 ; Mt 7,11 pour Mt 7,7-11. De même, en Mt 6,2-4.5-6.16-18, la référence à DP apparaît stylistiquement comme un « refrain » caractéristique de cette section. À partir de ces observations, ces deux auteurs ont conclu que le terme « père qui est aux cieux » est du point de vue de la *recitatio* un facteur de délimitation des péricopes à l'intérieur du discours, et donc en un certain sens, un élément de cohésion du point de vue du contenu. Cf. SCOTT – DEAN, « Sermon », 672-725.

naces de jugement eschatologique qui concluent ces discours : Mt 10,32-33 (ὁ πατήρ μου est attestée en conclusion des impératifs en Mt 10,30-31) ; Mt 18,35 (conclusion du discours communautaire, avec menace de jugement dans la finale ; 25,34 (discours eschatologique Mt 24-25).

Au sujet de la désignation de Dieu comme πατήρ en Mt 5,16-7,11, c'est-à-dire Dieu, Père des disciples/foules (ὁ πατὴρ ὑμῶν), une donnée intéressante est de prime abord le fait que dans la présentation de la première référence à DP comme le Père des disciples, Matthieu circonscrit la tâche fondamentale des hommes, disciples compris, à l'égard du Père. Par contre, dans la dernière référence à DP comme le Père des disciples, Matthieu révèle comme par effet d'écho de retour la disposition fondamentale qui caractérise les rapports du Père avec les disciples : le Père donne. Aux disciples engagés à révéler aux hommes Dieu comme leur Père à travers les belles œuvres, c'est-à-dire l'agir décrit en Mt 5-7 (Mt 5,16), Jésus garantit la bonté du Père à leur égard par la prière que ceux-ci lui adresseront en toute confiance : le Père donne les bonnes choses (Mt 7,11).

Ensuite, cette désignation de Dieu comme le Père des disciples est circonscrite dans la partie centrale du discours de la montagne, c'est-à-dire là où Jésus énonce les normes particulières pour l'agir des disciples. Ces normes sont encadrées par l'introduction herméneutique en Mt 5,17-20 et la Règle d'or en Mt 7,12. Dans cette partie, à l'exception de la référence à DP en Mt 6,1, verset introductif de Mt 6,1-18, dans les autres références, πατήρ est attesté principalement dans les versets conclusifs des sections où il est inséré. Cela vaut aussi pour Mt 6,19-7,11 pour lequel il est difficile de trouver une homogénéité thématique qui rende compte de l'ensemble de la section. En général, on y reconnaît un diptyque composé de Mt 6,19-34 (rapports avec les biens matériels) et Mt 7,1-11. La diversité de thèmes traités en Mt 7,1-11 rend difficile tout effort de donner un titre à cet « amalgame » des péricopes. Toutefois, pour ce qui concerne l'emplacement des affirmations sur le Père en Mt 6,19-7,11, on peut trouver un principe commun de composition qui renforce cette division en deux parties et qui donne une configuration unitaire dans la chaîne argumentative de ces deux séquences. En Mt 6,19-34 tout comme en Mt 7,1-11, les affirmations sur le Père interviennent en conclusion de l'énoncé des instructions impératives précédentes. Aussi, le rapport avec les biens matériels (Mt 6,19-34) est illuminé dans sa partie conclusive (cf. l'expression διὰ τοῦτο λέγω ὑμῖν anaphorique – qui introduit Mt 6,25-34) par l'agir du Père (Mt 6,26.32) : Le Père est celui qui « nourrit » et qui « connaît les besoins de ses fils ». De même, la référence au Père en Mt 7,11, la dernière de Mt 5-7 sur Dieu comme le Père des disciples, conclut la section Mt 7,7-11 sur « demander – recevoir » (Mt 7,7-11). Mt 7,7-11 précède les exhortations données en Mt 7,1-6 (ne pas juger; ne pas donner aux chiens). Mais le regard rétrospectif que la référence à DP en Mt 7,11 porte aux textes qui précèdent ne concerne pas seulement ce contexte étroit (Mt 7,1-5 ; 7,6). Mais parce qu'en Mt 7,7-11 on parle de la prière au Père et étant donné que cette dernière référence à DP comme le Père des disciples est située peu avant Mt 7,12, on a là autant d'indices qui montrent que la bonté du Père que célèbre Mt 7,7-11 concerne aussi la pratique des normes élaborées aussi bien en amont (Mt 5,17-7,12) qu'en aval, c'est-à-dire en Mt 7,13-27 sur la nécessité de mettre les paroles de Jésus que Mt 5-7 présente comme la volonté de Dieu « son Père » (Mt 7,21). Placées en position conclusive, les affirmations sur le Père et la relation qui caractérise ses rapports avec les disciples, offrent ainsi une clé de lecture importante qui, tout en délimitant le contour des sections où πατήρ est inséré, permettent en même temps de comprendre les impératifs auxquels elles sont liées.

2.2. La disposition des références à DP et la praxis du DM

Cette disposition des références à DP dans le DM permet de dégager le lien et l'articulation conjuguée en Mt 5-7 de la désignation de Dieu comme « Père » avec l'autre concept-clé de ce discours, la « justice ». Ces deux termes offrent, pour ainsi dire, le thème du discours de Jésus sur la montagne[14]. En effet, il n'y a pas

---

[14] Voir à ce propos l'importance des mots-clés dans l'EvMt en LUZ, *Jesusgeschichte*, 13.

dans le DM d'impératifs isolés, sans lien avec DP, avec son agir ou son être. De même, le discours sur DP n'est élaboré qu'en fonction de ceux qui sont interpellés par les impératifs (cf. « votre »). Lorsque Jésus énonce les normes particulières relatives à l'agir des disciples, c'est-à-dire dans la section Mt 5,17-7,12 en y explicitant ainsi le contenu de la « justice » qu'il leur demande (cf. le terme δικαιοσύνη en Mt 5,20 ; 6,1.33), il ne manque pas d'évoquer en chacun de ces développements l'image paternelle de Dieu : rapport avec les hommes (δικαιοσύνη en Mt 5,20 et πατήρ en 5,43.48) ; rapport avec Dieu (δικαιοσύνη en Mt 6,1 et πατήρ en Mt 6,1.4.6.8.9.14.15) ; rapport avec les biens matériels (δικαιοσύνη en 6,33 et πατήρ en Mt 6,26.32.33b).

On peut noter ensuite que les affirmations verbales sur DP se trouvent en situation de « *synsemantie* » avec les impératifs adressés à ceux à qui Jésus révèle Dieu comme Père[15]. Matthieu utilise pour cela divers instruments littéraires pour établir cette corrélation entre les énoncés sur DP et les impératifs de l'agir des disciples.

a) Matthieu utilise diverses conjonctions. Il s'agit dans la plupart des cas des conjonctions qui donnent un fondement (« Begründung ») aux impératifs, en explicitant soit la raison (justification), soit le résultat qui découle de la réalisation de ces impératifs[16]. C'est le cas du καί *consecutivum* introduisant les références à DP en Mt 6,4.6b.18b ; 6,14b ; de γάρ de fondement en Mt 6,8.32 sur le savoir de DP, en rapport avec les prohibitions de Mt 6,8a et Mt 6,31-32a[17] ; ὅτι causal sur l'agir de DP dans la création (Mt

---

[15] Sur ce plan de la corrélation syntaxique et lexicale, EGGER, « Faktoren der Textkonstitution », 178-179, distingue « Autosemantie » et « Synsemantie ». Il y a « *Autosemantie* » lorsque la phrase n'est en aucun cas liée avec les autres phrases à l'intérieur d'un segment textuel. Il y a « *synsemantie* » lorsqu'une phrase est reliée à une autre par des conjonctions, des pronoms, ou même des mots appartenant au même champ sémantique. Voir aussi T. SILMAN, *Probleme der Textlinguistik. Einführung und exemplarische Analyse* (Heidelberg 1974) 69-76.

[16] Cf. ZELLER, *Mahnsprüche*, 160.

[17] EDWARDS, « GAR in Matthew », 652. Selon BAUER, cette conjonction assume diverses valeurs: causale, epexégétique, conclusive ou de connexion BAUER, *Wörterbuch*, 304-305. J.D. DENNISTON, *Greek Particles* (Oxforf ²1954) 56-114, dénombre 9 emplois différents de la particule γάρ (« Confirmatory and Causal ; Explanatory ; pe-

5,45)[18], ὡς introduisant l'affirmation prédicative sur l'être parfait du Père 5,48b[19].

b) Un autre élément de corrélation est le schéma « Tat – Folge » : L'énoncé sur DP se trouve dans l'apodose dépendant d'une proposition conditionnelle (ou d'un impératif conditionnel) où est exposée une exigence impérative concernant l'agir des disciples : Mt 6,4.4.18 ; 6,14-15 ; 7,11.

c) Sur le plan lexical, on voit aussi que la terminologie utilisée pour caractériser l'agir ou l'être du Père est quelque fois la même que celle utilisée dans la formulation des impératifs adressés aux auditeurs de Mt 5-7. C'est le cas de l'adjectif τέλειος en Mt 5,48 ; du verbe ἀφιέναι en Mt 6,14-15, du verbe τρέφειν en Mt 6,25-26 et du verbe διδόναι en Mt 7,7-11. On relève la même correspondance en Mt 6,30 entre l'agir de Dieu désigné cependant comme ὁ θεός (ὁ θεὸς ἀμφιέννυσιν) et l'impératif de l'agir des disciples concernant l'interdiction se soucier au sujet du « vêtement » : 6,27-30 : περὶ ἐνδύματος ; περιεβάλετο. Le vocabulaire utilisé est certes varié (ἔνδυμα, περιβάλλω, ἀμφιέννυμι), mais le contenu sémantique est le même.

d) Il sied de citer enfin le modèle d'argumentation utilisé dans certaines péricopes où sont présentes les références à DP, notamment en Mt 5,43-48 ; 6,25-34 ; 7,7-11. Ce schéma se compose des éléments suivants : Énoncés d'ouverture (impératif initial) ; arguments à l'appui de l'enseignement initial ; questions rhétoriques ou illustrations nouvelles ; argument final et application avec référence à la figure paternelle de Dieu[20]. Tous ces passages matthéens, qu'on retrouve aussi dans l'évangile de Luc, traitent des questions pratiques difficiles. Le but que l'on poursuit en

---

culiarities in the Use of Causal and Explanatory ; Anticipatory ; In Answers ; Progressive ; Elliptical ; In Wishes ».

[18] ZERWICK, *Biblical Greek*, 424.

[19] BLASS–DEBRUNNER–REHKOPF, *Grammatik*, § 453,2.

[20] R. PIPPER (« Matthew 7,7-11 », 411-418) a étudié ce schéma argumentatif en partant de Mt 7,7-11. Il a montré que le mode d'argumentation présent en Mt 7,7-11 se retrouve dans d'autres passages de l'EvMt qui proviennent de la source Q. C'est notamment le cas de l'invitation à aimer les ennemis (Mt 5,44-48, par.), à ne pas s'inquiéter des besoins temporels (Mt 6,25-34, par.), à ne pas juger (Mt 7,1-5, par.) et à

adoptant ce modèle de structuration est celui de convaincre, persuader, encourager, consoler : d'où la présence des questions rhétoriques, des arguments a fortiori, et enfin la présence d'un énoncé sur DP, particulièrement dans la partie finale de la péricope où l'on donne la clé herméneutique de toute la péricope.

■ Conclusion

Dans le DM, les références à DP doivent être circonscrites dans une double perspective. Tout d'abord celles qui déterminent ce que les disciples doivent faire en partant de leur relation avec DP ; ensuite, il est nécessaire de tenir compte de ce que DP fait ou fera à ceux à qui Jésus le révèle comme Père. La distribution des références à DP met aussi en relief le rôle primordial de la prière au Père dans la pratique des impératifs du DM. En mettant au centre du DM l'enseignement sur la prière qu'il faut adresser au Père, Matthieu montre que la sollicitude par laquelle il caractérise Dieu comme Père précède les disciples dans leur agir. D'autre part, cette présence amoureuse du Père que les disciples expérimentent particulièrement dans la prière est en même temps capacité et force accordées pour la mise en pratique des impératifs adressés aux disciples.

---

ne pas craindre l'opposition hostile (Mt 10,28-31, par.). Dans tous ces passages, PIPPER y reconnaît la structure d'argumentation en quatre étapes :
   1. Énoncés généraux d'ouverture : 5,44-45a ; 6,25a ; 7,1 ; 7,7 ; 10,28a.
   2. Arguments à l'appui de l'enseignement initial : 5,45b ; 6,25b ; 7,2 ; 7,8 ; 10,28b ;
   3. Questions rhétoriques/illustrations nouvelles : 5,46-47 ; 6,26-30 ; 7,3-4 ; 7,9-10 ; 10,29-30 ;
   4. argument final et application : 5,48 ; 6,31-33 ; 7,5 ; 7,11 ; 10,31.
Tous ces passages traitent des questions pratiques difficiles qui se sont sans doute posées chez les premiers chrétiens. La façon d'y répondre (type d'argumentation) montre que nous sommes en présence d'une tradition qui était soucieuse de proposer l'enseignement de Jésus sous forme d'une sagesse pratique. Le fait qu'on retrouve dans tous ces passages un même modèle de composition, un même type de problème et une même source de provenance (Q) permet de se rendre compte du contexte où ces collections de paroles attribuées à Jésus ont vu le jour. Elles ne sont pas en tout cas le produit fortuit de la réflexion des premières communautés chrétiennes. Bien plus, elles répondent à un dessein spécifique au sein de la tradition synoptique.

CHAPITRE III
LA RELATION AVEC DP ET SES CONSÉQUENCES PRAGMATIQUES

Comme on l'a noté dans les pages précédentes, Matthieu fait précéder le DM par un sommaire qui synthétise l'activité de Jésus. Celui-ci annonce la « bonne nouvelle du Règne » et opère diverses guérisons (Mt 4,23-25). Par cette disposition, Matthieu met en évidence ce qui est sur le plan de l'histoire du salut, le présupposé théologique pour comprendre les exigences morales du DM, à savoir, le Règne de Dieu promis et annoncé, est inauguré par Jésus dans l'enseignement qu'il donne et dans ses actions puissantes au bénéfice du peuple. Néanmoins, ce n'est pas seulement dans le passé de leur premier contact avec Jésus que les destinataires du discours (les disciples et les foules) ont fait l'expérience du don de Dieu à travers l'œuvre de Jésus qui annonce la proximité du Règne. Bien plus, l'enseignement sur DP que l'on trouve dans ce discours actualise cet évangile du Règne. Jésus enseigne comment le Père accompagne aussi bien dans le présent que dans le futur les auditeurs confrontés aux exigences impératives du DM. C'est donc dans ce contexte qu'il faut circonscrire le don de la relation que Jésus, le « fils de Dieu », fait aux disciples et à ses auditeurs lorsqu'il leur révèle que Dieu, son Père, est aussi leur Père.

■ 1. Les premières références à DP de l'EvMt

On ne peut comprendre en profondeur la révélation de Dieu comme Père des disciples en Mt 5-7 que si l'on tient compte des chapitres qui précèdent le DM, en particulier le prologue de l'EvMt (Mt 1,1-4,16)¹. En effet, une lecture attentive de l'EvMt permet de noter l'absence du terme πατήρ comme désignation divine dans les quatre premiers chapitres de l'évangile. Certes, en dépit de l'absence du terme πατήρ pour désigner Dieu en Mt 1,1-4,16, l'idée de la paternité divine y est *implicitement* présente. On peut la déduire des textes comme Mt 1,16 (cf. le passif ἐγεννήθη) ; Mt 1,20 (le passif γεννηθέν et l'action de l'Esprit Saint) ; Mt 2,15 (τὸν υἱόν μου appliqué à Jésus dans la citation d'accomplissement) et surtout à travers la présentation de Jésus comme « ὁ υἱός ». L'emploi de « ὁ υἱός » circonscrit le thème dominant des premiers chapitres de l'EvMt. En effet, en ouverture de son évangile, Matthieu déploie avec une remarquable ampleur le thème de la filiation de Jésus, en particulier en Mt 1-2 : ὁ υἱός en Mt 1,21.23.25 ; 2,15 ; 3,17 et 4,3.6².

Cependant, tout en présentant Jésus comme υἱός, Matthieu n'utilise pas le terme πατήρ pour décrire les rapports de Jésus avec Dieu. Cette absence du terme πατήρ en Mt 1,1-4,16 peut

---

¹ Il existe plusieurs propositions de structuration de l'EvMt. Pour une présentation exhaustive des structures proposées, cf. D.R. BAUER, *The Structure of Matthew's Gospel. A Study of Literary Design* (Sheffield 1988) 21-55. La structure que nous adoptons est celle proposée par entre autres par Cf. E. KRENTZ, « The Extent of Matthew's Prologue. Towards the Structure of the First Gospel », *JBL* 83 (1964) 409-414; KINGSBURY, *Matthew: Structure, Christology, Kingdom* (Philadelphia 1975). Cette structure se base sur les deux césures qui se trouvent en Mt 4,17 et 16,21 à partir de l'indication donnée par l'expression « Ἀπὸ τότε ἤρξατο ὁ Ἰησοῦς … ». À partir de ces indices, on divise l'EvMt en trois parties :
1) Mt 1,1-4,16 : Prologue (présentation de Jésus) ;
2) Mt 4,17-16,20 : Mission de Jésus ;
3) Mt 16,21-28,20 : Passion, mort et résurrection.
Malgré les réticences émises par F. NEIRYNCK, ce plan a l'avantage de présenter l'évangile en tenant compte du « plot » et de la dominante christologique. Il aurait toutefois besoin d'être approfondi par d'autres indices convergents.Voir F. NEIRYNCK, « Ἀπὸ τότε ἤρξατο and the Structure of Matthew », *ETL* 64 (1988) 21-59.
² Cf. E. GRENET, « La filiation selon Mt 1-2 », *NRT* 130 (2008) 529-548 ; FELDMEIER définit ce titre comme le « Leitmotiv dieser Vorgeschichte ». Cf. FELDMEIER, «Verpflichtende Gnade », 17. Sur l'importance du titre christologique « fils de Dieu » dans la structure de l'EvMt, cf. KINGSBURY, *Matthew: Structure, Christology, Kingdom*, 40-127 ; D. SENIOR, *What Are They Saying about Matthew ?* (New York) 74-85.

s'expliquer par le fait que la révélation de Dieu comme πατήρ est réservée dans l'EvMt à l'enseignement de Jésus, c'est-à-dire à la parole du Fils qui révèle le Père. C'est ce que montre la concentration des références à DP en particulier dans les cinq grands discours de Jésus dans l'EvMt. Or, en Mt 1,1-4,16, Jésus n'enseigne pas encore (διδάσκειν). Par contre, c'est à partir de Mt 5-7, c'est-à-dire lorsque Jésus commence son enseignement, qu'il commence aussi à révéler Dieu dans son identité paternelle.

Après avoir développé dans le prologue de son évangile le thème de la filiation divine de Jésus, Matthieu présente la paternité divine à l'égard des disciples comme le don que Jésus, le « Fils » fait à ses auditeurs[3]. En effet, lorsque Jésus commence à parler de DP dans l'EvMt, ce qui vient en premier lieu dans son enseignement, ce n'est pas comme en Luc ou en Jean, une désignation de Dieu comme *son* Père, mais de Dieu comme le Père de ses auditeurs. En Luc et en Jean, et dans une moindre mesure en Marc, les premières références à DP attestées dans des logia prononcés par Jésus sont celles où Jésus présente Dieu comme son propre Père (cf. « ὁ πατήρ μου » en Mc 8,38 ; Lc 2,49 ; Jn 2,16). C'est à partir de cette relation du Père avec Jésus que ces évangélistes parleront de la relation du Père avec les disciples. En Luc, la première désignation de Dieu comme père des disciples n'est attestée qu'en Lc 6,36. Cette désignation est du reste la seule du discours de la plaine (Lc 6,20-47). Dans le quatrième évangile, la première désignation explicite de Dieu comme Père des disciples de Jésus est attestée en Jn 20,17, c'est-à-dire dans un contexte postpascal. Dans l'EvMt par contre, Jésus parle d'abord du Père comme le père des disciples (Mt 5,16-7,11). C'est dans le contexte de l'enseignement de Jésus sur cette relation du Père avec les disciples que Jésus parlera de sa relation personnelle avec Dieu comme « son » père (ὁ πατήρ μου) en Mt 7,21. Dans le DM, par l'emploi de πατήρ, Jésus, le Fils, crée un lien entre le

---

[3] Dans son commentaire sur l'EvMt, GRUNDMANN indique que c'est à la suite de ce contexte antécédent Mt 1-4 qu'il faut comprendre le sens et la fonction de l'emploi matthéen de l'image paternelle pour parler de Dieu comme Père des disciples. Cf. GRUNDMANN, *Matthäus*, 236-242.

Père, lui-même (ὁ πατήρ μου) et les hommes à qui il révèle cette paternité de Dieu à leur égard. Ce faisant, il leur fait don de la relation avec le Père en Le leur désignant comme ὁ πατὴρ ὑμῶν (σου, ἡμῶν, αὐτῶν).

2. Les possessifs déterminant DP et l'aspect personnel de la relation

Les références à DP en Mt 5-7 présentent du point de vue de leur forme littéraire une unité linguistique, parce qu'ils sont tous déterminés par un pronom possessif (ici le génitif du pronom personnel), en relation avec Jésus (« mon » Père) ou avec les disciples (« votre », « ton », « notre » Père). Dans la littérature rabbinique, on parle aussi du « Père qui est dans les cieux » en y ajoutant toujours des suffixes pronominaux (en hébreu). À la lumière de cet usage rabbinique, l'emploi matthéen des possessifs pour déterminer les références à DP souligne l'aspect personnel de la relation des disciples avec le Père. Ce langage « personnel » va dans le sens d'une relation « exclusive » dans le rapport qui unit le Père à Jésus, le seul qui peut dire « ὁ πατήρ μου », et qui unit le Père aux hommes à qui Jésus désigne Dieu comme « ὁ πατὴρ ὑμῶν »[4]. Cette insistance à vouloir mettre le Père en relation avec les disciples à travers l'emploi des pronoms possessifs apparaît aussi dans le fait que les références à DP qui ont πατήρ déterminé par ὑμῶν ou par σου possèdent ou supposent également ce pronom personnel de la deuxième personne utilisé dans le texte indépendamment de πατήρ. Et même en Mt 5,45 ; 6,26 où l'agir du Père est de prime abord au bénéfice des justes et des injustes (Mt 5,45) et des oiseaux du ciel (Mt 6,26), le possessif qui détermine πατήρ n'est pas mis en relation avec les injustes et les justes, ou les oiseaux, destinataires de la sollicitude de Dieu, mais avec les disciples (auditeurs du DM). Ce qui est donc en vue ici n'est pas la relation du Père avec l'univers (Dieu, Père de l'uni-

---

[4] Cf. FRANKEMÖLLE, *Jahwebund*, 160.

vers), mais plutôt l'attitude du Père envers les disciples. Aux disciples, Jésus dit : ce Père est « vôtre » ; il est « pour » vous[5].

Une telle formulation linguistique qui accompagne la désignation de Dieu comme Père n'est pas sans rappeler le langage des exhortations vétérotestamentaires, particulièrement celles du Deutéronome. Dans le contexte du don de la Loi au peuple, Moïse rappelle très souvent cette relation particulière et jalouse de YHWH avec son peuple en employant des expressions comme « YHWH *ton* Dieu », « YHWH *votre* Dieu », « YHWH *notre* Dieu »[6]. Ces expressions s'inscrivent dans le contexte de l'alliance entre YHWH et Israël. YHWH n'est plus seulement le seigneur du ciel et de la terre, le Dieu des dieux (Dt 10,14.17). Bien plus, il est « ton Dieu » (Dt 26,17). Un tel schéma relationnel s'applique aussi au rapport de David avec Dieu, dans un contexte où émerge la figure de Dieu comme Père : « Je serai pour lui un Père et il sera pour moi un fils » (2 S 7,14).

Les textes matthéens qui exploitent ce topique mettent en exergue, comme du reste dans plusieurs textes vétérotestamentaires, ce que Dieu, en l'occurrence le Père des disciples, fait pour ceux-ci, ou ce qu'il est disposé à faire pour eux. On parle alors de son engagement vis-à-vis des disciples parce qu'il est *leur* Père. Ensuite, ces textes montrent que ce que les disciples sont appelés à faire ou à être, c'est-à-dire ce qui est exprimé dans les impératifs qui leur sont adressés, est déterminé aussi par leur relation avec ce Dieu que Jésus leur révèle comme leur Père. C'est là un aspect important qu'il sied d'élucider. Il s'agit donc des deux aspects importants qui caractérisent la relation des disciples avec le Père comme elle est exposée dans le DM.

---

[5] Cf. MOORE, *Judaism*, II, 204 ; GUELICH, *Sermon*, 287 ; SCHNEIDER, « Das Vaterunser des Matthäus », 81.

[6] Ex 6,7 ; 8,21.24 ; 10,8.16.17 ; 16,12 ; Lv 2,13 ; 11,44.45 ; 18,2.4.30 ; 18,21 ; 19,2.3.4.12 ; Dt 1,10.26.30.32 ; 3,18.20.21.22 ; 4,2.4.23.34 ; 5,32.33 ; 6,1.16.17, etc. Cf. N. LOHFINK, « Botschaft vom Bund. Das Deuteronomium », *Wort und Botschaft* (éd. SCHREINER) (Würzburg ²1970) 171 ; J. RADERMAKERS, *Au fil de l'évangile selon saint Matthieu* (Bruxelles 1974) 85-86 ; SCHNEIDER, « „Mein Vater" und „Euer Vater" », 1768.

■ 3. L'engagement du Père en faveur des disciples

C'est par le biais de trois *motifs* que Matthieu transcrit dans le DM l'intervention du Père dans la vie des disciples : la prière, faite au nom du Père et accompagnée de la certitude de l'exaucement ; la sollicitude du Père comme expression de sa présence dans la vie des disciples ; le don de la relation et le « jugement ». Sans prétendre d'être exhaustif, on peut dire que ces trois *référents* permettent de cerner à juste titre les aspects fonctionnels majeurs consécutifs au don de la relation par laquelle Jésus unit son Père aux disciples auditeurs du DM.

3.1. La prière au Père et la praxis du DM

La fréquence avec laquelle le thème de la prière revient dans le DM est surprenante. Outre les deux passages consacrés explicitement à la prière en Mt 6,5-15 et Mt 7,7-11, les autres références à la prière se trouvent en Mt 5,23-24 (prière dans le contexte du don de l'offrande au temple) ; Mt 5,44 (prière pour les ennemis). Les aspects évoqués dans l'enseignement de Jésus sur la prière sont aussi nombreux que variés. On y parle de comment et pourquoi les disciples doivent prier, en donnant des exemples de bonne (le NP en Mt 6,9-13) et de mauvaise prière (la prière des hypocrites en Mt 6,5-6 et la prière des païens en Mt 6,7). Globalement, il s'agit de la prière de demande ; mais il y a aussi la louange à Dieu (Mt 5,16), ou la prière qui accompagne le don de l'offrande (Mt 5,23-24). Dans un texte dominé par des impératifs énonçant l'agir des disciples, la présence de ce thème de la prière ne peut passer inaperçue. Sur le plan littéraire et sémantique, Matthieu transcrit par-là l'importance de la prière pour la praxis du DM en un triple niveau. On doit tout d'abord prendre en compte l'emplacement des deux textes majeurs qui développent l'enseignement sur la prière dans le DM (Mt 6,5-15 ; 7,7-11). Ensuite, la référence au « nom » de Dieu par lequel les disciples doivent invoquer Dieu dans la prière est aussi indicative de l'importance de la prière qui naît de cette relation avec Dieu. Enfin, le contenu de cette prière où l'orant interpelle le Père pour qu'il intervienne dans sa vie présente des *attaches struc-*

turelles et *lexicales* avec la formulation des impératifs de l'agir des disciples.

3.1.1. L'enseignement sur la prière en Mt 5-7

Au centre du DM, Matthieu a placé, non pas une description de l'agir des disciples en tant que tel, mais un enseignement sur la prière que les disciples doivent adresser au Père. L'enseignement sur la prière du NP ne parle pas seulement des rapports avec Dieu (Père) ou de ce qui le qualifie comme tel (Mt 6,9-10.13 ; 7,7-11). Les relations de l'orant avec son prochain (Mt 6,12.14-15) et avec les choses matérielles (Mt 6,7-8.11) font aussi l'objet de cette prière. Ces deux derniers rapports, traités aussi bien en amont (Mt 5,21-48) qu'en aval de la section centrale (Mt 6,19-34), sont aussi présents dans les péricopes qui encadrent la prière du NP (Mt 6,7-8.14-15) et dans la prière elle-même (Mt 6,11s)[7]. En effet, en Mt 6,1-18, Matthieu a inséré la prière du NP (Mt 6,9-13) au centre de l'enseignement sur la prière (Mt 6,5-15). Celui-ci est précédé par l'enseignement sur la pratique de l'aumône (Mt 6,2-4) qui se rattache thématiquement à la péricope précédente (rapports interpersonnels, Mt 5,21-48)[8]. La pratique de l'aumône implique une donation à autrui. De la même façon, l'enseignement sur le jeûne qui fait suite à la prière en clôturant cette trilogie aumône – prière – jeûne, anticipe de quelque manière la péricope suivante sur les biens matériels (Mt 6,19-34). Dans la pratique du jeûne, il est question, en partie, du rapport avec les choses matérielles. Par le jeûne, le sujet fait des privations qui concernent les possessions matérielles : le manger, le boire, la façon de s'habiller, de traiter le corps humain[9]. En ce

---

[7] Cf. STOCK, *Discorso della montagna*, 7.

[8] À cause de cette disposition, on peut donc rejeter le point de vue de ALLISON pour qui l'aumône est mentionnée avant la prière et le jeûne parce c'est la plus difficile à être appliquée. Cf. ALLISON, *Sermon*, 109.

[9] Cf. J. ZMIJEWSKI, « νηστεύω », *EWNT* II, 1144-1147. Voir aussi E. SCHÜRER, *Storia del popolo giudaico al tempo di Gesù Cristo*. Edizione italiana a cura di Bruno Chiesa. (Brescia 1987), II, 576-577 ; STRACK–BILLERBECK, IV, 103ss.

cas, celui qui pratique le jeûne recourt aux choses créées (en s'en privant quelque fois) pour exprimer à Dieu sa volonté de conversion (1 R 8,48 ; Jl 2,12).

Par cette disposition, Matthieu met en évidence le fait que la pratique de la justice dans sa dimension externe doit déboucher sur la prière, c'est-à-dire sur la dimension interne, et de là « décoller » pour une pratique sous le signe de la paternité de Dieu. En effet, le traitement en Mt 5,21-48 des questions relatives à la pratique de la justice entendue comme rapport avec les hommes débouche en Mt 6,1-18 sur le traitement du rapport avec Dieu avec au centre la prière adressée au Père. En outre, après avoir traité de la justice entendue comme rapport avec les biens matériels (Mt 6,19-34), peu avant de clore la section Mt 6,19-7,12 par « la règle d'or » (Mt 7,12), on note une allusion finale au Père des disciples, en particulier, une référence à la prière au Père qui donne les bonnes choses à ceux qui les lui demandent (Mt 7,7-11)[10]. Cet emplacement de l'enseignement sur la prière en Mt 5-7 nous conduit à une conclusion importante : La praxis du DM est inséparable de la prière au Père[11].

3.1.2. La prière au « nom » du « Père »

Un autre indice qui souligne l'importance de la prière dans le DM est la référence au « nom » (ὄνομα), c'est-à-dire à la réalité connue de Dieu par laquelle les disciples doivent invoquer Dieu. Dans l'AT, en parlant du « nom » divin, on entend indiquer la présence de YHWH auprès de son peuple dès lors qu'il est engagé activement dans leur histoire. Ainsi, lorsqu'on « jure » (1 S 20,42 ; Lv 19,12), maudit (2 R 2,24), ou bénit (2 S 6,18) « au nom de YHWH », c'est-à-dire en prononçant le nom YHWH, ce nom garantit la présence, l'attention, ou l'intervention active de YHWH[12]. Si le Nom de Dieu est toujours entouré d'un très

---

[10] Cf. Luz, *Jesusgeschichte*, 61-62.
[11] Cf. Luz, *Matteo*, I, 516-519. Voir aussi J. Mc Caffrey, « Prayer and the Fatherhood of God in Matthew », *CleR* 71 (1986) 135-141.
[12] Cf. Bientenhard, « ὄνομα », 251-261 ; Schniewind, *Matteo*, 147-148.

grand respect, il faut aussi remarquer qu'on attache les idées de puissance et de force à ce Nom divin. On attribue au Nom divin le rôle d'assister les hommes, particulièrement ceux qui prient. Pour le Ps 20,2, le nom de YHWH est synonyme de protection : « Que le nom du Dieu de Jacob te protège ». En Ps 54,3, le nom de YHWH est utilisé en parallélisme synonymique avec l'idée de force et de puissance (cf. Jr 10,6).

Ce motif de la présence et de l'assistance divines lié au « nom » peut s'appliquer dans le DM au « nom » par lequel Dieu doit être invoqué dans la prière[13]. Alors que les références à Dieu comme père sont courantes dans les prières juives du premier siècle (invocations)[14], elles sont plutôt rares dans l'AT. Néanmoins, le fait que bon nombre des textes vétérotestamentaires incluant le mot « Père » (pour Dieu) sont précisément des prières ou sont situés en contexte de prière n'est pas dépourvu de sens (Is 63,16 ; 64,7 ; Jr 3,4.19 ; Ps 68,6 ; 89,27 ; Tb 13,4 ; Si 23,1.4 ; 51,10 ; Sg 14,3)[15]. En Mt 5-7, 12 des 17 références à DP se trouvent en un contexte qui a trait directement ou indirectement à la prière. C'est donc principalement dans la prière que l'on s'approche de Dieu comme Père. Lorsque le disciple cherche le contact avec Dieu dans la prière, il le rencontre comme « Père ».

En outre, et c'est l'insistance majeure du DM sur la prière, l'enseignement sur la prière est accompagné de la certitude que le Père exauce la prière qui lui est adressée à cause de la bonté qui le caractérise comme Père. S'il en est ainsi, on peut alors dire que « tout est possible à Dieu » (Mt 19,26)[16]. Dans le développement du discours, c'est à la fin de la description des normes par-

---

[13] Dans le NT, plus d'un texte appliquent à Jésus cette catégorie de l'assistance par l'évocation du nom. En Mt 18,20, l'invocation du nom de Jésus évoque sa présence au milieu des disciples. Autres textes : Mt 28,19-20 (le baptême administré « au nom du Père et du Fils et du Saint Esprit ») ; Mc 9,39 ; Ac 3,6 ; Rm 10,13 ; 1 Co 6,11 ; etc. Sur les implications sotériologiques de l'invocation du « Nom » (de Jésus, ou de Dieu) dans l'EvMt, cf. TALBERT, « Indicative and Imperative », 525-526.

[14] Cf. MARCHEL, *Abba*, 86-90.

[15] Cf. MARCHEL, *Abba*, 60.

[16] C'est en ce sens que R. SCHNACKENBURG intitulait son petit et beau commentaire sur la prière du NP et sur le discours sur la montagne : R. SCHANCKENBURG,

ticulières concernant l'agir des disciples (Mt 7,7-11) que Jésus parle de cette certitude que le Père exauce la prière des disciples. Bien plus, c'est même de façon apodictique que la vérité de cette assertion est établie dans le texte. Prière au Père et certitude d'être exaucé par Lui vont ici ensemble. L'invocation de ce nom divin « Père » évoque la présence et la sollicitude divines en faveur des disciples engagés dans la mise en pratique des impératifs énoncés dans le DM. On comprend dès lors la raison pour laquelle Jésus, dans le texte fondamental sur la réciproque révélation du Père et du Fils, peut parler à ses disciples de son joug comme d'un joug léger à porter (Mt 11,27-30). C'est sans nul doute à cause de cette présence de son Père et de son intervention efficace dans la vie des disciples, « ces humbles et ces tout-petits » à qui il révèle le mystère de sa relation avec le Père. En ce sens, même les instructions données par Jésus dans le DM sont vraiment un « joug léger » à porter.

3.1.3. Attaches littéraires et sémantiques entre la prière et la praxis du DM

La prière du NP développe des attaches structurelles et de contenu avec les impératifs de l'agir des disciples. En étudiant la première référence à DP (Mt 5,16) et la première demande formulée dans la prière du NP (Mt 6,9), on avait déjà noté le lien sémantique entre les verbes δοξάζειν (δοξάσωσιν τὸν πατέρα en Mt 5,16) et ἁγιάζειν (πάτερ ... ἁγιασθήτω τὸ ὄνομά σου en Mt 6,9). En vertu de ce lien, on peut dire qu'à ceux qui invoquent le Père pour qu'il manifeste la sainteté de son Nom (Mt 6,9), Jésus demande en même temps d'agir de façon que par leurs belles œuvres, les hommes soient conduits à « glorifier » ce Père (Mt 5,16), c'est-à-dire à le reconnaître dans son identité (« nom ») comme Père.

Ceux qui interpellent le Père dans la prière pour que par sa magnificence royale son action envahisse définitivement leur vie

---

Alles kann, wer glaubt : Bergpredigt und Vaterunser in der Absicht Jesu (Freiburg im Breisgau 1984). Trad. it. *Tutto è possibile a chi crede: Discorso della montagna e Padrenostro nell'intenzione di Gesù* (Brescia 1989).

(Mt 6,10), sont ceux-là mêmes à qui Jésus demande de « chercher d'abord ce Règne du Père et sa justice » (Mt 6,33). En fait, Jésus leur demande de faire régner ce Père dans leur vie. Les exhortations données en Mt 6,26.28 et Mt 6,31-33 sur le devoir de ne pas s'inquiéter du manger et du vêtement ne peuvent se comprendre qu'à la lumière de la prière pour le pain (Mt 6,11) qu'elles actualisent. Les auditeurs de Jésus en Mt 5-7 comprennent qu'ils ne doivent pas s'inquiéter ni de leur nourriture ni du lendemain parce qu'ils savent qu'ils peuvent prier leur Père en lui demandant : « donne-nous aujourd'hui notre pain... ». Vice versa, si les disciples doivent se libérer de toute inquiétude pour le manger et la nourriture, c'est pour chercher avant tout le Règne du Père et sa justice.

La demande de pardon au Père est accompagnée de la déclaration de l'orant qui a (déjà) pardonné. Sur ce plan des relations interpersonnelles, en particulier au sujet de l'impératif de l'amour des ennemis, Jésus demande aux disciples de « prier » pour ceux qui persécutent la communauté (Mt 5,44b). Le texte parallèle de Lc 6,27-28 a quatre impératifs dont seuls le premier et le dernier ont leurs équivalents en Mt 5,44, c'est-à-dire ἀγαπᾶτε et προσεύχεσθε[17]. La juxtaposition de ces deux impératifs en Mt 5,44 signifie qu'ils sont utilisés en un parallélisme synonymique : « Aimer » et « prier » n'indiquent pas deux modes d'agir différents, mais ils s'interprètent réciproquement. Aimer l'ennemi, c'est vraiment prier pour lui. Certes, le texte ne donne aucune précision sur l'objet de cette prière[18]. Toutefois, l'emploi de la préposition ὑπέρ dans l'expression ὑπὲρ τῶν διωκόντων ὑμᾶς pourrait signi-

---

[17] Les trois impératifs qui en Lc 6,27-28 sont cités après le verbe ἀγαπᾶτε explicitent cet amour que le disciple est appelé à avoir envers son ennemi. Selon J. Fitzmyer (*Luke*, 637), Luc a ajouté les deux autres impératifs pour harmoniser avec les quatre outrages exprimés dans la quatrième béatitude (Lc 6, 22).

[18] La prière « pour » les ennemis n'est pas attestée dans l'AT, mais dans le judaïsme. C'est une prière faite principalement pour la conversion de ces ennemis : Ber 10a ; San 37a ; Midr Ps 4. Cf. Strack–Billerbeck, I, 370-371. Cette prière pour les ennemis est attestée aussi à Qumran : 1 QapGn 20,28. Cf. J.A. Fitzmyer, « The Contribution of Qumran to the Study of the New Testament », *NTS* 20 (1974) 398-399.

fier que dans cette prière, il s'agit d'intercéder auprès du Père « en faveur », mieux « dans l'intérêt » de ceux qui persécutent la communauté[19]. Une telle prière signifie que l'inimitié est portée jusque dans l'horizon de la relation avec le Père et en même temps brisée, car le Dieu que le disciple rencontre dans sa prière n'est pas seulement « notre » Père, c'est-à-dire le Père de la communauté qui prie, mais aussi le Dieu miséricordieux, celui-là même qui a déjà accueilli ses ennemis dans son amour, « car il fait lever son soleil sur les méchants et sur les bons, et tomber la pluie sur les justes et les injustes » (Mt 5,45).

Enfin, au sujet de l'exigence de « faire la volonté du Père », on note que, quand bien même Matthieu insiste plus d'une fois dans son évangile sur la nécessité de « faire » la « volonté du Père » (Mt 7,21 ; 12,50 ; etc..), en Mt 6,10, il fait de cette exigence l'objet d'une demande au Père. Celui qui est appelé à réaliser la volonté du Père dans sa vie doit demander l'aide du Père pour mettre en pratique sa volonté. Vice versa, on ne peut prier le Père sans se rendre disponible en même temps à accomplir dans sa propre vie ce que le Père veut. C'est ce que la prière de Jésus au Gethsémani montre (Mt 26,36-46).

Toutes ces attaches montrent que Matthieu fait de l'agir requis aux disciples (l'impératif) le contenu de la prière qu'ils doivent adresser au Père. Cela signifie que le comportement humain, l'expérience humaine, sont rendus possibles, encouragés, guidés et illuminés par le Père. En même temps, ces corrélations indiquent que la prière que l'on adresse au Père n'est pas la prière de celui qui reste les mains croisées, sans rien faire. La prière du NP est la prière de celui qui agit, ou mieux, de celui qui est interpelé pour agir. Matthieu conduit l'homme à la découverte de la grâce à travers son action[20]. Le don de la relation avec le Père est un don qui imprègne de sa force la vie de ceux à qui cette relation est donnée.

---

[19] La préposition ὑπέρ + génitif introduit un complément d'avantage : « en faveur » ; « pour ». Cf. BLASS–DEBRUNNER–REHKOPF, *Grammatik*, § 231.

[20] Cf. STRECKER, *Weg*, 175 ; LUZ, *Matteo*, I, 558.613. Luz (*Jesusgeschichte*, 62-63) résume bien ici la pensée de Matthieu : Non seulement « la nécessité enseigne à prier », mais aussi « l'agir enseigne à prier ». Voir aussi RADERMAKERS, *Matthieu*, 109.

3.2. Le Père est présent dans la vie des disciples

En parlant de Dieu comme Père, Jésus n'entend pas révéler un Dieu qui est loin des siens ; mais il parle du Père comme d'un Dieu proche, présent au cœur de la vie de ceux à qui il révèle cette paternité. Il y a dans le DM plusieurs motifs qui expriment cette présence de Dieu comme Père auprès des disciples. Il y a d'abord le don de l'exemple de la part du Père. Ce don a pour fonction d'illuminer l'agir demandé aux disciples. Par l'exemple qu'il leur donne, le Père trace et ouvre un chemin à travers lequel les disciples peuvent marcher[21]. Encouragés et stimulés par ce que le Père leur donne de voir et d'observer dans la création (Mt 5,45 ; 6,26.28-30 ; 10,29-31), les disciples peuvent ainsi « apprendre » comment se comporter et se laisser guider. On évite ainsi tout malentendu dans la compréhension des impératifs dans le sens d'une lecture moraliste des requêtes présentées dans le DM. L'exigence éthique repose sur la conduite du Père que le disciple est invité à imiter. De même, parce qu'inspirée par le geste antécédent du Père, la réponse attendue du disciple, comme on a pu le voir dans le cas spécifique de l'amour des ennemis, n'est pas seulement une simple obéissance. Elle est aussi capacité donnée par *grâce* pour aspirer et tendre à cette perfection, c'est-à-dire à l'amour sans restrictions à l'exemple de celui du Père qui est aux cieux.

En plus de l'exemple donné par le Père aux disciples, Matthieu cite aussi le savoir du Père pour exprimer l'idée de la présence du Père dans la vie des disciples. En effet, l'εἰδέναι du Père n'est pas que l'expression de sa toute-puissance (Mt 24,36 par. Mc 13,32, au sujet du jour de la réalisation eschatologique), ou bien un théorème évoqué pour lui-même. Bien plus, si le Père connaît les besoins des disciples (Mt 6,8.32), il ne se contente pas de ce savoir ; il ajoute le geste à la pensée, il ajoute le don au savoir. Le savoir du Père est prélude à son don comme le montrent Mt 6,33b ; 7,7-11. Selon Mt 6,8, ce savoir est « πρὸ τοῦ ὑμᾶς αἰτῆσαι αὐτόν ». On peut donc en déduire que la sollicitude du Père est

---

[21] Cf. Luz, *Matteo*, I, 604.

première. Elle précède la demande qui lui est adressée ; elle *prévient* en quelque sorte les besoins des disciples[22].

En prenant en considération l'examen de ces deux motifs exposés jusqu'alors, on se rend bien compte que pour Matthieu, Dieu est avant tout un Père qui prend soin des disciples. Comme dans la tradition sapientielle (Jb 12,7-8 ; Pr 6,6-11 ; Ps 103,13-15 ; etc.), on a noté comment dans le DM (Mt 5,45 ; 6,26-30), et même ailleurs dans l'évangile (Mt 10,29-31 ; ou dans les paraboles, etc.), Jésus affirme quelque chose du rapport entre DP et les disciples en considérant l'agir de Dieu dans la création[23]. Il est vrai que le fondement de l'évangile matthéen se trouve dans la parole du Fils qui révèle la volonté du Père. Mais à la suite des sages de l'AT, Jésus révèle aussi cette volonté du Père dans l'EvMt en rendant attentif à la beauté de la création. Ce faisant, Jésus apprend à ses disciples à percevoir cette beauté comme l'expression de la bonté et de la magnanimité du Père céleste. Le monde est vu à la lumière de la seigneurie de Dieu ; en tant que tel, il se manifeste comme « création », de telle sorte que celui qui l'observe arrive à comprendre qui est Dieu, comment il agit, comment il se comporte, et que signifie son Règne. C'est dans ce sens que Jésus fait « parler » la création : la pluie, le soleil ; les oiseaux ; les fleurs ; etc., deviennent le « lieu » où Dieu parle aux disciples et leur fait connaître sa volonté pour orienter et inspirer leur agir[24]. Dieu n'abandonne pas la création issue de ses mains ; mais il y reste présent de par sa providence. On comprend, dès lors, pourquoi le DM parle du don de la pluie, du soleil ; du fait que Dieu nourrit les oiseaux du ciel, ou qu'il habille les fleurs des champs,

---

[22] Cf. D.A. HAGNER, « Ethics and the Sermon on the Mount », *ST* 51 (1997) 44-59 ; R. SCHNACKENBURG, *Die sittliche Botschaft des Neuen Testaments*. Band I. *Von Jesus zur Urkirche* (Freiburg 1986) 31.

[23] En Job 12, 7-16, ce que les oiseaux du ciel et les poissons de la mer rendent visible se réfère à l'agir de Dieu et à la sagesse de sa providence. Il y a dans la beauté de la création un message selon lequel Dieu agit souverainement dans la création ; rien de ce qui s'y passe n'advient en dehors de sa providence toute-puissante et de sa sagesse. Cf. J. LEVEQUE, *Job et son Dieu*. Vol II. *Essai d'exégèse et de théologie biblique* (Paris 1970).

[24] Cf. ALLISON, *Sermon*, 101; STIEWE – VOUGA, *Sermon*, 178.

et même qu'il protège les passereaux (Mt 10,29). Mais cette attention bienveillante de Dieu en faveur de la création n'est pas évoquée pour elle-même. Jésus l'évoque en la mettant au service de l'affirmation sur la providence de Dieu en faveur des disciples pour leur faire comprendre la bonté de leur Père céleste à leur égard. Ce qui émerge de ces textes et qui donne vivacité à la vision matthéenne de Dieu comme Père est le fait qu'en attribuant ces actions au Père des disciples, ces textes n'entendent pas d'abord exprimer la toute-puissance de ce Dieu qui fait lever le soleil ou qui fait pleuvoir, qui nourrit les oiseaux ou qui habille l'herbe des champs, qui est capable de « voir » dans le secret ou de connaître d'avance les besoins des disciples. Jésus se réfère au lieu commun de la foi vétérotestamentaire et judaïque en un Dieu créateur et provident envers ses créatures, pour accentuer le fait que ce Dieu est avant tout le Père qui aime ses fils et prend soin d'eux, et qu'il mérite de leur part abandon filial et confiance. Les disciples peuvent donc attendre de la part de leur Père ce dont ils ont besoin pour vivre.

3.3. Le Père et la sanction eschatologique

La façon dont Matthieu articule la prière au Père avec l'agir requis aux disciples montre que ce que le Père donne ou se propose de donner aux disciples dans le cadre de la relation qui les lie à Lui, sert en réalité à habiliter ces derniers à l'action. C'est pour cette raison que le Père qui voit tout, même le plus secret, accordera la récompense en fonction des actes de chacun (Mt 6,1-6.16-18). Il est disposé à pardonner selon la mesure du pardon de chacun (Mt 6,14-15). La perspective du jugement n'est donc pas à exclure dans cette présentation de l'image paternelle de Dieu et dans la relation du Père avec les disciples. C'est en particulier dans la parénèse conclusive du DM que le motif du jugement apparaît avec insistance. Dans la scène de la comparution eschatologique en Mt 7,21-23, c'est Jésus, le Fils qui, au nom de Dieu, son Père, décrète la sentence finale de sanction eschatologique. Ce texte établit en même temps la connexion du motif du jugement avec la figure de Dieu comme Père : Le jugement sera effectué sur le « faire ou non la volonté du Père » révélée par Jésus. La position que le disciple de Jésus assume vis-à-vis de la volonté du Père telle qu'elle est révélée par Jésus, en la mettant ou non en pratique, détermine la sanction que le Père lui réservera au jugement final, c'est-à-dire l'accueil dans le Royaume ou bien le rejet (Mt 7,21-23).

Dans les tableaux de jugement, la sanction peut avoir une connotation négative. Le texte l'exprime comme menace de châtiment ou comme réprimande. Ainsi en Mt 6,1 : « vous n'avez pas de récompense auprès de votre Père céleste » ; 6,15 : « votre Père ne vous pardonnera pas si vous ne pardonnez pas aux hommes »[25]. Les images négatives que l'on trouve dans le tableau eschatologique de la parénèse finale évoquent la condamnation consécutive à la sanction négative : « être coupé et jeté au feu » ; « je ne vous ai jamais connus » ; « écartez-vous de moi » ; etc. Mais la sanction peut avoir aussi une portée positive. Il s'agit en ce cas de la promesse de salut, ou encore de la « récompense ». En Mt 6,1-18, Matthieu conjugue le motif de la rétribution eschatologique (ἀποδιδόναι) à celui du « salaire » (μισθός). Dans l'EvMt, le verbe ἀποδιδόναι et le substantif μισθός sont des termes techniques de la rétribution eschatologique. En faisant de πατήρ le sujet du verbe ἀποδιδόναι en Mt 6,4.6.18, Matthieu indique que cette rétribution eschatologique se fera sous l'égide du Père : le Père « rendra » aux disciples leurs belles œuvres.

Cet aspect positif de la sanction comme bénédiction future est souligné explicitement dans les béatitudes. Ce n'est pas sans raison que Matthieu a placé ces béatitudes en ouverture du discours de Jésus sur la montagne, pour en donner en quelque sorte le ton. Pour cela, on se propose de déterminer dans quelle mesure l'image de Dieu qui émerge de ces béatitudes coïncide avec la « *patérologie* » que Matthieu développera dans les péricopes suivantes. Il s'agit en effet de présenter un cadre complet sur l'image de Dieu qui est véhiculée du début à la fin de ce premier discours de Jésus dans l'EvMt.

---

[25] Cf. A. N. WILDER, *Eschatology and Ethics in the Teaching of Jesus* (London - New York 1939) 57-153.

3.3.1. Les béatitudes et les promesses eschatologiques (Mt 5,3-10)

a. Structure de la béatitude

Chaque béatitude est composée de trois éléments : 1) la proclamation du macarisme (μακάριοι) ; 2) la caractérisation des hommes à qui est destinée la béatitude ; 3) le fondement de cette proclamation[26]. Le premier et le second élément sont reportés aux hommes dans leur situation présente. En effet, les propositions nominales dans le premier membre de la proposition (adjectif « heureux » + destinataires du macarisme) doivent être reportées au temps présent[27]. Par contre, le troisième élément, qui est toujours introduit par la conjonction causale ὅτι, décrit l'agir de Dieu et les formes par lesquelles cet agir divin rejoint les hommes bénéficiaires de la béatitude. On parle de Dieu et de son agir non seulement en évoquant la βασιλεία τῶν οὐρανῶν dans la première et dans la dernière béatitude (Mt 5,3.10), mais aussi dans l'emploi des passifs divins placés dans les béatitudes intermédiaires. Celles-ci contiennent des expressions et des images qui ne sont que des variantes thématiques pour dire la réalité de ce Règne[28]. Dieu consolera les affligés (Mt 5,4 : παρακληθήσονται) ; Dieu rassasiera les assoiffés de justice (Mt 5,6 : χορτασθήσονται) ; Dieu fera miséricorde aux miséricordieux (Mt 5,7 : ἐλεηθήσονται) ; Dieu appellera les artisans de paix ses fils (Mt 5,9 : κληθήσονται). Quant aux promesses en Mt 5,5 (« ils hériteront la terre ») et Mt 5,8 (« ils verront Dieu »), bien qu'elles indiquent de prime abord des actions opérées par les hommes, ces activités humaines ne sont par ailleurs réalisables que grâce à un agir précédent de Dieu qui les rend possibles : « hériter la terre » n'est possible que parce que Dieu donne la terre en héritage. Voir Dieu n'est possible que parce que Dieu se laisse voir et admet à cette vision.

---

[26] Sur la structure tripartite de la béatitude dans les évangiles, cf. STOCK, *Discorso*, 18-19 ; ID., « Der Gott der Freude », 361 ; R.A. GUELICH, « The Matthean Beatitudes : "Entrance-Requirements" or Eschatological Blessings ? », JBL 95 (1976) 417.

[27] Cf. DUPONT, *Béatitudes*, I, 1035.

[28] Cf. DUPONT, *Béatitudes*, III, 661 ; LUZ, *Matteo*, I, 318 ; STOCK, *Discorso*, 40. Sur la présentation du « Dieu des béatitudes » à travers la description de l'agir qui le caractérise, cf. STOCK, « Der Gott der Freude », 433-446.

Au sujet du temps de l'agir de Dieu dans les béatitudes, celui-ci oscille entre le présent (indicatif présent ἐστιν) dans la première et dans la dernière béatitude (Mt 5,3.10) et le futur des promesses intermédiaires en Mt 5,4-9. Ces futurs explicitent et concrétisent en quelque sorte les effets de la possession du royaume (génitif de possession αὐτῶν + verbe ἐστιν). Ces promesses ne seront pleinement accomplies que dans le futur eschatologique. On peut comprendre la relation entre le présent et le futur en rapport avec le royaume des cieux en Mt 5,3-10 à la lumière de Mt 25,34 : « venez les bénis de mon Père, recevez en héritage le royaume qui a été préparé pour vous depuis la fondation du monde ». Mt 25,34 évoque deux temps : Dieu le Père a préparé le royaume pour ses élus dès la création du monde. Le royaume est déjà prêt pour eux. L'héritage leur est destiné. Ensuite, lors de sa venue dans la gloire, Jésus, le Fils du Père, invite les héritiers désignés à prendre possession de l'héritage. Cela signifie que si déjà dans le présent ils sont réellement les héritiers de ce royaume (αὐτῶν ἐστιν ἡ βασιλεία τῶν οὐρανῶν), c'est dans le futur qu'ils en prendront pleinement possession. En ce sens, le présent ἐστιν en Mt 5,3.10 exprime le statut réel et actuel des destinataires du DM comme héritiers[29]. Dieu s'est déjà approché d'eux ; il est entré en relation avec eux comme leur Père. Ces hommes peuvent donc être heureux. Les verbes au futur indiquent par contre les actions divines et donc parallèlement quelles expériences les attendent en rapport avec la possession de ce royaume[30].

b. Le « Dieu » des béatitudes

En considérant la concaténation logique des trois éléments constitutifs de la béatitude, il apert que les béatitudes n'établissent pas un code de normes et des obligations abstraites concernant

---

[29] Le verbe ἐστιν est un vrai présent. Il n'est pas nécessaire de le comprendre en un sens futur, comme le proposent par exemple EICHHOLZ, *Bergpredigt*, 28 ; STRECKER, *Sermon*, 32 ; PAMMENT, « The Kingdom of Heaven », 213.

[30] L'articulation présent – futur qui caractérise la réalité du Règne peut être rendue par la catégorie du « déjà–là–pas–encore ». Cf. ALLISON, *Sermon*, 42-43 ; A. FEUILLET, « Règne de Dieu », *DBS* X, 157-160 ; GUELICH, *Sermon*, 76 ; SCHLOSSER, *Le règne de Dieu*.

le juste agir de l'homme. Lorsque Jésus indique à ses disciples le juste agir qu'il attend d'eux, il prend soin de leur révéler en même temps le futur agir de Dieu qui les concerne au premier chef. Cet agir divin est présenté non seulement comme la récompense consécutive au juste agir de l'homme, mais aussi comme la base et le motif qui rendent possible cet agir ou l'attitude formulés dans la première partie de la béatitude. Ainsi, le motif pour lequel Jésus déclare bienheureux les pauvres, les doux, etc., est lié à l'image même de Dieu qu'il révèle dans ce troisième élément de la béatitude. En effet, ce ne sont pas tous les hommes, de façon indiscriminée, qui sont les bénéficiaires de ces promesses eschatologiques, mais seulement ceux qui remplissent les conditions citées dans le second élément et qui révèlent les justes dispositions humaines afin de rendre effective la béatitude promise.

Néanmoins, la béatitude ne repose pas sur un présupposé qui relève de la psychologie des destinataires du macarisme. Les pauvres se trouvent dans cette position privilégiée non pas tant parce qu'ils sont meilleurs des autres hommes, ou plus pieux, ou plus vertueux. Les hommes ne se procurent pas d'eux-mêmes la béatitude. Elle leur est avant tout donnée par Dieu. La béatitude proclamée par Jésus repose donc sur un présupposé théologique basé sur la prochaine intervention de Dieu en vue d'établir son Règne au bénéfice des pauvres, de ceux qui pleurent, des doux, etc. Si, de par sa miséricorde, Dieu prend le parti des « pauvres », des petits, des humbles, des doux, de ceux qu'on écrase, etc., et pour cela ces hommes sont déclarés heureux, c'est en raison de la manière dont Dieu entend exercer son pouvoir royal. Dieu se doit à lui-même de défendre ceux qui ne sont pas en mesure de se défendre par eux-mêmes. Inutile donc de prêter à ceux-ci des vertus qui justifieraient la prédilection que Dieu leur porte. C'est en Dieu que cette prédilection trouve sa justification. Le Dieu des béatitudes est le Dieu roi et pasteur, qui prend le parti des pauvres et de ceux qui sont persécutés. C'est le Dieu qui consolera ceux qui pleurent, celui qui changera définitivement leur destin douloureux en une existence joyeuse. C'est le Dieu qui donnera aux doux la terre, c'est-à-dire qui ouvrira pour eux l'espace nécessaire pour une vie tranquille et sereine, terre donnée et non pas à conquérir par la force. C'est le Dieu qui rassasiera, c'est-à-dire qui donnera la plénitude de la vie à ceux qui orientent leur vie vers la justice, sans pour cela s'inquiéter de leurs besoins terrestres. C'est le Dieu généreux, qui pardonne et qui accueille en sa famille ceux qui s'engagent pour faire la paix. On ne peut manquer de noter combien cette image de Dieu traverse tout le discours de la montagne !

c. Peut-on parler de la paternité de Dieu en Mt 5,3-10 ?

Lorsque dans le DM, comme du reste ailleurs dans l'évangile de Dieu, les textes parlent de Dieu en le nommant « ὁ θεός », ou en désignant comme « ὁ πατήρ », ou même en utilisant des passifs théologiques, il s'agit en réalité du même et seul Dieu, le Père de Jésus, celui-là même qui est à l'œuvre en faveur des disciples et des destinataires de l'enseignement de Jésus. Seuls le contexte et la formulation littéraire permettent de relever ce sur quoi Jésus met l'accent lorsqu'il utilise ces diverses désignations de Dieu. Il faut toutefois noter que dans les béatitudes, tout en parlant de Dieu et de son futur agir, Jésus n'utilise pas en Mt 5,3-10 le terme πατήρ comme désignation de Dieu. Cela contraste avec le reste du discours où cette désignation est abondamment utilisée. On peut donner une explication littéraire à cette absence de πατήρ en Mt 5,3-12. Les références à Dieu désigné comme le Père des disciples et auditeurs du DM (ὁ πατὴρ ὑμῶν et ses variantes) sont attestées en Mt 5,16-7,11, c'est-à-dire dans les paroles de Jésus formulées principalement à la deuxième personne. C'est là qu'il énonce les normes particulières relatives au juste agir des disciples. Dans les béatitudes, Jésus s'adresse plutôt à ses auditeurs à la troisième personne. Il y énonce les normes générales de l'agir.

Cependant, cette absence du terme πατήρ dans les béatitudes ne constitue pas en soi un problème. En effet, certaines béatitudes contiennent des allusions implicites à l'image paternelle de Dieu. C'est notamment le cas dans la promesse de l'héritage de la terre faite aux doux (Mt 5,5) et dans la promesse faite aux artisans de paix d'être appelés « fils de Dieu ». La béatitude aux (hommes) doux est fondée sur la promesse qu'ils « hériteront la terre ». Le verbe « hériter » (κληρονομεῖν) contient implicitement une référence à la relation père – fils[31]. En effet, l'expérience humaine ordinaire montre que c'est de leurs parents que les fils reçoivent les biens à hériter. De même, en Mt 5,9, le passif κληθήσονται est théologique ; c'est Dieu qui « appellera », c'est-à-dire qui reconnaîtra les artisans de paix comme ses « fils » (υἱοὶ θεοῦ). Ici aussi apparaît en filigrane la relation Père – fils dans sa réalisation eschatologique. Le « Père » sanctionne l'agir de ceux qui s'engagent pour « faire la paix » en les reconnaissant comme ses fils.

3.3.2. La relation avec le Père en contexte de jugement

Pour la pensée sémitique antique, en raison de l'autorité attachée à la figure paternelle, il n'existe aucune contradiction entre l'affirmation de la sollicitude et de la bonté du père d'une part, et de l'autre l'aspect du jugement attaché à la figure paternelle[32]. Transposée sur le plan de la relation entre DP et les disciples de Jésus, la présence du motif du jugement divin montre que, si la présence du Père, et donc la relation qui est établie avec Lui, est dans le DM une présence de grâce, parce que cette relation est donnée par Jésus aux disciples de la part de son Père, il ne s'agit pas en tout cas d'une grâce « à bon marché »[33]. En effet, un Père qui aime seulement mais qui ne « juge » pas serait seulement un « distributeur automatique » de grâce et de pardon, avec lequel on peut bien « jouer ». D'autre part, un Père qui ne voit que le jugement, mais qui n'aime pas, ne serait alors qu'un monstre[34].

---

[31] Cf. STOCK, « Der Gott der Freude », 437.
[32] Cf. SCHRENK, « πατήρ », 995 ; LUZ, *Jesusgeschichte*, 148.
[33] Cela est traduit dans la langue allemande par les termes « Gabe – Aufgabe ». D. BONHOEFFER résume bien à ce propos le message qui transparaît dans ces derniers versets du DM (7,21-27). Il s'agit de la nécessaire orthopraxie de la foi en Dieu qu'il désigne comme le prix de la grâce : « La grâce à bon marché est l'ennemie mortelle de notre Église. Actuellement, dans notre combat, il y va de la grâce qui coûte. La grâce à bon marché, c'est la grâce considérée comme une marchandise à liquider, le pardon au rabais, la consolation au rabais, le sacrement au rabais… ». D. BONHOEFFER, *Le prix de la grâce* (Neuchâtel 1967) 19.
[34] Cf. LUZ, *Jesusgeschichte*, 148.

Grâce et jugement se trouvent ainsi en rapport dialectique comme le sont le don et l'exigence.

Si l'agir des disciples est placé sous l'horizon du jugement final[35], c'est pour instaurer les disciples en une situation de responsabilité radicale, c'est-à-dire appelés à rendre compte à leur Père des choix existentiels de leur vie. Dans la décision que le disciple prend pour faire ou non la volonté de son Père, il en va de son salut, c'est-à-dire de la communion avec son Père (sanction positive), ou de sa condamnation (sanction négative). La relation du disciple avec son Père ne s'épuise donc pas dans l'établissement d'une proximité spirituelle, ou dans l'accomplissement d'une responsabilité éthique. Les exhortations conclusives du DM montrent à suffisance que cette relation est suspendue tout entière au prononcé d'un verdict par lequel le Père communiquera, par son Fils Jésus, le verdict de l'accueil ou du rejet définitif (Mt 7,21-23)[36]. Le disciple est ainsi mis devant son Père qui évaluera sa vie : « ton Père qui voit dans le secret, te rendra » (Mt 6,4.6.18). Parler de « salaire » ou de « châtiment » en ce contexte signifie que le Père reconnaît que l'agir du disciple est bon ou mauvais.

En définitive, cette analyse de l'agir du Père montre que l'annonce joyeuse de la Bonne Nouvelle par l'évocation de la figure paternelle de Dieu n'impose pas à l'homme des poids qu'il ne peut porter. Bien plus, parce que la désignation de Dieu comme Père des disciples est indicative de la proximité de Dieu, l'annonce de Jésus se libère en une séduction qui rend légères toutes les exigences impératives que la proximité de ce Règne comporte pour les disciples.

---

[35] Lorsqu'on parle du caractère eschatologique de l'éthique matthéenne, on n'entend pas affirmer que l'approche des derniers temps détermine l'agir des disciples (le contenu de l'agir). Ainsi MONTEFIORE, *The Synoptic Gospel* (New York 1968) *I*, 35, 54 ; J. SANDERS, *Ethics in the New Testament* (London 1975) ; A. SCHWEITZER, *Die Geschichte der Leben-Jesu-Forschung* (Tübingen 1913) 236 ; WEISS, *Die Predigt Jesu*, 138-144. On est d'avis que la dimension eschatologique de la praxis que Jésus requiert aux disciples signifie que cet agir est mis en relation avec le jugement final et avec la réalité de la βασιλεία.

[36] MARGUERAT, *Jugement*, 38.

4. Les impératifs de l'agir des disciples à la lumière de la relation avec DP

En analysant la première référence à DP en Mt 5,16, on a relevé le lien que Matthieu établit de façon proleptique entre les impératifs énoncés dans le DM et la désignation de Dieu comme Père. La pratique des impératifs de Mt 5-7 que Mt 5,16 résume dans l'exigence de produire des belles œuvres capables de faire glorifier le Père céleste est le lieu de la révélation de Dieu comme Père. Cela signifie donc que le don de la relation avec le Père que Jésus fait aux disciples est un don qui les engage fondamentalement vis-à-vis de leur Père. Dans le DM, Jésus présente DP comme le *modèle*, le *motif* (motivation) et la *finalité* de la justice qu'il requiert aux disciples à qui il révèle Dieu comme *leur* Père. Pour le montrer, on doit reprendre de façon synthétique les résultats des analyses faites jusqu'alors.

Dans la pratique de l'amour des ennemis, les disciples s'inspirent de l'agir de leur Père. Cette pratique de l'amour envers les ennemis révèle non seulement le style de l'agir du Père, mais elle met en outre celui qui aime dans un procès (« devenir ») dans lequel il se révèle fils du Père. C'est dans ce contexte du rapport de la paternité à la filiation que le motif de *l'imitatio patris* apparaît au premier plan. L'identité filiale des disciples se réalise dans l'imitation de l'agir du Père (Mt 5,43-48).

En outre, lorsqu'il décrit la relation des disciples avec Dieu comme leur Père en Mt 6,1-18 ; 6,25-34 ; 7,7-11, Jésus définit en même temps le statut de ses disciples comme ceux dont l'existence est fondée sur la confiance en Dieu leur Père (cf. ὀλιγόπιστοι) et qui vivent de la sollicitude paternelle de Dieu. En vivant courageusement et fidèlement de la miséricorde de leur Père, les disciples ne se trouvent pas seulement dans le bassin d'attraction du Règne des cieux (Mt 5,3.10 ; 6,33). Bien plus, ils rendent témoignage à la présence de leur Père comme une présence qui donne sens et qui oriente leurs choix dans le rapport avec Dieu, dans les relations interpersonnelles et dans le rapport avec les biens matériels. En Mt 6,1-18 particulièrement, Jésus invite les disciples à ne pas chercher l'identité et le sens de leur existence devant les hommes, mais à les recevoir comme dons du Père céleste (cf. aussi Mt 7,7-11). En Mt 6,19-34, le « *souci* » du Père commande aussi l'attitude à l'égard des biens matériels. Le disciple ne doit mettre sa « confiance » qu'en Dieu son Père qui est aux cieux. Le sens de cette confiance est de reconnaître la générosité démesurée de Dieu dans la création, et dont le disciple est le premier bénéficiaire comme « fils du Père ». De ce fait, la reconnaissance de cette sollicitude libère chacun du souci de soi-même pour rechercher le Règne et la justice du Père.

Les disciples qui écoutent la parole de Jésus se trouvent donc entièrement dans le sillage de la βασιλεία de Dieu leur Père[37]. Dans le Règne du Père, les disciples ne vivent plus selon leurs propres intérêts, mais selon les intérêts de Dieu leur Père. C'est ce qu'exprime l'impératif de Mt 6,33a. Les disciples sont appelés à détourner leurs intérêts d'eux-mêmes, pour les orienter au Règne du Père. Ce faisant, ils sont libérés de leurs inquiétudes pour l'existence et mis en mesure de voir finalement la création avec le regard même de Dieu leur Père. L'absence des préoccupations ne peut se comprendre que comme un impératif pour ceux qui attendent et qui sont au service de la seigneurie du Père et qui se préparent pour elle. C'est pour cela que Matthieu a mis la recherche du Règne en parallèle avec la pratique de la justice (Mt 6,33).

En ce qui concerne le rapport avec les biens matériels, il est vrai que Mt 6,25-34 a développé son argumentation en parlant non point de la sollicitude des disciples les uns envers les autres pour surmonter la préoccupation légitime pour le manger et pour le vêtement. C'est plutôt en évoquant la sollicitude du Père envers les disciples à qui il donne tout ce dont ils ont besoin pour vivre. Mais une dimension horizontale de la pratique de la justice en ce domaine ne peut être écartée a priori. Bien plus, on peut la déduire des données suivantes. Tout d'abord, pour Matthieu, la recherche du Règne du Père s'actualise dans la recherche de la justice, c'est-à-dire en mettant en pratique la volonté du Père. Cette volonté a son centre dynamique dans le commandement de l'amour. Il s'agit d'un amour qui trouve son modèle et sa source dans l'amour du Père céleste comme Jésus le révèle en

---

[37] Cf. GNILKA, *Matteo*, I, 374.

Mt 5,43-48. Il n'est donc pas étonnant que la synthèse offerte par Mt 7,12 approfondisse les relations interpersonnelles. En effet, Mt 7,12 synthétise ainsi « la Loi et les Prophètes » par ce qu'on appelle « la Règle d'or : « ainsi donc, tout ce que vous voulez que les hommes fassent pour vous, faites-le vous-mêmes pour eux : c'est la Loi et les Prophètes ». Il est vrai que Mt 7,12 n'a, à première vue, aucun lien avec la figure du Père, car la conduite requise aux disciples dans ce verset conclusif n'est pas fondée sur ce que veut le Père, mais sur la volonté et le souhait du disciple lui-même : « faites aux autres ce que vous voulez que les hommes fassent *pour vous* ». Mais on ne peut manquer de souligner que le disciple qui est interpellé dans le DM n'est pas un sujet « autonome ». Cela vaut aussi pour ce que le disciple veut ou souhaite pour soi-même. Le disciple est défini dans ce discours par rapport à sa relation avec Dieu son Père dont il actualise la volonté dans sa vie. Ainsi donc, même ce que le disciple « veut qu'on fasse pour lui » est illuminé par sa relation avec le Père.

Ensuite, ceux qui prient le Notre Père demandent au Père « notre pain ». L'emploi du possessif « notre » souligne qu'il s'agit du pain des disciples solidaires avec ceux qui partagent leur condition humaine. Ce pain ne peut être considéré comme une propriété privée. Si tous dans cette communauté qui vit sous le Règne du Père s'intéressent aux vicissitudes humaines et spirituelles des frères et sœurs à qui Dieu est révélé comme Père (Mt 5,21-48), alors il n'y a plus personne qui est seule ou isolée dans une telle communauté. Chacun est en sécurité dans une communauté solidaire. En ce sens, la splendeur de la création que le texte décrit comme la gloire des lis et la « sérénité » des oiseaux qui frise l'insouciance devient visible à tous. Lorsqu'on considère cette sollicitude mutuelle de ceux qui vivent sous la βασιλεία du Père comme expression de leur amour, on peut dire alors que la sollicitude du Père pour les disciples devient visible *entre autre* dans la sollicitude mutuelle des disciples[38]. Lorsque les disciples s'aident mutuellement parce que fils d'un même Père (Mt 5,21-

---

[38] Du point de vue de l'histoire des traditions, on est d'avis que les premiers destinataires de Mt 6,25-34 ont été probablement les missionnaires itinérants de l'époque

48), cet agir devient un témoignage à la sollicitude dont le Père entoure ses fils en prenant soin d'eux et en pourvoyant à leurs besoins (6,25-34)[39]. Dans le même sens, on peut dire aussi que là où les disciples et les auditeurs du DM, fils du Père, vivent de la confiance réciproque, on reconnaît Dieu comme un père plein d'amour et à qui l'on peut se confier sans réserve.

■ Conclusion

Somme toute, définis dans la perspective de cette relation avec le Père, les impératifs du DM assument une triple fonction. Une fonction *identitaire* en ce qu'ils définissent le statut des disciples comme ceux qui sont appelés à devenir « fils du Père » à travers l'*imitatio patris*. Ce motif de la filiation détermine en même temps l'appel à la fraternité qui rend les disciples solidaires les uns des autres. Une fonction *missionnaire*, en ce qu'ils assignent aux disciples la fonction de conduire les hommes à glorifier le Père céleste. Enfin, une fonction *théologale*, en ce que les « belles œuvres » requises aux disciples (Mt 5,16) doivent être transparentes du Père, parce que Matthieu les présente en définitive comme « la parabole de l'action du Père »[40].

---

successive à la mort et résurrection de Jésus. Pour ces « radicaux itinérants » qui vivaient comme les oiseaux du ciel et les lis des champs, la providence divine que Jésus leur promet se concrétise dans l'aide concrète qu'ils reçoivent de la part des communautés chrétiennes. Ces missionnaires itinérants n'ont pas le temps de semer, de récolter, etc. Ils ne peuvent vivre que ce que les autres – qui croient comme eux dans le Règne de Dieu – leur donnent jour après jour pour manger. Ils trouvent un toit dans la mesure où on les accueille pour dormir dans les maisons de ceux qui accueillent le message de Jésus. Dans cette situation, Jésus leur dit : « n'ayez pas peur ; ne vous préoccupez pas pour le demain. Vous êtes maintenant comme les oiseaux qui ne sèment pas et n'accumulent pas dans des greniers ; vous vivez dores et déjà l'annonce du Règne, et Dieu pourvoit pour vous ». Cf. LUZ, *Matteo*, I, 545 ; LOHFINK, *Discorso*, 129 ; G. THEISSEN, *Studien zur Soziologie des Urchristentums* (Tübingen 1979) 79-105.

[39] La portée ecclésiale de ce développement sur la sollicitude fraternelle est traitée largement en G. LOHFINK, *Wie hat Jesus seine Gemeinde gewollt? Zur gesellschaftlichen Dimension des christlichen Glaubens* (Freiburg i. Br. 1987) 42-57.

[40] L'expression suggestive est de C. DUCOQ, « Une parabole de l'agir de Dieu », *LV* 183 (1987) 90.

CHAPITRE IV
JÉSUS, LE FILS, DON DU PÈRE

À la fin du discours, en Mt 7,28-29, quand les foules réagissent à l'enseignement que Jésus vient de leur livrer, elles ne font aucune remarque sur le contenu de l'enseignement reçu, ni sur la beauté des observances, encore moins sur leur extrême radicalité, pour notifier par exemple qu'elles voudraient les pratiquer, mais sans en être capables. Dans l'EvMt, la prise de conscience d'une telle difficulté dans la pratique des exigences requises par Jésus n'est signalée que plus tard dans le récit évangélique, notamment au sujet du mariage indissoluble en Mt 19,10 et des richesses en Mt 19,25-26. À la fin de Mt 5-7, les foules ne retiennent que l'autorité (ἐξουσία) de Jésus qui vient de prononcer ce discours, et donc qui y a révélé aussi Dieu comme Père. Ce détail est souligné, du reste, par le narrateur lui-même[1]. Matthieu dépend sans nul doute de Mc 1,22 : « Ils étaient frappés de son enseignement, car il les enseignait en homme qui a autorité (ἐξουσία) et non pas comme les scribes ». Dans l'EvMt, l'emploi du terme ἐξουσία en rapport avec Jésus apparaît pour la première en Mt 7,28. Cela n'est pas sans rappeler la dernière attestation en Mt 28,18 en parlant de Jésus ressuscité comme le plénipotentiaire de Dieu. Les autres attestations de ἐξουσία en rapport avec Jésus se trouvent en Mt 9,6.8 (capacité de pardonner) ; 10,1 (ἐξουσία donnée aux disciples) ; 21,23.24.27 (discussion avec les grands prêtres et les

---

[1] Il s'agit donc ici de relever la fonction narrative du discours de la montagne à l'intérieur du récit matthéen. Le problème est posé entre autres par ALETTI, « Matthieu et Paul », 103-105.

anciens du peuple)². En Mt 5-7, l'ἐξουσία de Jésus ne se rapporte ni au ton ni à l'assurance de celui qui parle (forme linguistique), mais à son droit de parler, en d'autres termes, à la légitimité de son discours (contenu). Entendu sous l'angle religieux : Jésus enseigne comme quelqu'un qui a reçu de Dieu mandat pour ce faire (Mt 28,18). Pour Matthieu et ses lecteurs, Jésus est l'unique et le définitif messager de Dieu au temps où il paraît. Toute interprétation parallèle (cf. « leurs scribes ») ne peut qu'être rejetée. En ne laissant réagir les auditeurs du DM que sur cette autorité de Jésus, Matthieu indique simplement que les prescriptions et les conseils donnés dans le DM doivent, à ce point du récit, être considérés christologiquement en ce qu'ils manifestent la propre identité de Jésus, son rapport à Dieu dont il connaît et interprète parfaitement la volonté³. Un dernier point à analyser dans ce travail est donc celui de préciser dans le contexte de la relation des disciples avec le Père « le statut » et le « rôle » de Jésus, le fils qui par sa parole et ses œuvres révèle Dieu comme le Père en Mt 5-7.

Cette question christologique mérite d'être posée, car certains affirment qu'il n'y a pas en Mt 5-7 des données christologiques explicites[4]. Mais à l'aide d'un examen attentif des paroles de Jésus, on peut lever de sérieuses objections à cette opinion. En effet, la proclamation de Jésus sur le Règne de Dieu, son appel à la conversion, ses énoncés sur ce que Dieu exige, son enseignement sur la paternité de Dieu, ce sont là autant de données présentes

---

[2] Cf. W. FOERSTER, « ἐξουσία », *TWNT* II, 559-568 ; I. BROER, « ἐξουσία », *EWNT* II, 23-27 ; S. LÉGASSE, *L'évangile de Marc* (Paris 1997) 125 ; FABRIS, *Matteo*, 187 ; SAND, *Matteo*, I, 227 ; SCHNIEWIND, *Matteo*, 189.

[3] Cf. R.T. FRANCE, *Matthew: Evangelist and Teacher* (Grand Rapids 1989) 278-317.

[4] Ce que C. MONTEFIORE écrit est clair à ce sujet : « If we regard the Sermon on the Mount as the Charter of the "Christianity" of Jesus, it is immensely striking how completely the Christological element is lacking. The New Law contains no article of faith concern person of its giver. It is silent about his Messiahship. There is no word about his divinity… ». C. MONTEFIORE, *The Synoptic Gospels* (New York 1968), II, 555. Dans le même ordre d'idées, il faut citer aussi H.D. BETZ, « The Problem of Christology in the Sermon on the Mount », *Text and Logos* (éd. T.W. JENNINGS) (Atlanta 1990) 191-209.

en Mt 5-7 qui révèlent d'une certaine façon l'identité de celui qui parle dans ce discours[5].

L'analyse de la dernière référence à DP en Mt 5-7 a montré qu'en parlant de Dieu comme son Père (« mon Père »), Jésus parle en Mt 5-7 comme le Fils révélateur du Père et comme le Juge eschatologique (Mt 7,21)[6]. Mais il ne s'agit pas là des seuls indices christologiques de ce discours. Selon Mt 5,1, Jésus enseigne sur la « montagne », un lieu de révélation divine et de communication avec Dieu. Ce détail topographique n'est pas sans indiquer l'autorité de Jésus et de l'enseignement qu'il donne. C'est ce que confirme, du reste, la position assise qu'il assume au moment où il s'apprête à livrer son enseignement sur la montagne (καθίσαντος αὐτοῦ)[7]. En tant que Fils révélateur du Père, Jésus est celui qui connaît la volonté de Dieu (« volonté du Père ») et ses intentions profondes, au point qu'il peut dire au sujet de l'interprétation normative de la Torah en Mt 5,21-48 : « vous avez appris ... mais *moi je vous dis* ». En Mt 6,9, Jésus indique comment on doit s'adresser à Dieu dans la prière et quelles choses il faut demander dans la prière. En Mt 6,33, il définit les priorités divines pour la vie humaine. En Mt 6,8, il garantit que le Père connaît ce dont les disciples ont besoin. Comme juge eschatologique, Jésus jugera dans la parousie les disciples en fonction de l'accomplissement ou non de ses paroles qui révèlent la

---

[5] Cf. R. FULLER, *The Foundations of the New Testament Christology* (London 1965) 106.

[6] Sur ces deux « lieux christologiques », cf. TALBERT, *Sermon*, 143-144 ; J. D. KINGSBURY, *Matthew : Structure, Christology, Kingdom* (Philadelphia 1975) .

[7] L'emploi du verbe προσέρχομαι (προσῆλθαν) avec οἱ μαθηταὶ αὐτοῦ comme le sujet grammatical sert à définir le statut des disciples comme destinataires privilégiés de l'enseignement de Jésus dans le DM. Mais comme l'a montré G. BOSCOLO, ce verbe assume aussi dans l'EvMt une valeur christologique importante. En effet, les rencontres de Jésus introduites par le verbe προσέρχομαι, comme c'est le cas aussi en Mt 5,1, contribuent à manifester la dimension exceptionnelle du « destinateur » de l'enseignement. Matthieu se sert de ce verbe pour présenter Jésus comme le « Dieu avec nous » en action pour aider, illuminer, sauver, enseigner. Cf. G. BOSCOLO, *Chi è Gesù per Matteo ? Una risposta attraverso il verbo greco prosérchomai* (Padova 2009). Voir aussi J. R. EDWARD, « The Use of προσέρχομαι in the Gospel of Matthew », *JBL* 106 (1987) 65-74.

volonté du Père. En Mt 5,3-10, c'est lui qui proclame les béatitudes : non seulement il connaît leur fondement, c'est-à-dire l'agir eschatologique de Dieu, mais il édicte aussi de façon proleptique le jugement en indiquant qui sont les bénéficiaires des promesses divines eschatologiques. En Mt 5,17-20, il dit de connaître comment et dans quelles conditions on entre dans le royaume des cieux. En Mt 7,21, il est le Juge eschatologique. En Mt 7,24-27, il affirme que l'on est sauvé selon que l'on met ou non en pratique sa parole. Tous ces textes montrent que le DM est inséparable de l'identité de la personne qui proclame la volonté du Père et qui se révèle dans cet enseignement comme le Fils.

En effet, celui qui parle en Mt 5-7 est celui-là même que Mt 1-4 a présenté comme le Fils de Dieu. Ce n'est qu'après cette présentation que l'on trouve les références à Dieu comme Père des disciples. Il est clair maintenant que c'est Jésus, le Fils du Père, qui offre aux disciples cette possibilité d'établir la relation avec Dieu, son Père, au point que ce dernier devient pour eux « votre Père », au point qu'ils peuvent l'invoquer dans la prière comme « notre Père ». On ne peut donc pas comprendre la prédication de la volonté du Père en Mt 5-7 sans l'insérer dans ce contexte christologique[8]. On ne doit pas perdre de vue le fait que le DM ne vient pas avant, mais après Mt 1-4. Vu dans cette optique, le DM apparaît comme l'enseignement de l'Emmanuel, le « Dieu avec nous », le Messie envoyé par Dieu pour sauver son peuple de ses péchés (Mt 1,21). C'est lui qui, dans la version matthéenne de la dernière cène, a versé son sang pour la rémission des péchés (Mt 26,28). C'est lui, le Ressuscité et le Seigneur, qui demeure dans sa communauté, tous les jours jusqu'à la fin des temps, pour l'aider à observer tout ce qu'il a prescrit (Mt 28,20), y compris donc l'enseignement qu'il a livré dans son premier discours. C'est celui qui se présente comme le Fils, qui a une relation unique et spéciale avec le Père, au point qu'il peut dire : « Venez à moi, vous tous qui peinez sous le poids du fardeau, et moi je vous donnerai

---

[8] Cf. Luz, *Matteo*, I, 603 ; P. Stuhlmacher, « Jesu vollkommenes Gesetz der Freiheit. Zum Verständnis der Bergpredigt », *ZThK* (1982) 292-293.

le repos… Car mon joug est facile à porter et mon fardeau léger »
(Mt 11,28-30).

En révélant dans ce discours Dieu, son Père, comme le Père de ses disciples, et l'agir qui le caractérise comme Père, Jésus manifeste sa connaissance de Dieu et communique le noyau de son message sur DP et de ce que ce Père est disposé à faire pour les disciples. Nulle part ailleurs dans l'EvMt et peut-être même dans tout le NT, on ne trouve une description aussi vaste que détaillée de l'agir de DP envers les hommes comme celle que nous avons dans le DM. Mais paradoxalement, en dehors du DM, ces références à l'agir de DP ne sont pas autrement explicitées. Cela ne peut s'expliquer que par le fait que dans les évangiles, Jésus est le Fils plénipotentiaire du Père (Mt 11,27 ; 28,18). C'est donc lui qui actualise dans son ministère l'agir de Dieu que le DM attribue au Père de ses disciples. C'est ce qu'on va expliciter dans les pages suivantes à partir de cette perspective christologique.

Tous les synoptiques présentent la mission de Jésus auprès des pécheurs comme un élément essentiel de la mission que Dieu lui a confiée. Durant sa vie terrestre, Jésus lui-même a fait participer les hommes (les publicains) au don divin du pardon. C'est en ce sens qu'il faut interpréter le récit de la guérison du paralytique de Capharnaüm (Mt 9,2-13 par.) à qui Jésus pardonne les péchés (Mt 9,6). Matthieu est en outre le seul qui associe le pardon des péchés à la passion de Jésus : le sang de Jésus est versé « pour la rémission des péchés » (εἰς ἄφεσιν ἁμαρτιῶν, Mt 26,28). C'est dans cette optique qu'il faut comprendre l'explication que Matthieu donne du nom « Jésus » en Mt 1,21 : « C'est lui qui sauvera son peuple de ses péchés ». C'est donc la parole efficace de Jésus qui communique le pardon divin des péchés (cf. le passif ἀφίενται, en Mt 9,2.5) et manifeste en même temps la miséricorde du Père[9].

En outre, le DM enseigne que la sollicitude du Père envers les disciples se manifeste en ce que le Père connaît ce dont les disciples ont besoin (Mt 6,8.32). À travers son action créatrice, le

---

[9] Cf. GNILKA, *Matteo*, I, 479.

Père pourvoit à la subsistance matérielle des disciples (Mt 6,11 ; 6,25-34 ; 7,7-11). Cette sollicitude de Dieu s'actualise dans l'œuvre de Jésus, l'Emmanuel, qui prend soin de donner à manger aux foules qui le suivent[10]. En effet, dans son évangile, Matthieu rapporte deux miracles de multiplication de pain (Mt 14,13-21 ; 15,32-39) où Jésus nourrit les foules. Outre ces miracles, on doit aussi citer le don de soi que Jésus fait dans la cène eucharistique à travers le don du pain et du vin pour indiquer sa présence auprès des siens (Mt 26,26.28 : « ceci est mon corps ; ceci est mon sang »).

Enfin, l'avènement du Règne du Père pour lequel les disciples prient coïncidera avec la victoire finale sur le mal (πονηρός) en toutes ses dimensions (Mt 6,13). Cette victoire définitive dont les disciples seront les bénéficiaires est déjà en œuvre dans le ministère de Jésus comme le montrent les miracles opérés par lui (guérison, résurrection des morts, exorcismes). Jésus lui-même peut dire : « Si c'est par l'Esprit de Dieu que j'expulse les démons, c'est donc que le Royaume de Dieu est arrivé jusqu'à vous » (Mt 12,28). En outre, les guérisons opérées par Jésus manifestent la compassion que Jésus éprouve pour ces foules qui le suivent (Mt 4,23 ; 8,16 ; 9,35 ; 12,15 ; 14,14 ; 15,30 ; 19,2 ; 21,14). Cette compassion traduit la sollicitude de Jésus pour les foules (Mt 9,36; 14,14 ; 15,32 ; 20,34). Pour l'exprimer, Matthieu utilise les verbes σπλαγχνίζομαι (Mt 9,27 ; 15,22 ; 17,15 ; 20,30-31), ἐλεεῖν (Mt 9,27 ; 15,22 ; 17,15 ; 20,30.31)[11]. Dans l'AT, par ces deux verbes, on décrit plutôt l'agir de Dieu lui-même. Ici, ils sont attribués à Jésus[12].

---

[10] Cf. U. Luz, *Das Evangelium nach Matthäus* (Zürich 1997), III, 440-442 ; P.-B. Smit, *Fellowship and Food in the Kingdom* (Tübingen 2008) 228.

[11] Cf. Luz, *Matthäus*, III, 400 ; L. Schenke, *Die Wunderbare Brotvermehrung. Die neutestamentlichen Erzählungen und ihre Bedeutung* (Würzburg 1983) 157.

[12] Cf. Fuller, *Christology*, 106.

Conclusion

En définitive, cette actualisation de l'agir du Père en faveur des disciples à travers le ministère de Jésus n'est possible que parce que Jésus, le Fils, est habilité par le Père à une connaissance exclusive avec Lui. Il a reçu du Père la mission de le révéler, de le faire connaitre comme Père aux hommes (Mt 11,27), et donc de mettre ces hommes qui l'écoutent en relation avec le Père. Jésus, le Fils, est le don du Père aux disciples pour qu'ils le connaissent comme leur Père, pour qu'ils connaissent sa volonté, pour qu'ils voient réalisé ce par quoi leur Père les habilite à la praxis énoncée dans ce discours. De la même façon, Jésus peut attribuer ce privilège à ceux qui répondent positivement à son message. En effet, le disciple qui se met à la suite de Jésus, c'est-à-dire qui met en pratique l'enseignement de Jésus, devient lui aussi un don du Père au monde (Mt 5,14-16).

CONCLUSION GÉNÉRALE

Au regard de la concentration des références à DP dans le DM, on peut donc dire que ce discours contient le plus grand enseignement (διδαχή) de Jésus sur la paternité de Dieu dans l'EvMt, en particulier en ce qui concerne la relation des disciples avec Dieu comme leur Père. Cela suffit pour expliquer l'intérêt de cette recherche en « *patérologie* » dont on relève maintenant les grandes lignes.

■ 1. Comment Jésus exprime-t-il la paternité de Dieu en Mt 5-7 ?

Mises à part les références à DP où le Père est présenté comme la finalité de l'agir des disciples (ὁ πατήρ à l'accusatif ou au datif), ou bien les références qui évoquent des réalités médiatisant la présence de Dieu comme Père (ὁ πατήρ au génitif), les autres références en Mt 5-7 évoquent plutôt l'agir présent ou futur qui caractérise Dieu comme Père. Mt 5,48 est une exception, car c'est l'unique texte du DM qui utilise le langage prédicatif pour parler du Père et de sa perfection. Mais partout ailleurs, c'est plutôt en terme d'action qu'il faut comprendre la paternité de Dieu, et donc aussi sa perfection. C'est au temps présent que Matthieu parle de l'agir de Dieu comme Père. Il exprime ainsi la sollicitude présente du Père. Par contre, lorsque cet agir est reporté au futur, il a en général la valeur d'une promesse. Il n'y a par contre aucune action attribuée au Père et qui relève du passé. Cela signifie qu'en parlant de l'agir de Dieu comme Père en Mt 5-7, il ne s'agit en fait que de son agir ordinaire qui le caractérise comme Père. Matthieu n'élabore donc pas un discours conceptuel sur la paternité de Dieu. Son langage sur le Père est un langage concret, direct, qui indique une présence de Dieu dans la vie de ceux à qui Jésus révèle cette paternité.

Ensuite, dans le DM, la désignation de Dieu comme Père est avant tout la révélation faite aux disciples sur la bonté immense, sur l'amour et la sollicitude de Dieu comme Père en faveur des disciples. Jésus attribue au Père une série d'actions positives que l'on pourrait circonscrire dans le pôle du salut. L'emploi des verbes de la racine διδόναι, de ses composés et d'autres verbes apparentés pour caractériser l'agir du Père montre que Dieu se révèle comme le père des disciples en ce qu'il leur donne. Ce Père sait ce dont ils ont besoin (Mt 6,32) ; il pardonne leurs manquements (Mt 6,12.14-15) ; il les sauve (Mt 6,13). Cette présentation est proche de celle de l'AT où les textes qui parlent de Dieu comme père évoquent toute la chaîne historique des bienfaits accomplis par YHWH en faveur d'Israël comme expression de son amour et de sa bonté. Certes, ces aspects n'éclipsent pas l'énonciation de l'autorité paternelle de Dieu qui oblige à l'obéissance, et encore moins le pouvoir de juge qui exige qu'on lui rende compte (Mt 6,1.4.6.14.18). Comme père, il est celui qui donne la vie et tout ce qui est bien (ἀγαθά) ; en même temps, il est seigneur, roi et juge qui, connaissant tout et voyant tout, récompense ou condamne. Ces aspects que l'on peut circonscrire dans le pole du jugement ne s'expliquent que comme l'autre face de la même médaille, parce que le don du Père oblige.

Enfin, tout en rappelant les emplois traditionnels attribués à Dieu comme Père, dans la bouche de Jésus qui parle dans ce discours, la paternité de Dieu se réfère avant tout à son expérience personnelle comme le Fils de Dieu. C'est donc lui qui révèle le Père comme tel. Sa relation avec Dieu est caractérisée par la simplicité et l'immédiateté, sans l'intervention de personnes ou d'institutions interposées, mais également par le respect, la confiance et l'obéissance. De la sorte, la révélation de Dieu comme Père en Mt 5-7 et dans tout l'évangile en général ne peut être dissociée de la personne de Jésus qui, comme l'affirme Mt 11,27, est le dispensateur de la révélation du Père. En Mt 5-7, après avoir longuement parlé de Dieu comme le Père de ses disciples, Jésus conclut le discours en parlant pour la première fois (dans le DM et dans l'EvMt) de Dieu comme son Père (ὁ πατήρ μου en Mt 7,21). Il ne pouvait en être diversement. Il n'y a dans l'EvMt aucun ὁ πατὴρ ὑμῶν qui ne soit en relation avec Jésus. Cela montre que celui qui se met à la suite de Jésus pour devenir son disciple (Mt 4,18-22) ou qui se laisse transformé par l'action de Dieu à travers la vie de Jésus (Mt 4,23-25), se trouve en une relation nouvelle avec le Père, relation donnée et déterminée par l'avènement de la βασιλεία qui est déjà en acte dans l'œuvre de Jésus (Mt 4,17). C'est seulement dans la communion du disciple avec Jésus qui lui révèle le Père que Dieu devient pour les disciples un «TU» avec qui ils peuvent avoir un rapport personnel, à qui ils peuvent s'adresser, en qui ils peuvent avoir confiance et auprès de qui ils trouvent la sécurité et l'identité comme « fils du Père » (Mt 5,45). Dans cette perspective, la relation des disciples avec le Père ne peut être pour eux qu'un don du Père par Jésus, le Fils, qui le révèle comme tel. C'est donc le don de cette relation des disciples avec le Père qui détermine la pratique des impératifs qui circonscrivent l'agir des disciples à qui est révélée cette paternité de Dieu.

Ainsi, en parlant de Dieu comme Père, ce que Matthieu met en avant-plan n'est pas l'image de Dieu comme père dans le sens de Père de l'univers, ou le « bon Père », ou le « Père éternel », comme l'entend une certaine philosophie populaire. Les affirmations matthéennes sur Dieu comme le Père des disciples doivent donc être situées dans le contexte historico-salvifique. Il s'agit en effet de Dieu qui se révèle dans la vie et dans l'enseignement de Jésus comme le Père, d'abord comme son Père, et puis à travers lui, comme le Père de ses disciples.

2. La relation des disciples avec le Père : le sens d'un don

À travers la révélation de Dieu comme leur Père qui leur est faite, les auditeurs de Jésus en Mt 5-7 sont insérés dans cette relation qui définit leur statut et détermine en même temps leur « performance ». Les auditeurs du DM ne sont donc pas des sujets « autonomes », mais toujours à comprendre à la lumière de leur relation avec Dieu comme Père. Aussi, dans le DM, Matthieu présente les paroles que Jésus prononce (Mt 7,24.26) comme la proclamation de la volonté du Père (Mt 7,21) pour ceux qui sont fils (Mt 5,45), et qui peuvent prier Dieu ainsi (Mt 6,9) parce qu'il est proche d'eux et qu'il les écoute (7,11). Si donc pour Matthieu, la volonté de Dieu est la volonté du Père, cela signifie que les exigences de Dieu que Jésus révèle sont les exigences de celui qui est avec les disciples parce qu'il est leur Père. De la sorte, les « paroles » que Jésus prononce en Mt 5-7 comme volonté de son Père, représentent le « texte » expression de cette relation du Père avec les disciples appelés à devenir les fils du Père.

Les possessifs qui déterminent le substantif ὁ πατήρ comme Père des disciples circonscrivent la relation de ces derniers avec leur Père dans le sens d'une relation exclusive et d'appartenance réciproque. Dieu est « votre (ton/notre) Père ». Il est pour vous ; il est avec vous ; et vous êtes pour lui. En révélant la volonté du Père, le DM traduit ainsi non seulement les obligations qui engagent le Père vis-à-vis des disciples à qui Jésus le révèle comme tel, mais en même temps, il transcrit les exigences impératives requises aux disciples du fait de leur appartenance au Père. Cette relation entre « votre Père » et les « disciples » signifie que dans le DM, tout ce que le Père donne et tout ce qu'il est disposé à donner aux disciples d'une part, et de l'autre l'obéissance à la volonté du Père requise aux disciples, sont deux réalités inséparables comme le sont la promesse (le don) et l'exigence. Le DM n'est pas seulement « exigence » ou seulement « promesse de salut ». Pour Matthieu, le DM représente comme un « mouvement » au sein duquel Jésus place, devant ses exigences, les hommes avec qui Dieu veut cheminer ; et en les sollicitant, Jésus les conduit à l'expérience d'un Dieu qui, parce qu'il est leur Père, est proche d'eux avant qu'eux ne se rapprochent de lui.

■ 3. L'enseignement sur DP en Mt 5-7 doit être situé en contexte de grâce

Avant de se confronter aux exigences impératives de Mt 5-7, les auditeurs de Jésus, qui sont les mêmes que ceux cités en Mt 4,18-5,2, c'est-à-dire les « disciples » et les « foules », ont été l'objet, non seulement de l'élection de la part de Jésus pour ce qui concerne les disciples (Mt 4,18-22), mais aussi de la compassion et des guérisons pour ce qui concerne les foules (Mt 4,23-25). L'avènement du Règne dont Jésus annonce la proximité (Mt 4,17) signifie la présence amoureuse du Père à travers les gestes de son Fils Jésus. Celui-ci invite à partager la communion de vie avec lui (« suivez-moi ») ; il délivre les foules des maux qui les oppriment. C'est sur cette base que l'on peut comprendre cette présence du Règne comme fondement à l'appel à la conversion (cf. la particule γάρ). Le message de Jésus sur le Père en Mt 5-7 est une instruction qui concerne la βασιλεία. (cf. la βασιλεία du Père : Mt 6,10 ; 6,33a). Il ne s'agit donc pas de la paternité divine de l'ordre cosmique, mais il y a ici une valorisation explicative qui place l'être disciple dans le contexte du Règne qui s'est approché des hommes. De cette façon, la paternité de Dieu est en même temps liée à l'œuvre eschatologique (l'annonce du Règne) et à Celui qui, aux temps eschatologiques, répand les bontés divines sur les disciples (Jésus).

De la sorte, ce que Jésus demande aux disciples dans son interprétation de la Torah quant aux relations interpersonnelles (Mt 5,21-48) ne se comprend que dans l'horizon de ce qu'il révèle sur l'être parfait du Père céleste des disciples (Mt 5,48). En effet, la perfection requise aux disciples en conclusion des antithèses n'est que l'expression de l'amour du Père. C'est un amour qui est donné inconditionnellement. Aimer le juste et le méchant appartient à la nature du Père. Par le don de cet amour, le Père ouvre le chemin sur lequel les disciples doivent marcher dans leurs relations interpersonnelles. Ce n'est que dans ces conditions que le disciple se manifeste comme le « fils du Père », c'est-à-dire proprement comme « l'icône » de son Père, en accueillant cette possibilité de « vie » qui lui est ouverte par le don de cette relation toute scellée par l'amour.

Le Père est aussi celui qui connaît ce dont les disciples ont besoin avant qu'ils ne lui en fassent part. Les disciples peuvent être certains que leurs besoins ne seront pas négligés, parce que le Père veut les satisfaire. En effet, le Père est disposé à donner des « bonnes choses » aux disciples. Le Père que Jésus révèle aux disciples dans le DM n'est donc pas seulement celui qui exige (« volonté du Père »). Il est aussi celui qui donne (Mt 7,11), et non pas seulement la relation par laquelle il se situe vis-à-vis d'eux comme leur Père, mais aussi, en vertu de cette relation donnée par Jésus, le Père leur octroie tout ce dont ils ont besoin pour cheminer dans cette relation. C'est bien cette dimension du don caractéristique de la relation avec le Père qui place en définitive le DM en contexte de grâce. Il suffit pour s'en convaincre de prendre en considération le texte que Matthieu a placé au cœur de l'élaboration de sa *patérologie* en Mt 5-7. C'est bien un texte de « prière » au Père.

4. DP en Mt 5-7 ou la centralité de la dimension spirituelle

Au cœur de ce discours consacré à la justice supérieure, Matthieu a inséré l'enseignement de Jésus sur la prière que les disciples doivent adresser à Dieu comme leur Père (Mt 6,9-13). Cet enseignement sur la prière est accompagné de la certitude que le Père exauce la prière qui lui est adressée (Mt 6,8 ; 7,7-11). La paternité de Dieu est liée étroitement à la prière. Jésus demande aux disciples de s'adresser à lui en tant que « Père » et non plus seulement comme « Dieu », « Roi souverain », « Saint », ou comme « Juge ». Même si on devrait connaître Dieu de toutes ces manières, par son enseignement sur le Père, Jésus veut que les disciples réalisent que lorsqu'ils prient, Dieu est présent comme Père. En parlant de Dieu comme Père dans le DM, Jésus n'entend pas révéler un Dieu lointain, ou solitaire, mais un Dieu qui veut la communion avec l'homme, un Dieu accessible, qui se rapproche de l'homme et qui se laisse approcher, d'où le don de la relation avec le Père.

La centralité de la prière dans la pratique de la justice et la « qualité » du Nom par lequel le disciple invoque Dieu montrent que dans son effort pour réaliser la justice supérieure qui lui est requise, le disciple n'est pas abandonné à lui-même ; il est porté par son Père. Le problème n'est pas tant celui d'opposer la prière à l'action (praxis). Il faut plutôt montrer en quoi l'une est la source de l'autre. Toute action, tout événement est le lieu de la rencontre avec le Père. Prier son Père, c'est faire place à ses dons dans sa propre vie pour féconder son agir. Le don de la relation avec le Père génère pour le disciple un espace de vie où en tant que « fils du Père » il expérimente la sollicitude de ce Père céleste qu'il rencontre particulièrement dans la prière.

5. DP et la « justice » : portée éthique des références à DP

Les prescriptions et les prohibitions qui définissent la justice supérieure dans le DM ne se trouvent pas en un état isolé, ou présentées pour elles-mêmes. Elles sont insérées dans le contexte de la relation des disciples avec le Père. Il y a toujours un don de Dieu qui les précède et les accompagne en indiquant le mode juste pour les accueillir et les rendre effectifs dans la vie du disciple. De la même façon, Matthieu n'expose pas cet agir du Père de façon isolée, mais en étroite corrélation avec les impératifs de l'agir des disciples. La révélation de Dieu comme Père par les traits de l'amour, de la providence et d'autorité paternels possède le caractère d'un exemple à imiter et d'une prescription qui engage pour l'organisation de la vie de la communauté bénéficiaire de la révélation du Père. Dans le DM, ce Père est présenté aux disciples comme le modèle, le motif et la finalité de la justice qui leur est requise. Ce n'est donc que sur la base de cette relation avec le Père que le témoignage de vie de l'être disciple peut devenir une « belle œuvre », c'est-à-dire le lieu même où Dieu se révèle comme Père (Mt 5,16).

En effet, en Mt 5-7, DP est présenté d'abord comme une norme et un exemple pour ceux qui sont exhortés à devenir fils du Père afin de révéler la volonté du Père comme miséricorde et gratuité de l'amour. La filiation des disciples se réalise proprement dans l'imitation de la perfection qui caractérise leur Père. La perfection du Père se manifeste dans le don de son amour indiscriminé. DP est aussi le motif de l'agir des disciples. Selon Mt 6,1-6.16-18, la justice requise aux disciples n'existe que dans la relation des disciples avec le Père (« ton Père »), attitude du disciple qui cherche à plaire à son Père et non pas pour s'attirer l'estime des hommes, approbation du Père pour le disciple dont la conduite lui est agréable. Jésus invite ainsi les disciples à passer de la logique de l'échange à l'esprit du don gratuit et désintéressé, caractéristique de l'agir du Père. Enfin, DP est la finalité de l'agir requis aux disciples. Le souci du Père doit commander aussi l'attitude des disciples à l'égard des biens matériels. DP est le Seigneur à qui les disciples doivent obéir en faisant sa volonté, en lui donnant la priorité absolue dans leur vie (Mt 6,19-34). La préoccupation pour les biens matériels nécessaires à la subsistance quotidienne n'est légitime que lorsqu'elle est insérée dans le contexte de cette recherche prioritaire du Père, c'est-à-dire lorsque le disciple se met au service du Règne. Ce n'est qu'alors que peut retentir avec toute sa force la promesse : « toutes ces choses vous seront données en sus ».

En définitive, dans le contexte de l'annonce éthique en Mt 5-7, la relation avec le Père est l'expression d'un don qui oblige ceux à qui cette relation est offerte. On peut l'exprimer par le biais de cette belle expression allemande en affirmant que la relation avec le Père est pour les disciples une « verpflichtende Gnade ». Toutes les exigences qui naissent de cette relation des disciples avec le Père traduisent le sérieux avec lequel Matthieu entend souligner l'importance de la réponse attendue des disciples bénéficiaires des « bonnes choses » de la part du Père. En effet, de l'accomplissement ou non de ces exigences dépend le jugement qui attend les disciples (Mt 7,13-27). C'est sur cette note de responsabilité et de mise en garde nécessaire que s'achève en effet le discours de la montagne.

SIGLES ET ABRÉVIATIONS

ABD	D.N. Freedman (éd.), *The Anchor Bible Dictionary*
AnBib	Analecta Biblica
AS	*Assemblées du Seigneur*
BAGD	W. Bauer – W.F. Arndt – F.W. Gingrich – F.W. Danker, *A Greek-English Lexicon of the New Testament*
BHT	Beiträge zur historischen Theologie
BeO	*Bibbia e Oriente*
BEThL	Bibliotheca Ephemeridum Theologicarum Lovaniensium
Bib	*Biblica*
BibRes	*Biblical Research*
BiLe	*Bibel und Leben*
BiTod	*The Bible Today*
BJ	La Bible de Jérusalem
BTB	*Biblical Theological Bulletin*
BVC	*Bible et Vie chrétienne*
BZ	*Biblische Zeitschrift*
CBQ	*The Catholic Biblical Quartely*
CCL	Corpus Christianorum, series latina
cf.	confer
CivCatt	*La Civiltà Cattolica*
CJT	*Canadian Journal of Theology*
CleR	*Clergy Review*
DB	Dictionnaire de la Bible
DBS	Dictionnaire de la Bible – Supplément
etc.	et caetera
éd.	Éditeur/Éditeurs
EstB	*Estudios Biblicos*
EtB	*Études Bibliques*

EThL	*Ephemerides Theologicae Lovanienses*
ETR	*Études Théologiques et Religieuses*
EvTh	*Evangelische Theologie*
EvMt	*L'évangile de Matthieu*
EWNT	H. Balz – G. Schneider (éd.), *Exegetisches Wörterbuch zum Neuen Testament*
FiloNT	*Filologia Neotestamentaria*
FS	Festschrift
FZPhTh	*Freiburger Zeitschrift für Philosophie und Theologie*
GuL	*Geist und Leben*
Interp	*Interpretation*
JBL	*Journal of Biblical Literature*
JETS	*Journal of the Evangelical Theological Society*
JewEnc	The Jewish Encyclopedia
JHLT	*Journal of Hispanic/Latino Theology*
JSNT	*Journal for the Study of the New Testament*
Louw-Nida	J.P. Louw – E.A. Nida, *Greek-English Lexicon of the New Testament Based on Semantic Domains*, I-II
LV	*Lumière et vie*
LXX	La Septante
NBlackfr	*New Blackfriars*
Neotest	*Neotestamentica*
NRT	*Nouvelle revue théologique*
NT	*Novum Testamentum*
NTS	*New Testament Studies*
PL	J. Migne (éd.), *Patrologia latina*
ParSpV	*Parola spirito e vita*
RB	*Revue Biblique*
RCatT	*Revista catalana de teologia*
RdT	*Rassegna di teologia*
RevBib	*Revista Bíblica*
RHPR	*Revue d'histoire et de philosophie religieuses*
RivBib	*Rivista Biblica*
RivBibIt	*Rivista Biblica Italiana*
RSR	*Recherches des Sciences religieuses*
SBL	Society of Biblical Literature
ScCatt	*Scuola cattolica*

SEÅ	*Svensk exegetisk årsbok*
SJTh	*Scottish Journal of Theology*
ST	*Studia teologica*
StMiss	*Studia missionalia*
Tg	Targum
THAT	E. JENNI – C. WESTERMANN (éd.), *Theologisches Handwörterbuch zum Alten Testament*
ThBeit	*Theologische Beiträge*
ThR	*Theologische Rundschau*
TOB	Traduction œcuménique de la Bible
TQ	*Theologische Quartalschrift*
TS	*Theological Studies*
TWAT	G. BOTTERWECK – H. RINGGREN (éd.), *Theologisches Wörterbuch zum Alten Testament*
TWNT	G. KITTEL et al. (ed.), *Theologisches Wörterbuch zum Neuen Testament*
TZ	*Theologische Zeitschrift*
v. (vv.)	verset (versets)
WBC	Word Biblical Commentary
WUNT	Wissenschaftliche Untersuchungen zum Neuen Testament
ZNW	*Zeitschrift für die neutestamentliche Wissenschaft*
ZThK	*Zeitschrift für Theologie und Kirche*

BIBLIOGRAPHIE GÉNÉRALE

ALBRECHT, E., *Zeugnis durch Wort und Verhalten untersucht an ausgewählten Texten des Neuen Testaments* (Basel 1977).
ALBRIGHT, W.F. – MANN, C.S., *Matthew* (New York 1971).
ALETTI, J.-N., « Matthieu et Paul : deux évangiles divergents ? », *Penser la foi. Recherches en théologie aujourd'hui*. Mélanges offerts à Joseph Moingt (éd. J. DORÉ et C. THEOBALD) (Paris 1993) 95-106.
ALLEN, W. C., *A Critical and Exegetical Commentary on the Gospel according to Saint Matthew* (Edinburgh ³1912).
ALLISON, D.C., « The Structure of the Sermon on the Mount », *JBL* 106 (1987) 423-445.
_____, *The Sermon on the Mount. Inspiring the Moral Imagination* (New York 1999).
_____, « The Configuration of the Sermon », ID., *Studies in Matthew: Interpretation Past and Present* (Grand Rapids 2005) 173-215.
AMBROISE DE MILAN, *Traité sur l'évangile de Saint Luc*. Introduction, traduction et notes de G. Tissot (Sources Chrétiennes 45,52 ; Paris 1952-1958).
APULÉE (= APULEIUS MADAURENSIS, Lucius), *Métamorphoses*. Texte établi par D. S. Robertson et traduit par P. Vallette (Paris 1940).
ARISTOTE, *L'éthique à Nicomaque*. Introduction, traduction et commentaire par R. A. Gauthier et J.Y. Jolif (Louvain 1970).
_____, *Grande morale*. Introduction et traduction par A. Wartelle (Paris 1988).
AUGUSTIN, *De Sermone Domini*, PL 34, 1230-1308. Trad. franç., *Explication du sermon sur la montagne*. Présentation, guide de lecture, annotations par A.-G. HAMMAN (Les Pères dans la Foi 5 ; Paris 1978).
AUNE, D.E., *The New Testament in Its Literary Environment* (Philadelphia 1987).

BACON, B., *Studies in Matthew* (London 1930).
BADIOLA SAENZ DE UGARTE, J. A., *La voluntad de Dios Padre en el Evangelio de Mateo* (Vitoria-Gasteiz 2009).
BAILLY, A., *Dictionnaire grec français* (Paris 1950).
BAKER, A., « Lead Us Not into Temptation », *NBlackfr* 52 (1971) 64-69.
BARBAGLIO, G., « Il vissuto spirituale di Gesù di Nazareth », *Storia della spiritualità*. Vol. 2. *La spiritualità del Nuovo Testamento*. A cura di G. BARBAGLIO (Bologna 1988) 63-97.
BARR, J., « Some Semantics Notes on the Covenant », *Beiträge zur Alttestamentliche Theologie* (éd. H. DONNER – R. HANHART – R. SMEND) (Göttingen 1977) 23-38.
BARTH, G. « Matthew's Understanding of the Law », G. BORNKAMM – G. BARTH – H. J. HELD, *Tradition and Interpretation in Matthew* (Philadelphia 1963) 58-164.
BARTOLOMÉ, J.J., « Los pájaros y los lirios. Una aproximación a la cuestión ecológica desde Mt 6,25-34 », *EstBib* 49 (1991) 165-190.
BARTON, J., *Understanding Old Testament Ethics* (Louisville 2003).
_____, « Imitation of God in the Old Testament », *The God of Israel* (éd. R.P. GORDON) (Cambridge 2007) 35-46.
BAUER, D.R., *The Structure of Matthew's Gospel. A Study of Literary Design* (Sheffield 1988).
BAUER, W. – ALAND, K. – ALAND, B., *Griechisch-deutsches Wörterbuch zu den Schriften des Neuen Testaments und der frühchristlichen Literatur* (Berlin - New York ⁶1988).
BEHM, J., « προνοέω, πρόνοια », *TWNT* IV, 1004-1011.
BENNETT, W., « The Sons of the Father. The Fatherhood of God in the Synoptic Gospels », *Interp* 4 (1950) 12-23.
BERGER, K., *Exegese des Neuen Testaments. Neue Wege vom Text zur Auslegung* (Heidelberg 1977).
BERTRAM, G., « κρούω », *TWNT* III, 954-957.
_____, « ὕψιστος », *TWNT* VIII, 613-619.
BEST, E., « 1 Peter and the Gospel Tradition », *NTS* 16 (1969-1970) 103-111.
_____, *I Peter* (London 1971).
BETZ, H.D., « The Problem of Christology in the Sermon on the Mount », *Text and Logos* (éd. T.W. JENNINGS) (FS Boers; Atlanta 1990) 191-209.

_____, *The Sermon on the Mount. A Commentary on the Sermon on the Mount, Including the Sermon in the Plain (Matthew 5,3-7,27; Luke 6,20-49)* (Minneapolis 1995).
BEUTLER, J., « Ihr seid das Salz des Landes (Mt 5,13) », *Nach den Anfängen fragen* (FS. G. Dautzenberg [éd. C. MAYER et al.] Gießen 1994) 85-94.
BEYER, K., *Semitische Syntax im Neuen Testament* (Göttingen 1962).
BEYSCHLAG, K., *Die Bergpredigt und Franz von Assisi* (Gütersloh 1955).
BIETENHARD, H., « ὄνομα », *TWNT* V, 242-283.
BIGUZZI, G., « Mc 11,23-25 e il Pater », *RivBib* 27 (1979) 57-68.
BLACK, M., *An Aramaic Approach to the Gospels and Acts* (Oxford 1979).
BLASS, F. – DEBRUNNER, A., *Grammatica del greco del Nuovo Testamento*. Nuova edizione di F. REHKOPF (Brescia ²1997) = *Grammatik des neutestamentlichen Griechisch*. Bearbeitet von F. REHKOPF (Göttingen ¹⁴1976).
BONHOEFFER, D., *Le prix de la grâce* (Neuchâtel 1967).
BONNARD, P., *L'Évangile selon saint Matthieu* (Genève 2002).
BONSIRVEN, J., *Le Judaïsme Palestinien au temps de Jésus-Christ : sa théologie*. Vol. II (Paris 1935).
_____, *Textes rabbiniques des deux premiers siècles chrétiens pour servir à l'intelligence du Nouveau Testament* (Roma 1955).
BORGHI, E., *Il discorso della montagna. Matteo 5-7* (Torino 2007).
BORNHÄUSER, K., *Die Bergpredigt : Versuch einer zeitgenössischen Auslegung* (Gütersloh 1923).
BORNEMANN, E., – RISCH, E., *Griechische Grammatik* (Frankfurt a.M. – Berlin – München 1973).
BORNKAMM, G., *Der Lohngedanke im NT* (München 1947).
_____, « End-Expectation and Church in Matthew », G. BORNKAMM – G. BARTH – H. J. HELD, *Tradition and Interpretation in Matthew* (Philadelphia 1963) 15-51.
_____, « Wandlungen im alt- und neutestamentlichen Gesetzesverständnis », ID., *Geschichte und Glaube* (München 1971), II, 73-119.
_____, « Der Aufbau der Bergpredigt », *NTS* 24 (1977-78) 419-432.
_____, *Gesù di Nazareth* (Torino 1981).

Boscolo, G., *Chi è Gesù per Matteo ? Una risposta attraverso il verbo greco prosérchomai* (Padova 2009).
Botterweck, G.J., « ידע », *TWAT* III, 499-500.
Bouttier, M., « Le Père manifesté dans les actes et caché à la piété. Contraste et unité des chap. 5 et 6 du Sermon sur la montagne selon Matthieu », *À cause de l'évangile. Mélanges offerts à J. Dupont* (éd. R. Gantoy) (Paris 1985) 39-56.
Braun, H., *Spätjüdisch-häretischer und frühchristlicher Radikalismus : Jesus von Nazareth und die essenische Qumransekte.* II. *Die Synoptiker* (Tübingen 1957).
Broer, I., « ἐξουσία », *EWNT* II, 23-27.
Brown, R. E., « The Pater Noster as an Eschatological Prayer », *TS* 22 (1961) 175-208.
Buchanan, G.W., *The Gospel of Matthew* (New York 1996).
Bultmann, R., *Histoire de la tradition synoptique* (Paris 1973).
_____, « γινώσκω », *TWNT* I, 689-719.
_____, « μεριμνάω ktl. » *TWNT* IV, 593-598.
_____, « οἰκτίρμων », *TWNT* V, 161-163.
Bundy, W.E., *Jesus and the First Three Gospels: An Introduction to the Synoptic Tradition* (Cambridge 1955).
Burchard, G., « Le thème du sermon de la montagne », *ETR* 62 (1987) 1-17.
Burnett, F.W., « Exposing the anti-Jewish Ideology of Matthew's Implied Author: The Characterization of God as Father », *Semeia* 59 (1992) 155-191.
Buth, R., « Singular and Plural Forms of Address in the Sermon on the Mount », *The Bible Translator* 44 (1993) 446-447.
Byrne, B., *"Sons of God – Seed of Abraham". A Study of the Idea of the Sonship of God of All Christians in Paul against the Jewish Background* (Roma 1979).
Byrskog, S., *Jesus the Only Teacher: Didactic Authority and Transmission in Ancient Israel, Ancient Judaism and the Matthean Community* (Stockholm 1994).
Cairoli, M., *La "poca fede" nel vangelo di Matteo: uno studio esegetico-teologico* (Roma 2005).
Calloud, J. – Genuyt, F., *L'évangile de Matthieu.* Tome I (Paris 1996).
Campbell, K.M., « The New Jerusalem in Mt 5,14 », *SJTh* 31 (1978) 335-363.

CARDELLINO, L., « Il Padre Nostro (Mt 6,9-13) », *BeO* 201 (1999) 129-207.

_____, « Le beatitudini (Mt 5,1-16) », *BeO* 208 (2001) 69-127.

CARMIGNAC, J., *Recherches sur le Notre Père* (Paris 1969).

CARMIGNAC, J. – GUILBERT, P., *Les textes de Qumran. Traduits et annotés. La règle de la communauté ; La règle de la guerre ; Les Hymnes* (Paris 1961).

CARTER, W., « Solomon in All His Glory: Intertextuality and Matthew 6,29 », *JSNT* 65 (1997) 3-25.

CAZEAUX, J., *L'évangile selon Matthieu. Jérusalem entre Bethléem et la Galilée* (Paris 2009).

CECCHERELLI, I. M., « Et ne nos inducas in temptationem ? » *BibOr* 43 (2001) 55-68.

CHATMAN, S., *Narrative and Discourse: Narrative Structure in Fiction and Film* (New York 1978).

CICÉRON, *De officiis*. Trad. française *Les devoirs*. Texte établi et traduit par M. Testard. 2 vol. (Paris 1965-1970).

CONZELMANN, H., *Théologie du Nouveau Testament* (Paris – Genève 1969).

CORBIN, M., « Votre récompense est grande dans les cieux (Matthieu 5,12) », *Christus* 28 (1981) 65-69.

CORTÉS-FUENTES, D., « Not Like the Gentiles: The Characterization of Gentiles in the Gospel according to St. Matthew », *JHLT* 9 (2001) 6-26.

COUSIN, H., *L'évangile de Luc* (Paris 1993).

COUSLAND, J.R.C., *The Crowds in the Gospel of Matthew* (Leiden – Boston – Köln 2002).

CULLMANN, O., « Que signifie le sel dans la parabole de Jésus ? », *RHPR* 37 (1957) 36-43.

CUVILLIER, E., « L'évangile selon Matthieu », *Introduction au Nouveau Testament. Son histoire, son écriture, sa théologie* (éd. D. MARGUERAT) (Genève ⁴2008) 96-102.

DALMAN, G.H., *Die Worte Jesu : mit Berücksichtigung des nachkanonischen jüdischen Schrifttums und der aramäischen Sprache* (Leipzig 1898).

DAUTZENBERG, G., *Sein Leben bewahren. Psychê in den Herrenworten der Evangelien* (München 1966).

DAVIES, W.D., *The Setting of the Sermon on the Mount* (Cambridge 1964).

DAVIES, W.D. – ALLISON, D.C., *The Gospel According To Saint Matthew. I. Matthew I-VII* (Edinburgh 1988).
DE VAUX, R., *Les institutions de l'Ancien Testament*. I (Paris 1958).
DE VIRGILIO, G., « Mt 6,19-34 : Provvidenza divina e realismo cristiano », *RivBib* 50 (2002) 3-29.
DEISSLER, A., « The Spirit of the Lord's Prayer in the Faith and Worship of the Old Testament », *The Lord's Prayer and Jewish Liturgy* (éd. J. J. PETUCHOWSKI – M. BROCKE) (New York 1978) 3-17.
DEISSMANN, A., *Light from the Ancient East* (London 1927).
_____, *Bible Studies: Contributions from Papyri and Inscriptions to the History of the Language, the Literature, and the Religion of Hellenistic Judaism and Primitive Christianity* (Edinburgh 1979).
DELLING, G., « βατταλογέω », *TWNT* I, 597.
_____, « τέλειος », *TWNT* VIII, 49-87.
DENNISTON, J.D., *Greek Particles* (Oxford ²1954).
DESCAMPS, A., « Justice et justification », *DBS* IV, 1417-1460.
DEVRIES, S., *1 Kings* (WBC 12; Dallas 1985).
DHAMS, J.V., « Lead Us Not into Temptation », *JETS* 17 (1974) 223-230.
DIETZFELBINGER, C., « Die Antithesen der Bergpredigt im Verständnis des Matthäus », *ZNW* 70 (1979) 1-15.
DIOGENES LAERTIUS, *Vie, doctrine et sentences des philosophes illustres*. Livre 8. Traduction, notes et notices par R. Genaille (Paris 1933).
DU PLESSIS, P.J., *TELEIOS. The Idea of Perfection in the NT* (Kempen 1959).
_____, « Love and Perfection in Mt 5,43-48 », *Neotest* 1 (1967) 28-34.
DUBOIS, J., et al., *Dictionnaire de linguistique* (Paris 1973).
DUCOQ, C., « Une parabole de l'agir de Dieu », *LV* 183 (1987) 85-98.
DUMAIS, M., *Le sermon sur la montagne. État de la recherche, interprétation, bibliographie* (Paris 1995).
_____, « Le sermon sur la montagne (Matthieu 5-7) », *Cahiers Évangile* 94 (1996).
DUMBRELL, W.J., « The Logic of the Law in Matthew V 1-20 », *NT* 23 (1981) 1-21.

Dupont, J., « "Soyez parfaits" (Mt 5,48), "Soyez miséricordieux" (Lc 6,36) », *Sacra Pagina* (éd. J. Coppens – A. Descamps – E. Massaux) (Paris – Gembloux 1959), II, 150-162.

———, « L'appel à imiter Dieu en Mt 5,48 et Lc 6,36 », *RivBib* 14 (1966) 137-158.

———, *Les Béatitudes*. Vol.1 : Le problème littéraire, les deux versions du sermon sur la montagne. Vol.2 : La bonne nouvelle. Vol.3 : Les évangélistes (Bruges 1958-1973).

———, « Le langage symbolique des directives éthiques de Jésus dans le sermon sur la montagne », Id., *Études sur les évangiles synoptiques* (Leuven 1985), II, 763-778.

———, « Notre Père. Notes exégétiques », Id., *Études sur les évangiles synoptiques* (Leuven 1985), II, 833-861.

———, « En priant ne ressemblez pas aux païens (Mt 6,7-8) », Id., *Études sur les évangiles synoptiques* (Leuven 1985), II, 862-868.

Easton, B.S., *The Gospel According to St Luke. A Critical and Exegetical Commentary* (New York 1926).

Edward, J.R., « The use of προσέροχομαι in the Gospel of Matthew », *JBL* 106 (1987) 65-74.

Edwards, R.A., « Narrative Implications of GAR in Matthew », *CBQ* 52 (1990) 636-655.

Egger, W., « Faktoren der Textkonstitution in der Bergpredigt », *Laurentianum* 19 (1978) 177-198.

———, *Metodologia del Nuovo Testamento*. Introduzione allo studio scientifico del Nuovo Testamento (Bologna 1989).

Eichholz, G., *Auslegung der Bergpredigt* (Neukirchen – Vluyn 1965).

Eliot, J.H., « The Evil Eye and the Sermon on the Mount: Contours of a Pervasive Belief in Scientific Perspectives », *Biblical Interpretation* 2 (1992) 51-84.

Elliger, K., *Leviticus* (Tübingen 1966).

Epictetus, *Dissertationes* = Epictète, *Dissertations* (éd. J. Souilhé) (Paris 1961).

Evans, C.F., *The Lord's Prayer* (London 1997).

Fabris, R., *Matteo*. Traduzione e commento (Roma 1982).

———, « Il Dio di Gesù Cristo nella teologia di Matteo », *ScCatt* 117 (1989) 121-148.

FANNING, B.M., *Verbal Aspect in The New Testament Greek* (Oxford 1990).
FELDMEIER, R., « Verpflichtende Gnade. Die Bergpredigt im Kontext des ersten Evangeliums », *Salz der Erde. Zugänge zur Bergpredigt* (éd. R. FELDMEIER) (Göttingen 1998) 15-103.
FEUILLET, A., « Règne (Royaume) de Dieu », *DBS* X, 61-165.
FICHTNER, J., *Die altorientalische Weisheit in ihrer israelitisch-jüdischen Ausprägung. Eine Studie zur Nationalisierung der Weisheit in Israel* (Gießen 1933).
FIEDLER, P., *Jesus und die Sünder* (Frankfurt- am-Main 1976).
FITZMYER, J., « The Contribution of Qumran to the Study of the New Testament », *NTS* 20 (1974) 382-407.
_____, *The Gospel According to Luke*. Introduction, Translation, and Notes. 2 vol. (New York 1981-1985).
_____, « And Lead Us Not into Temptation », *Bib* 84 (2003) 259-273.
FLUSSER, D., *Judaism and the Origins of Christianity* (Jerusalem 1988).
FOERSTER, W., « ἐξουσία », *TWNT* II, 559-568.
_____, « ἐχθρός », *TWNT* II, 810-815.
FOHRER, G., « υἱός », *TWNT* VIII, 340-354.
FRANCE, R.T., *The Gospel According to Matthew. An Introduction and Commentary* (Grand Rapids – Cambridge 1985).
_____, *Matthew : Evangelist and Teacher* (Grand Rapids 1989).
FRANKEMÖLLE, H., *Jahwebund und Kirche Christi : Studien zur Form- und Traditionsgeschichte des "Evangeliums" nach Matthäus* (Münster 1974).
_____, *Biblische Handlungsanweisungen. Beispiele pragmatischer Exegese* (Mainz 1983).
FRIEDRICH, J.H., « Wortstatistik als Methode am Beispiel der Frage einer Sonderquelle im Matthäusevangelium », *ZNW* 76 (1985) 29-42.
FULLER, R., *The Foundations of the New Testament Christology* (London 1965).
FUSCO, V., « Il "Vissuto" della Chiesa in Matteo. Appunti metodologici con esemplificazione da Mt 7,15-23 », *Asprenas* 27 (1980) 3-26.
GAECHTER, P., *Das Matthäus-Evangelium* (Innsbruck 1963).

GALLING, K., « Der Gott Karmel und die Ächtung der fremden Götter », *Geschichte und Altes Testament* (éd. W.F. ALBRIGHT et al.) (BHT 16; Tübingen 1953) 105 – 110.
GALOT, J., « Paternità di Dio e amore del prossimo », *CivCatt* 152 (2001) 347-360.
GARLAND, D.E., *Reading Matthew: A Literary and Theological Commentary on the First Gospel* (New York 1993).
GEORGE, A., « La justice à faire dans le secret. (Mt 6,1-6 et 16-18) », *Bib* 40 (1959) 590-598.
_____, « Ne nous soumets pas à la tentation… Note sur la traduction nouvelle du Notre Père », *BVC* 71 (1966) 74-79.
_____, « Le disciple fraternel et efficace (Lc 6,39-45), *AS* 39 (1972)
GERHARDSSON, B., « Geistiger Opferdienst nach Mt 6,1-6.16-21 », *Neues Testament und Geschichte* (éd. H. BALTENSWEILER – B. REICKE) (Tübingen 1972) 69-77.
_____, « The Matthean Version of the Lord's Prayer (Mt 6,9b-13) », ID., *The Shema in the New Testament: Deut 6:4-5 in Significant Passages* (Lund 1996) 207-220.
GIAVINI, G., « Abbiamo forse in Mt 6,19-7,11 il primo commento al Pater Noster », *RivBib* 13 (1965) 171-177.
_____, « Lo schema di Mt 6,5-7,12 : una precisazione », *RivBib* 20 (1972) 575-587.
GIESEN, H., *Christliches Handeln. Eine redaktionskritische Untersuchung zum dikaiosyne-Begriff im Matthäusevangelium* (Frankfurt am Main 1982).
GIROUD, J.-C., « La porte étroite du royaume ou le secret de l'impossible », *LV* 183 (1987) 57-66.
GNILKA, J., *Il vangelo di Matteo*. 1-2 (Brescia 1990-1991).
GOMA CIVIT, I., *El Evangelio segun San Mateo*. I (Madrid 1966).
GOPPELT, L., *Theologie des Neuen Testaments* (Göttingen 1976).
_____, *A Commentary on I Peter* (Grand Rapids 1993).
GOSHEN-GOTTSTEIN, A., " The Epithet „Father in Heaven" in Rabbinic Literature", *Studies in Bible and Exegesis*. In Memoriam Moshe Goshen-Gottstein (éd. Moshe BAR ASHER et al.) (Ramat Gan 1993), III, 79-103.
GOULDER, M.D., *Midrash and Lection in Matthew* (London 1974).

GRASSO, S., *Gesù e i suoi fratelli*. Contributi allo studio della cristologia e dell'antropologia nel vangelo di Matteo (Bologna 1993).
_____, *Il vangelo di Matteo* (Roma 1995).
GREEVEN, H., « ἐπιζητέω », *TWNT* II, 895-896.
GRENET, E., « La filiation selon Mt 1-2 », *NRT* 130 (2008) 529-548.
GRETHER, O., *Name und Wort Gottes im Alten Testament* (Giessen 1934).
GRUBER, M.I., « The Motherhood of God in the Second Isaiah », *RB* 90 (1983) 351-359.
GRUNDMANN, W., *Das Evangelium nach Matthäus* (Berlin ³1972).
_____, « καλός », *TWNT* III, 539-553.
GUELICH, R.A., « The Matthean Beatitudes : "Entrance-Requirements" or Eschatological Blessings? », *JBL* 95 (1976) 415-434.
_____, « The Antithesis of Matthew V.21-48: Traditional and/or Redactional », *NTS* 22 (1976) 447-450.
_____, *The Sermon on the Mount. A Foundation For Understanding* (Dallas 1982).
GUNDRY, R.H., *Matthew. A Commentary on His Book for a Mixed Church under Persecution* (Grand Rapids ²1994).
GUTBROD, W., « νόμος κτλ. », *TWNT* IV, 1016-1084.
HACKENBERG, W., « γίνομαι », *EWNT* I, 594-595.
HAGNER, D.A., *Matthew 1-13* (Dallas 1993).
_____, *Matthew 14-28* (Dallas 1995).
_____, « Ethics and the Sermon on the Mount », *ST* 51 (1997) 44-59.
HAHN, F., « υἱός », *EWNT* III, 912-937.
HAMERTON, R. G. – KELLY, *God the Father: Theology and Patriarchy in The Teaching of Jesus* (Philadelphia 1979).
HARDER, G., « πονηρός », *TWNT* VI, 546-566.
HARRINGTON, D.J., *The Gospel of Matthew* (Collegeville 1991).
HARTIN, P.J., « Call to Be Perfect through Suffering (James 1,2-4). The Concept of Perfection in the Epistle of James and the Sermon on the Mount », *Bib* 77 (1996) 477-492.
HAWKINS, J.C., *Horae Synopticae: Contributions to the Study of the Synoptic Problem* (Oxford 1909).
HEILER, F., *Das Gebet: eine religionsgeschichtliche und religionspsychologische Untersuchung* (München 1925).

HEILIGENTHAL, R., *Werke als Zeichen. Untersuchungen zur Bedeutung der menschlichen Taten im Frühjudentum, Neuen Testament und Frühchristentum* (Tübingen 1983).
HEINRICH, P., *Das Buch der Weisheit* (Münster 1912).
HEMPEL, J., *Das Ethos des Alten Testaments* (Berlin ²1964).
HENDRICKX, H., *The Sermon on the Mount* (London 1984).
HENGEL, M., *Jésus, fils de Dieu* (Paris 1977).
———, « Zur matthäischen Bergpredigt und ihrem jüdischen Hintergrund », *ThR* 52 (1987) 327-400.
HILL, D., *The Gospel of Matthew* (London 1972).
HOFFMANN, E.G. – SIEBENTHAL, H.v., *Griechische Grammatik zum Neuen Testament* (Riehen 1985).
HOFFMANN, P., « Bergpredigt », *BiLe* 11 (1970) 99-100.
———, « „Er weiß, was ihr braucht…" (Mt 6,7). Jesu einfache und konkrete Rede von Gott », *„Ich will euer Gott werden". Beispiele biblischen Redens von Gott* (éd. N. LOHFINK et al.) (Stuttgart 1981) 151-176.
HOLTZMANN, H.J., *Die synoptischen Evangelien. Ihr Ursprung und geschichtlicher Charakter* (Leipzig 1863).
———, *Die Synoptiker* (Tübingen – Leipzig 1901).
HOMÈRE, *Iliade*. Texte établi et traduit par P. Mazon. 5 vol. (Paris 1937-1948).
HORACE, *The Odes*. Translated with an Introduction by J. Michie (Middlesex 1973).
HORSTMANN, A., « οἶδα », *EWNT* II, 1206-1210.
HUCK, A. – LIETZMANN, L., *Synopse der drei ersten Evangelien* (Tübingen ¹¹1970).
JACOB, E., *Théologie de l'Ancien Testament* (Neuchâtel ²1968).
———, « Traits féminins dans la figure du Dieu d'Israël », *Mélanges bibliques et orientaux en l'honneur de M. Mathias Delcor* (éd. A. CAQUOT – S. LÉGASSE – M. TARDIEU) (Neukirchen –Vluyn 1985) 221-230.
JACQUEMIN, M.-E., « La portée de la troisième demande du Pater », *ETL* 25 (1949) 61-76.
JEAN CHRYSOSTOME, *Commentarius in sanctum Matthaeum Evangelistam*, *PG* 57-58. Trad. franç. ; *Commentaire de saint Jean Chrysostome sur l'évangile de Matthieu*. Traduit sous la direction de M. Jeannin, édité par Bar-Le-Duc, L. Guérin (Paris 1865).

JENNI, E., « Kausativ und Funktionsverbgefüge. Sprachliche Bemerkungen zur Bitte : „Führe uns nicht in Versuchung" » *TZ* 48 (1992) 77-88.
JEREMIAS, J., *The Parables of Jesus* (London 1955).
_____, *Le Notre Père dans l'exégèse actuelle*, ID., *Paroles de Jésus* (Lectio divina 38 ; Paris 1963) 51-79.
_____, *Abba. Jésus et son Père* (Paris 1972).
_____, *Théologie du Nouveau Testament. I. La prédication de Jésus* (Paris 1975).
_____, *Le message central du Nouveau Testament* (Paris 1976).
_____, « Die Bergpredigt », *Jesus und seine Botschaft* (Stuttgart 1976) 41-60.
JOSÈPHE, Flavius, *Autobiographie*. Texte établi et traduit par André Pelletier (Paris 1959).
JOÜON, P., « Quelques aramaïsmes sous-jacents au grec des évangiles », *RSR* 17 (1927) 210-229.
KASCH, W., « ῥύομαι », *TWNT* VI, 999-1004.
KASPER, W., *Jésus le Christ* (Paris ^{5}1996).
KÄSEMANN, E., *Essais exégétiques* (Neuchâtel 1972).
KEENER, C.S., *A Commentary on the Gospel of Matthew* (Cambridge 1999).
KINGSBURY, J.D., *Matthew: Structure, Christology, Kingdom* (Philadelphia 1975).
_____, *Matthew as Story* (Philadelphia ^{2}1988).
KIRCHSCHLÄGER, W., « Die Friedensbotschaft der Bergpredigt. Zu Mt 5,9.17-48 ; 7,1-5 », *Kairos* 25 (1983) 223-237.
KLOSTERMANN, E., *Das Matthäusevangelium* (HNT 4; Tübingen ^{4}1971).
KOCH, K., « tmm, vollständig sein », *THAT* 2, 1045-1051.
_____, « Der Schatz im Himmel », *Leben angesichts des Todes* (éd. B. LOHSE – H.P. SCHMIDT) (Tübingen 1968) 47-60.
KOEHLER, L. – BAUMGARTNER, W., *Hebräisches und aramäisches Lexikon zum Alten Testament*. III (Leiden 1983).
KÖNIG, E., *Hebräisches und aramäisches Wörterbuch zum Alten Testament* (Leipzig 1931).
KREMER, J., « ὁράω », *EWNT* II, 1287-1293.
KRENTZ, E., « The Extent of Matthew's Prologue. Towards the Structure of the First Gospel », *JBL* 83 (1964).

KRETZER, A., *Die Herrschaft der Himmel und die Söhne des Reiches* (Stuttgart 1971).

———, « ἔμπροσθεν », *EWNT* I, 1089-1090.

KUHN, K.G., « βασιλεία » *TWNT* I, 570.

KÜRZINGER, J., « Zur Komposition der Bergpredigt nach Matthäus », *Bib* 40 (1959) 569-589.

KVALBEIN, H., « The Kingdom of God in the Ethics of Jesus », *ST* 51 (1997) 60-84.

LACHS, S.T., *A Rabbinic Commentary on the New Testament: The Gospels of Matthew, Mark and Luke* (New York 1987).

LACTANCE, L.C.F., *Institutions Divines*. Introduction, texte critique, traduction, notes et index par P. Monat (Sources Chrétiennes 204-205, 326, 337, 377 ; Paris 1973-1992).

LAGRANGE, M.-J., « La paternité de Dieu dans l'Ancien Testament », *RB* 5 (1908) 481-499.

———, *Évangile selon Saint Matthieu* (Paris ²1923).

LA POTTERIE, I. DE, « Οἶδα et γινώσκω. Les deux modes de la connaissance dans le quatrième évangile », *Bib* 40 (1959) 709-725.

LAMBRECHT, J., *« Eh bien, moi je vous dis ». Le discours programme de Jésus (Mt 5-7 ; Lc 6)* (Paris 1986).

LARROQUE, L., *La parabole du serviteur impitoyable en son contexte (Mt 18,21-35)* (AnBib 187 ; Roma 2010).

LARSSON, E., « ζητέω », *EWNT* II, 254-257.

LATHAN, J.E., *The Religious Symbolism of Salt* (Paris 1982).

LAUER, S., « Abhinu Malkenu: Our Father, Our King », *The Lord's Prayer and Jewish Liturgy* (éd. J.J. PETUCHOWSKY – M. BROCKE) (New York 1978) 73-80.

LEENHARDT, F.H., *La notion de sainteté dans l'Ancien Testament* (Paris 1929).

LÉGASSE, S., *Les pauvres en esprit. Évangile et non-violence* (Paris 1974).

———, « Les chrétiens "sel de la terre", "lumière du monde". Mt 5,13-16 », *AS* 36 (1974) 17-25.

———, *L'évangile de Marc* (Paris 1997).

LEONARDI, G., « "Cercate e troverete … lo Spirito Santo" nell'unità letteraria di Luca 11,1-13 », *Quaerere Deum*. Atti della XXV settimana biblica. A cura di A. BONORA et al. (Brescia 1980) 261-288.

LÉON-DUFOUR, X., *Lecture de l'évangile selon Jean*. T. III (Paris 1993).
LESÊTRE, H., « Nom », *DB* IV, 1169-1177.
LESKE, A.M., « The Beatitudes, Salt and Light in Matthew and Luke », *SBL 1991 Seminar Papers* (Atlanta 1991) 816-839.
LEVEQUE, J., *Job et son Dieu*. Vol II. *Essai d'exégèse et de théologie biblique* (Paris 1970).
LICHTENBERGER, L., « ῥύομαι », *EWNT* II, 514-516.
LIMBECK, M., « θέλημα », *EWNT* II, 338-340.
LIVIUS Titus (Tite-Live), *Ab urbe condita*. Trad. franc.; *Histoire romaine*. Livre XXVII. Texte établi et traduit par P. Jal (Paris 1998).
LOHFINK, G., « Wem gilt die Bergpredigt? Eine redaktionskritische Untersuchung von Mt 4,23-5,2 und 7,28f. », *TQ* 163 (1983) 264-284.
———, *Wie hat Jesus seine Gemeinde gewollt? Zur gesellschaftlichen Dimension des christlichen Glaubens* (Freiburg i. Br. 1987).
———, *Per chi vale il discorso della montagna? Contributi per un'etica cristiana* (Brescia 1990).
LOHFINK, N., « Botschaft vom Bund. Das Deuteronomium », *Wort und Botschaft des Alten Testaments* (éd. J. SCHREINER) (Würzburg ²1970) 179-193.
LOHMEYER, E., *Das Vater-Unser* (Göttingen ⁵1962).
LOHMEYER, E. – SCHMAUCH, W., *Das Evangelium nach Matthäus* (Göttingen ⁴1967).
LOHSE, E., « υἱός », *TWNT* VIII, 357-362.
LOSADA, D.A., « La paz y el amor de los enemigos », *RevBib* 45 (1983) 1-15.
LUCK, U., « φιλανθρωπία », *TWNT* IX, 107-111.
LUZ, U., « Die Jünger im Matthäusevangelium », *ZNW* 62 (1971) 141-171.
———, « Die Erfüllung des Gesetzes bei Matthäus (Mt 5,17-20) », *ZThK* 75 (1978) 398-435.
———, « L'évangéliste Matthieu : un judéo-chrétien à la croisée des chemins. Réflexions sur le plan narratif du premier évangile », *La mémoire et le temps*. Mélanges offerts à Pierre Bonnard (éd. D. MARGUERAT – J. ZUMSTEIN) (Genève 1991) 77-92.
———, *Die Jesusgeschichte des Matthäus* (Neukirchen-Vluyn 1993).

_____, *Das Evangelium nach Matthäus*. III (Zürich 1997).
_____, *Vangelo di Matteo*. I. *Commento ai capp. 1-7* (Brescia 2006).
_____, « βασιλεία », *EWNT* I, 481-491.
LUZARRAGA, J., *El Padrenuestro desde el arameo* (Roma 2008).
LÜDEMANN, G., « ὕψιστος », *EWNT* III, 979-980.
LÜHRMANN, D., *Die Redaktion der Logienquelle* (Neukirchen-Vluyn 1969).
_____, « Liebet eure Feinde (Lk 6,27-36 / Mt 5,39-48) », *ZThK* 69 (1972), 416-422.
MAGGI, A., *Padre dei poveri: Traduzione e commento delle Beatitudini e del Padre Nostro di Matteo*. Vol. II (Assisi 2011).
MAGGIONI, B., *Padre nostro* (Milano 1995).
MAHONEY, R., « εὐδοκία », *EWNT* II, 189-190.
MANICARDI, E., « La paternità di Dio nel discorso della montagna secondo Matteo », *ParSpV* 39 (1999) 101-118.
_____, « Dio Padre nella prospettiva del vangelo secondo Matteo », *Lateranum* 66 (2000) 81-106.
MANSON, T.W., *The Sayings of Jesus as Recorded in the Gospel According to St. Matthew and St. Luke* (London 1949).
_____, *The Teaching of Jesus: Studies of Its Form and Content* (Cambridge 1955).
MARC-AURÈLE, *Pensées*. Trad. française de A.I. TRANNOY (Paris 1925).
MARCHEL, W., *Abba. La prière du Christ et des chrétiens* (Rome 1971).
MARGUERAT, D., *Le jugement dans l'évangile de Matthieu* (Genève ²1995).
MARSHALL, I.H., *The Gospel of Luke: A Commentary on the Greek Text* (Exeter 1978).
MARTINI, C.M., « L'etica dello Spirito. Mt 5,13-16 », *La pratica del testo biblico* (Casale Monferrato 2000) 51-62.
MAURER, C., « πολυλογία », *TWNT* VI, 545-546.
_____, « προστίθημι », *TWNT* VIII, 169-170.
Mc CAFFREY, J., « Prayer and the Fatherhood of God in Matthew », *CleR* 71 (1986) 135-141.
MCKANE, W., *Proverbs* (London 1980).
MCKEATING, H., « Divine Forgiveness in the Psalms », *SJTh* 18 (1965) 69-83.

McLaughlin, J.F., « Names of God. Biblical Data », *JewEnc* IX, 160-162.
McNamara, M., « Be you merciful as your Father is merciful. Lk 6,36; Mt 5,48 and TJI Lv 22,28 », Id., *The New Testament and the Palestinian Targum to the Pentateuch* (Roma 1966) 133-138.
McNeile, A.H., *The Gospel According to St. Matthew* (London 1915).
Meier, J.P., « Nations or Gentiles in Matthew 28,19 ? », *CBQ* 39 (1977) 94-102.
_____, *Matthew* (Wilmington 1980).
Mello, A., *Évangile selon saint Matthieu. Commentaire midrashique et narratif* (Paris 1999).
Merklein, H., *Die Gottesherrschaft als Handlungsprinzip. Untersuchung zur Ethik Jesu* (Würzburg 1978).
_____, *La signoria di Dio nell'annuncio di Gesù* (Brescia 1994).
Metzger, B.M., *A Textual Commentary on the Greek New Testament* (Stuttgart ²2004).
Metzger, R., *Die Rezeption des Matthäusevangeliums im 1. Petrusbrief. Studien zum traditions-geschichtlichen und theologischen Einfluss des 1. Evangeliums auf den 1 Petrusbrief* (Tübingen 1995).
Meynet, R., « La composizione del Padre Nostro », *CivCatt* 155 (2004) 241-253.
Michaelis, W., « παράπτωμα », *TWNT* VI, 170-173.
Miegge, G., *Il Sermone sul monte. Commento esegetico* (Torino 1970).
Miler, J., *Les citations d'accomplissement dans l'évangile de Matthieu* (Rome 1999).
Minear, P., *Commands of Christ* (Nashville – New York 1972).
Montefiore, C., « God as Father in the Synoptic Gospels », *NTS* 3 (1956) 31-46.
_____, *The Synoptic Gospels*. 2 vol. (New York 1968).
_____, *Rabbinic Literature and the Gospel Teachings* (New York 1970).
Moore, G.F., *Judaism in the First Centuries of the Christian Era: The Age of Tannaim*. II (Cambridge 1930).
Mora, V., *La symbolique de Matthieu. II. Les groupes* (Paris 2001).
Moraldi, L., « La paternità di Dio nell'Antico Testamento », *RivBibIt* 7 (1959) 44-56.

MOULE, C.F.D., « "... As we forgive... ": A Note on the Distinction between Deserts and Capacity in the Understanding of Forgiveness », *Donum Gentilicium. New Testament Studies in Honour of David Daube* (éd. E. BAMMEL) (Oxford 1978) 68-77.

MOULTON, J.H. – MILLIGAN, G., *The Vocabulary of the Greek New Testament*. Illustrated from the Papyri and Other Non-literary Sources (London 1949).

MOWERY, R., « God, Lord and Father: The Theology of the Gospel of Matthew », *BibRes* 33 (1988) 24-36.

____, « The Activity of God in the Gospel of Matthew », *SBL 1989 Seminars Papers* (Atlanta 1989) 400-411.

____, « From Lord to Father in Matthew 1-7 », *CBQ* 59 (1997) 642-656.

MOXNES, H., *Theology in Context. Studies in Paul's Understanding of God in Romans* (Leiden 1980).

MÜLLER, P.-G., « βλέπω », *EWNT* I, 532-535.

MYERS, J. M., *Grace and Torah* (Philadelphia 1975).

NAUCK, W., « Salt as Metaphor in Instructions for Discipleship », *ST* 6 (1953) 165-178.

NEIRYNCK, F., « Ἀπὸ τότε ἤρξατο and the Structure of Matthew », *ETL* 64 (1988) 21-59.

NEYREY, J. H., « God, Benefactor and Patron: The Major Cultural Model for Interpreting the Deity in Greco-Roman Antiquity », *JSNT* 27 (2005) 465-492.

NISKANEN, P., « YHWH as Father, Redeemer, and Potter in Isaiah 63,7-64,11 », *CBQ* 68 (2006) 397-407.

NOLLAND, J.L., *Luke*. 3 vol (Dallas 1989-1993).

OEPKE, A., « κρύπτω κτλ. », *TWNT* III, 959-999.

OLSTHOORN, M. F., *The Jewish Background and the Synoptic Setting of Mt 6,25-33 and Lk 12,22-31* (Jerusalem 1975).

ORIGÈNE, *De oratione*, 26, 2 (PG 11, 501). Trad. A. Hamman, *Le Pater expliqué par les Pères* (Paris 1952).

OTTO, E., *Theologische Ethik des Alten Testaments* (Stuttgart 1994).

PAMMENT, M., « The Kingdom of Heaven According to First Gospel », *NTS* 27 (1981) 211-231.

PARKER, N.H., « Psalm 103: God is Love. He will have Mercy and Abundantly Pardon », *CJT* 1 (1955) 191-196.

PATTARUMADATHIL, H., *Your Father in Heaven. Discipleship in Matthew as a Process of Becoming Children of God* (Roma 2008).
PENNA, R., « La paternità di Dio nel Nuovo Testamento. Natura e condizionamenti culturali », *RdT* 40 (1999) 7-39.
PERDUE, L.G., *Proverbs* (Louisville 2000).
PERRONI, M., « "E non chiamate nessuno « Padre » sulla terra..." (Mt 23,9): Un monito per una Chiesa in crisi », *ParSpV* 39 (1999) 119-133.
PESCH, W., *Der Lohngedanke in der Lehre Jesu : verglichen mit der religiösen Lohnlehre des Spätjudentums* (München 1955).
———, « μισθός », *EWNT* II, 1063-1065.
PIPPER, R.A., « Matthew 7,7-11 par. Luke 11,9-13: Evidence of Design and Argument in the Collection of Jesus' Sayings », *Logia: Les paroles de Jésus – The Sayings of Jesus* (FS J. Coppens; [éd. DELOBEL] Leuven 1982) 411-418.
PLINE, *Histoire Naturelle*. Texte établi, traduit et commenté par J. Beaujeu et al. (Les Belles Lettres ; Paris 1950).
PLUMMER, A., *An Exegetical Commentary on the Gospel according to St. Matthew* (London 1909).
PONTIFICIA COMMISSIONE BIBLICA, *Bibbia e Morale. Radici bibliche dell'agire cristiano* (Città del Vaticano 2008).
POUILLY, J., *Dieu notre Père. La révélation de Dieu Père et le Notre Père*. = *Cahiers Évangiles* 68 (Paris 1989).
PREISKER, H. – WÜRTHWEIN, E., « μισθός », *TWNT* IV, 699-736.
PRZYBYLSKI, B., *Righteousness in Matthew and His World of Thought* (Cambridge 1980).
RADERMAKERS, J., *Au fil de l'évangile selon saint Matthieu* (Bruxelles 1974).
RADL, W., « προνοέω », *EWNT* III, 382-383.
RATZINGER, J., (= BENOIT XVI), *Gesù di Nazareth* (Milano 2007).
RAURELL, F., « Il binomio "Santità" (ἁγιωσύνη) e "Gloria" (δόξα) di Dio nei LXX », *RCatT* 22/II (1997) 231-244.
REICKE, B., « ἀνατέλλω / ἀνατολή », *EWNT* I, 224-225.
RIESENFELD, H., « Vom Schätzesammeln und Sorgen – ein Thema urchristlicher Paränese. Zu Mt vi 19-24 », *Neotestamentica et Patristica*. (FS O. Cullmann ; [éd. A. N. WILDER et al.] Leiden 1962) 47-58.

RIESNER, R., « Der Aufbau der Reden im Matthäusevangelium », *ThBeit* 9 (1978) 172-182.
RINALDI, G., « Santi siate, perché santo sono io », *BeO* 10 (1968) 163-179.
RINGGREN, H., « *'ab* », *TWAT* I, 2-19.
RITT, H., « Das Reden Gottes im Sohn – Zur textlinguistischen Methode der neutestamentlichen Exegese », *Gestalt und Anspruch des Neuen Testaments* (Hrsg. von Josef Schreiner unter Mitwirkung von Gerhard Dautzenberg) (Würzburg 1979) 366-384.
ROBERTSON, A.T., *A Grammar of the Greek New Testament in the Light of Historical Research* (New York ⁵1931).
SABOURIN, L., « Why God is called Perfect? », *BZ* 24 (1980) 266-268.
SABUGAL, S., *Abba. La oración del Señor: historia y exégesis teológica* (Madrid 1985).
SÁNCHEZ NAVARRO, L., *La enseñanza de la Montaña. Comentario contextual a Mateo 5-7* (Estella 2005).
SAND, A., *Il vangelo secondo Matteo*. I (Brescia 1992).
_____, « ἀποδίδωμι », *EWNT* I, 306-309.
SANDERS, J., *Ethics in the New Testament* (London 1975).
SAUER, J., « Traditionsgeschichtliche Erwägungen zu den synoptischen und paulinischen Aussagen über Feindesliebe und Wiedervergeltungsverzicht », *ZNW* 76 (1985) 1-28.
SCOTT, B.B. – DEAN, M.E., « A Sound Map of the Sermon on the Mount », *SBL 1993 Seminar Papers* (Atlanta 1993) 672-725.
SCHELBERT, G., « Abba, Vater. Stand der Frage », *FZPhTh* 40 (1993) 257-281.
SCHELKLE, K.H., « Bruder », *Das Reallexikon für Antike und Christentum*, II, 631-640.
SCHENK, W., *Die Sprache des Matthäus: Die Text-Konstituenten in ihren macro- und mikrostrukturellen Relationen* (Göttingen 1987).
SCHENKE, L., *Die Wunderbare Brotvermehrung. Die neutestamentlichen Erzählungen und ihre Bedeutung* (Würzburg 1983).
SCHENKER, A., « Gott als Vater – Söhne Gottes. Ein vernachlässigter Aspekt einer biblischen Metapher », *FZPhTh* 25 (1978) 3-55.

SCHLATTER, A., *Der Evangelist Matthäus. Seine Sprache, sein Ziel, seine Selbständigkeit* (Stuttgart ⁶1963).
SCHLOSSER, J., Le *Règne de Dieu dans les dits de Jésus* (Paris 1980).
_____, *Le Dieu de Jésus. Étude exégétique* (Paris 1987).
SCHMID, J., *L'evangelo secondo Matteo* (Brescia 1976).
SCHMIDT, K.L., « βασιλεύς », *TWNT* I, 574-593.
SCHNACKENBURG, R., *Règne et Royaume de Dieu : essai de théologie biblique* (Paris 1965).
_____, « Die Vollkommenheit des Christen nach den Evangelien », ID., *Christliche Existenz nach dem NT* (München 1967), I, 131-154.
_____, «Ihr seid das Salz der Erde, das Licht der Welt ». Zu Matth. 5,13-16 », ID., *Schriften zum Neuen Testament* (München 1971) 177-199.
_____, « Die Seligpreisung der Friendensstifter (Mt 5,9) im matthäischen Kontext », *BZ* 26 (1982) 161-178.
_____, *Alles kann, wer glaubt : Bergpredigt und Vaterunser in der Absicht Jesu* (Freiburg im Breisgau 1984). Trad. it. *Tutto è possibile a chi crede. Discorso della Montagna e Padrenostro nell'intenzione di Gesù* (Brescia 1989).
_____, *Die sittliche Botschaft des Neuen Testaments. Band I. Von Jesus zur Urkirche* (Freiburg 1986).
_____, *The Gospel of Matthew* (Grand Rapids 2002).
SCHNEIDER, G., « Imitatio Dei als Motiv der „Ethik Jesu" », *Neues Testament und Ethik* (FS R. Schnackenburg ; [éd. H. MERKLEIN] Freiburg 1989) 71-83.
_____, « Das Vaterunser des Matthäus », ID., *Jesusüberlieferung und Christologie : Neutestamentliche Aufsätze 1970-1990* (Leiden – New York 1992) 52-85.
_____, « Das Bildwort von der Lampe. Zur Traditionsgeschichte eines Jesus-Wortes », ID., *Jesusüberlieferung und Christologie: Neutestamentliche Aufsätze 1970-1990* (Leiden – New York 1992) 116-142.
_____, « Gott, der Vater Jesu Christi in der Verkündigung Jesu und im urchristlichen Bekenntnis », ID., *Jesusüberlieferung und Christologie: Neutestamentliche Aufsätze 1970-1990* (Leiden – New York 1992) 3-38.

_____, « Auf Gott bezogenes 'mein Vater' und 'Euer Vater' in den Jesus-Worten der Evangelien. Zugleich ein Beitrag zum Problem Johannes und die Synoptiker », *The Four Gospels* (FS F. Nerynck; [éd. F. Van SEGBROECK et al.] Leuven 1992) III, 1751-1781.

_____, « οὕτως », *EWNT* II, 1343-1344.

SCHNEIDER, R., *Das Vaterunser* (Freiburg ⁶1979).

SCHNIEWIND, J., *Il vangelo secondo Matteo* (Brescia 1977).

SCHRENK, G., « εὐδοκία », *TWNT* II, 736-748.

_____, « θέλημα », *TWNT* III, 52-62.

SCHRENK, G. – QUELL, G., « πατήρ », *TWNT* V, 946-1016.

SCHRUERS, F., « La paternité divine dans Mt V,45 et VI,25-34 », *ETL* 36 (1960) 593-624.

SCHULZ, A., *Nachfolge und Nachahmen. Studien über das Verhältnis der neutestamentlichen Jüngerschaft zur urchristlichen Vorbildethik* (München 1962).

SCHULZ, S., *Q, die Spruchquelle der Evangelisten* (Zürich 1972).

SCHÜRER, E., *Storia del popolo giudaico al tempo di Gesù Cristo.* Vol II. Edizione italiana a cura di Bruno Chiesa (Brescia 1987).

SCHÜRMANN, H., *La prière du Seigneur à la lumière de la prédication de Jésus* (Paris 1964).

_____, *Das Lukasevangelium*. I (Freiburg – Basel – Wien 1969).

SCHWEITZER, A., *Die Geschichte der Leben-Jesu-Forschung* (Tübingen 1913).

SCHWEIZER, E., « „Der Jude im Verbogenen..., dessen Lob nicht von Menschen, sondern von Gott kommt". Zu Rm 2,28f. und Matt 6,1-18 », *Neues Testament und Kirche* (FS. R. Schnackenburg ; [éd. J. GNILKA] Freiburg 1974) 115-125.

_____, *Das Evangelium nach Matthäus* (Göttingen 1976).

_____, *Il discorso della montagna: Matteo cap. 5-7* (Torino 1991).

SEESEMANN, H. « οἶδα », *TWNT* V, 120-122.

SÉNÈQUE, *De Beneficiis*. Trad. française *Des bienfaits*. Texte établi et traduit par F. Préchac. 2 vol. (Paris 1926-1927).

_____, *Lettres à Lucilius*. Texte établi par F. Préchac et traduit par H. Noblot. 5 vol. (Paris 1945-1964).

SENIOR, D., *What Are They Saying about Matthew?* (New York 1988).

_____, « Directions in Matthean Studies », *The Gospel of Matthew in Current Study*. Studies in Memory of William G. Thompson (éd. D.E. AUNE) (Grand Rapids – Cambridge 2001) 5-21.

_____, « The Foundations for the Christian Moral Life in the Gospel of Matthew », « *Il Verbo di Dio è vivo* ». *Studi sul Nuovo Testamento in onore del Cardinale A. Vanhoye* (éd. J. E. AGUILAR CHIU, F. MANZI et al.) (Roma 2007) 57-70.

SHEFFIELD, J., « The Father in the Gospel of Matthew », *A Feminist Companion to Matthew* (éd. A.-J. LEVINE) (Sheffield 2000) 52-69.

SIBINGA, J. S. « Exploring the Composition of Mt 5-7. The Sermon on the Mount and some of its "Structures" », *FiloNT* 7 (1994) 175-195.

SILMAN, T., *Probleme der Textlinguistik. Einführung und exemplarische Analyse* (Heidelberg 1974).

SMIT, P.–B., *Fellowship and Food in the Kingdom* (Tübingen 2008).

SOIRON, T., *Die Bergpredigt Jesu* (Freiburg im Breisgau 1941).

SOUCEK, J., « Salz der Erde und Licht der Welt. Zur Exegese von Mt 5,13-16 », *TZ* 19 (1963) 169-179.

SPARKS, H.F.D., « The Doctrine of the Divine Fatherhood in the Gospels », *Studies in the Gospels*. Essays in Memory of R. H. Lightfoot (éd. D. E. NINEHAM) (Oxford 1955) 241-262.

SPICQ, C., « σπλαγχνα /σπλαγχνισθη », ID., *Lexique Théologique du Nouveau Testament* (Paris 1991) 1409-1412.

STAERK, W., *Altjüdische liturgische Gebete* (Bonn 1910).

STANDAERT, B., « L'évangile selon Matthieu. Composition et genre littéraire », *The Four Gospels 1992* (éd. F. VAN SEGBROECK et al) (Leuven 1992), II, 1223-1250.

STAUDINGER, F., « ἐλεημοσύνη », *EWNT* I, 1043-1045.

STÄHLIN, G., « αἰτέω », *TWNT* I, 191-192.

STEMBERGER, G., *Introduzione al Talmud e al Midrash* (Roma 1995).

STENDHAL, K., « Prayer and Forgiveness », *SEA* 22 (1957) 75-86.

STIEWE, M. – VOUGA, F., *Le Sermon sur la Montagne. Un abrégé de l'évangile dans le miroitement de ses interprétations* (Genève 2002).

STOCK, K., « Die Bergpredigt als Programm für das Reich Gottes », *Studia Missionalia* 46 (1987) 1- 20.

_____, « Der Gott der Freude : Die acht Seligspreisungen », *GuL* 6 (1989) 433-446.

_____, « I figli sono liberi (Mt 17,26 ; Lc 15,11-32 », *ParSpV* 23 (1991) 145-161.

_____, *Discorso della montagna Mt 5-7. Le beatitudini* (Roma ^{4}2002).

_____,« Nur einer ist euer Lehrer, Christus, nur einer ist euer Vater, der im Himmel (Mt 23,8-10). Personale Beziehungen als Fundament des Handelns nach der Bergpredigt », *Biblical Exegesis in Progress. Old and New Testament Essays* (éd. J.-N. ALETTI – J.L. SKA) (Roma 2009) 299-333.

STRACK, L. – BILLERBECK, P., *Kommentar zum Neuen Testament aus Talmud und Midrasch.* 4 vol. (München 1922-1928).

STRECKER, G., *Der Weg der Gerechtigkeit. Untersuchung zur Theologie de Matthäus* (Göttingen 1962).

_____, *The Sermon on the Mount. An Exegetical Commentary* (Edinburgh 1988).

STUHLMACHER, P., « Jesu vollkommenes Gesetz der Freiheit. Zum Verständnis der Bergpredigt », *ZThK* 79 (1982) 283-307.

_____, *Biblische Theologie des Neuen Testaments.* I (Göttingen 1992).

SYREENI, K., *The Making of the Sermon on the Mount: A Procedural Analysis of Matthew's Redactional Activity.* Part One: *Methodology and Compositional Analysis* (Helsinki 1987).

TALBERT, C.H., « Indicative and Imperative in Matthean Soteriology », *Bib* 82 (2001) 515-538.

_____, *Reading the Sermon on the Mount. Character Formation and Decision Making in Matthew 5-7* (Columbia 2004) 30-31.

TANNEHILL, R., *The Sword of His Mouth* (Philadelphia 1975).

TERTULLIEN, *De oratione, PL* 1, 1153-1165 ; CCL 1,257-274. Trad. franç. ; *La prière.* Traduction d'A.-G. Hamman, *La prière en Afrique chrétienne, (Quand vous prierez),* (Paris 1982) 13-35.

THAYER, J.H., *A Greek-English Lexicon of the NT* (Edinburgh ^{4}1908).

THEISSEN, G., *Studien zur Soziologie des Urchristentums* (Tübingen 1979).

THÉODORE DE MOPSUESTE, *Le Notre Père ou l'éthique chrétienne* = *Homélie Catéchétique. 11,* trad. Muriel Debié (Paris 1996) 147-163.

THEOPHYLACTUS, *Enarratio in Evangelium Matthaei,* PG 123, 139-492.
TOPEL, L.J., *Children of a Compassionate God. A Theological Exegesis of Luke 6,20-49* (Collegeville 2001).
TOURNAY, R., « Ne nous laisse pas entrer en tentation », *NRT* 120 (1998) 440-443.
TRAUB, H. – von RAD, G., « οὐρανός », *TWNT* V, 496-543.
TRILLING, W., *Il vero Israele. Studi sulla teologia del vangelo di Matteo* (Casale Monferrato 1992).
TRUMMER, P., « ἀσπάζομαι / ἀσπασμός », *EWNT* I, 416-417.
van UNNIK, W.C., « The Teaching of Good Works in 1 Peter », *NTS* 1 (1954-1955) 92-110.
_____, « Die Motivierung der Feindesliebe in Lukas VI, 32-35 », *NT* 8 (1966) 284-300.
von RAD, G., *Gesammelte Studien zum Alten Testamente.* I (München 1958).
_____, *Teologia dell'Antico Testamento.* Vol. I *Teologia delle tradizioni storiche d'Israele.* Edizione italiana a cura di M. Bellincioni (Brescia 1972).
_____, « βασιλεύς », *TWNT,* I, 565-571.
von SODEN, H., « ἀδελφός », *TWNT* I, 144-146.
VÖGTLE, A., *Evangelium und die Evangelien* (Düsseldorf 1971).
WALTER, M., « ὀφειλέτης / ὀφείλημα », *EWNT* II, 1344-1346.
WALTKE, B.K., *The Book of Proverbs. Chapters 15-31* (Grand Rapids 2005).
WANAMAKER, C. A. « Mk 11,25 and the Gospel of Matthew », E. LIVINGSTONE (éd.), *Studia Biblica 1978.* Tome II. *Papers on the Gospels* (Sheffield 1980) 329-337.
WANKE, J., « καλός », *EWNT* II, 602-606.
WEBER, B., « Schulden erstatten – Schulden erlassen. Zum matthäischen Gebrauch einiger juristischer und monetärer Begriffe », *ZNW* 83 (1992) 253-256.
WEDER, H., *Die "Rede der Reden". Eine Auslegung der Bergpredigt heute* (Zürich ³1994).
WEISER, A., « δουλεύω », *EWNT* I, 848-852.
WEISS, J., *Die Predigt Jesu vom Reiche Gottes* (Göttingen ²1900).
WELLHAUSEN, J., *Das Evangelium Matthaei* (Berlin 1904).

WESLEY, J., *Sammlung auserlesener Predigten*. Vol II (Bremen – Zürich s.d.).
WIEFEL, W., *Das Evangelium nach Matthäus* (Leipzig 1998).
WILDER, A. N., *Eschatology and Ethics in The Teaching of Jesus* (London - New York 1939).
WREGE, H. T., *Die Überlieferungsgeschichte der Bergpredigt* (Tübingen 1968).
WÜRTHWEIN, E., « μετανοέω, μετάνοια », *TWNT* IV, 972-1004.
YARNOLD, E., « Teleios in St. Matthew's Gospel », F. L. Cross (éd.), *Studia Evangelica*, IV (Berlin 1968) 269-273.
ZAHN, T., *Das Evangelium des Matthäus* (Leipzig 1903).
ZELLER, D., *Die weisheitlichen Mahnsprüche bei den Synoptikern* (Würzburg 1977).
_____, « God as Father in the Proclamation and in the Prayer of Jesus », *Standing before God. Studies in Prayer in Scriptures and in Tradition with Essays*. In Honor John M. Oesterreicher (éd. A. FINKEL – L. FRIZZEL) (New York 1981) 117-129.
ZERWICK, M., *A Grammatical Analysis of the Greek New Testament* (Roma ^{5}1996).
_____, *Biblical Greek. Illustrated by Examples* (Scripta Pontificii Instituti Biblici 114; Roma ^{6}1994).
ZIMMERLI, W., « Das Gesetz im Alten Testament », ID., *Gottes Offenbarung: Gesammelte Aufsätze zum Alten Testament* (München ^{2}1969) 249-276.
ZIMMERMANN, C., *Die Namen des Vaters. Studien zu ausgewählten neutestamentlichen Gottesbezeichnung vor ihrem frühjüdischen und paganen Sprachhorizont* (Leiden – Boston 2007).
ZMIJEWSKI, J., « νηστεύω », *EWNT* II, 1144-1147.
ZUMSTEIN, J., *La condition du croyant dans l'évangile selon Matthieu* (Göttingen 1977).
_____, « Proximité et rupture avec le judaïsme rabbinique », *LV* 183 (1987) 5-19.

INDEX DES AUTEURS CITÉS

Albrecht; 30; 31;41
Albright – Mann; 6
Aletti; 10; 175; 269
Allen; 130
Allison; 15; 42; 76; 90; 139; 147; 189; 190; 202; 224; 234; 249; 256; 260
Ambroise; 29
Apulée; 101; 102
Aristote; 49; 103; 104
Augustin; 154; 167
Aune; 84
Bacon; 230
Badiola Saenz de Ugarte; 128
Bailly; 171; 183
Baker; 151
Barbaglio; 13; 147
Bartolomé; 166
Barton; 78
Bauer, D.R.; 244
Bauer, W; 59; 101; 183; 239
Behm; 172
Bennett; 54
Berger; 41
Bertram; 57; 196
Best; 30; 33
Betz; 29; 51; 93; 99; 147; 162; 172; 211; 270
Beutler; 27

Beyer; 86
Beyschlag; 52
Bientenhard; 118; 250
Biguzzi; 144
Black; 46; 86; 139
Blass–Debrunner–Rehkopf; 24; 50; 70; 76; 82; 84; 86; 92; 101; 120; 129; 145; 148; 150; 162; 164; 240
Bonhoeffer; 263
Bonnard; 34; 48; 100; 129; 137; 154; 176; 180; 186; 196; 201; 223; 225
Bonsirven; 85; 116; 125
Borghi; 136
Bornemann–Risch; 70
Bornhäuser; 90; 93; 95; 165
Bornkamm; 48; 53; 54; 62; 75; 76; 79; 90; 92; 169; 189; 212; 225
Boscolo; 271
Botterweck; 106
Bouttier; 12; 97
Braun; 72
Broer; 270
Brown; 130; 138; 149
Buchanan; 27
Bultmann; 46; 67; 106; 107; 165; 166;185
Bundy; 47

Burchard; 31; 41; 42
Burnett; 11
Buth; 96
Byrne; 60
Byrskog; 200
Cairoli; 167; 181
Calloud – Genuyt; 53; 94; 158; 197
Campbell; 29
Cardellino; 26; 145; 152
Carmignac; 36; 122; 145; 149; 150; 152
Carmignac – Guilbert; 77
Carter; 168
Cazeaux; 136
Ceccherelli; 152
Chatman; 230
Cicéron; 49
Conzelmann; 174
Corbin; 93
Cortés-Fuentes; 100
Cousin; 48
Cousland; 7; 34
Cullmann; 26
Cuvillier; 12
Dalman; 36; 116; 134; 137; 139
Dautzenberg; 166
Davies; 15; 85
Davies–Allison; 6; 15; 27; 32; 40; 46; 50; 63; 76; 79; 109; 129; 131; 167; 179; 180; 185; 186; 189; 191; 202; 203; 205; 224
De Vaux; 157
De Virgilio; 173
Deissler; 124; 135
Deissmann; 92
Delling; 65; 72; 82; 101
Denniston; 239
Descamps; 51
DeVries; 103
Dhams; 150
Dietzfelbinger; 48
Diogenes Laertius; 75
Du Plessis; 65; 72; 79;
Dubois; 113
Ducoq; 268
Dumais; 9; 13; 40; 63; 75; 136; 187; 205; 235
Dupont; 23; 31; 48; 59; 65; 66; 67; 85; 90; 100; 109; 122; 131; 132; 145; 149; 154; 158; 165; 179; 181; 182; 184; 214; 259
Easton; 48
Edward; 271
Edwards; 222; 239
Egger; 17; 96; 239
Eichholz; 51; 260
Eliot; 187
Elliger; 73
Épictète; 104; 172
Evans; 130
Fabris; 11; 39; 97; 147; 162; 167; 181; 229; 232; 270
Fanning; 195
Feldmeier; 56; 77; 244
Feuillet; 260
Fichtner; 91; 108
Fiedler; 52
Fitzmyer; 48; 149; 253
Flusser; 51
Foerster; 52; 270

FOHRER; 56
FRANCE; 79; 270
FRANKEMÖLLE; 12; 17; 48; 211; 246
FRIEDRICH; 8
FULLER; 271; 274
FUSCO; 9
GAECHTER; 31
GALLING; 103
GALOT; 53
GARLAND; 178
GEORGE; 47; 96; 97; 149
GERHARDSSON; 82; 85; 96; 130
GIAVINI; 190
GIESEN; 65; 66
GIROUD; 94; 96
GNILKA; 28; 31; 34; 58; 72; 75; 85; 91; 119; 145; 148; 150; 154; 166; 172; 185; 186; 200; 203; 232; 266; 273
GOMA CIVIT; 66; 119; 130;
GOPPELT; 9; 33
GOSHEN-GOTTSTEIN; 36
GOULDER; 234
GRASSO; 12; 40; 63; 232
GREEVEN; 176; 182
GRENET; 244
GRETHER; 118
GRUBER; 140
GRUNDMANN; 27; 31; 37; 46; 48; 60; 95; 101; 123; 175; 213; 245;
GUELICH; 6; 16; 23; 26; 31; 35; 38; 40; 47; 50; 59; 65; 79; 92; 93; 109; 139; 145; 165; 167; 180; 184; 195; 199; 247; 259; 260

GUNDRY; 50; 87; 119; 193; 196
GUTBROD; 131
HACKENBERG; 129
HAGNER; 27; 46; 109; 145; 184; 200; 256
HAHN; 56
HAMERTON – KELLY; 140
HARDER; 52
HARRINGTON; 50; 232
HARTIN; 57; 79
HAWKINS; 24
HEILER; 110;
HEILIGENTHAL; 32
HEINRICH; 172
HEMPEL; 78
HENDRICKX; 6; 27; 40; 199
HENGEL; 57; 213
HILL; 101; 131
HOFFMANN, P; 109; 131
HOFFMANN – SIEBENTHAL; 70
HOLTZMANN; 47; 66
HOMÈRE; 103
HORACE; 102
HORSTMANN; 106; 108
HUCK – LIETZMANN; 87
JACOB; 118; 119; 140;
JACQUEMIN; 131; 132
JEAN CHRYSOSTOME; 133; 199
JENNI; 152
JEREMIAS; 7; 55; 125; 134; 138; 140; 145; 152; 165; 174; 196; 210
JOSÈPHE, FLAVIUS; 84
JOÜON; 36; 46
KASCH; 155; 159
KÄSEMANN; 9
KASPER; 123

Keener; 93; 108; 200; 232
Kingsbury; 230; 244; 271
Kirchschläger; 57
Klostermann; 48; 101; 182
Koch; 65; 188
Koehler – Baumgartner; 37; 65; 69
König; 37; 65
Kremer; 30
Krentz; 244
Kretzer; 32; 37
Kürzinger; 235
Kuhn; 122
Kvalbein; 226
La Potterie; 106
Lachs; 33
Lactance; 103
Lagrange; 25; 26; 32; 46; 104; 129
Lambrecht; 14; 31; 32; 127; 144; 158; 181; 182; 187; 190; 208
Larroque; 146
Larsson; 182
Lathan; 27
Lauer; 125
Leenhardt; 118
Légasse; 25; 26; 51; 270
Leonardi; 194
Léon-Dufour; 59
Lesêtre; 118
Leske; 27; 32
Leveque; 256
Lichtenberger; 155
Limbeck; 129
Lohfink, G; 6; 13; 29; 32; 34; 103; 268

Lohfink, N; 247
Lohmeyer; 32; 35; 135; 137; 138
Lohse; 56
Losada; 57
Luck; 74
Lüdemann; 57
Lührmann; 50; 212
Luz; 8; 16; 25; 26; 29; 42; 46; 48; 63; 65; 74; 78; 82; 84; 93; 125; 131; 149; 150; 162; 164; 165; 166; 175; 185; 187; 188; 190; 197; 201, 214; 224; 225; 226; 235; 238; 250; 254; 255; 259; 263; 268; 272; 274
Luzarraga; 115; 152
Maggi; 115; 119; 123; 173
Maggioni; 119; 127
Mahoney; 129
Manicardi; 14; 34; 40; 54; 174; 211; 215
Manson; 101; 127; 210
Marc-Aurèle; 74
Marchel; 34; 36; 56; 104; 105; 116; 125; 156; 172; 251
Marguerat; 9; 41; 207; 208; 213; 224; 264
Marshall; 196
Martini; 33
Maurer; 101; 184
Mc Caffrey; 250
McKane; 92
McKeating; 141
McLaughling; 118
McNamara; 68
McNeile; 6; 101; 199
Meier; 79; 101

Index des auteurs cités

Mello; 24; 30; 38; 181
Merklein; 54; 174; 175; 222; 225
Metzger, B.M; 47; 103; 162
Metzger, R; 33
Meynet; 113; 136
Michaelis; 143
Miegge; 41; 182
Miler; 28
Minear; 199
Montefiore; 55; 62; 264; 270
Moore; 34; 36; 37; 127; 134; 200; 247
Mora; 114
Moraldi; 104
Moule; 147
Moulton; 106
Mowery; 12; 42; 70
Moxnes; 70
Müller; 86
Myers; 131
Nauck; 26
Neirynck; 244
Neyrey; 125
Niskanen; 157; 174
Nolland; 47
Oepke; 91
Olsthoorn; 162
Origène; 133; 136
Otto; 78
Pamment; 260
Parker; 141
Pattarumadathil; 12; 60
Penna; 35; 54
Perdue; 92
Perroni; 200
Pesch; 92
Pipper; 45; 46; 240; 241
Pline; 27
Plummer; 92
Pontificia Commissione Biblica; 124
Pouilly; 129; 151
Preisker; 92
Przybylski; 48; 51
Radermakers; 247; 254
Radl; 172
Ratzinger; 118
Raurell; 122
Reicke; 50
Riesenfeld; 182
Riesner; 235
Rinaldi; 74
Ringgren; 104; 105
Ritt; 17
Robertson; 86
Sabourin; 69; 72
Sabugal; 119; 123
Sánchez Navarro; 214
Sand; 14; 39; 48; 75; 93; 108; 166; 169; 181; 193; 270
Sanders; 264
Sauer; 46
Schelbert; 115
Schelkle; 61
Schenk; 17; 24; 233
Schenke; 274
Schenker; 56; 104
Schlatter; 58; 128; 134; 225
Schlosser; 46; 52; 53; 123; 124; 127; 129; 210; 260
Schmid; 60; 92; 95; 102; 130; 134; 138; 139; 167; 181; 182; 200

SCHMIDT; 122
SCHNACKENBURG; 26; 57; 65; 66; 76; 77; 124; 139; 152; 251; 252
SCHNEIDER, G; 23; 32; 35; 74; 210; 247
SCHNEIDER, R; 116
SCHNIEWIND; 59; 93; 95; 167; 178; 181; 223; 250; 270
SCHRENK; 11; 36; 37; 54; 55; 75; 104; 119; 122; 123; 127; 128; 134; 174; 211; 263
SCHRUERS; 36; 54; 55; 106; 174
SCHÜRER; 249
SCHÜRMANN; 47; 50; 66; 76; 119; 128; 129; 135; 159; 186
SCHULZ, A; 47
SCHULZ, S; 47; 50; 63
SCHWEITZER; 264
SCHWEIZER; 72; 87; 88; 91; 225
SCOTT – DEAN; 42; 235; 236
SEESEMANN; 106
SÉNÈQUE; 74; 102; 168
SENIOR; 12; 223; 244
SHEFFIELD; 11
SIBINGA; 233; 234
SILMAN; 239
SMIT; 274
SOIRON; 40; 182
SOUCEK; 26; 31
SPARKS; 55
SPICQ; 140; 142
STAERK; 125
STÄHLIN; 195
STANDAERT; 84
STAUDINGER; 91
STAUFFER; 9
STEMBERGER; 162
STENDHAL; 143
STIEWE – VOUGA; 77; 90; 256
STOCK; 11; 13; 14; 40; 51; 58; 80; 226; 235; 249; 259; 263
STRACK – BILLERBECK; 28; 31; 33; 34; 36; 51; 52; 58; 62; 63; 85; 93; 95; 101; 108; 128; 129; 131; 134; 136; 137; 139; 143; 155; 168; 195; 198; 249; 253
STRECKER; 9; 26; 31; 48; 77; 93; 184; 187; 254; 260
STUHLMACHER; 122; 272
SYREENI; 8; 204
TALBERT; 10; 14; 90; 92; 113; 119; 251; 271
TANNEHILL; 90
TERTULLIEN; 151
THAYER; 59
THEISSEN; 268
THÉODORE DE MOPSUESTE; 121
THEOPHYLACTUS; 72; 205
TITE LIVE; 102; 103
TOPEL; 61
TOURNAY; 152
TRAUB; 36
TRILLING; 48; 65; 66; 72; 77; 131; 167; 181; 213
TRUMMER; 63
van UNNIK; 33; 49
VÖGTLE; 210
von RAD; 29; 78; 124; 183
von SODEN; 61
WALTER; 139
WALTKE; 92

WANAMAKER; 144
WANKE; 30
WEBER; 93
WEDER; 57
WEISER; 188
WEISS; 181; 264
WELLHAUSEN; 87
WESLEY; 185
WIEFEL; 31
WILDER; 258
WREGE; 50; 182
WÜRTHWEIN; 92; 222

YARNOLD; 65
ZAHN; 26; 31
ZELLER; 18; 47; 91; 136; 166; 174; 186; 239
ZERWICK; 24; 145; 150; 168; 240
ZIMMERLI; 131
ZIMMERMANN; 200
ZMIJEWSKI; 249
ZUMSTEIN; 8; 15; 46; 53; 54; 62; 77; 78; 82; 89; 213

INDEX SÉLECTIF DES PRINCIPALES CITATIONS BIBLIQUES ET EXTRABIBLIQUES

Ancien Testament

Ex 4,22-23	56
Ex 6,4	85, 188
Ex 34,6	68, 140, 141
Lv 11,44-45	73
Lv 19,2	45, 66, 67, 73, 74, 76
Lv 20,7-8	73
Lv 20,26	73
Dt 1,31	104
Dt 8,5	104
Dt 14,1	56
Dt 18,9	66
Dt 18,13	65, 66, 67
Dt 32,4	68
Dt 32,6	104, 174
Dt 32,18	104
Jg 9,5	69
1 S 16,7	88
2 S 7,14	56, 104, 247
2 S 22,31	69
1 R 18,27	102
2 R 15,32	69
Tb 13,4	104, 105, 251
Jb 31,18	104
Jb 37,16	68
Ps 8,6-7	170
Ps 18,31	69
Ps 19,8	69
Ps 22,11	104
Ps 22,28-30	33
Ps 23	124
Ps 68,6	104, 251
Ps 73,15	56
Ps 86,9	33
Ps 89,27	104, 251
Ps 103	52, 68, 133, 141, 148, 256
Ps 103,13	104, 140, 141, 256
Ps 145,9	52
Pr 3,12	104
Pr 15,8	62
Pr 24,12	91, 92, 106
Sg 11,10	104
Sg 14,3	104, 172, 251
Si 4,10	56
Si 7,9	62
Si 17,19	28
Si 23,1.4	104, 251
Si 51,10	104
Is 1,2	56, 80
Is 1,4	56
Is 1,13.17	62
Is 2,1-5	29
Is 30,1.9	56
Is 42,6	28, 29
Is 43,6	56
Is 45,11	56
Is 45,12	174
Is 49,6	28, 29
Is 52,5	32
Is 63,8	56

Is 63,16	104, 107, 156, 157, 251	4,17	10, 28, 135, 196, 221-224, 279, 281
Is 64,7	104, 156, 174, 251	4,18-22	116, 221, 224, 279, 281
Jr 3	223	4,18-25	10, 224
Jr 3,4	104, 251	4,23	28, 221, 223, 225, 274
Jr 3,14.19.22	56		
Jr 3,19	104	4,23-25	224, 243, 279, 281
Jr 4,1	223		
Jr 8,4.5	223	5,1-2	6, 19
Jr 18,8.11	223	5,3-10	27, 31, 41, 96, 259-262, 272
Jr 31,9	104, 105		
Ez 16	80	5,3-12	28, 30
Ez 20,12	74	5,5	259, 262
Ez 20,39-41	120	5,9	42, 57, 58, 60, 94, 259, 263
Ez 25,27	120		
Ez 33	80	5,11-12	23, 26, 33, 40, 41, 64
Ez 34	124		
Ez 36,20-21	32	5,13-16	23-43, 63, 64
Ez 36,20-38	120, 121	5,16	7, 23-43, 70, 90, 97, 116, 121, 159, 160, 204, 233, 236, 237, 248, 252, 265, 268, 283
Ez 36,27-28	89		
Ez 38,23	120		
Ez 39,7	121		
Os 2,1	56		
Os 2,6	142		
Os 6,6	62		
Os 11,1	56	5,17-20	9, 83, 201, 208, 235, 237, 272
Mi 4,1-4	29		
Ml 1,6	104, 105	5,20	31, 42, 48, 65, 81, 83, 89, 97, 175, 209, 239
Ml 2,10	104, 105, 174		
Ml 3,17	104		
		5,17-7,12	28, 30, 31, 42, 204, 238, 239
Nouveau Testament			
		5,21-48	42, 49, 61, 64, 65, 76, 78, 80, 82, 201, 203, 205, 235, 249,
Matthieu			
1-2	6, 13, 244		
4,16	27		

Index des citations

	250, 267, 271, 281	6,10	37, 39, 71, 102, 125-134, 131, 135, 159, 181, 184, 222, 226, 254, 281
5,21-26	62, 79, 80		
5,43-48	13, 15, 45-82, 162, 235, 240, 265, 267	6,10a	122, 131, 135, 181, 223
5,45	7, 15, 35, 40, 45-82, 138, 173, 177, 215, 240, 246, 255, 256, 279, 280	6,10b	128, 131, 132, 134
		6,11	91, 135-138, 183, 186, 189, 190, 199, 249, 253, 274
5,48	7, 35, 36, 45-82, 103, 181, 191, 235, 240, 241, 277, 281	6,12	72, 85, 136, 139-146, 148, 195, 249, 278
6,1-18	7, 8, 12, 37, 38, 39, 42, 82, 83-86	6,13	72, 136, 148-158, 159, 274, 278
6,1-6.16-18	87-98		
6,7-15	83, 84, 98	6,13a	149, 151, 154
6,7-8	85, 86, 99-111	6,13b	155, 157, 159
6,7	99-111, 248	6,14-15	85, 143, 146, 147, 148, 240, 257
6,8	13, 72, 86, 99-111, 175, 177, 195, 196, 197, 203, 239, 255, 271, 273, 282		
		6,19-34	15, 43, 173, 182, 187-191, 201, 202, 205, 237, 238, 249, 250, 266, 284
6,9-13	10, 12, 16, 85, 86, 109, 110, 113-160, 235, 248, 249, 282		
		6,19-24	15, 187, 188, 189
6,9	7, 71, 72, 117, 119, 120, 121, 126, 197, 233, 234, 252, 271, 280	6,24	182, 187, 188, 189, 192, 202
		6,25-34	13, 15, 98, 126, 136, 139, 161-192, 197, 200, 202, 236, 238,
6,9b	118 121 130		

	240, 265, 266, 267, 268, 274	7,11	7, 43, 70, 72, 98, 194, 198, 199, 200, 201, 203, 233, 237, 236, 238, 240, 280, 282
6,26	7, 36, 43, 54, 137, 163, 167, 169, 171, 173, 175, 179, 233, 236, 238, 239, 246, 253, 274	7,12	40, 181, 201, 202, 204, 235, 238, 250, 267
6,32	7, 36, 43, 47, 175, 176, 177, 189, 192, 196, 233, 236, 238, 239, 255, 273, 278	7,13-27	205, 207, 212, 235, 236, 238, 284
		7,21-23	207, 208, 213, 257, 258, 264
6,33	31, 72, 126, 138, 163, 173, 178-184, 189, 192, 199, 226, 239, 253, 255, 265, 266, 271, 281	7,21	7, 31, 39, 43, 71, 128, 129, 181, 203, 205, 207-214, 225, 226, 233, 234, 236, 238, 245, 254, 272, 279, 280
6,34	164, 185, 186		
7,1-11	15, 189, 201, 202, 237, 238	7,24-27	213, 272
		7,24.26	39, 208, 213, 280
7,1-5	15, 61, 202, 203, 205, 238, 240	7,28-29	6, 269
		7,28	6, 230, 235, 269
7,6	41, 202, 203, 238	7,29	225
		8-9	225, 226
7,7-11	10, 15, 43, 98, 109, 110, 111, 136, 138, 183, 193-205, 236, 238, 240, 248, 249, 250, 252, 255, 265, 266, 274, 282	9,35	28, 179, 225, 274
		10,19	190
		10,20	6, 36, 171, 190
		10, 29	6, 36, 54, 72, 171, 173, 191, 257
		10,29-31	171, 191, 241, 255, 256

10,32-33	6, 32, 33, 211, 233, 237	20,23	6, 36, 211
11,25-27	7, 18, 36, 43, 105, 232, 233	23,9	6, 35, 36, 71, 133, 199, 200
11,25	5, 70, 71, 115, 132, 210, 211, 259	24,36	6, 36, 107, 210, 255
		25,34	6, 36, 211, 237, 260
11,25-26	109, 210, 211	26,29	6, 36, 126, 211, 212, 226, 231, 232
11,26	39, 71, 115, 210, 259		
11,27	39, 70, 117, 196, 210, 211, 212, 231, 252, 259, 273, 275, 278	26,36-46	109, 152, 153, 254
		26,39	71, 102, 115, 153, 211, 229
		26,41	149, 152, 153
12,50	6, 35, 128, 129, 211, 214, 231, 233, 254	26,42	71, 115, 128, 129, 132, 153, 211, 229
13,43	6, 36, 126, 226	26,53	6, 70, 211, 231, 232
15,13	6, 36, 211, 231, 232, 233	27,43	114, 155, 156
16,17	6, 210, 231, 232, 233	28,16-20	27
		28,18	132, 269, 270, 273
16,27	6, 36, 93, 210, 231, 232	28,19	6, 36, 43, 101, 210, 231, 232, 251
18,10	6, 35, 72, 126, 211		
18,14	6, 23, 128, 130	28,19-20	251
18,19	6, 35, 195, 196, 197, 211	28,20	272
18,24-35	76, 142, 148	**Marc**	
18,27	126, 142		
18,33	76, 145	8,38	210, 245
18,35	6, 23, 35, 36, 126, 146, 147, 148, 211, 237	11,25	5, 7, 35, 143, 144
19,26	77, 251		

_ INDEX DES CITATIONS

Luc

2,32	28	
2,49	210, 245	
6,20-49	7, 245	
6,27-35	47, 48, 49, 50	
6,35	7	
6,36	5, 7, 47, 48, 59, 62, 66, 67, 76, 245	
6,37-38	47	
6,46	7, 208, 209	
11,2	5, 7, 126	
11,5-13	109	
11,9-13	204, 205	
11,12	5	
11,13	7, 35, 195, 199	
12,24	7, 137, 169, 173, 174	
12,28	173, 174, 178	
12,30	5, 7, 177	
12,31	126, 179, 181	
12,32	5, 126	

Jean

2,16	245
8,12	28
8,41.42	5
8,44	80
20,17	5, 245

Actes

1,24	88
3,6	251

Lettres

Rm 2,24	32
Rm 12,2	69
Ep 5,1-2	50
Ep 5,8	27
Ph 2,5	27
1 Th 5,5	27
Tt 1,2	80
He 12,7-9	200
He 12,9	36, 200
Jc 1,13	151
1 P 1, 3-25	50
1 P 2,11.12	33
1 Jn 4,17-21	50
Ap 3,10	149

Littérature extrabiblique

1QH 7,24-25	28
1QS 1,13	69
1 QS 11,2.10	77
1QS 8,20	66
CD 7,5	66
CD 20,2.5.7	66
Av 1,11	32
Av 1,3.13	95
Av 2,4	134
Av 2,2.12	32
Av 4,6	95
Av 5,20	96
Av 6,3	131
Ber 3,7	134
Ber 4,8a.45	108
Ber 29b	134

Ber 30a	117	Qidd 4,14	170
Ber 33a	51	Qidd 36a	58
ExoR 14,15	108	Sheq 5,6	95
GenR 1,3	24	SifNum 41,1.1	28
GenR 59,5	28	SifLv 19,1	32
LevR 35,8	51	Ta'an 1, 1§2	51
Meg 20a	88	Sot 9,15	36
Meg 27b	134	Yom 8,9	62, 143
MekhEx 16,4	186	Yom 53b	134
MekhEx 20,22	131	4 Bar 9,3	28
MekhEx 20,25	36	Jub 1,24	56
NumR 17	136	PsSal 17,27	56
PesK 21,4.5	28	TestNaph 8,4	32
PesK 51	28	TestBen 5,1-5	32
PesR 195a	51	TestJud 24,3	56

TABLES DES MATIÈRES

Avant-propos	III
Introduction Générale	5
1. Le projet	5
1.1. Donnée littéraire	5
1.2. Donnée exégétique	8
2. État de la question	11
3. Division et finalité du travail	17

Première partie
   Analyse des textes   21

Chapitre I

Mt 5,16 : Les « belles œuvres », épiphanie du Père	23
1. Articulation du texte	23
1.1. Mt 5,16 dans le contexte littéraire de Mt 5,13-16	23
1.2. Analyse syntaxique de Mt 5,16	24
2. DP en Mt 5,16 : Aspect théologal de l'agir requis aux disciples	26
2.1. « Le sel de la terre » et « la lumière du monde » : indicatif (don) et impératif	26
2.2. Nature des « καλὰ ἔργα » dans le DM	29
2.3. « Glorifier Dieu », un topique traditionnel	32
2.4. δοξάζειν et πατήρ dans le contexte de Mt 5-7	37
3. La référence à DP en Mt 5,16 : Fonction proleptique dans le DM	41
Conclusion	43

Chapitre II

Mt 5,43-48 : L'agir parfait de DP et les antithèses — 45
1. Articulation du texte — 45
2. Mt 5,45 : L'agir du Père et la relation du Père avec les fils — 50
   2.1. Mt 5,45b : Le Père donne le soleil et la pluie — 50
   2.2. ὁ πατὴρ ὑμῶν en Mt 5,45 : Portée de cette désignation — 54
   2.3. L'agir du Père (Mt 5,45b) et l'énoncé sur la filiation (Mt 5,45a) — 56
   2.4. Père, fils et frères en Mt 5,21-48 : Pour une fraternité « ouverte » — 61
3. Mt 5,48 : Le Père parfait — 64
   3.1. « Comme votre Père céleste est parfait » (5,48b) : simple clause de style ? — 65
   3.2. Catégories grammaticales des références à DP et la perfection du Père — 69
   3.3. L'agir parfait du Père et l'exigence d'être parfaits — 73
      3.3.1. La conjonction ὡς dans le rapport entre Mt 5,48a et 5,48b — 73
      3.3.2. Le don de l'amour du Père et l'agir des disciples en Mt 5,21-48 — 76
   Conclusion — 80

Chapitre III

Mt 6,1-6.16-18 : La justice sous le regard du Père — 83
1. Articulation du texte : Vue d'ensemble de Mt 6,1-18 — 83
2. DP en Mt 6,1-6.16-18 — 86
   2.1. « Ton Père » regarde dans le secret — 86
   2.2. Le Père rétributeur — 92
   Conclusion — 97

Chapitre IV

Mt 6,7-8 : Les dieux des païens et le Père des disciples — 99

1. Articulation du texte — 99
2. Mt 6,7 : La prière des païens et leur conception de la divinité — 100
3. L'εἰδέναι du DP et la prière des disciples — 106

Conclusion — 110

Chapitre V

La révélation de Dieu comme Père en Mt 6,9-13.14-15 — 113

1. Dire « Notre Père qui est aux cieux » ou le don de l'invocation — 113
2. Mt 6,9b : Père « Saint » — 118
3. Mt 6,10a : Père et Roi — 122
   - 3.1. Attributions royales de Dieu dans l'AT — 123
   - 3.2. Emplois de βασιλεία en relation avec πατήρ dans l'EvMt — 125
4. Mt 6,10b : Père et Seigneur — 128
   - 4.1. Contenu de la volonté du Père — 129
   - 4.2. « Comme au ciel, et sur la terre » : souveraineté illimitée du Père — 132
5. Mt 6,11 : Le Père et le don du pain — 135
6. Mt 6,12.14-15 : Le Père miséricordieux ou le don du pardon — 139
   - 6.1. Être Père, c'est pardonner — 140
   - 6.2. Le pardon du Père et celui des disciples — 143
     - *6.2.1. La prière pour le pardon et l'exigence de pardon mutuel* — 143
     - *6.2.2. Mt 6,14-15 : Le Père miséricordieux et le jugement* — 146

7. Mt 6,13 : DP protecteur et libérateur 148
   7.1. Mt 6,13a : Brève analyse philologique 149
   7.2. DP, la prière et la tentation 152
   7.3. Mt 6,13b : DP, le « libérateur » 155
Conclusion 159

Chapitre VI

Mt 6,25-34 : La relation avec DP dans le contexte du rapport avec les biens matériels — 161

1. Articulation du texte 161
2. Analyse des versets 165
   2.1. Mt 6,25-30 : Du « ὁ Θεός » de l'ordre
   de la création à « ὁ πατὴρ ὑμῶν » 165
      2.1.1. *Mt 6,25 : L'impératif* μὴ μεριμνᾶτε
      et sa justification 165
      2.1.2. *L'agir de DP dans les deux exemples
      de Mt 6,26.28-30* 167
      2.1.3. *L'argument a fortiori des vv.26.30
      et la prééminence des disciples* 170
      2.1.4. « ὁ πατὴρ ὑμῶν ὁ οὐράνιος » *(v.26)* :
      signification et fonction 172
   2.2. Mt 6,32b : Le savoir du Père et l'impératif
   « ne nous préoccupez pas » 175
   2.3. Mt 6,33 : Le primat au Père et la promesse
   des dons du Père 178
      2.3.1. *L'impératif de Mt 6,33a : DP, finalité
      de l'agir des disciples* 179
      2.3.2. *Mt 6,33b : Le verbe* προστεθήσεται
      et la promesse du Père 183
   2.4. Mt 6,34 : L'αὔριον des disciples dans
   les mains de DP 185
3. La référence à DP dans le contexte de Mt 6,19-34 ... 187
Conclusion. DP en Mt 6,25-34 : Présence qui exige
et qui réconforte 191

Chapitre VII

Mt 7,7-11: DP donne des « bonnes choses » — 193
1. Articulation du texte — 193
2. Analyse des versets — 194
   - 2.1. Mt 7,7-8 : La prière au Père et la certitude de l'exaucement — 194
   - 2.2. Mt 7,9-11 : Le Père donne des « ἀγαθά » — 197
   - 2.3. Père céleste – pères terrestres : sens (et limites) d'une analogie — 199
3. La bonté de DP en Mt 7,7-11 : Fonction dans le contexte — 201
Conclusion — 205

Chapitre VIII

Mt 7,21 : « Mon Père » et ses implications christologiques — 207
1. Articulation du texte — 207
2. « ὁ πατήρ μου » : Portée christologique et fonction — 209
   - 2.1. La portée christologique de « ὁ πατήρ μου » dans l'EvMt — 209
   - 2.2. « τὸ θέλημα τοῦ πατρός μου » dans le contexte de Mt 5-7 — 213
Conclusion — 214

Deuxième partie
La relation avec DP et la praxis du DM — 217

Chapitre I

La révélation de DP (Mt 5-7) à la suite de Mt 4,17-25 — 221
1. Le Règne et l'impératif de conversion en Mt 4,17 — 221
2. L'activité de Jésus en Mt 4,18-25 et sa signification pour Mt 5-7 — 224
Conclusion — 226

Chapitre II

Distribution des références à DP en Mt 5-7 — 229
1. Les références à DP dans l'EvMt — 229
2. Emplacement des références à DP dans le DM — 233
   2.1. Disposition concentrique des références à DP dans le DM — 233
   2.2. La disposition des références à DP et la praxis du DM — 238
   Conclusion — 241

Chapitre III

La relation avec DP et ses conséquences pragmatiques — 243
1. Les premières références à DP de l'EvMt — 243
2. Les possessifs déterminant DP et l'aspect personnel de la relation — 246
3. L'engagement de Dieu comme Père des disciples — 248
   3.1. La prière au Père et la praxis du DM — 248
      3.1.1. L'enseignement sur la prière en Mt 5-7 — 249
      3.1.2. La prière au « nom » du « Père » — 250
      3.1.3. Attaches littéraires et sémantiques entre la prière et la praxis du DM — 252
   3.2. La présence du Père dans la vie des disciples — 255
   3.3. Le Père et la sanction eschatologique — 257
      3.3.1. Les béatitudes et les promesses eschatologiques (Mt 5,3-10) — 259
      3.3.2. La relation avec le Père en contexte de jugement — 263
4. Les impératifs de l'agir des disciples à la lumière de la relation avec DP — 265
   Conclusion — 268

Chapitre IV

Jésus, le Fils, don du Père   269
Conclusion   275

Conclusion générale   277

1. Comment Jésus exprime-t-il la paternité de Dieu en Mt 5-7?   277
2. La relation des disciples avec le Père : le sens d'un don   279
3. L'enseignement sur DP en Mt 5-7 doit être situé en contexte de grâce   281
4. DP en Mt 5-7 ou la centralité de la dimension spirituelle   282
5. DP et la justice : Portée éthique des références à DP   283

Sigles et abréviations   285

Bibliographie générale   289

Index des auteurs cités   315

Index sélectif des principales citations bibliques et extrabibliques   323

Table des matières   329

ANALECTA BIBLICA

193 SCANDROGLIO Massimiliano
Gioele e Amos in dialogo
Inserzioni redazionali di collegamento
e aperture interpretative

2011 • pp. 448
ISBN 978-88-7653-193-4 • € 35,00

192 MASCILONGO Paolo
«Ma voi, chi dite che io sia?»
Analisi narrativa dell'identità di Gesù e del
cammino dei discepoli nel Vangelo secondo
Marco, alla luce della "Confessione di Pietro"
(Mc 8,27-30)

2011 • pp. 424
ISBN 978-88-7653-192-7 • € 34,00

191 S.E.R. Card. VANHOYE Albert
I carismi nel Nuovo Testamento

2011 • pp. 208
ISBN 978-88-7653-191-0 • € 20,00
In coedizione con Edizioni Servi della Sofferenza

190 DE ZAN Renato
Il culto che Dio gradisce
Studio del "Trattato sulle offerte"
di Sir^{Gr} 34,21–35,20

2010 • pp. 672
ISBN 978-88-7653-190-3 • € 49,00

www.gbpress.net

ANALECTA BIBLICA

189 GILBERT Maurice
   La Sagesse de Salomon
   The Wisdom of Solomon
   Recueil d'études • *Collected Essays*

   2011 • pp. 496
   ISBN 978-88-7653-189-7 • € 37,00

188 OBARA Elżbieta M.
   Le strategie di Dio
   Dinamiche comunicative nei discorsi divini del Trito-Isaia

   2010 • pp. 510
   ISBN 978-88-7653-188-0 • € 37,00

187 LARROQUE Laurent
   La Parabole du serviteur impitoyable en son contexte
   (Mt 18,21-35)

   2010 • pp. 424
   ISBN 978-88-7653-187-3 • € 34,00

186 BLUNDA Jorge
   La proclamacíon de Yhwh rey y la constitucíon de la comunidad postexilica

   2010, pp. 466
   ISBN 97F8-88-7653-186-6 • € 35,00

www.gbpress.net

ANOR   ANALECTA ORIENTALIA

56   ROCCATI Alessandro
  Magica Taurinensia
  Il grande papiro magico di Torino
  e i suoi duplicati

  2011 • pp. 256
  ISBN 978-88-7653-260-3 • € 65,00

www.gbpress.net

ANALECTA GREGORIANA

315 AULETTA Gennaro
Integrated cognitive strategies in a changing world

2011 • pp. 272
ISBN 978-88-7839-207-6 • € 29,00

314 DAL POZZOLO Alessio
La fede tra estetica, etica ed estatica

2011 • pp. 400
ISBN 978-88-7839-200-7 • € 32,00

313 BOBONGAUD Stève Gaston
La dimension politique du langage

2011 • pp. 496
ISBN 978-88-7839-201-4 • € 37,00

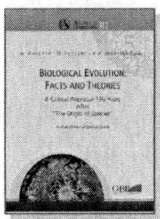

312 LECLERC M. - AULETTA G. - MARTINEZ R. (eds.)
Biological Evolution: Facts and Theories

2011 • pp. 752
ISBN 978-88-7839-187-1 • € 50,00

www.gbpress.net

MISCELLANEA HISTORIAE PONTIFICIAE

69 A cura di BUCARELLI O. - MORALES M.
Paulo Aposto Martyri
L'Apostolo san Paolo nella storia, nell'arte e nell'archeologia

2010 • pp. 296
ISBN 978-88-7839-140-6 • € 37,00

www.gbpress.net

Finito di stampare nel mese di Dicembre
presso Mediagraf Spa - Monterotondo (Rm)